W0056224

Oía

Imerovigli

Manolás

Thirassía

Firá

Monólithos

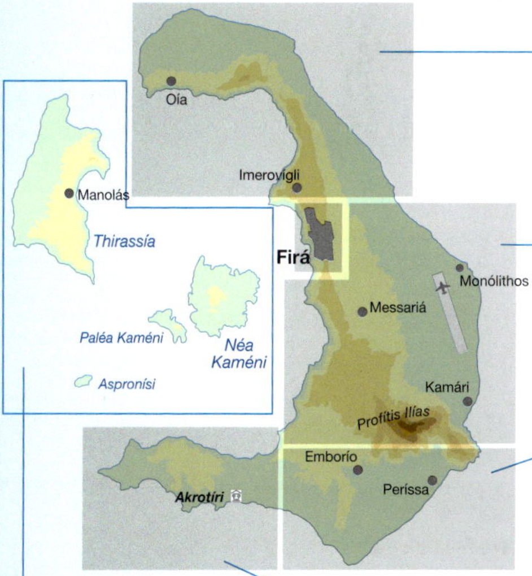

Messariá

Paléa Kaméni

Néa Kaméni

Aspronísi

Kamári

Profítis Ilías

Emborío

Perissa

Akrotíri

Text und Recherche: Dr. Dirk Schönrock, Eberhard Fohrer
Lektorat: Sabine Senftleben
Redaktion und Layout: Christiane Schütz
Fotonachweis: siehe S. 8
Umschlaggestaltung: Karl Serwotka
Titelfotos: oben: Auf Thirassía, Aufritt von Córfos nach Manolás (Eberhard Fohrer),
     unten: Oía und der Hafen Ammoúdi (Dr. Dirk Schönrock)
Karten: Susanne Handtmann, Günther Grill, Judit Ladik, David Wendler

Die Autoren:

Dr. Dirk Schönrock, Jahrgang 1968, studierte Politikwissenschaft, Geschichte und Öffentliches Recht an der Universität Mannheim. Staatsexamen 1994, danach Promotion in Politikwissenschaft 1997. Bis 2003 als freier Journalist und Reisebuchautor tätig, seither Redakteur einer technischen Fachzeitschrift. Der Autor lebt und arbeitet in der Schweiz.

Eberhard Fohrer, Jahrgang 1952, wendete sich nach dem Staatsexamen in Germanistik und Geschichte der Reiseschriftstellerei zu. Mittlerweile ist er seit fast zwanzig Jahren als Reisebuchautor tätig und will es auch die nächsten zwanzig noch sein. Spezialgebiete: Griechenland, Italien, Kanarische Inseln.

Herzlichen Dank für die Mithilfe an Reiner Borrmann und Silvia Kraemer.

Außerdem ein großes Dankeschön an alle Leser, die mit ihren Tipps zu dieser Auflage beigetragen haben: Andrea Richter, Claudia Madei-Hötzel, Margit Berndt, Aniello Scognamiglio, Kay Appel, Wolfgang Ulrich, Jörg Schwämmlein, Helga Nahrup, Martin Schimmel, Elisabeth Stradinger, Ulrich Thiele, Isolde Sotz, Wilfried Janisch, Clemens Back, Silke Riegraf, Betina Michalski, Leif Tobias, Elin Nesje Vestli, Christiane & Guido Werl, Sabine Gasser, Jürgen Debus, Norbert Thummes.

Die in diesem Reisebuch enthaltenen Informationen wurden von den Autoren nach bestem Wissen erstellt und von ihnen und dem Verlag mit größtmöglicher Sorgfalt überprüft. Dennoch sind, wie wir im Sinne des Produkthaftungsrechts betonen müssen, inhaltliche Fehler nicht mit letzter Gewissheit auszuschließen. Daher erfolgen die Angaben ohne jegliche Verpflichtung oder Garantie der Autoren bzw. des Verlags. Beide Seiten übernehmen keinerlei Verantwortung bzw. Haftung für mögliche Unstimmigkeiten. Wir bitten um Verständnis und sind jederzeit für Anregungen und Verbesserungsvorschläge dankbar.

ISBN 978-3-89953-483-2

© Copyright Michael Müller Verlag GmbH, Erlangen, 2001, 2003, 2006, 2009.
Alle Rechte vorbehalten. Alle Angaben ohne Gewähr.
Druck: Wilhelm & Adam, Heusenstamm.

Aktuelle Infos zu unseren Titeln, Hintergrundgeschichten zu unseren Reisezielen sowie brandneue Tipps erhalten Sie in unserem regelmäßig erscheinenden Newsletter, den Sie im Internet unter www.michael-mueller-verlag.de kostenlos abonnieren können.

4. überarbeitete und aktualisierte Auflage 2009

SANTORINI

Dirk Schönrock
Eberhard Fohrer

INHALT

Reiseziele

Verzeichnis der Wanderungen und Touren

Kartenverzeichnis

Zeichenerklärung für die Karten und Pläne

Hauptverkehrsstraßen	Bebaute Fläche
Nebenstraße	Grünanlage
Wanderweg	Gewässerfläche
	Flughafen
	Kirche
	Kloster
	Festung/Kástro
	Berggipfel
	Windmühle
	Sendemast
	Leuchtturm
	Badestrand
	Bootsanlegestelle
	Felsen

BUS	Bushaltestelle
	Post
M	Museum
	Krankenhaus
Λ	Campingplatz
EC	Bank
	Supermarkt
	Antike Sehenswürdigkeit
	Tauchstation
	Imbissstand
	Weinkellerei
	Weinberg

Höhenschichten
500 m
400 m
300 m
200 m
100 m

Was haben Sie entdeckt?

Haben Sie eine versteckte Bucht entdeckt, eine freundliche Taverne weitab vom Trubel, ein nettes Hotel mit Atmosphäre, einen schönen Wanderweg? Wenn Sie Ergänzungen, Verbesserungsvorschläge oder neue Tipps zum Buch haben, lassen Sie es uns wissen!

Dirk Schönrock & Eberhard Fohrer
Stichwort "Santorini"
c/o Michael Müller Verlag
Gerberei 19
91054 Erlangen
E-Mail: schönrock.fohrer@michael-mueller-verlag.de

Alles im Kasten

Fotonachweis

Dirk Schönrock: 3, 9, 14, 16, 17, 18, 19, 20, 21, 24, 26, 27, 28, 30, 35, 38, 40, 42, 43, 45, 46, 52, 64, 70, 72, 75, 77, 80, 88, 90, 94, 96, 108, 111, 112, 115, 116, 119, 120, 122, 124, 133, 139, 144, 148, 150, 151, 155, 156, 159, 160, 162, 163, 165, 167, 168, 169, 171, 172, 175, 180, 184, 185, 189, 194, 205, 206, 207, 208, 210, 216, 217, 219, 224, 226, 229, 230, 232, 234, 235, 237, 238, 241, 242, 246, 248, 250, 259

Eberhard Fohrer: 7, 10/11, 12, 13, 33, 34, 41, 48, 49, 50/51, 56, 59, 62, 65, 66, 69, 73, 84, 93, 101, 102/103, 104, 107, 125, 127, 129, 130, 135, 137, 140, 142, 143, 152, 166, 177, 183, 187, 188, 198, 199, 201, 202, 211, 213, 220, 227, 236, 251, 262, 263

Santoríni – die Insel

Strahlendes Weiß auf schwarzer Lava: die Hauptstadt Firá

Santoríni erleben

Fantastisch, faszinierend, gewaltig – alle diese Attribute treffen auf Santoríni zu! Der erste Anblick, wenn man mit der Fähre oder dem Schnellboot in die Caldéra, den einstigen Kraterkessel, einläuft: Unvermittelt steigen aus dem tiefblauen Meer 300 m hohe Kraterwände auf, hoch oben klammern sich schneeweiße Häuserwürfel auf die brandroten Kämme. Schwarzes Lavagestein, ockerbraune Bimssteinadern, üppige Weinreben auf schwerem Boden, das leuchtende Blau der Kirchenkuppeln … Santoríni ist ein einziger Farbenrausch.

Die Entstehung des im Mittelmeer einzigartigen Naturphänomens liegt mehr als 3600 Jahre zurück: Wahrscheinlich zwischen 1627 und 1600 v. Chr. zerriss eine gewaltige Eruption das kegelförmige Zentrum einer bis dahin annähernd kreisrunden Vulkaninsel, die damals gut 600–1000 m hoch gewesen sein muss. Durch die Mengen an ausströmender Lava bildete sich unter dem Hauptgipfel ein riesiger Hohlraum. Anschließend brach der Boden ein und in das entstandene Loch, die Hunderte von Metern tiefe so genannte *Caldéra*, drang das Meer ein. Nur Teile der schroffen, bis zu 300 m hohen Kraterwände blieben stehen und bildeten seitdem drei eigenständige Inseln: die große Hauptinsel **Santoríni**, die auch **Thíra** genannt wird, das kleinere Nachbareiland **Thirassía** und der Winzling **Aspronísi**. Eine Siedlung auf Thíra (beim heutigen Ort Akrotíri) wurde bei der Explosion vollständig verschüttet und ist dank der perfekt konservierten Funde heute eine weltberühmte Ausgrabung. Weitere Explosionen folgten: 197 v. Chr. wurde durch unterseeische Ausbrüche in der Caldéra die Lavainsel **Paléa Kaméni** („Alte Verbrannte") an die Oberfläche gedrückt. Und im 16. und 18. Jh. entstanden zwei weitere Inseln, die durch neuerliche Eruptionen erst 1925 zur großen Insel **Néa Kaméni** („Neue Verbrannte") verschmolzen.

Der Archipel besteht also heute aus fünf dicht beieinander liegenden Inseln – und noch immer ist die Vulkantätigkeit nicht erloschen: Die im Hauptkrater von Néa Kaméni austretenden Schwefeldämpfe geben davon Zeugnis und gehören zu den viel besuchten Attraktionen. Santoríni ist damit der einzige noch sporadisch tätige Vulkan des östlichen Mittelmeeres. Dass die Erdrinde bei Santoríni im höchste Maße instabil ist, zeigte sich zuletzt 1956: Binnen weniger Sekunden zerstörte ein *Erdbeben* mit der Stärke 7,8 auf der Richterskala gut zwei Drittel aller Inselhäuser.

Kein Wunder also, dass Santoríni heute dank all der landschaftlichen Sensationen fast ausschließlich vom Tourismus lebt – und vom berühmten *Kraterwein*, der überall auf den Bimssteinterrassen bestens gedeiht. Die Einmaligkeit der Landschaft mit den pittoresken Dörfern unmittelbar am senkrecht abfallenden Kraterrand hat die Hauptinsel Thíra zu einem der meistbesuchten Ziele des Mittelmeers gemacht. Täglich liegen Kreuzfahrtschiffe in der Caldéra, ausländische Chartermaschinen öffnen ihre Schleusen, aus den großen Fährschiffen von Piräus quellen Tausende von Touristen.

Doch Thíra hat noch mehr zu bieten. Während die Innenwände des ehemaligen Kraters fast senkrecht zum tiefblauen Meer abbrechen, gleiten die Hänge nach Osten sanft aus und bilden kilometerlange *Strände aus grauschwarzem Lavasand* – ebenfalls einzigartig auf den Kykladen. Die besten dieser Strände liegen beiderseits des markanten *Profítis Ilías*, des mit 568 m höchsten Inselbergs, der das Profil Santorínis beherrscht. In der Antike war diese Region das traditionelle Siedlungszentrum, heute findet man hier *Kamári* und *Períssa*, die beiden einzigen Badeorte der Insel, in denen ein Großteil der Santoríniurlauber Qartier nimmt. Vom Gipfel des höchsten Berges lässt sich die eigenartige Geografie der vulkanischen Landschaft

Blick über die Dächer auf die Caldéra

Santoríni auf einen Blick

Geografische Lage: Santoríni befindet sich am Südrand der Kykladen auf ca. 36,3 Grad nördlicher Breite und ca. 25,4 Grad östlicher Länge. Fast auf gleicher nördlicher Breite liegt der südlichste Zipfel des Peloponnes, und etwa auf demselben östlichen Längengrad liegt Iráklion, die Hauptstadt von Kreta. Die Entfernung zum Athener Hafen Piräus beträgt etwa 200 km, nach Kreta ca. 110 km.

Größe: Der gesamte Archipel mit den fünf Inseln Thíra, Thirassía, Aspronísi, Paléa Kaméni und Néa Kaméni bedeckt etwa 89 qkm Fläche. Dabei gehört die Hauptinsel Thíra mit ca. 72 qkm zu den kleineren Inseln der Kykladen. Thirassía umfasst knapp 10 qkm, der Rest verteilt sich auf Aspronísi und die Kaméni-Inseln. Thíras Länge beträgt ca. 17 km, die Breite zwischen 1,2 km im Norden und etwa 6 km im Mittelteil. Die Küstenlänge von Thíra misst etwa 70 km.

Topographie: Der vulkanische Charakter Santorínis prägt das Erscheinungsbild der Inseln. Im Westen von Thíra fällt die Steilküste bis zu 300 m tief in die Caldéra ab, im Osten läuft das Küstenland flach aus. Thirassía ist praktisch spiegelbildlich auf der anderen Seite des Vulkans angeordnet. Aspronísi verfügt nur über Steilküste, und die Kaméni-Inseln präsentieren sich als vulkanische Mondlandschaften. Das Wasser in der Caldéra ist bis zu 390 m tief. Die tiefste Stelle liegt westlich von Paléa Kaméni. Der Alte Hafen von Firá misst mehr als 180 m Wassertiefe, sodass die großen Schiffe an fest verankerten Bojen festmachen müssen.

Berge: Höchster Gipfel Thíras ist mit 568 m der Profítis Ilías an der Ostküste zwischen Kamári und Períssa. Im Norden liegen die weiteren Erhebungen Megálo Vounó (330 m), Mikrós Profítis Ilías (314 m) u. Kókkino Vounó (283 m). Auf Thirassía existiert praktisch nur ein Berg: der Vounó Viglós mit ca. 295 m.

Bevölkerung: Offiziell werden für Thíra ca. 10.500 Einwohner angegeben, was einer Bevölkerungsdichte von ca. 146 Einwohnern pro qkm entspricht. Aspronísi und die beiden Kaméni-Inseln sind unbewohnt, auf Thirassía gibt es noch etwa 150 Einwohner.

Religion: ca. 98 % griechisch-orthodox und ca. 2 % römisch-katholisch.

Wichtige Orte: Firá heißt die Hauptstadt von Santoríni. Alle anderen Siedlungen erreichen keine Stadtgröße. Oía gilt vielen Besuchern als der schönste Ort der Insel, reizvoll sind auch Firá mit dem Ortsteil Firostefáni und der Kraterrandort Imerovígli. Bedeutend sind zudem die beiden Badeorte Kamári und Políssa sowie Messariá und Emborío als Wirtschaftszentren in der Inselmitte bzw. im Süden. Akrotíri hat durch die minoischen Ausgrabungen Berühmtheit erlangt, während Pýrgos das älteste, noch bewohnte Dorf der Insel ist. Daneben gibt es zahlreiche kleine Dörfer in den vulkanischen Erosionstälern: Karterádos, Vóthonas, Éxo Goniá, Méssa Goniá und Vourvoúlos. Thirassía kann nur mit zwei bewohnten Orten aufwarten: Manolás und Potamós.

Straßen: Die verkehrstechnische Erschließung ist in den letzten Jahren stark vorangeschritten. Doch sollte man sehr vorsichtig fahren: Die Straßen sind bisweilen sehr eng, kurvenreich, ungesichert und nicht überall in gutem Zustand. Zudem bringt die Menge der Besucher die höchste Verkehrsdichte aller Kykladeninseln mit sich. Praktisch alle wichtigen Inselverbindungen sind asphaltiert (siehe Kartenskizze in der Umschlagklappe), so z. B. vom Hafen Athiniós hinauf nach Firá, die Straßen nach Oía, Kamári, Políssa, Akrotíri sowie zum Flughafen nach Monólithos und bis an die Südspitze zum Leuchtturm am Kávos Akrotíri. An der Ostküste gibt es keine durchgängige Straßenverbindung. Hier sind nur die Routen Políssa – Vlicháda, Kamári – Monólithos und Vourvoúlos – Porí – Baxédes – Oía möglich. Auf Thirassía gibt es nur eine Straße, die vom Hafen Ríva hinauf nach Manolás führt.

Entfernungen von Firá: Imerovígli 1 km, Karterádos 1 km, Vourvoúlos 2,2 km, Messariá 2,8 km, Vóthonas 3,5 km, Pýrgos 6 km, Éxo Goniá 6 km, Méssa Goniá 6,5 km, Megalochóri 6,5 km, Kamári 7 km, Porí 7,5 km, Monólithos 7,7 km, Hafen Athiniós 9,1 km, Profítis Ilías (Gipfel) 10,2 km, Finikiá 10,2 km, Emborío 10,8 km, Baxédes 11 km, Oía 11,5 km, Vlicháda 12,8 km, Akrotíri (Ort) 12,5 km, Akrotíri (Ausgrabung) 13,8 km, Políssa 14 km, Kávos Akrotíri (Leuchtturm) 18 km.

Auto-/Zweiradverleih: In allen Orten mit touristischer Infrastruktur. Größte Auswahl in Firá, Kamári und Políssa. Auf Thirassía bestehen keine Ausleihmöglichkeiten.

Tankstellen: Dichtes Netz an Tankstellen auf der gesamten Insel, man findet eigentlich immer eine Zapfstelle. Schwerpunkte in Firá sowie an den Straßen nach Kamári, Políssa und Oía (Standorte siehe Inselkarte).

Unterkunft: Sehr großes Angebot. Beinahe in jedem Ort gibt es Hotels und Privatzimmer. Jugendherbergen existieren in Oia und Políssa. Die derzeit nur zwei Campingplätze der Insel liegen in Firá (Kontochóri) und Políssa. Der Platz in Akrotíri wurde aufgelöst, der in Kamári schon vor Jahren geschlossen. Auf Thirassía gibt es nur sehr bescheidene Übernachtungsmöglichkeiten.

Baden: Unterhalb vom Kraterrand kaum Möglichkeiten. Jedoch gibt es lange Lavastrände an der Ostküste, vor allem bei Kamári und Políssa. Immer beliebter werden auch die Strände bei Monólithos und Vlicháda sowie der lange Baxédes-Beach. Mehrere Buchten liegen außerdem unterhalb von Akrotíri und südwestlich Richtung Kávos Akrotíri, besonders gut besucht ist der landschaftlich faszinierende Red Beach. Auf Thirassía ist die Míllo-Bucht am Hafen Ríva praktisch der einzige Strand.

Nützliche Telefonnummern:
(aus Deutschland: 0030 vorwählen).
Polizei/Touristenpolizei, ☎ 22860-22649.
Hafenpolizei, ☎ 22860-22239 (Athiniós).
Inselverwaltung, ☎ 22860-22231, 22860-23175.
Postamt, ☎ 22860-22238.
Fernmeldeamt OTE, ☎ 22860-22399.
Flughafen, ☎ 22860-28405, ✆ 33349.
Busgesellschaft KTEL, ☎ 22860-25404.
Taxi, ☎ 22860-22555.

Postleitzahl: GR-84700.

Córfos: Hafensiedlung am Fuße der Kraterwand auf Thirassía

Santorínis am besten überblicken: kilometerweite flache Plateaus mit Weinreben, tief in den weichen Bimsstein gefressene Schluchten, schneeweiße Ortschaften am Kraterrand, die Inseln des Archipels und dahinter das allgegenwärtige Meer. Eindrucksvoll ist auch die Region südlich des Profítis Ilías. Dort erstreckt sich eine ausgedehnte und sehr fruchtbare Ebene, die zum Meer hin abfällt und durch einen 7 km langen, schwarzen Strand abgeschlossen wird – mit Abstand der längste von Santoríni und bezüglich seines touristischen Potentials noch lange nicht ausgereizt. Doch trotz des weltweiten Bekanntheitsgrads, die Bewohner Santorínis gelten als bodenständig: Tatsächlich soll es alte Leute geben, die noch nie in ihrem Leben das Eiland verlassen haben. Nicht nur sie betrachten die Touristenschwemme eher kritisch. Von der Ursprünglichkeit einer Kykladeninsel ist auf Santoríni schon viel verloren gegangen. Hier ist nichts wie anderswo. Beispielsweise sind wegen allzu häufiger Ikonen-Diebstähle fast alle Kirchen der Insel stets verschlossen und nur kurz vor oder nach den Gottesdiensten zu besichtigen. Nostalgie-Fans sei deshalb *Thirassía*, die Insel auf der gegenüberliegenden Kraterseite, empfohlen. Die Verbindungen dorthin sind ausgezeichnet, und wenn nach 18 Uhr das letzte Ausflugsboot den Hafen Córfos verlassen hat, kann es vorkommen, dass man selbst noch im Juni fast der einzige Übernachtungsgast im Hauptort Manolás ist. Alle Arten von touristischer Infrastruktur stecken auf Thirassía noch in den kleinsten Kinderschuhen. Daneben lohnen vor allem die „Inseln der Dämonen" in der Mitte des Kraterbeckens einen Besuch: *Paléa* und *Néa Kaméni* sind rein vulkanischen und vergleichbar jungen Ursprungs. Mehrere Ausflugsboote laufen sie jeden Tag auf ihrer Caldéra-Rundfahrt an.

Vulkanismus auf Santoríni

Der heutige Archipel mit den Inseln Thíra, Thirassía und Aspronísi ist der Rest eines riesigen Vulkankomplexes, der vor etwa 3600 Jahren in seiner Mitte eingestürzt ist. Dabei versank mehr als die Hälfte der ehemals zusammenhängenden, fast kreisrunden Insel mit dem älteren Namen Strongilí (= die Runde) im Ägäischen Meer. Übrig blieben nur die Ränder Thíra, Thirassía und Aspronísi. Später entstanden Paléa und Néa Kaméni im Schlot des Vulkans.

Die Entwicklung des Vulkans

Die ursprüngliche Insel war kein rein vulkanisches Eiland, wie der vorvulkanische Profítis Ilías beweist. Der 568 m aus dem Meer aufragende Berg ist aus Kalksteinen, Marmor und Phylliten aus dem Erdmittelalter und der Erdneuzeit aufgebaut. Weitere nichtvulkanische Berge sind der Gavrílos (bei Emborió) und der Felsen bei Monólithos (Ostküste). Deren nichtvulkanische Gesteinsschichten dienten als Sockel für die Ablagerungen der mehrfach ausbrechenden Vulkane (→ *Exkursion 1*).

Erstmals förderten Eruptionen vor gut 2 Mio. Jahren Gesteine vulkanischen Ursprungs im Bereich der heutigen Siedlung Akrotíri zu Tage. Der Süden und die Mitte Santorínis kamen dann niemals mehr ganz zur Ruhe. Unzählige kleinere Ausbrüche ließen mehrere Inselchen langsam zu einem großen Vulkankegel anwachsen, bevor die etwa eine Mio. Jahre andauernde Ruhepause einsetzte. Der erste große Ausbruch erfolgte schon vor etwa 100.000 Jahren. Dabei wurde in mehreren Phasen eine mächtige helle Bimssteinschicht von über 40 m Höhe abgelagert und später von dunklen Lavaströmen überdeckt.

Nachdem sich die Insel durch den Ausbruch stark nach Norden hin vergrößerte, kam der Vulkan zunächst wieder für einige zehntausend Jahre zur relativen Ruhe. Denn es änderte sich nur die äußerliche Form der Aktivität: Statt heftiger Eruptionen stiegen die flüssigen Gesteine im Schlot auf und kühlten sich an der Spitze des

Schwefel und Gase entweichen im Krater Ágios Geórgios auf Néa Kaméni

Vulkans nach dem Austreten wieder ab. Auf diese Art und Weise wuchs das Bergmassiv langsam an (→ *Exkursion 2*). Vor ungefähr 70.000 bis 60.000 Jahren folgten
erneut Bimsstein fördernde Eruptionen im Bereich der heutigen Inselhauptstadt.
Danach war wieder eine Phase der Ruhe angesagt.

Aus des Teufels Küche: Magma, Lava und Bimsstein

Von Lava spricht man, wenn flüssige Gesteinsschmelze (Magma) aus der
Tiefe bis zur Erdoberfläche emporsteigt. Voraussetzung zur Bimssteinbil-
dung sind explosionsartige Vulkanausbrüche mit gasreicher und zähflüssiger
Lava. Mit der Explosion setzen Druckentlastung und Entgasung ein, wobei
viele Hohlräume entstehen. Noch während des Flugs durch die Luft erstarrt
die Gesteinsschmelze. Man unterscheidet beim Bims den eigentlichen Bimsstein von Münz- bis Ballgröße von den Aschen, die durch Reibungsvorgänge
in der Glutwolke entstanden sind. Bei der Ablagerung werden dann die
Bimssteine in weiche Aschelagen eingebettet. Wer einmal einen Bimsstein in
der Hand hatte, dem werden die zahlreichen Poren und das geringe Gewicht
auffallen. Der leere Porenraum eines Bimssteins kann das Zwanzigfache seiner festen Materie ausmachen! Daher schwimmt Bimsstein, wenn man ihn
ins Wasser legt.

Die Phase vor dem großen Ausbruch

Der Zeitraum von vor etwa 55.000 bis ca. 20.000 Jahren war durch kleinere Eruptionen gekennzeichnet, deren geförderte und erstarrte Lavamassen den Vorläufer
des heutigen Kegels als eine zusammenhängende Vulkaninsel mit einer Höhe von
bis zu etwa 400 m aufbauten (→ *Exkursion 3*). Zeitgleich verstärkte sich auch wieder die Aktivität in den nördlichen Gebieten. Lavaströme ergossen sich über die
Hänge mehrerer Kegel und bildeten meterdicke Schichten (→ *Exkursion 4*).

Ein Teil des Vulkans sackte durch die Aktivität ab und Wasser drang in die Caldéra ein. Schon in dieser Zeit soll es kleine Inseln inmitten des Caldéra-Beckens gegeben haben. Die so genannten Vor-Kaméni-Inseln sind aber später wieder im Meer versunken. Es schloss sich zunächst eine rund 15.000 Jahre andauernde Pause der vulkanischen Ausbrüche an. Etwa um 3000 v. Chr. sollen sich dann die ersten Siedler auf Santoríni niedergelassen haben, die auf der Insel eine üppige Vegetation mit Wäldern vorfanden.

Der große Ausbruch

Der gewaltige Ausbruch des Santoríni-Vulkans ereignete sich mit sehr großer Wahrscheinlichkeit zwischen 1627 und 1600 v. Chr. (zur Datierung siehe nächstes Kapitel). Er begann mit der Freisprengung eines Schlots. Aufsteigende Gase im Erdinnern konnten durch die erstarrte obere Schicht nicht entweichen. Es baute sich ein Druck wie in einer Sektflasche auf, der mit einem Schlag explodierte. Aus dem Schlot wurde dann binnen weniger Tage in mehreren Phasen die unvorstellbare Menge von insgesamt zehn Kubikkilometern Bimsstein und Asche ausgeworfen! Dabei sollen die Magmafetzen Geschwindigkeiten von über 500 m pro Sekunde erreicht haben und bis zu etwa 35 km hoch in die Atmosphäre geschleudert worden sein! Die Auswurfwolke dürfte mehrere Kilometer Höhe erreicht haben, um dann als Bimssteinregen auf die Insel und den gesamten ägäischen Raum niederzugehen. Sogar auf dem Dodekanes, auf Zypern und in der Türkei sind bis zu 2 cm dicke Bimssteinschichten aus dem Santoríni-Ausbruch nachweisbar. Möglicherweise ist der Vulkanausbruch von Santoríni die größte Naturkatastrophe auf der bereits von Menschen besiedelten Erde gewesen.

Flucht aus Akrotíri

Während des gigantischen Vulkanausbruchs wurde im Süden der Insel eine kykladisch-minoische Siedlung zerstört bzw. verschüttet, die beim heutigen Akrotíri lag. Bei den rasch aufeinander folgenden Eruptionen wurden auch große Blöcke älteren Vulkangesteins ausgeschleudert, welche die Häuser regelrecht zertrümmerten. Wahrscheinlich hat der Ausbruch aber keine Menschenleben gefordert. Die Wissenschaftler sind sich sicher, dass kleinere Eruptionen und vor allem Erdbeben die Stadt schon zuvor erheblich beschädigten. In der Folge verließen die entsprechend vorgewarnten Bewohner rechtzeitig die Insel. Zwar kamen die Menschen zwischenzeitlich zurück und begannen mit Reparaturarbeiten, doch neue Aktivität zwang sie schnell wieder zur Flucht. (→ *Akrotíri* und *Exkursion 5*)

In der letzten, kräftigen Phase des Ausbruchs, in der ein Großteil der bis zu 60 m mächtigen Bimssteindecke ausgeworfen wurde, begannen Teile des Vulkangebäudes einzustürzen. Die Ursache hierfür liegt in dem Entleeren der Magmakammer. Durch das „Ausspucken" riesiger Mengen Magmas war im Untergrund ein Hohlraum entstanden, in den große Teile des Kraters einstürzten. Dadurch entstand die Caldéra (Einsturzkessel) in der Mitte der ehemals zusammenhängenden Insel und ließ nur noch an den Rändern die heute sichtbaren Teile Thíra, Thirassía und Aspronísi stehen. Das Ausmaß des Einsturzes wird deutlich, wenn man bedenkt, dass der Kraterrand aus bis zu 300 m Höhe fast senkrecht zum Meer hin abfällt und sich noch weitere 350 m unter dem Meeresspiegel fortsetzt! (→ Exkursion 6)

Die Naturkatastrophe breitete sich aber noch weiter aus. Allerdings ist es in der Wissenschaft umstritten, ob der Caldéra-Einbruch eine gigantische Flutwelle entstehen ließ (von der man früher annahm, dass sie die berühmten minoischen Paläste auf Kreta zerstört habe) oder ob die leere Magmakammer nur nach und nach und ohne Flutwelle in sich zusammenbrach. Als sicher gilt jedoch, dass weltweit ein Kälteeinbruch durch die vermehrten Staubteilchen in der Atmosphäre folgte. Die verminderte Sonneneinstrahlung bewirkte ein Absinken der durchschnittlichen Jahrestemperatur um etwa ein halbes Grad Celsius.

Die tiefrote Lavawand gab dem „Red Beach" seinen Namen

Ein Olivenbaumzweig, irische Eichen und grönländisches Eis:
Die Frage nach dem Zeitpunkt des Vulkanausbruchs und seinen Folgen

Bereits seit Jahrzehnten beschäftigen sich Wissenschaftler der unterschiedlichsten Disziplinen mit der exakten Bestimmung des Zeitpunkts des Vulkanausbruchs von Santoríni. Auf drei internationalen Kongressen wurden die Forschungsergebnisse, die mit Hilfe unterschiedlicher naturwissenschaftlicher und archäologischer Datierungsmethoden gewonnen worden waren, vorgetragen und diskutiert. Zu einem endgültigen, von allen Wissenschaftlern akzeptierten Ergebnis ist man dennoch bis heute nicht gekommen, da alle Methoden mit erheblichen Problemen zu kämpfen haben.

Ein sensationeller neuer Fund hat nun jedoch die Indizien erhärtet, dass der Vulkanausbruch im frühen 17. Jh. v. Chr. stattgefunden hat: Der deutsche Geologe und Vulkanologe Dr. Tom Pfeiffer entdeckte im Frühjahr 2006 in der Nähe von Akrotíri den verkohlten Ast eines Olivenbaums in genau den Gesteinslagen der senkrechten Kraterwand von Santoríni, die beim Vulkanausbruch entstanden sind. Die Analyse des Holzes am Heidelberger Institut für Umweltphysik nach der C14-Methode (Radiocarbon-Datierung) ergab als Zeitspanne für den Ausbruch (mit einer Wahrscheinlichkeit von 95 %) die Jahre 1627 bis 1600 v. Chr. Dieses Ergebnis bestätigt frühere Untersuchungen, die ebenfalls diese Datierung als wahrscheinlich ansahen: Untersucht worden waren die Ascheablagerungen in grönländischen Gletschern, die beim Weiterwachsen der Gletscher im Eis eingeschlossen worden waren, und die Jahresringe uralter Bäume in irischen Hochmooren (Dendrochronologie). Das Problem dieser Zeitbestimmungen war jedoch immer gewesen, dass in der Bronzezeit mehrere große Vulkanausbrüche stattgefunden hatten (u. a. in Island), so dass man die Datierung nicht eindeutig Santoríni zuordnen konnte. Der Ast von Santoríni gibt nun erstmals große Gewissheit über den Zeitpunkt der Katastrophe im östlichen Mittelmeer. Gleichzeitig kann damit so gut wie sicher ausgeschlossen werden, dass eine durch den Vulkanausbruch entstandene Flutwelle (Tsunami) die minoischen Paläste auf der nahen Insel Kreta zerstörte, denn dieses Ereignis fand um 1450 v. Chr. statt – ob dafür natürliche Ursachen (Erdbeben o. ä.) oder Menschen verantwortlich waren (beispielsweise mykenische Eroberer oder eine Revolte der einheimischen Bevölkerung), wissen wir bis heute nicht.

Der Vulkan seit Beginn unserer Zeitrechnung

Etwa 1400 Jahre nach dem großen Ausbruch regten sich neuerliche Aktivitäten. Aus dem unter Wasser liegenden Krater entwich im Zentrum der Caldéra wieder Gesteinsschmelze. Nach mehreren Vulkanausbrüchen, die durch überlieferte Berichte von Augenzeugen auf die Jahre 197 v. Chr., 46 n. Chr. und 726 n. Chr. datiert werden konnten, stieg die junge Insel Paléa Kaméni aus dem Wasser auf. Die Ausbrüche von 1427 und 1460 n. Chr. vergrößerten das neue Eiland der Caldéra auf die heute sichtbare Form.

Noch heute sichtbare Erdbebenschäden in Firá

Die Mär von Atlantis

Der gewaltige Vulkanausbruch von Santoríni hat immer wieder Anlass zu abenteuerlichen Spekulationen gegeben: Während die einen behaupten, der Ausbruch hätte die in der Bibel überlieferten zehn Plagen Ägyptens und den Exodus der Israeliten unter Führung von Moses ausgelöst, sehen andere in Santoríni die sagenhafte Insel „Atlantis", die als Folge der Naturkatastrophe im Meer versank. Auch Marinátos war davon überzeugt, dass es sich bei Akrotíri bzw. Santoríni zumindest um einen Teil von Atlantis gehandelt hat – der andere Teil soll das minoische Kreta gewesen sein.

Der berühmte Philosoph Pláton hatte im 4. Jh. v. Chr., also mehr als tausend Jahre nach dem Vulkanausbruch von Santoríni, in seinen Dialogen „Timaios" und „Kritias" von dem plötzlichen Untergang eines großen Inselreiches namens Atlantis berichtet, dessen Bewohner wegen ihrer Überheblichkeit von den Göttern bestraft worden seien. Diese Geschichte habe er auf Umwegen von ägyptischen Priestern erfahren. Damit setzte Pláton eine ungeahnte Kettenreaktion in Gang. Bis heute beflügelt der rätselhafte Kontinent die Phantasie ganzer Forscher- und Schriftstellergenerationen, obwohl nach wie vor auch der kleinste Beweis für seine Existenz fehlt. Pláton spricht von einer kleinen runden und einer großen, lang gestreckten Insel, die zusammen Atlantis gebildet hätten (man könnte also meinen: Santoríni und Kreta). Die Zeit des Untergangs setzt er allerdings auf etwa 9600 v. Chr. fest. Damals habe sich Atlantis kriegerisch gegen Athen und Ägypten erhoben, woraufhin es die Götter vernichteten. Andererseits behauptet er aber auch, der Inselstaat habe noch jenseits der „Säulen des Heraklés" gelegen (womit die Meerenge von Gibraltar gemeint ist): Atlantis wäre demnach eine Inselgruppe im Atlantik gewesen, was die Suche ungemein erweitert hat – Kanarische Inseln, Azoren, Bretagne, Irland, Karibik, Antarktis ...

In zwei großen Atlantis-Konferenzen, 2005 auf der Insel Mílos und 2008 in Athen (http://atlantis2008.conferences.gr) haben die Forscher alle derzeitigen Theorien über den Standort des geheimnisvollen Inselstaats diskutiert – knapp 50 sind es mittlerweile. Am wahrscheinlichsten scheinen derzeit die Überlegungen der Hamburger Wissenschaftler Siegfried und Christian Schoppe, dass Atlantis im Schwarzen Meer im einstigen gemeinsamen Delta der Flüsse Bug, Dnjepr und Dnjestr gelegen haben könnte. Der Wasserspiegel ist dort nämlich vor 7500 Jahren durch einströmendes Wasser aus dem Marmarameer stark gestiegen – die Zeitdiskrepanz zu Plátons Angaben kann man durch Verwendung der altägyptischen Zeitrechnung elegant auflösen und in 100 m Tiefe hat man Überreste steinzeitlicher Siedlungen entdeckt. Durchaus möglich ist aber auch, dass sich der große Theoretiker Pláton – inspiriert durch den Vulkanausbruch auf Santoríni und den späteren Untergang der minoischen Kultur auf Kreta – die ganze „Story" ausgedacht hat, um an Hand dieses anschaulichen Modells sein Lieblingsprojekt, den „idealen Staat", zu schildern. In seiner Vorstellung hatte dieser nämlich keine Existenzberechtigung mehr, sobald die Götter und Gesetze nicht mehr geachtet wurden.

Und kein Ende ... 2009 entdeckt der Luftfahrt-Ingenieur Bernie Bamford beim Durchstreifen von "Google Ocean" im Atlantik in der Nähe der Azoren regelmäßige Linienführungen, die aussahen wie eine am Reißbrett entworfene Siedlung – die Region ist eine derjenigen, in der Atlantis vermutet wird. Google spricht allerdings von einem Boot, das beim Umherfahren die Linien verursacht haben soll.

1570 ragten nach kleineren Eruptionen die ersten Quadratmeter der Insel Mikrí Kaméni aus dem Wasser heraus, die vor allem bei den Ausbrüchen von 1707–1711 und von 1866–1870 sowie von 1939–1941 stetig wuchs. Heute nennt man das Eiland Néa Kaméni (→ *Exkursion 7*). Der letzte Ausbruch des Vulkans ereignete sich auf diesen Inseln im Jahre 1950. Sechs Jahre später machte Santoríni noch einmal weltweit von sich reden: Durch ein kurzes, aber heftiges Erdbeben wurden schwere Schäden in allen Ortschaften auf Thíra und Thirassía angerichtet und einzelne Dörfer fast völlig zerstört.

Das Erdbeben von 1956

Das verhängnisvollste Erdbeben der letzten hundert Jahre auf Santoríni fand am frühen Morgen des 9. Juli 1956 um 5.30 Uhr statt. Die Inselbewohner schliefen noch, als das Unheil mit der Stärke 7,8 auf der Richterskala über sie hereinbrach. Hunderte von Häusern stürzten auf der gesamten Insel ein und mehr als 50 Menschen starben. Die Zahl der Todesopfer war deshalb so hoch, weil sich die meisten Insulaner in den Häusern aufhielten und sich nicht schnell genug ins Freie retten konnten. Am schwersten wurden die Dörfer hoch oben auf dem Rand der Calderawand zerstört: Firá, Firostefáni, Imerovígli und Oía. Aber auch die Orte in den Erosionstälern blieben nicht verschont, insbesondere Éxo Goniá, Méssa Goniá und Vóthonas sowie Akrotíri im Südwesten. Am darauf folgenden Tag, dem 10. Juli, erschütterten weitere Erdstöße die Insel. Hierbei brachen große Teile der zuvor beschädigten und locker gewordenen Caldéra-Wand ab und stürzten ins Meer hinab. Am stärksten betroffen war hier der Skáros unterhalb von Imerovígli. Tipp: Wer alte Fotos aus der Zeit der Zerstörungen und Ansichten der Insel vor dem Erdbeben sehen will, findet eine kleine, aber eindrucksvolle Sammlung im Museum Mégaron Ghízi in Firá (→ S. 129).

Exkursionen:
Auf den Spuren der vulkanischen Vergangenheit

Fast überall auf den Inseln des santorinischen Archipels befindet man sich inmitten vulkanischer Geschichte. Nur wenige Gebirgsmassive sind nicht aus Eruptionen hervorgegangen. Reizvoll sind vor allem die zahlreichen Schiffsausflüge: zu den heißen Quellen auf Néa Kaméni, nach Thirassía, eine Caldéra-Rundfahrt und zu den roten Vulkanklippen bei Akrotíri. Viele Variationen und Kombinationen werden angeboten, die verfügbaren Zeiten sind allerdings oft recht knapp bemessen. Zu Fuß, per Bus und mit dem Mietfahrzeug lassen sich viele geologisch interessante Stellen auf Santoríni auch auf eigene Faust problemlos erreichen.

Exkursion 1: Gesteine aus vorvulkanischer Zeit

Die nichtvulkanischen Gesteine Kalk, Marmor und Phyllit aus voraktiver Zeit sind heute an vier Stellen im Süden und Osten der Insel gut zu erkennen: am Profítis Ilías, am Gavrílos (bei Emborío) und an dem markanten Felsen bei Monólithos (hinter dem Flughafen) sowie am Abhang hinunter zum Athiniós-Hafen. Details siehe in den jeweiligen Kapiteln.

Exkursion 2: Hunderttausend Jahre alte vulkanische Überreste

Die rosafarbigen Gesteinsschichten aus der relativen Ruhephase des Vulkans von vor ca. 100.000 Jahren können am *Treppenweg* von Firá hinab zum alten Hafen Skála bewundert werden. Wer es bequemer haben will, kann auch mit der Seilbahn fahren. Die Besonderheit dieser Schicht liegt in den flammenähnlich lang gezogenen Gesteinsbrocken. Details siehe unter Skála/Alter Hafen im Kapitel Firá.

587 Stufen führen von Firá hinunter zum Alten Hafen Skála

Exkursion 3: Als der Vulkankegel entstand

Unweit von Firá in den ehemaligen *Bimssteinbrüchen* sind die verschiedenen Gesteinsschichten ebenfalls hervorragend zu beobachten. Sie stammen aus dem Zeitraum von vor etwa 55.000 bis ca. 20.000 Jahren, als kleinere Eruptionen den Vorläufer des heutigen Vulkankegels bis zu einer Höhe von 400 m aufbauten. Leider werden die alten Bimssteinbrüche südlich von Firá heute als Müllverbrennungsplätze genutzt. Der Zugang wurde daher offiziell verboten und das Klettern ist wegen der Abrutschgefahr ohnehin sehr gefährlich. Allerdings liegt auch die ehemalige *Leprastation* am Rand dieses Geländes. Wer einen Blick in die alten Bimssteinbrüche werfen will, sollte unserer Wegbeschreibung zur Leprastation folgen (→ S. 132). Vom Betreten der Steinbrüche raten wir ab.

Exkursion 4: Der Ausbruch des Skáros-Vulkans

Am *Skáros-Felsen* oder auch Kávos Toúrlos genannt, unterhalb von Imerovígli, lassen sich ebenfalls die Gesteinsschichten aus dem Zeitraum von vor etwa 55.000 bis ca. 20.000 Jahren gut sehen. Sie sind waagerecht angeordnet und stammen von vielen Dutzend Schüben ausfließender Lava des Skáros-Vulkans. Die obere, etwa 7 m dicke Schicht entstand vor gut 21.000 Jahren. Sie lässt sich an dem gut ausgebauten *Treppenweg* hinüber auf den Skáros leicht erkennen. Dieser Weg beginnt an der Terrasse bei der Kapelle Ágios Geórgios in Imerovígli und führt den Hang hinunter, vorbei an der Kirche Ágios Ioánnis und über einen ca. 200 m hohen Sattel auf den Skáros (weitere Details siehe im Kapitel Imerovígli).

Exkursion 5: Der große Ausbruch (1627–1600 v. Chr.)

Wer in Firá oder Oía die steilen Treppenwege zu den Häfen *Skála* und *Arméni* hinabgeht, läuft direkt an den farbenprächtigen Gesteinsschichten vorbei, an denen sich der Aufbau des Vulkans ablesen lässt: Die mächtige Schicht der hellen Bims-stein- und Aschenlagen entstammt dem großen Ausbruch im 2. Jt. v. Chr. Die darunter befindlichen roten bis schwarzen Gesteinsschichten sind härter, weniger porenreich sowie deutlich schwerer als der Bimsstein und wurden bei früheren Vul-kanausbrüchen abgelagert. Als Faustregel gilt: Vulkangesteine werden mit Abnahme des Kieselsäuregehalts (in unterschiedlicher Konzentration in der Gesteinsschmelze enthalten) dunkler und schwerer. Zu explosionsartigen Vulkanausbrüchen – wie z. B. dem vor rund 3600 Jahren – kommt es hauptsächlich dann, wenn die aufstei-gende Gesteinsschmelze sehr kieselsäurereich ist. Details siehe unter Skála/Alter Hafen im Kapitel Firá und unter Arméni im Kapitel Oía.

Vulkangestein als Exportgut

Natürlich kennen die Bewohner von Santoríni auch seit langem den Nutzen ihrer Vulkangesteine: Wichtigstes Ausfuhrprodukt der Insel war noch bis Ende der achtziger Jahre Bimssteinsand, auch Pozzuolan-Mehl oder Santo-ríni-Erde genannt. In einem Mischungsverhältnis von 1:8 mit Kalk ergibt dieser Sand einen perfekten Mörtel, der auch unter Wasser eisenhart wird. Schon im 19. Jh. ließ Ferdinand Maria de Lesseps auf Santoríni Bimsstein für den Bau des gewaltigen Suez-Kanals abbauen (1859–1869) und noch heute bestehen zahlreiche Schiffsmolen aus diesem Baustoff. Aber gerade der lu-krativste Wirtschaftszweig war es auch, der der Insel die größten Schäden zufügte: Die mächtigen Bimsstein- und Aschedecken wurden nämlich süd-lich von Firá in großen Gruben abgebaut (in so genannten Baládes) – die schweren Wunden, die der intensive Abbau dort in den Kraterhang geschla-gen hat, sind nicht zu übersehen. Aus Naturschutzgründen und natürlich wegen der touristischen Bedürfnisse nach intakter Landschaft hat man des-halb Anfang der neunziger Jahre die Produktion eingestellt. Heute sind noch die Vorrichtungen zu sehen, in denen man den Bimsstein direkt vom Hang in die Frachtschiffe rutschen ließ.

Neben Bimsstein wurden einst auch bleihaltige Mineralien, Eisenoxidver-bindungen, Azurit und Malachit aus den vulkanischen Gesteinen gewonnen und exportiert.

Exkursion 6: Am Kávos Akrotíri

Auch am *Kávos Akrotíri* führt ein Weg in die Caldéra hinunter. Auf der rechten Sei-te liegt ein kleiner Felsvorsprung. Dort sind recht gut die verschiedenen Bimsstein-schichten zu erkennen. Trotz ihres unterschiedlichen Aussehens stammen sie aus derselben Zeit. Aber wodurch entstehen die Unterschiede? Warum sind manche Steine schwarz und weich, andere weiß und hart oder rot, leicht oder schwer oder löchrig wie ein Käse? Die Ursache liegt in der variablen chemischen Zusammenset-zung des Magmas und seinem Gasgehalt begründet. Entweder erkaltet das vulka-nische Material in einheitlichem Muster nach dem langsamen Ausfluss als dünnflüs-siges Magma. Oder die Magmabrocken werden durch explosionsartige Ausbrüche durch die Luft geschleudert und schlagen auf bereits erkaltetem oder noch flüssi-gem Untergrund auf. So entstanden die verschiedenen Formationen, die hier am *Kávos Akrotíri* gut zu beobachten sind. Details siehe im Kapitel Akrotíri.

Vulkanausbrüche und Erdbeben in der Zukunft?

Da die Erdkruste im ägäischen Raum instabil ist, muss auch für die Zukunft mit Vulkanausbrüchen, Erd- und Seebeben gerechnet werden. Das vorerst letzte schwere Beben fand im Juni 2008 auf der Insel Kreta statt und hatte eine Stärke von 5,5 auf der Richter-Skala und am 8. Januar 2006 wurde bei einem Seebeben zwischen Peloponnes und Kreta sogar die Stärke von 6,9 gemessen. Dies liegt an der Verschiebung zweier Erdplatten: Die ägäische Platte mit den griechischen Inseln driftet südwestlich, während die afrikanische Platte sich nordwärts bewegt. An den Bruch- und Übergangsstellen entstehen vulkanische Aktivitäten wie der Ätna auf Sizilien und der Vulkan von Santoríni. Auch wenn derzeit scheinbare Ruhe herrscht, die Aktivität besteht fort. Das haben seismische Messungen ergeben. Genaue Vorhersagen sind zwar unmöglich, doch wird für die nächsten Jahre ein größerer Ausbruch ausgeschlossen. Es ist aber durchaus denkbar, dass in ferner Zukunft die Caldéra durch anhaltende vulkanische Tätigkeit völlig mit Lava aufgefüllt wird – sofern eines Tages die Insel nicht wieder durch einen großen Ausbruch in ihre Einzelteile zersprengt wird. Die Aktivität auf den anderen Kykladen- und Ägäisinseln ist bereits vor langer Zeit erloschen. Den letzten Vulkanausbruch außerhalb Santorínis verzeichnete man in Griechenland 1422 n. Chr. auf Nísiros im Dodekanes.

Exkursion 7: Bootsausflug auf die Inseln der Caldéra

Sicherlich die beliebteste Tour und Standardprogramm für jeden längeren Inselaufenthalt. Die Caldéra-Rundfahrten starten sowohl vom Athiniós-Port und vom Hafen Skála unterhalb von Firá als auch von Oía. Je nach Saison fahren verschiedene Boote bis zu 8-mal tägl., zumeist am Nachmittag sowie oft unterschiedliche Routen. Erster Anlaufpunkt ist üblicherweise der Órmos Ernia bzw. die Ankerbucht Petroulioú auf Néa Kaméni mit Besichtigungsmöglichkeit des Geórgios-Kraters und der umliegenden Lavafelder. Sodann folgt ein Bad in den heißen Quellen in einer Bucht von Paléa Kaméni. Fast immer geht es dann über einen kleinen Trip nach Thirassía zurück nach Oía oder zum Ausgangshafen. Buchungen sind praktisch in allen Reisebüros auf Santoríni möglich. Die Touren unterscheiden sich allerdings nach Abfahrtszeit und -ort, Route, Service sowie natürlich dem Preis. Mit ca. 20–28 € pro Person sollte man rechnen.

Vulkanische Steinwüste auf Néa Kaméni

Alt-Thíra: Inselhauptstadt in dorischer Zeit

Geschichte

Der Vulkan hat die gesamte Geschichte des santorinischen Archipels geprägt. Sogar die heutige Entwicklung zum größten Touristenmagnet der Kykladen lässt sich darauf zurückführen.

▶ **Vorgeschichte und Kykladenkultur**: Obwohl Santoríni in den Phasen relativer vulkanischer Ruhe eine fruchtbare Insel gewesen sein muss, liegen gesicherte archäologische Funde erst für die späte Stein- und frühe Bronzezeit vor. Während der *frühkykladischen Periode* im 3. Jt. v. Chr. besiedelten *Karer* aus Kleinasien die Insel. Die günstige geografische Lage an den Handelsrouten förderten die Einwanderung auf den Kykladen und ließen erste Siedlungen im Süden von Santoríni um ca. 3000 v. Chr. entstehen. Die frühkykladische Kultur wird oft als die typischste bezeichnet, da sie sich ohne fremde Einflüsse entwickelte. Leider besitzen wir über sie keinerlei schriftliche Aufzeichnungen, weder von den Kykladen selbst, noch von benachbarten frühen Hochkulturen. So bleiben nur die Ausgrabungen und Funde, die aber nach wie vor viele Rätsel aufgeben. Die Kunst der frühkykladischen Zeit wird in drei Hauptphasen oder -gruppen eingeteilt, die nach den wichtigsten Fundorten benannt wurden: *Grótta-Pélos* (Frühkykladisch I), *Kéros-Sýros* (Frühkykladisch II) und *Filakopí I* (Frühkykladisch III). Ob es sich jedoch tatsächlich um aufeinander folgende Phasen oder um parallele Erscheinungen handelt, ist schwer zu beurteilen.

Während des mittleren Kykladikums im zweiten Jahrtausend wurden die Karer von den *Minoern*, die auf Kreta eine großartige Zivilisation errichtet hatten, verdrängt bzw. assimiliert. Ob Santoríni politisch selbständig war oder eine Art Außenposten des minoischen Reiches, konnte bisher nicht geklärt werden. Zumindest war es kulturell stark von den Minoern beeinflusst, was man nicht zuletzt an den herrlichen Wandbildern sieht, die in der verschütteten Stadt Akrotíri gefunden wurden und die frappierende Ähnlichkeit mit den minoischen Wandgemälden aus Knossós (Kreta) haben. Strongilí, „die Runde", hieß die Insel damals noch. Nähere Informationen zu den Wandgemälden von Akrotíri siehe Akrotíri, S. 229.

Zeitlos schön: Die Kykladenidole

Bekannt wurde die frühkykladische Kultur vor allem durch ihre Marmorfiguren, die so genannten Idole, die von den Formen her stark an moderne Kunst erinnern. Dass ihnen jedoch ein völlig anderes kulturelles Gedankengut zugrunde liegt, zeigt sich schon an der Tatsache, dass viele der heute in „abstraktem Weiß" erstrahlenden Idole ehemals bemalt waren. Ihre Bedeutung ist noch immer ein Rätsel. Waren es, ähnlich wie die ägyptischen Ush-

ebtis, kleine Dienerfiguren, die für den Toten die im Jenseits anfallenden Arbeiten verrichten sollten, waren es Abbilder der großen Göttin oder eine Art Talisman, der den Dargestellten unter den besonderen Schutz der Götter stellte? Wir wissen es nicht, aber wir können annehmen, dass sie für die damaligen Menschen sehr wichtig waren, da ihre Herstellung doch einigen Zeitaufwand erforderte. Die Epoche der Kéros-Sýros-Gruppe (Frühkykladisch II) stellt den Höhepunkt in der Entwicklung der Kykladenidole dar. Die Ausformung der Figuren wird so individuell, dass die Idole bereits einzelnen Künstlern zugeordnet werden können. Mehrere Merkmale kennzeichnen diese Phase: Zum einen bildet sich eine verbindliche Form der Menschendarstellung heraus, die „Folded-Arms-Figurines", aufrecht stehende, weibliche Figuren mit unter der Brust übereinander gelegten Armen. Plastisch ausgearbeitet oder eingeritzt sind meist nur Nase, Brüste, Arme und Schamdreieck, der Rücken bleibt in der Regel flach und in der Seitenansicht sind die Figuren extrem dünn. Zum anderen trauen die Künstler sich jetzt an immer größere Formate – waren die Figuren in Frühkykladisch I nur etwa 15–30 cm hoch, erreichen sie jetzt mit Größen bis zu 1,50 m manchmal sogar Lebensgröße.

Zu dem Schönsten und Originellsten, was uns die Kykladenplastik hinterlassen hat, gehören aber die neben den Folded-Arms-Figurines noch angefertigten Sonderformen. So entdeckte man 1838 in einem Grab in den Bimssteinbrüchen von Santoríni die etwa 15–16 cm großen und auf einem kunstvoll gearbeiteten Thron sitzenden „Harfenspieler". Die archäologische Sensation lag darin, dass zuvor noch keine Figurenpaare gefunden wurden.

Der größte bis heute bekannt gewordene Vulkanausbruch aller Zeiten zerstörte zwischen 1627 und 1600 v. Chr. nicht nur die Insel völlig und beendete für mindestens zwei Jahrhunderte jegliches Leben, sondern fällt relativ genau mit dem Beginn der *spätkykladischen Phase* zusammen. Da man in der Ausgrabung von Akrotíri keinerlei menschliche Überreste gefunden hat, nimmt man an, dass sich die Bevölkerung nach Kreta und auf andere umliegende Inseln retten konnte. Dies ist aber noch immer umstritten (→ Kapitel Akrotíri). Ab ca. 1500 v. Chr. wurden die Minoer auf den Kykladen von den *Mykenern* verdrängt. Auf Santoríni fanden sich allerdings bisher keine mykenischen Überreste. Erst ab etwa 1300 v. Chr. sollen sich nach Berichten antiker Schriftsteller *Phönizier* auf der Insel niedergelassen haben – sie nannten sie Kallistí, „die Schöne".

▶ **Dorische Wanderung und Geometrische Zeit**: Seit der Mitte des 12. Jh. v. Chr. erschütterte eine gewaltige *Völkerwanderung* die Welt des östlichen Mittelmeeres. Im Zuge dieser Wanderbewegung kamen etwa gleichzeitig mit dem Zusammenbruch der mykenischen Kultur neue Stämme nach Griechenland: die Dorer. Diese dorische Einwanderung veranlasste viele der einheimischen ionischen Stämme, das Feld zu räumen. Geschichtlich bewiesen ist, dass um die Jahrtausendwende die Dorer vom südlichen Peloponnes nach Santoríni vordrangen und das Eiland kolonisierten. Die Dorer nannten die Insel *Thíra* (nach einem mythologischen Helden) und gründeten ihre Hauptstadt Alt-Thíra auf dem großen Méssa Vounó-Fels an der Ostküste. Ende des 19. Jh. hat sie ein deutscher Archäologe ausgegraben (→ Kapitel Alt-Thíra).

● *Geometrische Kunst* Die Bemalung der Keramik mit geometrischen Mustern gab der gesamten Stilepoche ihren Namen. Aus anfangs noch recht einfachen Mustern mit breiten Streifen und konzentrischen Halbkreisen entwickelten sich immer vielfältigere Ornamente, die in zahlreichen Bordüren übereinander gelegt wurden. Das bekannteste ist wohl der **Mäander**. Erst in spätgeometrischer Zeit wurden auch kleine Tierfriese und Menschendarstellungen eingefügt. Eine besondere Form der geometrischen Amphora fertigte man auf Thíra: bis zu 80 cm hohe Prunkgefäße, die als Ascheurnen bei Bestattungen dienten. Vor dem Bemalen erhielten sie einen Überzug aus weißlichem, fein geschlämmtem Ton. Nur die Vorderseite wurde verziert, Hals und Schulter überzogen Bordüren mit Mäandern und falschen Spiralen, den unteren Teil schmückten nur einfache Streifen.

▶ **Archaische Zeit und Perserkriege**: In der Archaik erlebte die gesamte griechische Welt eine kulturelle Blütezeit: Es entstanden die ersten monumentalen Steintempel mit Säulenhallen und lebensgroßen Marmorstatuen. Auch die Kunst der Kykladen gelangte in diesem Zusammenhang nochmals zu einem Höhepunkt. Religiöses Zentrum aller Kykladenbewohner wurde die heilige Insel Délos. Die Sage berichtet, dass sie als Einzige der von Zeus schwangeren *Litó* Zuflucht bot vor der eifersüchtigen Héra. Und so brachte sie auf der kleinen Felseninsel die Zwillinge *Apóllon* und *Ártemis* zur Welt. Santoríni wurde in dieser Epoche nur wenig von außen beeinflusst. Um 630 gründeten die Bewohner der Insel ihre einzige Kolonie, Kyréne in Libyen. Ebenfalls in die Archaik fallen die ersten Münzprägungen von Santoríni.

Unter ihren Anführern Kýros und Megabátes gelang es den Persern, die Inseln Santoríni, Páros und Náxos zu erobern. In den *Perserkriegen* stand der santorinische Stadtstaat, wie die meisten Kykladeninseln, anfangs auf der Seite des Großkönigs, der als sicherer Sieger angesehen wurde. Zu dieser Zeit war Santoríni aristokratisch verfasst und so wurde die Insel gemeinsam mit Páros zu einem propersischen Stützpunkt inmitten der Ägäis. An den griechisch-persischen Auseinandersetzungen der Jahre zwischen 490 v. Chr. und 479 v. Chr. nahm Santoríni aber weder auf der Seite der Perser noch als Verteidiger Athens teil. Allerdings sympathisierte man weiterhin mit der persischen Seite. Schließlich siegte die griechische Koalition unter Athener Führung in den berühmten *Schlachten von Sálamis* (480 v. Chr.) und *Platéa* (479 v. Chr.) sowie in der *Seeschlacht von Mykáli*.

▶ **Griechische Antike, Hellenismus und Rom**: Nach Athens Sieg über die Perser wurde 477 v. Chr. der *Attisch-Delische Seebund* gegründet. Als ehemalige Dorer-Kolonie stand die Insel, wie auch Mílos, den oligarchischen Spartanern aber näher als dem demokratischen Athen. Daher verweigerte Santoríni zunächst seinen Beitritt, wurde aber 430 v. Chr., während des *Peloponnesischen Kriegs* (431–404 v. Chr.), faktisch von Athen zum Eintritt in den Seebund gezwungen. Nach dem endgültigen Sieg Spártas fielen die Kykladen dann den Peloponnesiern zu. 377 v. Chr. trat Santoríni dem Zweiten Attischen Seebund bei und siegte zusammen mit der athenischen Flotte 376 v. Chr. in der Seeschlacht bei Náxos über Spárta. 338 v. Chr. wurde die Insel nach der Niederlage Athens in der *Schlacht von Cheronía* dem Mazedonischen Reich Philipps II. und Alexanders des Großen angeschlossen.

Im Zeitalter des *Hellenismus* setzten sich die griechischstämmigen Ptolemäer im Zuge der Reichsteilung nach Alexanders Tod auf der Insel fest. Sie richteten einen großen maritimen Militärstützpunkt gegen die Makedonier im Norden ein. Die meisten Gebäude im ausgegrabenen Alt-Thíra stammen aus dieser Epoche und der Zeit der folgenden römischen Besetzung. Nach dem Sieg der Römer im Zweiten Makedonisch-Römischen Krieg (200–197 v. Chr.) brach die Herrschaft der Makedonier in Griechenland zusammen. Auch die Kykladen fielen an Rom und wurden zunächst von Rhódos aus verwaltet. Noch bevor die Kykladen 146 v. Chr. zu einer eigenen römischen Provinz aufstiegen, entstand bei einem erneuten Ausbruch die Caldéra-Insel Paléa Kaméni.

Klassischer Jünglingskopf im archäologischen Museum von Firá

▶ **Byzantinische Zeit**: Zur Zeit *Konstantins des Großen* (280–337 n. Chr.) wurde das Reich von Byzanz (Konstantinopel) aus regiert. Dort verblieb auch weiterhin die Oberhoheit über ganz Griechenland, als nach der Reichsteilung von 395 n. Chr. das *Oströmische Reich* entstand. Die Kykladeninseln wurden nun byzantinisch. Während dieser Zeit litt Santoríni (ebenso wie die anderen Inseln) sehr unter den ständigen Piratenüberfällen. Etwa um 900 n. Chr. fielen Araber- und Sarazenen-Heere auf den Inseln ein und verwüsteten ganze Landschaften. Trotz einiger Befestigungsversuche konnte der Kaiser in Konstantinopel keine dauerhafte Sicherheit gewährleisten.

Byzanz hat, insbesondere in Form von Kirchen und Kapellen, tiefe Spuren auf den Inseln hinterlassen. Griechisch-orthodoxe Sakralbauten entstanden überall auf

Santoríni. So stammt beispielsweise die Kirche Theotokáki in Pýrgos aus dem 10. Jh. Auch die sehenswerte Panagía Episcopí oberhalb des Ortes Méssa Goniá fällt in die byzantinische Zeit. Sie wurde im frühen 12. Jh. von Kaiser Aléxios I. Komnenós gestiftet.

▶ **Venezianisch-fränkische Zeit**: Nach dem Vierten Kreuzzug wurde Anfang des 13. Jh. das Byzantinische Reich aufgeteilt. Die ägäischen Inseln fielen an die Venezianer. 1207 gründete Márcos Sanoúdo das *Herzogtum Náxos*, dem Santoríni zunächst nicht angehörte. Lehnsherr der Insel wurde Giacomo Barózzi. Erst in dieser Zeit erhielt die Insel ihren heutigen Namen: Die Venezianer nannten das Inselquartett (Néa Kaméni gab es noch nicht) „Santoríni", nach einer Sánta-Iríni-Kirche (Heilige Irene) an der Nordspitze von Thirassía, wo sie das erste Mal an Land gingen.

Eine Fehde der Herzöge von Náxos mit der Familie Barózzi endete 1335 mit dem Sieg der Sanoúdos und der Eingliederung Santorínis ins naxiotische Herzogtum. In den folgenden Jahrzehnten wechselten die venezianischen Herrschersippen häufig. Ausgelöst durch die stetige Piratengefahr entstanden mehrere befestigte Siedlungen. Die wichtigsten waren Pýrgos (Sitz der orthodoxen Gemeinde), Oía, Emborío und der markante Felsengipfel Skáros (beim heutigen Imerovígli, Sitz der venezianisch-katholischen Gemeinde) am höchsten Punkt des Kraterrands. Auf letzterem errichteten die Venezianer ein starkes Kástro, von dem jedoch nichts mehr erhalten ist. An anderen Orten sind dagegen noch Reste venezianischer Wohnburgen zu sehen. 1383 wurde der letzte Nachkomme der Sanoúdo-Familie ermordet und das Herzogtum Náxos fiel an Francesco Críspo, der bis 1479 auch über Santoríni herrschte. Im Jahr darauf gab Herzog Jacopo III. Críspo die Insel seiner Tochter Fiorenza als Mitgift zur Heirat mit Doménico Pisani von Kreta. In diese Zeit fällt eine bedeutende wirtschaftliche Blüte der Insel. Die neuen Herren unterstützten die Landwirtschaft und bauten Wein, Oliven und Baumwolle an. Vor allem der Weinbau gelangte zu großer Bedeutung und die Süßweine Santorínis wurden in viele europäische Länder exportiert. Schließlich gelangten die Críspis 1494 wieder an die Macht, als das Oberhaupt der Pisani-Familie verstarb. Gegen Ende der venezianischen Epoche nahmen Auseinandersetzungen zwischen den verschiedenen Lehnsherren einerseits und den beiden religiösen Gruppen der Katholiken und der griechischen Orthodoxie andererseits zu.

▶ **Türkenherrschaft und Griechischer Freiheitskampf**: 1537 eroberte der türkische Admiral *Chaireddin Barbarossa* mit den gesamten Kykladeninseln auch Santoríni. Unter Zahlung hoher Tribute an Sultan Suleiman II. konnten die Venezianer aber noch ihre Herrschaft auf der Insel bis 1566 aufrechterhalten. Die Türken kümmerten sich wenig um Santoríni und siedelten sich auch nicht an. Im Gegenteil: Man gewährte den Bewohnern Glaubensfreiheit, beließ die Verwaltung in ihren Händen und öffnete den kleinasiatischen Markt für Exportprodukte. Allerdings schlugen die Steuerlasten erheblich zu Buche.

Zwischen 1570 und 1573 versank ein Großteil der Südküste bei einem Vulkanausbruch im Meer. Knapp hundert Jahre später, 1650, erschütterten erneute Erdbeben und ein weiterer Ausbruch die Insel. Überliefert ist, dass giftige Schwefeldämpfe den gesamten Nutzviehbestand und große Teile der Flora vernichteten. Schließlich entstand in dieser vulkanischen Aktivitätsphase zwischen 1707 und 1711 die Insel Néa Kaméni.

Im Russisch-Türkischen Krieg von 1768 bis 1774 kämpften die Griechen auf Seiten der russischen Flotte unter Orloff und Spyridoff. Vier Jahre lang konnten die Kykladenbewohner ihre Freiheit aufrechterhalten, bevor am Ende der Auseinandersetzung die Inseln erneut an die Türken fielen. In diesen Jahren lag das Hauptquartier der Russen auf der Nachbarinsel Páros. Sie beschützten auch zahllose Flüchtlinge vom Peloponnes, wo der Aufstand gegen die Türken 1770 scheiterte.

Die heilige Irene (Agía Iríni): Schutzheilige der Insel Santoríni

Die Legende berichtet von einer Tochter des Königs Licínius von Makedonien im 1. Jh. Wegen ihrer Schönheit wurde Irene vom eigenen Vater im Alter von sechs Jahren in einem Turm eingeschlossen, wo ein Engel sie in der christlichen Religion unterrichtete und der Heilige Timotheus (ein Schüler des Apostels Paulus) die Taufe vornahm. Als Irene die römischen Götzenbilder ablehnte, wollte ihr Vater sie töten lassen, indem sie an ein wildes Pferd gebunden wurde. Das Pferd tötete jedoch versehentlich den König, während Irene unverletzt blieb. Schließlich gelang es ihr aber, durch intensives Gebet zu Christus, den Vater wieder zum Leben zu erwecken. Licínius konvertierte daraufhin zusammen mit seinem 3000-köpfigen Volk zum Christentum.

Der römische Statthalter Ampelianus hörte von der Geschichte und ließ Irene verhaften und martern. Da sie aber trotz der Qualen nicht von ihrem Glauben abwich, wurde Irene mit dem Schwert hingerichtet. Wahrscheinlich fällt diese Heiligenvita in die Zeit der Christenverfolgung unter Domitian oder Traian. Leider ist die Geschichte nur sehr bruchstückhaft überliefert, obwohl Irene in den ersten christlichen Jahrhunderten eine der bedeutendsten Glaubensheldinnen war.

Eine andere Legende erzählt von den drei Schwestern Irene, Agápe und Chioniá, die zu Beginn des 4. Jh. in Thessaloníki lebten und dem Christentum sehr zugetan waren. Als im Jahre 303 die Christenverfolgung unter den Kaisern Diocletian und Maximian erneut zunahm, begaben sich die Schwestern auf einen Berg, um dort ungestört zu beten. Die Wachen entdeckten sie aber und führten sie vor das Gericht des Landvogts. Dulcetius forderte die Frauen auf, den Göttern Opfer zu bringen. Als sie sich aufgrund ihres christlichen Glaubens weigerten, wurden Agápe und Chioniá sofort bei lebendigem Leib verbrannt, während man Irene inhaftierte.

Kurze Zeit später wurde die um 284 geborene Irene erneut angeklagt, „Pergamente, Bücher, Täfelchen, Hefte und Blätter der Christen zu verbergen". Auch ihr drohte die Todesstrafe, sollte sie den Göttern nicht opfern. Selbstverständlich weigerte sich Irene und die damals zeitgemäße Strafe erfolgte sofort: „Der Landvogt ließ sie durch den öffentlichen Henker in einem Bordell nackt aussetzen, wo ihr aber niemand nahe zu kommen wagte. Schließlich wurde sie gleich ihren Schwestern verbrannt." Mittelalterliche Legendenverfasser datieren den Todestag, der erst sehr viel später heilig gesprochenen Irene, auf den 1. April 304.

Welche der beiden Legenden auch immer die „wahre" Iríni-Geschichte ist, sei dahingestellt. Fest steht, dass es einen direkten Bezug zur Insel Santoríni wohl nicht gibt. Die Verehrung der heiligen Irene fällt in der griechisch-orthodoxen Kirche auf den 5. Mai. Das heute größte Panigýri des Archipels findet auf Thirassía statt.

1821 stieg Santoríni mit einer großen Flotte in den Aufstand gegen die Türken ein. Der *Griechische Freiheitskampf* hatte begonnen. Am 1. Januar 1822 verkündet der Nationalkongress in Epídavros die Unabhängigkeit des griechischen Volkes. Da die europäischen Großmächte zu keiner Lösung des Griechenlandproblems bereit oder fähig waren, begann ab 1825 zunächst auf dem Festland der Untergrundkrieg. 1829 wurde der Frieden von Adrianopel ausgehandelt, die Türkenherrschaft ging zu Ende.

▶ **Königreich, Zweiter Weltkrieg und Nachkriegsjahre**: Nach dem Sieg über die Türken gründeten die Griechen 1830 ein Königreich, dessen erstes Staatsoberhaupt der Wittelsbacher Otto I. (1834–1862) wurde. Der Archipel der Kykladen gliederte sich 1832 dem neuen griechischen Staat an. 1922 verlor Griechenland den *Griechisch-Türkischen Krieg* (1919–1922). Nach der „Kleinasiatischen Katastrophe" begann ab 1923 ein riesiger Bevölkerungsaustausch zwischen Griechenland und der Türkei. Wenige Jahre später, zwischen 1925 und 1928, kam es zu erneuter vulkanischer Aktivität auf Néa Kaméni.

Während des *Zweiten Weltkrieges* besetzten zunächst italienische, später deutsche Truppen Griechenland. Auf Santoríni landeten Mussolinis Truppen 1941. Die deutsche Besatzung bestand dann bis zum 18. Oktober 1944. Nach Weltkriegsende schloss sich ein *Bürgerkrieg* im gesamten Land zwischen den Kommunisten und „Nationalisten" an, den die Royalisten 1949 gewannen. Das griechische Königreich trat schon 1952 der NATO bei. Am 9. Juli 1956 erschütterte ein schweres Erdbeben die Insel Santoríni. Mehr als 3000 Häuser wurden zerstört oder unbewohnbar und die Chronik verzeichnete mehr als 50 Tote. Viele Bewohner verließen die in Trümmern liegenden Städte und kehrten bis heute nicht wieder zurück.

▶ **Neuere griechische Geschichte**: Zwischen 1967 und 1974 herrschte in Athen ein *Militärregime* unter Geórgios Papadópoulos. Die eskalierende Zypernkrise brachte die Junta schließlich zu Fall und eine Neuwahl zum Parlament brachte am 17. No-

Kirche in Pýrgos

vember 1974 einen Sieg für die neue konservative Partei Néa Dimokratía (ND) unter Konstantínos Karamanlís. Im Dezember des gleichen Jahres fegte eine Volksabstimmung die Monarchie hinweg und Griechenland ist seither eine *Republik*. 1981 erfolgte der Eintritt in die Europäische Gemeinschaft und die ND-Regierung unterlag den Sozialisten (PASOK) mit Andréas Papandréou. Mit Ausnahme der Jahre zwischen 1990 und 1993 unter Ministerpräsident Konstantínos Mitsotákis wurde Griechenland von 1981 bis 2004 von der PASOK regiert. Allerdings gewannen die Sozialisten unter Kóstas Simítis die Wahlen im April 2000 nur sehr knapp. Das Hauptziel der Regierung Simítis, die Teilnahme Griechenlands an der Europäischen Währungsunion, wurde aber erreicht. Allerdings hatte das Land Anfang 2002 im europäischen Vergleich die höchste umstellungsbedingte Inflation zu verzeichnen. Bei den Wahlen im Mai 2004 errang die Néa Dimokratía einen deutlichen Wahlsieg, Ministerpräsident wurde Konstantínos Karamanlís. Die Olympischen Spiele von 2004 waren ein großer Erfolg für das Land, rissen aber ein Riesenloch in den ohnehin schuldengebeutelten Staatshaushalt.

Bei den vorgezogenen Parlamentswahlen von 2007 siegte die Nea Dimokratia nur noch mit hauchdünnem Vorsprung, Karamanlís blieb Premier. Noch nie wählten die Griechen so viele kleine Parteien, ein klares Zeichen des Protestes. Die verheerenden *Waldbrände* auf dem Peloponnes brachten die Regierung in Bedrängnis, kritisiert wurden Umweltschutzversäumnisse und schlechtes Krisenmanagement.

Im Dezember 2008 kam es zu tagelangen schweren Unruhen in den großen Städten Griechenlands. Anlass war der Tod eines 15jährigen durch eine Polizeikugel. Die aufgestaute Wut über die korrupte Regierung, über Finanzskandale, Missstände und Teuerungen entlud sich in Straßenschlachten, Brandanschlägen und Plünderungen. Grund dafür aber auch: Die Arbeitslosigkeit der 15- bis 29jährigen ist eine der höchsten innerhalb der EU, sogar für Hochschulabsolventen gibt es oft keine berufliche Perspektive. Die Néa Dimokratía verfügt derzeit nur noch über eine Stimme Mehrheit im Parlament und hat im Volk keinen Rückhalt mehr.

Die *Weltwirtschaftskrise* trifft Griechenland derzeit hart, die Banken haben immense Probleme, die Arbeitslosigkeit ist hoch und auch im Tourismus werden starke Einbußen erwartet.

Souvenirs aus Santoríni

Allgemeines

Klima und Reisezeit

Die Inselgruppe der Kykladen gehört zur Zone des gemäßigten, subtropischen Mittelmeerklimas. So wechseln sich auch auf Santoríni heiße und trockene Sommer mit windigen und regenreichen, aber vergleichsweise milden Wintern ab. Die Übergangsphasen im Frühjahr und Herbst sind dagegen nur kurz.

Santoríni ist im Allgemeinen von Ende April bis Ende Oktober ein angenehmes Reiseziel, aber die beste Urlaubszeit ist das späte Frühjahr ab Mitte Mai bis Ende Juni. In dieser Periode gibt es nur relativ wenige Regenschauer, der Meltémi (→ Kasten S. 36) bläst nur schwach, die Temperaturen sind noch nicht so heiß, doch die Wassertemperatur misst schon über 18 °C. Auch von Mitte September bis Mitte/Ende Oktober herrscht auf der Insel ein angenehm warmes Klima und das Wasser hat noch fast Sommertemperaturen. Nachteil allerdings im Herbst: Es wird merklich früher dunkel.

Wer Niederschläge scheut und hohe Luft- und Wassertemperaturen sucht, kann sich auf das Sommerwetter verlassen. Es wurden schon Jahre auf Santoríni verzeichnet, in denen erst Ende September wieder der erste Regen seit der Osterzeit fiel! Üblicherweise kommt es in den Monaten Mai oder Juni nur an sehr wenigen Tagen zu kurzen, aber heftigen Regenschauern (→ Wirtschaft).

Für den Winter ist Santoríni kein empfehlenswertes Reiseziel. Auch viele Einheimische verbringen die kalte Jahreszeit in Athen. Die Anzahl der Regentage pro Monat steigt im November oder Dezember rapide an, erreicht im Januar oder Februar ihren

Höhepunkt und sinkt erst im April wieder unter sieben. Zudem gibt es im Winter fast immer schwere Stürme, Schnee fällt in den tiefer gelegenen Gebieten und an den Küsten dagegen äußerst selten.

▸ **Winde**: Wind gehört zu den Kykladen wie Sonne und Meer. Der trockene und kühle Nordwind (seltener auch aus Nordwest) wird *Meltémi* genannt und erreicht nicht selten bis zu Windstärke acht, während die Sonne gleichzeitig weiter erbarmungslos auf die Inseln brennt. Die warmen Winde aus südlichen Richtungen heißen dagegen *Siróko* (Schirokko) und legen Sandstaub über alles.

Meltémi: Der Wind, der die Glocken läuten lässt

Der *Meltémi* tritt stets zwischen Juni und September auf. Meist setzt er am späten Vormittag ein, steigert sich tagsüber bis Windstärke 5 oder 6 und flaut gegen Abend wieder allmählich ab, wenn er von einem nordwärts gerichteten Landwind aufgehoben wird. Gelegentlich erreicht er Stärke 7 oder 8, wobei er dann meist auch die Nacht über und mehrere Tage lang mit unverminderter Härte weht. Ab Windstärke 6 ist der Fährverkehr zwischen den Inseln erheblich beeinträchtigt, bei noch heftigerem Sturm geht in der Ägäis gar nichts mehr. Selbst die großen Autofähren bleiben dann in den Häfen liegen und der Flugzeugverkehr wird eingeschränkt. An der Caldéra und auf den Feldern von Santoríni kann insbesondere der aufgewirbelte, feine Bimssteinstaub sehr unangenehm werden.

Die Griechen klassifizieren die Stärke des Meltémi nicht durch Zahlenangaben, sondern mit Namen: Der *Karekládos* bläst Stühle *(Karékles)* um und treibt alles durch die Gassen, was nicht niet- und nagelfest ist; der *Trapezádos* hat die Kraft, Tische *(Trapézia)* umzuwerfen und der *Kabános* bringt sogar Kirchenglocken *(Kabána)* zum Läuten.

In der Antike machte man Aíolos, den Sohn des Poseidón und Beherrscher der Winde, für den *Meltémi* verantwortlich. Heute ist das Rätsel um den Wind längst meteorologisch erforscht: Angetrieben wird der *Meltémi* von der Ausgleichsströmung zwischen dem im Sommer fast konstanten Balkanhoch und dem Tief über der arabischen Wüste. Im Uhrzeigersinn bläst er von Nordosten in die Nordägäis hinein, schwenkt dort um und fegt im Gegenuhrzeigersinn über die Kykladen hinweg. Im Grunde könnte man den *Meltémi* sogar als eine Art Mini-Monsun bezeichnen.

▸ **Niederschläge**: Wegen der relativ kleinen Landmasse regnet es auf Santoríni weniger als auf anderen Kykladen-Inseln. Leichte Bewölkung, Nieselregen oder ein kurzes Gewitter kommen auch im späten Frühjahr und im frühen Herbst gelegentlich vor. Oft fällt dagegen im Sommer monatelang kein Tropfen vom Himmel. Im jährlichen Mittel wurden etwa 65 Regentage gemessen, wobei die Gesamtniederschlagsmenge etwa 40 % des deutschen Mittelwertes erreicht.

▸ **Lufttemperaturen**: Hier gibt es naturgemäß größere Unterschiede. In den Orten am Kraterrand ist es immer ein paar Grad kälter als an der Küste. Dies liegt aber vor allem am Wind. Wirklich hoch gelegene Bergdörfer, in denen es sogar im Mai nachts noch kräftig abkühlt, gibt es auf Santoríni nicht. Dennoch zeigt das Thermometer an den windgeschützten Südküsten immer eine etwas höhere Temperatur als an der Nordseite der Insel. Die relative Luftfeuchtigkeit ist in der Ägäis gering und variiert zwischen 35 und 55 % im Sommer sowie 50 und 75 % im Winter. Im Jahresmittel kommt Santoríni auf gut 2800 Sonnenstunden, während z. B. Frankfurt a. M. mit ca. 1650 vorlieb nehmen muss.

▶ **Wassertemperaturen**: Sie sind immer abhängig von verschiedenen Aspekten, u. a. Küstenbeschaffenheit, Wassertiefe, Meeresströmungen und Wind. Grundsätzlich ist das Wasser in der Caldéra deutlich kälter als an der Ostküste. Die Angaben in der folgenden Tabelle gelten daher für den Badeort Kamári. Üblicherweise schwanken die Messungen im Laufe eines Jahres um gut 10 °C. Am kältesten ist das Wasser im Februar und März mit knapp 15 °C, am wärmsten im Juli und August mit ungefähr 24–25 °C.

Klimatabelle	März	April	Mai	Juni	Juli	Aug.	Sept.	Okt.
Tageshöchsttemperaturen in ° Celsius	16	20	25	30	33	33	29	23
Tagestiefsttemperaturen in ° Celsius	10	13	16	20	23	23	19	17
Wassertemperaturen in ° Celsius	15	15	18	22	24	24	23	21
Sonnenstunden pro Tag	7	8	9	11	12	11	9	7
Anzahl der Regentage	5	4	4	1	1	1	2	5

Pflanzenwuchs

Durch die unregelmäßig wiederkehrenden Vulkanausbrüche hat sich Santoríni zu einem ganz eigenen Ökosystem entwickelt. Der Boden zeigt sich zwar durchaus fruchtbar, doch gibt es keinerlei größere Wasserquellen. Die typisch kykladische Vegetation – kniehohe Phrygana – fehlt an vielen Stellen der Insel, außerdem leidet die Vegetation unter dem starken Wind. Vor allem an den Nordwestküsten findet sich kaum ein Strauch, der nicht nach Südosten gekrümmt ist.

Neben dem Bimsstein- und Ascheregen waren es vor allem toxische Gase wie Schwefelwasserstoff, Schwefeldioxid und Kohlenmonoxid aus den Vulkanspalten, die eine normale Evolution auf Santoríni verhindert haben. Seit dem großen Ausbruch im 17. Jh. v. Chr. sind Quellen und Bachläufe, die es seinerzeit nachweislich gab, fast völlig verschwunden. Heute findet ein Zusammenspiel zweier gegenläufiger Kräfte statt: Einerseits werden Wasserhaushalt und Böden durch den Rückgang der traditionellen Landwirtschaft entlastet, andererseits bewirkt der zunehmende Tourismus das Gegenteil.

Die schönste Zeit auf Santoríni ist sicherlich das Frühjahr. Dann werden einige Kraterhänge auf der Ostseite zu einem wahren Blumenmeer. Auch zahllose Kräuter tragen zu dem Blütenteppich bei. Doch schon ab Ende Juni verwandeln sich weite Teile der Insel in eine karge Landschaft. Nach der ersten großen Hitze bleibt kaum noch etwas übrig von der blühenden Pracht, denn im Hochsommer fällt kein Regen. Die sommerliche Trockenzeit überleben nur Phryganabüsche mit immergrünen, harten Blättern, dorniges Kräutergestrüpp und die Bäume. Die Weinreben werden an einigen wenigen Stellen bewässert, profitieren aber ansonsten von dem spezifisch santorinischen Tau-Phänomen (→ S. 83). Neben *Thymian* mit seinem markanten Geruch wächst vor allem *Oregano, Basilikum, Salbei, Rosmarin, Majo-*

Pistazienbäume sind eine Besonderheit der Insel

ran, Fenchel, Lorbeer und *Wermut.* An einigen Stellen sind auch *Mohn, Ginster, Aronstab, Quitten, Huflattich, Arnika, Glockenblumen* und *Johanniskraut* sowie fast überall mannshohe *Disteln* zu finden.

Die wenigen *Olivenbäume* und Obstbäume wie *Orangen-, Zitronen-, Pflaumen-, Pampelmusen-, Feigen-, Mandel-* und *Apfelbäume* dienen nur dem inseleigenen Verbrauch. Sie wurden genauso wie die *Pistazienbäume* von Menschen angepflanzt, da ein natürlicher Baumbestand nicht existiert. Als Kulturpflanzen baut man kleinere Mengen von *Weizen, Gerste* und *Hafer* an. Das nutzbare Kulturland liegt auf Santoríni naturgemäß ausschließlich entlang der flacheren Ostseite der Insel, auf Thirassía spiegelbildlich entlang der Westseite.

In bewässerten Privatgärten werden insbesondere *Rosen* in vielerlei Farben, *Oleander* in rosa und weißen Tönen, violette *Bougainvillea* und bunte *Geranien* gepflegt. Zudem wachsen auch *Chrysanthemen, Erika, Iris, Hyazinthen, Lupinen, Malven, Meerzwiebel, Mittagsblumen, Narzissen* und *Zistrosen* auf den Inseln.

Die wichtigsten Kräuter

Thymian: eigentlich *Kopfiger Thymian.* Kugelbuschartiger Zwergstrauch, der stark aromatisch duftet. Kleine Blätter (ca. 6–10 mm lang und 1–1,2 mm breit) mit zahlreichen Öldrüsen. Die Blüten sind eiförmig und dicht, sie lassen den ganzen Busch, oft auch riesige Felder, rosarot bis hellviolett erscheinen (Mai bis Sept.).

Salbei: Aromatisch duftender Halbstrauch mit einfachen, länglich-eiförmigen, silbriggrünen, runzligen Blättern, der fast an jedem Wegrand wächst. Je 5–10 kurzstielige purpurfarbige Blüten (Mai bis Juli). Filzig behaarte Zweige. Findet v. a. als Gewürz-

und Heilkraut Anwendung, Letzteres wegen seiner antiseptischen Wirkung bei Entzündungen der Mundhöhle und Erkältungskrankheiten.

Rosmarin: Immergrüner, weit verbreiteter Strauch, der stark aromatisch duftet. Bis zu 4 cm lange, ledrige, schmale Blätter, deren Oberseite kräftig grün und die Unterseite weißfilzig schimmert. Blütenkrone (ganzjährig) meist blau oder hellblau (seltener weiß oder rosa). Wird als Gewürz- und Heilpflanze benutzt. Hoher Gehalt an ätherischen Ölen. Kampferartiger Geruch der Blätter.

Die wichtigsten Sträucher und Kakteengewächse

Oleander: eigentlich *Gemeiner Oleander*. Kräftiger, immergrüner Strauch, der oft an Flussufern oder in sommertrockenen Flussbetten wächst. Bis zu 15 cm lange, ledrige und glänzende Blätter. 3–4 cm breite, rosarote oder weiße Blüten, die zwischen Juli und September blühen. Rötlichbraune und aufrecht stehende, 8–18 cm lange Früchte. *Vorsicht, alle Teile des Milchsaft führenden Oleanderstrauches sind stark giftig.*

Ginster: eigentlich *Pfriemenginster*. Gut 1–3 m hoch wachsender Rutenstrauch mit biegsamen Zweigen. Kleine Blätter, aber von April bis Juli leuchtend gelbe Blüten von gut 2 cm Länge. Rötlich-gelber und glänzender Samen. *Vorsicht, Ginster enthält das giftige Alkaloid Spartein.*

Wacholder: Die kleinen, knorrigen Bäume oder Sträucher stehen oft an windigen Küstenabschnitten. Es gibt zwei Arten, den *Stech-Wacholder* und den *Phönizischen Wacholder*. Ersterer hat 2–3 cm lange Dornen, der zweite kleine, nadelartige Blätter. Beide Arten tragen ab dem zweiten Jahr rotbraune Beerenzapfen von gut 1 cm Durchmesser. Unscheinbare Blüten an den Zweigenden (Feb. bis Mai).

Agave: eigentlich *Amerikanische Agave*. Dickfleischige, graugrüne und längliche Blätter von bis zu 2 m Länge mit Dornen an den Rändern. Auffällig sind die bis zu 8 m hohen, wohlriechenden Blütenstände, die zwischen dem 10. und 15. Jahr ausgetrieben werden. Nach der Reifezeit der kapselartigen Frucht stirbt die Agave ab, hat sich aber zu diesem Zeitpunkt schon über Wurzelsprosse vermehrt.

Feigenkaktus: Große, baumförmig verzweigte und fleischige Kaktusart, deren herrlich süße und saftige Früchte von winzigen, aber sehr lästigen Stacheln (etwa 1 cm lang) effektiv geschützt werden. Zahlreiche kräftig gelbe und orangerote Blüten (April bis Juli). Eiförmige, gelbe und rote Früchte von 5–10 cm Länge. Das Fruchtfleisch ist essbar. *Vorsicht, die Dornen verhaken sich in der Haut, brechen ab und entzünden sich leicht. Pflücken sollte man sie daher nur mit einem dicken Lederhandschuh.*

Die wichtigsten Bäume

Tamariske: eigentlich *Afrikanische Tamariske*. Strauch oder kleiner Baum mit schuppenförmigen, eng anliegenden Blättern. Der Stamm hat eine schwarze oder sehr dunkelviolette Farbe. Tamarisken wachsen oft nah am Meer, da sie salzhaltiges Grundwasser vertragen können. Blüten weiß oder blassrosa (April bis Juni).

Zypresse: säulenförmiger Baum mit aufrechten Ästen. Die dunkelgrünen Blätter sind schuppenförmig. Kleine, bis zu 4 cm große Zapfen. Aus jungen Zweigen und Blättern wird Öl gewonnen, das bei Atemwegserkrankungen angewendet wird. Unscheinbare Blüten an den Enden kleiner Triebe (März bis Mai).

Platane: eigentlich *Morgenländische Platane*. Oft als Sonnenschutzbaum in Dorfzentren und neben Kafenia angelegt. Bis zu 30 m hoher, sommergrüner und im Frühjahr herrlich duftender Laubbaum. Ahornähnliche, gezähnte Blätter mit langen Stielen. Weibliche rote Blütenstände im oberen Teil des Baumes, männliche gelbgrüne Blüten im unteren Teil (April bis Mai). Kleine, runde Früchte.

Eukalyptus: eigentlich *Gewöhnlicher Fieberbaum*. Schnell- und hochwüchsiger Kultur- und Zierbaum, durch seinen immensen Wasserverbrauch oft zur Trockenlegung von Sümpfen angepflanzt. Kräftige, glatte Borke, die sich in Streifen ablöst. Gestielte, 10–30 cm lange und grünlich glänzende Blätter. Blaugrüne Blütenknospen mit weißen und rosafarbenen Staubblättern (Feb. bis Juli). Das bei Erkrankungen der Atmungsorgane angewandte Eukalyptusöl wird aus den Blättern gewonnen.

Tierwelt

Die üblichen Tiere der Ägäisinseln leben auch auf Santoríni: Eidechsen, Schlangen und zahllose Insekten. Die Nutzviehhaltung ist dagegen sehr eingeschränkt. In dem extrem tiefen Becken der Caldéra mit seinen zahllosen Höhlen und Zerklüftungen existiert eine üppige Unterwasserlandschaft mit vielfältigem Meeresgetier.

Eine besondere Rolle kommt auf Santoríni den in Griechenland vielerorts schon fast ausgestorbenen *Maultieren* zu, denn sie transportieren in langen Karawanen

Touristen vom Hauptort Firá zum Alten Hafen und wieder nach oben (→ S. 125). Daneben werden sie auch im alltäglichen Leben nach wie vor als Transportmittel verwendet, denn die verwinkelten Gassen und Treppen der Kraterrandorte können nicht befahren werden. Ansonsten fallen besonders die *Katzen* auf. Da sie sich stark vermehren, kommt es immer wieder zu grausamen Vergiftungsaktionen seitens der Inselbewohner. Dies gilt auch für streunende *Hunde*, die von den Einheimischen als wirkliche „Underdogs" betrachtet werden. Der Tierschutz hat auf Santoríni (wie auf allen griechischen Inseln) ein reiches Betätigungsfeld. Urlauber können als Flugpaten dazu beitragen, das Elend zu mildern (→ S. 166).

Durch die besondere Natur der Insel ist der Artenreichtum bei Vögeln und *Insekten* nicht sehr ausgeprägt. Bunte *Käfer*, prächtige *Schmetterlinge* und Heuschrecken gibt es aber überall, genauso wie Tausende von *Zikaden*, die ihr tagtägliches Konzert veranstalten. Nachts sind dann auch in jedem Dorf Dutzende von *Fledermäusen* unterwegs, die man durch den Lichtkegel der Straßenlaternen huschen sieht. Von den Reptilien sind die *Riesensmaragdeidechsen* und die weit verbreiteten *ägäischen Mauereidechsen* besonders hübsch anzuschauen. Eine Besonderheit Santorínis ist die Abwesenheit giftiger Schlangen. Die auf Santoríni heimischen *Nattern* sind allesamt ungiftig und sehr scheu. Ohnehin leben die Tiere der Phrygana von ihrer Schnelligkeit. Bei so wenig Deckung suchen sie ihr Heil stets in der Flucht. Insofern besteht kaum ein Risiko für den Menschen. Die Tiere werden nur dann aggressiv, wenn man sie im Schlaf überrascht, in die Enge treibt oder ihre Nester plündern will (Bienen und Hornissen).

▸ **Wassertiere**: Kleine Fische sowie *Kalamari*, *Krebse* und andere *Schalentiere* gibt es in Ufernähe reichlich, außerdem leben in den Gewässern um Santoríni *Barben*, *Brassen*, *Kalamari*, *Oktopus* und *Hummer*. Allerdings klagen die Fischer seit langem über den reduzierten Bestand an Speisefischen, denn die Ägäis ist stark überfischt. In der Nebensaison reicht es zwar zur Versorgung der Touristen, im Hochsommer wird dagegen häufig tiefgefrorener Importfisch aus Kanada serviert.

Das Hunderte von Metern tiefe Caldéra-Becken ist ein Tummelplatz für Fische aller Art, darunter auch *Haifische*, die hier reichlich Nahrung finden. Vor allem im

Santorinischer Bienenhonig ist eine Delikatesse

Gefolge von Kreuzfahrtschiffen kommt immer wieder Nachschub. Die Behörden warnen davor, zu weit vom Ufer wegzuschwimmen. Andererseits hat angeblich noch nie ein Hai einen Menschen angefallen, sei es, weil sie genug Nahrung haben oder weil sie den Nährwert eines Menschen einfach nicht kennen. Allerdings plündern sie den Fischern immer wieder die ausgelegten Netze, weshalb eine spezielle Methode des „shark fishing" entwickelt wurde.

Ansonsten kann beim Baden an felsigen Uferstreifen der Kontakt mit *Seeigeln* sehr unangenehm werden und auch *Quallen* können manchmal vermehrt auftreten. Beherzigen Sie dazu unsere Ratschläge auf S. 89.

Die wichtigsten Reptilien

Riesensmaragdeidechse: schlanker Körper, der bis zu 13 cm lang werden kann, während der Schwanz oft die doppelte Länge erreicht. Das männliche Tier ist grün mit einer feinen schwarzen Punktierung, sein Kopf ist dunkler und blasser punktiert. Die Weibchen sind grün und braun gefleckt oder gestreift. Beide Geschlechter haben einen gelben Bauch und eine blaue Kehle.

Leopardnatter: bis zu 1 m langer Körper mit rot und schwarz gefleckten Schuppen. Ungiftig.

Katzennatter: kann ebenso bis zu 1 m lang werden. Für den Menschen ungiftiger Biss.

Schaukliges Vergnügen: auf dem Muli hinunter zum Alten Hafen

Die wichtigsten Mollusken

Gemeiner Kalmar: als Tintenfisch (Kalamari) bekannt. Bis zu 50 cm langer und schlanker Körper. Kleiner Kopf und große Augen. Zehn Arme, davon zwei deutlich länger und mit Saugnäpfen, im Inneren ein horniger Schulp. Die Farbe wechselt, doch die meiste Zeit erscheint der Kalamari rosarot. Schwimmt frei im offenen Wasser.

Gewöhnlicher Krake: als Oktopus bekannt. Bis zu 1 m langer, taschenartiger Körper mit acht Fangarmen (daher der Name). Jeder verfügt über zwei Reihen Saugnäpfe, die nicht zurückziehbar sind. Der Oktopus kann wie der Kalamari die Farbe wechseln und erscheint ebenfalls oft rosarot. Frei schwimmend.

Wirtschaft

Santoríni befindet sich vollständig im Umbruch – der Sog des internationalen Tourismus zieht alles an sich. Dabei ist die Insel dank der lockeren vulkanischen Asche- und Bimssteinböden eine der fruchtbarsten Inseln der Kykladen und hätte am ehesten die Chance gehabt, eine profitable Landwirtschaft zu entwickeln und am Leben zu erhalten. Das ist in Bezug auf den Weinanbau zwar auch geschehen, aber im Tourismusgeschäft lässt sich das Geld leichter und schneller verdienen.

Seit jeher wird auf der Hauptinsel Thíra vor allem *Wein* angebaut. Vulkanischer Boden ist dafür bestens geeignet, da er reich an Nährstoffen wie Kalzium, Kalium und

Phosphor ist und die Fähigkeit besitzt, Wasser zu speichern. Zahlreiche Kellereien arbeiten auf Santoríni, drei davon bereits seit dem 19. Jh., und es werden zahlreiche Weinsorten erzeugt. Seit den 1980er Jahren hat der ständig ansteigende Tourismus einen Nachfrageschub mit sich gebracht und die Existenz dieses Wirtschaftszweigs gesichert. Andererseits beansprucht die rasante Bautätigkeit durch Apartmentanlagen, Ferienwohnungen und Hotels immer mehr Boden, sodass die Anbauflächen schrumpfen. Die meisten großen Kellereien können besichtigt werden (Näheres zum Weinanbau auf S. 83).

Früher gab es auf Thíra auch eine ausgeprägte Anbaukultur ganz spezieller *Tomaten* (Santorínió domadáki), die in Griechenland einzigartig sind. Die winzig kleinen, festen und wegen ihres geringen Wassergehalts sehr aromatischen Früchte wurden großflächig angebaut, in einem guten Dutzend Fabriken zu Tomatenpaste und -mark verarbeitet und in Dosen gefüllt. Steigender internationaler Konkurrenzdruck und die Umorientierung der Inselwirtschaft hin zum Tourismus bewirkten in den 70er Jahren das Ende der Produktion (→ S. 222). Heute sind die alten Gemäuer großteils nur noch interessante Industriedenkmäler. Mittlerweile werden die Santoríni-Tomaten aber – nicht zuletzt durch interessierte Touristen – wieder häufig nachgefragt, sodass eine Fabrik an der Ostküste bei Monólithos die Nachfrage in den kulinarischen Souvenirläden befriedigen kann (z. B. in der genossenschaftlich betriebenen Weinkellerei Santo, S. 202). Natürlich kann man die Santoríni-Tomaten aber auch als Früchte erwerben.

Altes Gerät zur Tomatenverarbeitung

Weitere originäre Landwirtschaftsprodukte Santorínis, die aber alle nur in bescheidenem Maßstab angebaut bzw. produziert werden, können Sie auf S. 81 nachlesen. Wer Santoríni im September besucht, wird außerdem vielleicht auch die *Pistazienernte* erleben können. Eine interessante Prozedur ist dabei das Schälen und Waschen der Früchte (→ Kasten S. 174).

Der großflächige Abbau des vulkanischen Bimssteinsands ("Santoríni-Erde"), mit dem man hochwertigen Mörtel herstellen kann, wurde Anfang der neunziger Jahre aus Naturschutzgründen und wegen des stetig wachsenden Urlauberstroms eingestellt (→ S. 25) und natürlich ist auch der traditionelle Beruf des Fischers im Rückgang begriffen, denn der Fischbestand der Ägäis ist in den letzten zwanzig Jahren massiv dezimiert worden. Frischen Fisch in ausreichender Menge können die Fischer nur zwischen Oktober und April liefern, im Hochsommer wird in vielen Tavernen deshalb überwiegend Importfisch angeboten.

So entwickelte sich der Tourismus zum Wirtschaftszweig Nummer eins auf Santoríni. Immerhin ist dadurch die starke Abwanderung der Jugend aufs Festland und in die Großstädte des Nordens gebremst worden. Zentrum des Fremdenverkehrs sind die beiden Städte *Firá* und *Oía* sowie die Badeorte *Kamári* und *Aeríssa* an der Ostküste.

Architektur

Die traditionelle Bauweise von Santoríni ist ein Musterbeispiel kykladischer Würfelarchitektur. Diese auf den Kykladen weit verbreitete Bauform wird *Agglutination* genannt. Darunter versteht man das „Aneinanderkleben" der kubischen Häuser, wobei die einzelnen Würfel durchaus von sehr unterschiedlicher Grundfläche und Höhe sein können. In der Folge entsteht eine unregelmäßige Bauweise von regelmäßigen Formen. Genau diese Gestalt in Verbindung mit der weißen Farbe der Wände und dem üblichen frischen Blau von Türen und Fensterläden verleiht das typisch kykladische Ambiente. Klare Linien an Gebäuden, Treppen, Gassen und Plätzen werden oft durch griechische Detailverliebtheit ergänzt. Es ist diese besondere Mischung, welche die für mitteleuropäische Augen so malerische Insel-idylle erzeugt. Natürlich gibt es neben der Optik noch ein paar ganz profane Hintergründe dieser Kykladenarchitektur: Die verwinkelten Dörfchen waren leichter gegen Piratenüberfälle zu verteidigen und bieten auch heute noch guten Schutz gegen Sonneneinstrahlung und den starken Meltémi (→ Kapitel Klima). Eine ganz eigene Besonderheit Santorínis sind schließlich die *Höhlenwohnungen* im Kraterhang, der steil zur Caldéra abfällt (→ Kasten S. 44).

Auf Santoríni existieren vier Siedlungstypen: *Orte entlang der Caldéra* (Firá, Oía, Manolás/Thirassía), *Dörfer venezianischen Ursprungs* (Akrotíri, Emborío, Pýrgos), *Orte an den Erosionstälern* (Karterádos, Vóthonas, Vourvoúlos, Éxo und Méssa Goniá) und *neuere Fischerdörfer* (Kamári, Aeríssa). Die Häuser lassen sich unterscheiden in einfache, bürgerliche Wohnhäuser und Höhlenwohnungen (in den Orten), Bauernhäuser (im freien Gelände) und venezianische Herrenhäuser (die Palazzi in

Traditionelle Würfelarchitektur mit den typischen Tonnengewölben

Firá oder Oía sowie der Archontikó Argyroú in Messariá). Als Baumaterial dienten Lavagesteine, Bimsstein und die so genannte Santoríni-Erde als Mörtel (→ Kapitel Vulkanismus).

Heute wird – wie in ganz Griechenland üblich – mit Stahlbeton gebaut. Doch gibt es auf Santoríni strenge Bauvorschriften: Kein Haus darf mehr als zwei Stockwerke besitzen und 8,50 m an Höhe überschreiten.

Höhlenwohnungen und Tonnengewölbe

Auf Santoríni fehlen die meisten herkömmlichen Baumaterialien wie Holz oder Ton (Ziegel), auch Wasser ist Mangelware. Dagegen besteht ein Großteil der Oberfläche der Insel aus weichen Bimssteinschichten, die leicht zu bearbeiten sind. Die dominierende Landschaftsform Santorínis ist der Steilhang, an dem Häuser nur mit großen Schwierigkeiten zu errichten sind. Nahe liegende Konsequenz also für den Hausbau – man gräbt seine Wohnung in den weichen Tuff! Überall auf Santoríni gibt es diese traditionellen Höhlenwohnungen – auf Griechisch "Hypóskafo" – mit lang gestreckten Innenräumen, gewölbten Decken und den nach außen vorstehenden Türen. Vor allem die einfache Inselbevölkerung lebte früher fast ausschließlich in Wohnhöhlen, denn nur die Wohlhabenden konnten sich „richtige" Häuser aus importiertem Baumaterial leisten. Das Wohnen im Berg hat dabei durchaus Vorteile: Höhlenwohnungen sind nämlich erstens windgeschützt (wichtig auf Santoríni), außerdem relativ erdbebensicher (beim Erdbeben von 1956 waren es fast ausschließlich solche Wohnungen, die nicht einstürzten!). Zudem besitzt der grobporige Bims hervorragende Isolationseigenschaften. Im Sommer wird die brütende Hitze abgehalten und es herrscht angenehme Kühle im Inneren, im Winter bleiben die Räume wohltuend warm.

Auch die vorherrschende Form des Tonnengewölbes hat vor allem statische Ursachen. Sie gilt ebenfalls als relativ erdbebensicher und wurde deshalb auch bei den meisten überirdisch angelegten Häusern übernommen. Die traditionellen Gewölbe bestanden allerdings aus mehreren Steinplatten, die in der Mitte zusammenstießen. Neuere Bauten kopieren das ursprüngliche Tonnendach nur, indem sie die ganze Decke aus Zement anfertigen.

Brauchtum, Feste und kulturelle Veranstaltungen

Die Einwohner Santorínis begehen ihre Festtage meist mit großem Aufwand. Die Anlässe sind meist historischer, religiöser oder kultureller Art.

Fast ohne Ausnahme feiert jedes Dorf sein eigenes Kirchweihfest. Oft wird mit einer Prozession an den örtlichen Kirchenheiligen erinnert. Auch die Klöster feiern fast alle einmal im Jahr ihren Stiftungstag oder sind der Veranstaltungsort bedeutender kirchlicher Zeremonien. Ansonsten sind die Kirchweihfeste immer ein willkommener Anlass, sich bei Musik und Tanz endlich wieder einmal zu treffen. Die manchmal zweitägigen Feiern mit Essen, Trinken, Tanz und Musik sind Höhepunkte im griechischen Alltag. Fremde sind bei den Feierlichkeiten immer willkommen.

Griechische Tänze

Nicht nur in den vielen Tanzlokalen, wie z. B. dem Santoriniá (→ S. 117), sondern auch an den kirchlichen Feiertagen, den so genannten „Panigýria", wird praktisch immer getanzt. Bei Dorffesten tanzen alle Altersgruppen zusammen – von kleinen Kindern bis zu den Großeltern. Wer mittanzen will, ist auch als Anfänger immer herzlich willkommen. Griechinnen und Griechen warten nicht darauf, dass sie zum Tanzen aufgefordert werden. Man geht einfach auf die Tanzfläche getreu dem Motto „learning by doing". Anfängerfehler stö-

ren meist nicht. Die Griechen sind geduldige Lehrer und freuen sich, wenn Gäste mitfeiern, indem sie tanzen. Die folgenden Tänze trifft man auf Santoríni besonders häufig an.

Bállos: Zwei Partner tanzen zusammmen, nicht unbedingt immer eine Frau und ein Mann. Es tanzen auch zwei Frauen zusammmen oder zwei Männer. Die Tänzer fassen einander meistens nicht an, tanzen aber gegenüber. Es gibt Standard-Schritte, oft wird jedoch improvisiert. Der Repáti ist ein dem Bállos ähnlicher Tanz.

Syrtós: typischer Inseltanz. Die Tänzer tanzen im Kreis oder in einer Schlange, die Hände liegen auf den Schultern beider Nachbarn. Die Bewegung ist im Kreis und gegen den Urzeigersinn gerichtet, führt aber auch in die Mitte des Kreises und wieder zurück. Die Schritte sind einfacher und schneller als beim Bállos.

Zeibékiko: Dieser langsame Tanz stammt ursprünglich aus Kleinasien. Er kam mit dem Bevölkerungsaustausch nach dem Griechisch-Türkischen Krieg in den 20er Jahren auf die Inseln und in andere Gegenden Griechenlands. Jeder tanzt solo, aber Freunde und Verwandte feuern die Tänzer an, indem sie an den Rand der Tanzfläche kommen, sich niederhocken und begleitend in die Hände klatschen. Der Tänzer improvisiert die Schritte. Manchmal bewegt er sich nur wenig oder schwankt hin und her. Dabei sind die Füße fest auf dem Boden. Aber auch akrobatische Sprünge gehören zu dieser Tanzform. Geübte biegen sich so weit nach hinten, dass ihre Schultern fast den Boden berühren. Manchmal fordert der Tänzer seine Begleiter auf, selbst solo zu tanzen, und sie wechseln dann ihre Rollen. Frauen tanzen zwar auch Zeibékiko, aber deutlich weniger als Männer und ohne große Akrobatik.

Hasápikos: wird mit eher komplizierten Schritten in einer Reihe getanzt. Obwohl es auch viele Varianten von diesem Tanz gibt, machen die Tänzer alle exakt die gleiche Bewegung. Meistens sieht man mehrere kleinere Gruppen oder Paare, die zusammen tanzen. Im Gegensatz zu den Kreistänzen, bei denen alle auf die Tanzfläche kommen und eine Gruppe bilden, tanzt jeder seine eigene Variante. Hasápikos lässt sich am leichtesten daran erkennen, dass in einer bestimmten Phase die Tänzer einige Schritte nach vorn tanzen und sich dann fast auf den Boden knien.

Hasaposérvikos: wird in einer Schlange oder im Kreis gegen den Urzeigersinn getanzt. Dieser Tanz beginnt, indem die Tänzer mit dem rechten Fuß vorne nach links ausschlagen. Dann schlägt der linke Fuß vorne nach rechts aus. Schließlich macht die Gruppe einige Schritte nach rechts und die Prozedur wiederholt sich.

Ziftedéli: Die griechische Form des Bauchtanzes wird selbstverständlich öfter von Frauen solo getanzt, seltener auch von Männern. Dann allerdings mit Partnern, die einander gegenüber tanzen.

Außerdem gibt es noch die Tänze **Kalamatianós** und **Tsámikos**. Eine Besonderheit ist die Liedgattung **Amánes**. Wenn in diesem Rhythmus gespielt wird, darf nicht getanzt werden.

Das traditionell höchste Fest der griechischen Orthodoxie ist **Ostern**. Es wird auf Santoríni mit der gleichen Intensität gefeiert wie in ganz Griechenland. Sieben Wochen vor Ostern beginnt die Fastenzeit *Megáli Sarakostí*, die von den meisten Gläubigen heute aber nur noch in der Karwoche streng eingehalten wird. Am Karfreitag wird Halbmast geflaggt und man enthält sich in der Öffentlichkeit vergnüglicher Äußerungen aller Art. In der Kirche wird nachmittags die Christós-Statue vom Kreuz genommen und auf einen Altar gelegt. Ostersamstag ist der Tag der Vorbereitung: Alles wird fein herausgeputzt und in den Fleischläden herrscht Hochkonjunktur, denn das traditionelle *Osterlamm* schlachtet man heute kaum

Ikonen gehören zu jedem Panagýri

noch selbst. In Firá herrscht am Vormittag Großbetrieb in den Straßen, gegen Nachmittag wird es deutlich ruhiger. Auch in den tagsüber geschlossenen Kirchen wird das Osterfest mit Blumenschmuck vorbereitet. Frühabends treffen sich die Familienmitglieder im Haus des Familienoberhauptes. Üblicherweise kommen alle Angehörigen und selbst im weit entfernten Ausland lebende Griechen kehren zum Osterfest in die Heimat zurück. Etwa um 22 Uhr beginnt am Karsamstag der *Ostergottesdienst*. Die strenge Liturgie mit Wechselgesängen endet kurz vor Mitternacht. Dann wird das Licht ausgelöscht und der ranghöchste Priester entfacht um etwa Mitternacht das Osterfeuer. Die Umstehenden entzünden ihre mitgebrachten Kerzen an diesem Osterlicht und so wandert es im Schneeballsystem in wenigen Minuten durch die ganze Kirche, die nun wieder hell erstrahlt. Das Licht soll die *Auferstehung Christi*

symbolisieren. „Christós anésti" („Christus ist auferstanden") lautet der Ostergruß und man antwortet „Alithós anésti" („Er ist wahrhaftig auferstanden"). Draußen knallen *Feuerwerkskörper* mit einem Getöse, das an unser Neujahrsfeuerwerk erinnert. Der Ostersonntag beginnt erneut mit einem Gottesdienst. Danach werden *rot gefärbte Eier* verteilt, die einerseits das Blut Christi und andererseits das Leben symbolisieren sollen. Es folgt das große Festessen in den Familien. Traditionell gibt es *Lammbraten mit Fáva-Bohnen* und man unterhält sich beim Essen bis in den späten Nachmittag hinein. Gegen Abend endet die Osterfeier mit einem erneuten Gottesdienst und einer anschließenden Prozession durch die Gassen von Firá.

Festkalender von Santoríni

1. Januar	Fest des Ágios Vassílios (Weihnachtsmann), Tag der Geschenke und Neujahr
6. Januar	Fest der Theophanie, erinnert an die Taufe Christi und hat nichts mit unserem Dreikönigstag zu tun

2. Februar	Ypapánti (Maria Lichtmess), besonderes Kirchenfest in Oía
Fastnacht/ *Katharí Devtéra*	Apokriés (7 Wochen vor dem Osterfest), Beginn der Fastenzeit am orthodoxen Rosenmontag
Karfreitag/Ostern	Größtes Kirchenfest des Jahres. Es wird überall noch immer nach alter, griechisch-orthodoxer Tradition gefeiert – ein unvergessliches Erlebnis! Wichtig: Das Osterfest der griechisch-orthodoxen Konfession wird, da nach dem Julianischen Kalender berechnet, meist eine oder zwei Wochen später gefeiert als unser Osterfest. In den Jahren 2010 und 2011 fallen die griechischen Ostertermine jedoch mit den unseren zusammen – optimale Zeitpunkte also, falls man auf Ferientermine angewiesen ist, um das griechische Osterfest zu erleben. Die Daten der nächsten Jahre (Karfreitag bis Ostersonntag): 2.–4. April 2010, 22.–24. April 2011 und 13.–15. April 2012
Freitag nach Ostern	Fest der Panagía Zoodóchou Pigí
25. März	Griechischer Unabhängigkeitstag (Erinnerung an den Aufstand von 1821 gegen die Türken); außerdem Fest der Evangelístria (Maria Verkündigung).
23. April	Fest des Ágios Geórgios, besonders an der Kirche in Oía
1. Mai	Frühlingsfest und Tag der Arbeit
5. Mai	Auf ganz Santoríni wird das Fest der Inselpatronin Sánta Iríni gefeiert, vor allem aber auf der Insel Thirassía, dem Standort der gleichnamigen Kirche.
9. Mai	Fest des Ágios Christóphoros in Pýrgos
21. Mai	Fest der Ágios Konstantínos & Agía Eléni
27. Mai	Fest des Ágios Ioánnis Roússos
29. Mai	Fest des Ág. Epiphánios, besonders an der Kirche in Akrotíri
Himmelfahrtstag	Fest der Agía Análipsi
Pfingsten	Fest der Agía Triáda
24. Juni	Fest des Ágios Ioánnis Pródromos (Geburt Johannes des Täufers)
29. Juni	Fest der Ágii Apóstoli
7. Juli	Fest der Agía Kyriakí
9. Juli	Fest des Ágios Pankrátios in Kamári, Gedenktag an das Erdbeben von 1956, Gründung Kamáris
14. Juli	Fest des Ágios Nikódimos
20. Juli	Fest des Profítis Ilías, besonders am Kloster auf dem gleichnamigen Berg
26. Juli	Fest der Agía Paraskeví
27. Juli	Fest des Ágios Panteleímon
6. August	Fest der Metamórphosis
15. August	Panagía, auf Deutsch „Mariä Entschlafung". So gedenkt

man des leiblichen Todes Marias (die eigentliche Himmelfahrt findet für die orthodoxe Kirche erst drei Tage später statt). Fest in vielen Inselorten, besonders in der Kirche Panagía Episcopí bei Méssa Goniá.

Mitte August	„Vulkan-Fest" mit riesigem Feuerwerk in Firá
29. August	Fest des Ágios Ioánnis
1. September	Fest des Ágios Mámas
7. September	Fest des Ágios Sóstis, besonders an der Kirche in Oía
8. September	Theosképastis (Geburt der Muttergottes)
Anfang September	Internationales Musik-Festival in Firá
14. September	Fest des Tímios Stavrós
24. September	Fest der Panagía Myrtidiótissa, besonders an der Kirche in Kamári
20. Oktober	Fest des Ágios Artémios, besonders an der Kirche bei Vourvoúlos
26. Oktober	Fest des Ágios Dimítrios, besonders an der Kirche in Messariá
28. Oktober	„Óchi-Tag" (Erinnerung an das von Griechenland ablehnend beschiedene Ultimatum durch die italienischen Faschisten im Zweiten Weltkrieg)
6. Dezember	Fest des Ágios Nikólaos, an vielen Kirchen der Insel
25./26. Dezember	Fest des Christós, Weihnachten

Oía im Inselnorden

Reisepraktisches

Santoríni ist die Endstation vieler Fährrouten durch die Kykladen

Anreise

Griechenland ist von Mitteleuropa aus fast ein reines Flugziel. Alle anderen Anreisemöglichkeiten (Auto, Schiff, Bahn, Bus) lohnen nur bei längerem Aufenthalt, denn eine Woche muss man für Hin- und Rückfahrt rechnen und wertvolle Urlaubstage gehen mit Sicherheit drauf – Straßenmarathon, überfüllte Züge, zeitraubende Schiffspassagen.

Mit dem Flugzeug

Santoríni besitzt einen internationalen Flughafen und wird von ausländischen Chartermaschinen direkt angeflogen. Man kann von Deutschland aus aber auch einen Santoríni-Flug mit den griechischen Linienfluggesellschaften Aegean Airlines oder Olympic Airlines buchen, muss dafür aber in Athen in einem Inselhüpfer auf die Vulkaninsel umsteigen. Alternativ nimmt man einen Flug auf die Insel Mýkonos oder nach Iráklion auf Kreta und von dort die Fähre oder das Schnellboot nach Santoríni. Auch Gabelflüge sind möglich.

▶ **Flug nach Santoríni**: Direkt nach Santoríni fliegen ab Deutschland derzeit nur zwei Chartergesellschaften, nämlich *Air Berlin* (www.airberlin.com) ab Berlin-Tegel, Düsseldorf, Hamburg, Hannover und Nürnberg und *Condor* (www.condor.com) ab Düsseldorf, Frankfurt, München und Stuttgart, außerdem *Austrian Arrows* ab Salzburg, Linz und Wien (Stand 2009). Da die Flugfrequenzen nicht sehr häufig sind, ist eine frühzeitige Buchung empfehlenswert. Preislich liegen diese Flüge (hin/zurück) meist zwischen 250 und 450 € (incl. Steuern und Gebühren).

▶ **Flug nach Athen**: Das Angebot ist sehr groß, sowohl per Linie als auch mit Chartergesellschaften. Die Preise liegen je nach Saison und Buchungstermin zwischen ca. 150 und 350 € (hin/zurück). Mit den Billigfliegern Germanwings (www.german wings.com) und easyJet (www.easyjet.com) kommt man u. U. noch preiswerter nach Athen. Attraktiv können bei rechtzeitiger Buchung auch Flüge mit Aegean Airlines, Lufthansa oder Swiss sein. Allerdings muss man dann noch den Anschlussflug bzw. die Überfahrt nach Santoríni bezahlen, ebenso die Rückfahrt. Günstiger wird es in der Regel sein, mit *Aegean Airlines* (www.aegeanair.com) oder *Olympic Airlines* (www.olympic-airlines.de) bis Santoríni zu buchen und in Athen umzusteigen – beide Airlines fliegen im Sommer jeweils 4- bis 7-mal täglich nach Santoríni, in der übrigen Zeit etwa 2- bis 3-mal.

Fährverbindungen gibt es vom Athener Hafen Peiraiás (zu deutsch: Piräus) nach Santoríni von Juni bis September mindestens 2- bis 4-mal täglich, sonst etwa 1- bis 2-mal täglich, Überfahrtsdauer (je nach Schiffsroute verschieden) ca. 8–12 Std., Deckplatz/Pullmannsitz ca. 34 €. Außerdem fahren Schnellfähren und Speedboats (5 Std., ca. 50–60 €). Details zum Transfer ab Athen/Piräus auf S. 62.

▶ **Flug nach Iráklion (Kreta)**: sehr häufige Flüge in der warmen Jahreshälfte, hauptsächlich Charter, aber auch Lufthansa, Aegean Airlines und Olympic Airlines (mit Zwischenlandung), preislich kommt das etwas teurer als nach Athen. Nach Santoríni fahren von Iráklion fast täglich Schnellboote, für die Überfahrt benötigen sie nur etwa 1 Std. 45 Min.

▶ **Flug nach Mýkonos**: Die zweite Kykladeninsel mit einem internationalen Flughafen liegt 125 km nördlich von Santoríni. Nachteil ist auch hier die geringe Flugfrequenz. Wer in Mýkonos ankommt, muss über das Drehkreuz Athen weiter nach Santoríni fliegen oder mit dem Schiff (Schnellboot oder Autofähre) fahren. Die Fährüberfahrt Mýkonos–Santoríni (im Sommer 1-mal täglich) dauert ca. 5–6 Std. (Deckplatz/Pullmannsitz ca. 25 €), mit den Speedboats (im Sommer 1- bis 2-mal täglich) braucht man dagegen nur ca. 2,5 Std. (ca. 35–40 €). Bei starkem Wind verkehren diese allerdings nicht.

Flug mit Unterkunft (Pauschalreisen)

Für den Urlaub in der Hauptsaison ist – vor allem für Familien mit Kindern – anzuraten, Flug und Unterkunft über Reiseveranstalter pauschal zu buchen. Die Zimmersuche kann in dieser Zeit unter Umständen zu einem langwierigen Unternehmen ausarten, da auch griechische Urlauber im Sommer vermehrt auf die Kykladen reisen. Dabei sollte man sich jedoch immer bei mehreren Reisebüros oder Online-Anbietern informieren. Nicht alle bieten dieselben Veranstalter an und oft zahlt man bei verschiedenen Gesellschaften für die gleiche Leistung erheblich unterschiedliche Preise. Angeboten werden Hin- und Rückflug nach Santoríni, Transfer vom Flughafen ins Hotel und zurück (bei Flug nach Athen, Kreta oder Mýkonos gegebenenfalls Fähr-/Flugticket nach Santoríni) und Unterkunft (Hotel, wahlweise mit Frühstück oder Halb-/Vollpension bzw. Ferienwohnung mit Küche/Kochnische).

• *Veranstalter* Das größte Angebot auf Santoríni hat der Münchener Veranstalter **Attika Reisen** (www.attika.de), gut vertreten sind auch **Jahn Reisen** (www.jahn reisen.de) und **TUI** (ww.tui.com), weitere Kontingente haben z. B. **Airtours**, **FTI**, **Neckermann** und **Thomas Cook**. Schauen Sie auf die Website oder lassen Sie sich die entsprechenden Prospekte in Ihrem Reisebüro geben. Ihrer Aufmerksamkeit empfehlen wir besonders den Prospekt des langjährigen Griechenland-Spezialisten Attika Reisen.

Reiseportale im Internet sind z. B. www.expedia.de, www.opodo.de, www.travelscout24.de, www.ab-in-den-urlaub.de, www.billigflug.de u. v. m.

Kombinierte **Studienreisen** nach Santoríni

und Kreta bietet Studiosus Reisen München (www.studiosus.de), einen erfahrenen

Anbieter von **Wanderreisen** finden Sie im
Kapitel „Unterwegs auf Santoríni/Wandern".

Preiswert in den Urlaub: Last Minute

„Last-Minute"-Plätze in nicht ausgebuchten Chartermaschinen gibt es sowohl
mit Unterkunft wie auch als „Nur Flug". Zu Hochsaisonzeiten (Ostern, Sommerferien) sind die Angebote naturgemäß seltener, als besonders guter Monat gilt
dagegen der Juni. Echte Last-Minute-Angebote werden von den Fluggesellschaften erstmals frühestens 14 Tage vor Reisebeginn offeriert, bis zum Flugda-
tum sinken die Preise dann – je nach Nachfrage – meist noch ein Stück. Wenn
man hoch pokert, kann man so zwei Tage vor Termin einen Flug für einen Bruch-
teil des Preises bekommen, den Frühbucher zahlen – allerdings mit dem Risiko,
dass die Maschine zwischenzeitlich ausgebucht ist. Bei Flügen mit Unterkunft ist
etwas Vorsicht geboten: Oft werden Lockangebote offeriert, die zwar als „Last
Minute" deklariert sind, jedoch keineswegs günstiger sind als Katalogpreise.

Anbieter (Auswahl): Bucher Reisen (www.bucherreisen.de), Lastminute Express (www.lastminute-express.de), L'tur (www.ltur.de), Travel Overland (www.
travel-overland.de), außerdem www.flugbuchung.com, www.lastminute.de,
www.lastminute-suchmaschinen.de, www.restplatzboerse.de, www.spartours.
de, www.urlaub-last-minute.de, www.travel24.com u. v. a.

Transport von Gepäck und Sondergepäck

● *Gepäck* Auf allen internationalen Linien-
und Charterflügen dürfen pro Pers. 20 kg
Freigepäck mitgenommen werden, auf in-
nergriechischen Flügen dagegen nur 15 kg.
Wer aber aus dem Ausland kommt und einen Anschlussflug gebucht hat, darf seine
20 kg trotzdem kostenfrei mitnehmen.

● *Sportgerät, Fahrrad usw.* Pro Pers. können bis zu 30 kg mitgenommen werden, die
Gebühren sind je nach Fluggesellschaft unterschiedlich, **Fahrrad**, **Surfbrett** oder **Tau-
cherausrüstung** kostet per Charterlinien
meist um die 25 € pro Strecke (50 € hin/zu-
rück), Linienflüge sind deutlich teurer. Rechtzeitige Anmeldung und sachgerechte Verpackung sind in jedem Fall obligatorisch.

● *Haustiere* Wer sein Tier unbedingt mitnehmen will, muss es natürlich bei der Buchung anmelden. In der Kabine dürfen
Hund bzw. Katze nur mitfliegen, wenn eine
spezielle Transportbox gekauft wurde und
das Gewicht von Hund/Katze mit Box 8 kg
nicht überschreitet. Ansonsten landet das
Tier im Frachtraum. Bei Charterflügen
schlagen einige Gesellschaften das Gewicht des Tiers dem Gesamtgepäck auf
(d. h. gezahlt wird nur, wenn 20 kg über-
schritten sind), andere nehmen einen Pau-
schalpreis pro Tier (ca. 25 € pro Strecke).
Wichtig: Kontaktieren Sie Ihren Tierarzt mindestens fünf Wochen vor der Reise, denn
das Tier muss gegen Tollwut geimpft sein.

Bitte zu Hause lassen: den Tieren zuliebe

Tierschützer warnen ausdrücklich davor, Tiere mit in den Urlaub zu nehmen, der Flug ist eine Qual und am Ferienort bekommen Sie es mit unbe-
kannten Parasiten zu tun, denen Ihr Haustier oft schutzlos ausgeliefert ist.
Am besten lassen Sie Ihr Tier zu Hause betreuen (Es gibt z. B. „Catsitter"
und Tierpensionen, im Tierheim nachfragen) oder bei Freunden wohnen.

Mit dem Auto

Falls sich mehrere Personen die Benzinkosten teilen, kann der eigene Pkw unter
Umständen eine preiswerte Anreisemöglichkeit sein. Santoríni verfügt zudem über

ein gut ausgebautes Straßennetz. Allerdings sollte ein längerer Aufenthalt geplant sein, eventuell kombiniert mit Touren auf dem griechischen Festland, ansonsten lohnen Fährkosten, Fahrer- und Fahrzeugstress keinesfalls. Denn als Faustregel gilt: Wenn Sie mit dem Auto den Trip nach Santoríni wagen, müssen Sie mit gut drei Tagen Fahrt rechnen, hin und zurück also fast eine Woche einkalkulieren.

▸ **Über den Balkan**: Die direkte „Luftlinie" nach Athen/Piräus durch Österreich, die Nachfolgestaaten des zerfallenen Jugoslawien (Slowenien, Kroatien, Restjugoslawien, Makedonien) und Nord-/Mittelgriechenland verläuft über die Schnellstraße E 70, genannt „Autoput" (Zagreb, Belgrad, Nis und Skopje). Obwohl die Automobilclubs noch abraten, ist die Route nach uns vorliegenden Erfahrungsberichten inzwischen wieder problemlos zu befahren. Die Strecke ist großteils autobahnähnlich ausgebaut – in Serbien wird noch an der Verbesserung des alten Autoput gearbeitet – und mautpflichtig, der Straßenzustand ist allerdings z. T. schlecht. Maut und Benzin kann man überall mit Euro (oder Kreditkarte) begleichen, wobei man ein Stück mehr bezahlt als in der jeweiligen Landeswährung. Für den Transfer durch Serbien ist die Mitnahme des Reisepasses und der grünen Versicherungskarte notwendig, außerdem sollte man sich dort nicht zu lange aufhalten: Deutsche Reisende sind nicht sehr beliebt, denn Deutschland war an dem völkerrechtlich umstrittenen Militäreinsatz in Serbien beteiligt und die Bundesrepublik hat als eine der ersten Regierungen die Unabhängigkeit des Kosovo anerkannt. Geschwindigkeitsbeschränkungen sollten strikt beachtet werden, es gibt sehr viele Radarkontrollen, die teuer werden können. Der kritische Kosovo wird beim Transfer nicht berührt, vor der Reise sollte man die politischen Ereignisse jedoch genau verfolgen.

In Griechenland angekommen, führt die gebührenpflichtige Schnellstraße an Thessaloníki vorbei und verläuft nahe der Ostküste. Gelegentlich fährt man direkt am Meer entlang und kommt auch dicht am mythischen Olymp-Massiv vorbei, ab und zu gibt es Bademöglichkeiten. Mehrere Zeltplätze haben Zufahrten von der Autobahn und sind zum Teil gut ausgestattet, wegen der nahen Straße jedoch sehr laut. In *Athen* führt die Nationalstraße 1 (später Kifissou Str.) am Zentrum vorbei direkt zum Hafen *Peiraiás (Piräus)*. Die Ticketschalter für die Santoríni-Fähren liegen schräg gegenüber der Metrostation (→ Athen).

▸ **Über Italien**: Wer die anstrengende Überlandtour nicht machen will, hat als einzige realistische Alternative die Anreise über Italien mit Fährpassage nach Pátras/Griechenland (möglich ab Triest, Venedig, Ancona, Bari oder Brindisi), nimmt anschließend die gut ausgebaute Autobahn am Golf von Korinth entlang nach Piräus und fährt mit den täglich auslaufenden Fähren nach Santoríni. Vorteil: Man sitzt nicht allzu lange hinter dem Steuer – von München nach Ancona sind es beispielsweise weniger als 900 km, von Basel nach Venedig 700 km und auch die Tour auf dem griechischen Festland ist rasch zu bewältigen. Zu den Überfahrtskosten kommen jedoch Autobahngebühren dazu. Achtung: Die Fähren zwischen Italien und Griechenland sind in der Saison oft schon Monate im Voraus ausgebucht. Nicht ohne Vorbuchung fahren.

Weitere Hinweise unter "Fährverbindungen von Italien nach Griechenland" und "Innergriechische Verbindungen von und nach Santoríni".

● *Informationen* Besorgen Sie sich vor Antritt der Fahrt bei den Automobilclubs oder im Internet die neuesten Daten zu Autobahngebühren, Höchstgeschwindigkeiten, besonderen Verkehrsregeln und Benzinpreisen in Griechenland und den Transitländern.
● *Papiere* nationaler Führerschein, grüne Versicherungskarte, Fahrzeugschein. Sinnvoll ist auch der Auslandsschutzbrief bzw. eine vorübergehende Vollkaskoversicherung.

Weitere Anreisemöglichkeiten

▸ **Mit der Bahn**: Die einzige ökologisch verträgliche Anreisevariante ist vor allem anzuraten, wenn Sie auch vom griechischen Festland etwas sehen wollen und dort reichlich Zwischenstopps einlegen. Auf der direkten Linie durch das ehemalige Jugoslawien, die viele Jahre unterbrochen war, gibt es inzwischen wieder Verbindungen, man ist jedoch gut vierzig Stunden unterwegs. Weniger stressig, außerdem etwas preiswerter und mit schöner Fährüberfahrt ist die Anreise über Italien. Von den italienischen Adriahäfen gehen Fähren nach Igoumenítsa und Pátras auf dem griechischen Festland, von Pátras gibt es mehrmals täglich Zug- und Busverbindungen nach Athen.

> Informationen zu den verschiedenen nationalen und internationalen Bahnpässen unter www.bahn.de (Preise & Angebote/Europa-Spezial).

Ankuft auf Santoríni

● *Balkanroute* Gutes Sitzfleisch und Durchhaltevermögen sind nötig, man verbringt immerhin mehr als vierzig Stunden in „vollen Zügen". Außerdem ausreichend Lebensmittel und Trinkwasser mitnehmen, die teuren Speisewagen belasten das Budget. Mit IC/EC fährt man von Frankfurt über Salzburg bis Zagreb, dort muss man gegen Mitternacht umsteigen und fährt über Belgrad, Skopje und Thessaloníki nach Athen. Nötig ist eine rechtzeitige Sitzplatzreservierung, außerdem ggf. Liege- oder Schlafwagen für die Nacht. Die Kosten liegen über 300 € (hin und zurück). Spätestens ein paar Wochen vor Reisebeginn muss man buchen.

● *Über Italien* Zunächst reizvolle Anreise durch die Alpen und Oberitalien zu einem der Fährhäfen, willkommene Abwechslung bringt dann im Anschluss die Überfahrt nach Griechenland. Für die Fahrt von München nach **Ancona** muss man mit zwölf Stunden rechnen. Ab **Pátras** kann man bis zu 5-mal täglich mit einem klimatisierten IC-Triebwagenzug auf der Schmalspurstrecke nach **Athen** bzw. direkt nach **Piräus** fahren, die Bahnhöfe liegen in beiden Städten direkt am Hafen (Fahrtdauer ca. 3,5 Std., IC-Zuschlag, reservierungspflichtig, Infos unter www.ose.gr). Auf derselben Strecke fahren auch normale Nahverkehrszüge, die bis zu 5,5 Std. brauchen, außerdem gibt es häufige Busverbindungen (Busstation in Pátras ein Stück östlich vom Bhf.).

▸ **Mit dem Bus**: deutlich preiswerter als mit der Bahn, das wird aber durch den Marathon-Stress im unbequemen Reisesitz wettgemacht. Die *Deutsche Touring*

GmbH bietet ganzjährig Fahrten von verschiedenen deutschen Städten an, die vor allem von griechischen und türkischen Arbeitnehmern genutzt werden. Die Busse fahren in einen der italienischen Fährhäfen und setzen über *Igoumenítsa* über, um die Weiterfahrt nach *Athen* muss man sich vor Ort selber kümmern (Busse fahren etwa alle 2 Std., Fahrtdauer 9 Std., Infos unter www.ktel.gr). Der Preis von Frankfurt nach Igoumenítsa beträgt ca. 175 € hin und zurück, die Fähre kostet extra (ca. 50 € hin und zurück). Abgefahren wird in der Regel samstags, Ankunft in Igoumenítsa ist etwa 33 Std. später. Aufgrund der langen Fahrtzeit empfiehlt sich der Europabus nicht für einen zwei- bis dreiwöchigen Urlaub.

Auskünfte/Buchung Deutsche Touring GmbH, „Europabus", Am Römerhof 17, D-60486 Frankfurt/Main, ☎ 069/790350, www.deutsche-touring.com.

Flieger oder Bahn: Mit dem Fahrrad nach Santoríni

Eine Fahrradmitnahme nach Athen, Santoríni, Mýkonos oder Kreta ist bei keiner Airline ein Problem. In der Chartermaschine beträgt der Preis ca. 50 € hin/rück, Linienfluggesellschaften berechnen Sondergepäck nach Größe (klein, mittel, groß), ein Fahrrad gehört zur mittleren Kategorie und kostet etwa 70 € pro Strecke, also 140 € hin/rück. Das Rad muss schon bei der Reservierung des Fluges angemeldet werden (mit Gewicht). Sachgerechte Verpackung ist sinnvoll, z. B. in speziellen Fahrradtaschen, Pappe oder Luftpolsterfolie, bei manchen Fluggesellschaften muss das Rad sogar vollständig verpackt sein. Lenker quer stellen und etwas Luft ablassen, damit die Schläuche durch den Unterdruck in den Frachtkammern nicht platzen, das Rad aber trotzdem noch gerollt werden kann.

Die Fahrradmitnahme per Bahn durch die Nachfolgestaaten des zerfallenen Jugoslawien ist langwierig und kompliziert. Besser ist es, das Rad durch Italien nach *Ancona* mitzunehmen (intern. Fahrradkarte ca. 10 €) und von dort nach Pátras überzusetzen. Auskünfte gibt die „Radfahrer-Hotline" der DB (☎ 01805/151415, ganzjährig tägl. 8–20 Uhr), Infos auch bei www.bahn.de unter „Mobilität und Service" (Bahn & Fahrrad) und beim Allgemeinen Deutschen Fahrrad-Club ADFC, www.adfc.de. Die Fährpassage Italien-Griechenland ist fürs Rad kostenlos. Von *Pátras* nach Athen bieten manche Fährlinien (z. B. Anek, Minoan Lines und Superfast Ferries) einen Bustransfer, wobei mit etwas Glück das Rad mitgenommen wird (hängt vom Busfahrer ab). Ansonsten kann das Rad von Pátras auch preiswert mit der Bahn nach Athen versandt werden (direkte Mitnahme im Zug nicht möglich) und auch die Mitnahme in öffentlichen Linienbussen ist machbar, falls im Gepäckabteil genügend Platz vorhanden ist. Auf den Santoríni-Fähren dann wieder kostenloser Transport.

▶ **Mitfahrzentralen**: preisgünstige Lösung für Fahrer und Mitfahrer – ersterer spart Benzinkosten, letzterer kommt preiswert nach Griechenland. Im Fall, dass mehrere zahlende Personen mitfahren, wird auch der obige Buspreis leicht unterboten. Insgesamt rund hundert Mitfahrzentralen *(MFZ)* gibt es inzwischen in fast allen bundesdeutschen Großstädten, zu finden im Telefonbuch oder im Internet unter mitfahrzentrale.de, mitfahrzentralen.org oder citynet-mitfahrzentralen.de. Vor allem die Universitätsstädte sind gut bestückt.

Fährverbindungen von Italien nach Griechenland

Die griechischen Reedereien haben fast alle ihre alten Schiffe ausgemustert und durch neue, größere und luxuriösere ersetzt. So bietet eine Überfahrt trotz ihrer Dauer oft eine schöne Einstimmung auf den Urlaub. Pool, komfortable Kabinen, Restaurants und Bars sind mittlerweile fast überall Standard.

Fährhäfen in Italien sind *Triest, Venedig, Ancona, Bari* und *Brindisi*, Ankunftshäfen in Griechenland entweder *Pátras* oder *Igoumenítsa*. Wer nach Santoríni will, muss anschließend per Auto, Bus oder Bahn nach *Athen/Piräus* fahren und sich dort erneut auf einer Kykladenfähre einschiffen (→ Innergriechische Verbindungen, unten). Gegebenenfalls sollte man eine Zwischenübernachtung in Igoumenítsa, Pátras oder Athen/Piräus einplanen.

Von welchem Hafen man in Italien abfährt, ist eine individuelle Entscheidung. Besorgen Sie sich die aktuellen Prospekte oder schauen Sie auf die Websites der Schiffsgesellschaften und rechnen Sie die verschiedenen Fährpreise, kombiniert mit den Kosten für die Anfahrt mit Auto oder Bahn, einmal durch. Die Fährlinien staffeln ihre Tarife nach Saisonzeiten. In der Nebensaison liegen die Preise generell niedriger als in der Hauptreisezeit. Es gibt z. T. erhebliche Schwankungen zwischen den konkurrierenden Linien. Achten Sie auch besonders auf die je nach Reederei verschiedenen Sonderpreise und Ermäßigungen. Fahrradmitnahme ist immer frei. Grundsätzlich sollte man möglichst früh buchen, Stellplätze für Pkw und Wohnmobil werden schnell knapp, natürlich vor allem an exponierten Terminen wie Ferienbeginn etc. Im Allgemeinen dürfte *Ancona* ein günstiger Fährhafen sein – von hier gibt es die meisten Verbindungen und man muss nicht bis Brindisi hinunterfahren.

▸ **Fähren nach Griechenland**: U. a. verkehren ANEK Lines, Blue Star Ferries, Minoan Lines, Superfast Ferries und Ventouris Ferries nach Igoumenítsa und Pátras. Ab Ancona gibt es die meisten Verbindungen, u. a. starten hier die Superfast Ferries, die für die Überfahrt nach Pátras nur noch 18 Std. benötigen.

> Die genannten Fährgesellschaften haben alle Homepages im Internet, wo man sich über aktuelle Fahrpläne, Preise und Konditionen informieren kann, auch Online-Buchung ist meist möglich: **ANEK** (www.anek.gr), **Blue Star Ferries** (www.bluestarferries.com), **Minoan Lines** (www.minoan.gr), **Superfast Ferries** (www.superfast.com) und **Ventouris Ferries** (www.ventouris.gr).

Innergriechische Verbindungen von und nach Santoríni

Mit dem Flugzeug

Verbindungen nach Santoríni gibt es vom Athener Flughafen *Elefthérios Venizélos* (www.aia.gr) im Sommer ca. 4- bis 7-mal täglich (sonst 2- bis 3-mal täglich) mit den griechischen Gesellschaften *Aegean Airlines* und *Olympic Airlines*. Geflogen wird mit kleinen, 42- und 68-sitzigen Propellermaschinen oder einer Boeing 737. Buchen Sie deshalb rechtzeitig, wenn möglich bereits von Deutschland aus (was auch nicht teurer ist) – in der Hauptsaison ist vor Ort meist kein Platz mehr zu bekommen. Infos zu Verkehrsverbindungen von und zum Athener Airport auf S. 63.

Der internationale Flughafen von Santoríni liegt bei Monólithos an der Ostküste, etwa 7 km vom Hauptort Firá entfernt. Es verkehren öffentliche Busse (→ S. 66), ein Taxi kostet ca. 10 €.

● *Flugpreis* Einfacher Flug von Athen nach Santoríni oder umgekehrt je nach Saison und Buchungszeitpunkt ca. 60–100 € pro Pers. incl. Flughafengebühren und Steuern (Stand Frühjahr 2009).

● *Tickets* **Olympic Airlines**, an der Ausfallstraße Richtung Karterádos. ℡ 22860-31525,

✆ 28363 (→ Firá/Adressen, S. 107). Flughafenschalter ℡ 22860-31666.
Aegean Airlines, am Flughafen in Santoríni. ℡ 22860-28500.

● *Flughafenauskunft* ℡ 22860-28405, ✆ 33349, kasrtl@otenet.gr, www.hcaa-eleng.gr/sandat.htm.

Mit dem Schiff

Eine umfassende und aktuelle Übersicht über die Fähr- und Schnellbootverbindungen in der Ägäis findet man im Internet unter *www.gtp.gr*, viele Hinweise zum Fährverkehr, zu den Abreisehäfen und den Verkehrsverbindungen in und um Athen unter FAQ auf der Website *www.danae.gr*. Die jeweils aktuellen Abfahrtszeiten und Routen aller Fähren und Schnellboote gibt es auf Handzetteln im Informationsbüro des EOT in Athen. Achtung: In der Nebensaison (vor Mai/Juni bzw. ab Ende September) gilt ein stark eingeschränkter Fahrplan.

▸ **Fähren**: Santoríni wird von Mai bis September vom Festlandshafen *Piräus* mehrmals täglich angelaufen, ebenso von den großen Kykladen-Inseln *Páros*, *Náxos*, *Íos*, *Mýkonos* u. a. In der übrigen Zeit gibt es Verbindungen mehrmals wöch. bis 1-mal tägl. Die meisten Fähren legen in Piräus morgens ab und fahren mit Zwischenstopps in *Sýros*, *Mýkonos*, *Páros*, *Náxos* und *Íos* nach Santoríni. Je nach Route dauert die Fahrt ca. 8–12 Std. Tickets bekommt man in den Reisebüros an der Platía Karaiskáki, gegenüber der Metrostation (→ Piräus, S. 62). Auf Santoríni starten und landen die Fähren ausschließlich im Hafen *Athiniós*, machen jedoch manchmal einen Zwischenstopp auf *Thirassía*.

Blick von der einlaufenden Fähre auf den Hauptort Firá

Anreise

Die an sich überlegenswerte Anfahrt über *Rafína* (→ S. 64) an der attischen Ost-küste – dieses Hafenstädtchen liegt näher am neuen Flughafen Elefthérios Venizé-los als Piräus und die Überfahrt auf die Inseln kommt gut 10 % billiger – funktio-niert derzeit per Fähre nur mit Umsteigen in Mykonos, Páros oder Náxos, denn bis Santoríni fahren nur Schnellboote (Hellenic Seaways).

Auch von und nach *Kreta* fahren hauptsächlich Schnellboote (1,45 Std.) und nur wenige Fähren (4,5–6 Std.).

● *Fahrpreise* (Stand 2009) **Piräus–Santoríni**, ca. 72 €, PKW ab ca. 99 €, Motorrad ca. Deck (Pullmansitz) ca. 34 €/Pers., Kabine ab 27 €, Wohnmobil ca. 30 € pro Meter.

Fährmonopoly auf Griechisch

Seit Anfang 2000 ist der griechische Fährmarkt in Bewegung. Damals be-gann ein breit angelegter Bereinigungs- und Konzentrationsprozess. Viele der alten Schiffe wurden ausgemustert und durch neue, moderne und insbe-sondere durch die schnellen High-Speed-Fähren ersetzt. Marktführer im Be-reich der Kykladen – und auch in ganz Griechenland – ist mit 34 Schiffen (Fähren, Schnellfähren und Schnellboote) derzeit die aus „Hellas Flying Dol-phins" und „Hellas Ferries" hervorgegangene Gesellschaft *Hellenic Seaways* (www.hellenicseaways.gr). Die bekannte kretische Gesellschaft „Anek Lines" (Italien – Griechenland, Piräus – Kreta) ist seit Kurzem an ihr beteiligt. In Konkurrenz zu Hellenic Seaways steht auf den Kykladen-Routen die Gesell-schaft Attica Enterprises mit den komfortablen Großfähren von *Blue Star Ferries* (www.bluestarferries.com). Zu diesem Firmenkomplex gehören auch die international agierenden „Superfast Ferries", aber auch Anteile an Mi-noan Lines und Hellenic Seaways werden gehalten. Weitere kleinere Mitbe-werber auf den Kykladen-Routen sind *Ventouris Sea Lines* (www.ventouris sealines.gr), *Aegean Speed Lines* (www.aegeanspeedlines.gr), *Sea Jets* (www. seajets.gr), *G.A. Ferries* (www.gaferries.gr), *Cyclades Fast Ferries* (www.fast ferries.com.gr), *Lane (www.lanesealines.gr)*, *NEL* Lines (www.nel.gr), *Alpha Ferries* (www.alphaferries.gr) und *C-Link Ferries*, die aber im großen Fu-sionskarussell eher untergeordnete Rollen spielen.

▸ **Schnellboote**: Seit einigen Jahren werden in der Ägäis verstärkt große, komfortable Schnellboote und Katamaranschiffe eingesetzt, die *Speedboats* genannt werden und mittlerweile sämtliche gängigen Routen befahren. Für alle, die es eilig haben und keine Kosten scheuen, bilden diese Hightech-Geräte eine interessante, wenngleich teurere Alternative zu den behäbigen Großfähren. Man sitzt in relativ bequemen Flugzeugsesseln, genießt fast Airline-Feeling und die extrem schnellen Überfahr-ten, von Piräus nach Santoríni sind es beispielsweise nur ca. 5–6 Std. In den großen Schnellfähren werden sogar Fahrzeuge mitgenommen. Nachteil: Bei höheren Windstärken müssen diese Boote den Verkehr einstellen, während Großfähren bis 9 Beaufort kaum Probleme haben.

Je nach Jahreszeit gelten unterschiedliche Fahrpläne, von *Piräus* nach Santoríni gibt es im Sommer ein- bis mehrmals tägl. Verbindungen, im Winter ein- bis mehrmals wöch., von *Rafína* fährt ein Schnellboot im Sommer ein Mal täglich. Außerdem ver-kehrt in der warmen Jahreszeit fast täglich ein „Flying CAT" von *Iráklion* (Kreta), der nur etwa 1 Std. 45 Min. benötigt.

Ticketbuchung online

Was früher nur Flügen vorbehalten war, ist heute auch für Fährverbindungen möglich, von Italien nach Griechenland, aber auch innergriechisch: Fast alles ist im Voraus per Internet buchbar und auch hier gilt oft: je früher, desto preiswerter. Sinnvoll kann eine Vorausbuchung sicherlich im Juli/August (speziell an Wochenenden) sowie zu Ostern und Pfingsten sein, denn dann kommt es wegen der vielen griechischen Ausflügler mittlerweile trotz der Vielzahl der eingesetzten Fähren im Bereich der Kykladen zu Engpässen. Allerdings sollte man auf kurzfristige Fahrplanänderungen gefasst sein (→ Kasten). Und auch in der Nebensaison ist zweifellos das eine oder andere Schnäppchen buchbar – notwendig ist dann eine Vorbuchung aber in aller Regel nicht.

Achtung: Die Ägäis ist ein unruhiges und unberechenbares Meer, das hat schon Odysseus erfahren müssen. Wenn Sie eine bestimmte Reiseroute verfolgen, seien Sie flexibel: Immer wieder kommt es vor, dass Abfahrten wegen rauer See kurzfristig storniert werden müssen. Vor allem im Hochsommer können die tagelang aus Richtung Nord wehenden Meltémi-Winde die Schifffahrt in der Ägäis lahm legen. Ab Windstärke 8 wird der gesamte Fährverkehr eingestellt – das kommt zwar selten vor, doch kleinere Schiffe und Speedboote laufen schon bei niedrigeren Windstärken nicht mehr aus. Die Fahrpläne können sich deshalb häufig ändern, oft auch mitten in der Saison. Erkundigen Sie sich rechtzeitig, ob am Tag der geplanten Abreise eine Fähre bzw. ein Schnellboot geht!

▸ **Blue Star Ferries** (www.bluestarferries.com): Die Gesellschaft bietet seit einigen Jahren ein "Super-Economy-Ticket" zu den Kykladen für nur 10 € an. Es ist allerdings nur ab/bis Piräus bzw. Rafína buchbar und kann nicht zwischen den einzelnen Inseln genutzt werden. Achtung: Dieser Tarif ist bislang nicht auf der Website buchbar, sondern nur telefonisch oder per Mail bei einer Blue-Star-Agentur. Mit der ausgedruckten Buchungsbestätigung erfolgt die Abholung der Tickets bis 1 Std. vor Abfahrt in Piräus bei der Blue-Star-Agentur im Bereich Gate 7/6. Die normalen Tarife sind über die Website buchbar.

• *Agenturen* **Deutschland**, Blue Star Ferries, Herrenholz 10–12, D-23556 Lübeck. ☏ 0451-88006166, ✆ 88006129, info.germany@bluestarferries.com.
Österreich, ÖAMTC Reisen, Schubertring 1–3, A-1010 Wien. ☏ 0043-1-711991402, ✆ 711991469, www.oeamtc.at, oeamtc@superfast.com.
Schweiz, Cruise & Ferry Center AG, Industrie Nord 9, CH-5364 Merenschwand. ☏ +4156-6757590, ✆ 6757591, www.ferrycenter.ch, ferrycenter@superfast.com.

▸ **Hellenic-Seaways** (www.hellenicseaways.gr): Bis 15 Tage vor Abreise gibt es einen Frühbucherrabatt von 15 % für die Reisetage Dienstag bis Donnerstag. Ausgenommen ist im Bereich der Kykladen jedoch die Strecke Heráklion–Santoríni–Íos–Páros–Mýkonos. Kinder bis 5 Jahre fahren gratis (Ticket erforderlich), von 5–10 Jahre 50 % Ermäßigung. Die Abholung der Tickets erfolgt in Piräus gegen Vorlage der Buchungsbestätigung im Büro bei Gate 7/6. Für die anderen Häfen werden die Agenturen im Buchungsvorgang genannt.

▸ **Weitere Gesellschaften**: Bei folgenden Linien können Tickets ebenfalls kostenlos online gebucht werden: *Ventouris Sea Lines* (www.ventourissealines.gr), *Sea Jets* (www.seajets.gr), *Aegean Speed Lines* (www.aegeanspeedlines.gr) und *G.A.Ferries* (www.gaferries.gr).

▶ **Gebührenpflichtige Buchungssysteme**: Mit der Website von *Paleologos Travel* (www.ferries.gr) sind viele Fährgesellschaften verbunden, die über kein eigenes Buchungssystem verfügen. Es entstehen zusätzliche Kosten in Höhe von 5 €.

Bei *OpenSeas* (www.openseas.gr) beträgt die Reservierungsgebühr 3 % des Ticketpreises.

Greek Ferries (www.greekferries.gr) verlangt als Buchungsgebühr 15 €, zusätzlich fallen bei Abholung des Tickets am Abfahrtstag im Hafen 10 € an.

Bei Danae Travel (www.danae.gr) ist vor der Buchung eine Registrierung mit Mailadresse und Passwort erforderlich. Bei Abholung der Tickets in Athen (Psylla Str. 6, Nähe Platia Syntagma, Mo–Fr 9–17 Uhr) fallen keine Gebühren an, bei Lieferung per Kurier zum Flughafen 12 €.

> Viele Inselhüpfer haben gute Erfahrungen gemacht mit **Philippis Tours** bei Gate 7/8 zwischen den 24-Stunden-Tavernen „Hetion" und „Filoxenia". Tickets werden dort ohne zusätzliche Gebühren reserviert, das Gepäck kann während der Öffnungszeiten vorübergehend kostenlos in einem separaten Gepäckraum gelagert werden. ☎ 210-4133182, 4133417, 4112817, 📠 4137359, filippistours@hotmail.com.

Wichtige Festlandshäfen

▶ **Peiraiás** (deutsch: Piräus): Der Riesenhafen Athens ist mit dem Zentrum nahtlos zusammengewachsen, fast alle Inselfähren starten hier. Vom Zentrum ist er schnell und bequem mit der Metro zu erreichen. Schön ist Piräus allerdings nicht, zumindest nicht im Bereich der Abfahrtskais: Bis zu zehn Stockwerke sind hier die Betonkästen hoch gezogen, davor Autokolonnen, Lärm, Abgase, Menschenmassen, die sich aneinander vorbeischieben, Rucksacktouristen, die aus der Metro strömen ... Die Ausfahrt mit der Fähre ist dagegen ein wunderschönes Erlebnis: Man passiert dutzende Frachter und Öltanker, die noch kilometerweit vor der Küste vor Anker liegen.

Volle Fähre

Wer vor der Abfahrt noch Zeit hat, kann zwei Museen besuchen: das *Archäologische Museum* in der 31 Odós Har. Trikoúpi, Nähe Zéa Marína (Di–So 8.30–15 Uhr, Mo geschl., ca. 3 €), und das nahe gelegene *Maritime Museum*, Aktí Themistokléous, dort u. a. ein Modell der Seeschlacht von Salamís (Di–Sa 9–14, So 9.30–14 Uhr, Mo geschl., ca. 3 €). Einen Blick wert ist auch das hübsche neue *Electric Railways Museum* direkt am Ausgang der Metrostation (tägl. 9–14 Uhr, Eintritt frei).

Anreise

Fahrkarten für Santoríni-Fähren: Ein Ticketbüro neben dem anderen findet man schräg gegenüber der Metroendstation an der **Platia Karaiskáki** in dem großen, allein stehenden Gebäudekomplex an den Kais. Man erreicht den Platz, indem man bei der Metrostation die viel befahrene Uferstraße auf einer neuen Fußgängerbrücke überquert und etwa 200 m nach links geht. In der Hauptsaison sind die Verkaufsstellen oft bis spät abends geöffnet, die täglichen Abfahrten sind auf großen Tafeln vor der Tür nachzulesen. Wichtig: Falls ein Schalter keine günstige Verbindung hat, auch bei den anderen nachschauen bzw. -fragen, denn nicht jeder hat alle Reedereien im Angebot. Die Auskunft „Heute keine Verbindung mehr" bezieht sich nur auf die von dem jeweiligen Büro angebotenen Linien. Vielleicht gibt es ein paar Meter weiter doch noch eine Alternative.

Abfahrtskais: Bei E 6 und E 7 direkt neben der **Platia Karaiskáki** starten und landen üblicherweise die Fähren zu/von den Ostkykladen, darunter auch Santoríni.

● *Verbindungen vom Flughafen nach Athen und Piräus* Der Athener Großflughafen **Elefthérios Venizélos** (www.aia.gr) liegt in der Ebene von Spáta, etwa 25 km östlich vom Zentrum.

Vom Flughafen fährt die neue Metro **M 3** tagsüber von etwa 6.30 bis 23.30 Uhr etwa 1-mal stündlich über Doukíssis Plakentías und Ethnikí Ámina zum Sýntagma-Platz und weiter zum **Monastiráki-Platz**. Dort hat man Anschluss an die **M 1**, die bereits seit vielen Jahrzehnten vom weit außerhalb liegenden Vorort Kifíssia quer durchs Zentrum zum Hafen **Piräus** fährt (Tipp: das 90-Min.-Metroticket erlaubt einen kurzen Zwischenstopp am Monastiráki – man löst später für nur 0,80 € ein Metroticket bis Piräus). Die Endstation in Piräus liegt direkt gegenüber vom Terminal der Inselfähren am Karaiskákiplatz, eine Fußgängerbrücke überquert die Uferstraße. Ein Ticket für die Fahrt vom Airport bis Monastiráki kostet ca. 6 € (unter 18 und über 65 J. 3 €, 2-Pers.-Ticket 10 €, 3-Pers.-Ticket 15 €), Dauer ca. 40 Min., bis Piräus 70 Min. Ein Metroplan ist bei der Informationsstelle im Flughafen erhältlich. **Achtung**: Die M 3 zwischen Airport und Station Doukíssis Plakentías ist im Zeitraum 2009/2010 für mindestens sechs Monate wegen Bauarbeiten gesperrt!

Außerdem verkehren folgende Busse ab Airport:

Expressbus X 95 fährt rund um die Uhr etwa 3 x pro Stunde zum Sýntagma-Platz und zurück, Abfahrt am Sýntagma ist an der Othonos Str., südliche Seitenfront des Sýntagma-Platzes.

Expressbus X 94 fährt zwischen 6.30 und 20 Uhr alle 10 Min. zur Station „Ethnikí Ámina" der neuen Metrolinie M 3, die vom Airport zum Sýntagma- und Monastiráki-Platz pendelt.

Expressbus X 96 fährt tagsüber etwa alle 15–20 Min., nachts alle 30–40 Min. direkt zur Abfahrtsstelle der Inselfähren in Piräus (Karaiskákiplatz) und umgekehrt.

Preis pro Fahrt ca. 3,20 €, Gepäck kostenlos. Start und Ankunft der Busse ist direkt vor den Abfertigungshallen des Airport. Tickets gibt es beim Fahrer, in den Metrostationen und an den Fahrkartenkiosken an den Haltestellen. Fahrzeit nach Ethnikí Ámina ca. 30 Min., vom Sýntagma mindestens 1 Std., nach Piräus 75 Min., wegen Stau manchmal länger. Achtung: Die Expressbusse von Piräus zum Airport stoppen am Karaiskákiplatz vorne an der breiten Uferstraße, sie fahren derzeit nicht bis zu den Ticketbüros.

● *Übernachten* Nicht alle Hotels im Kaibereich sind so schlecht wie ihr Ruf. Man kann bei den folgenden Adressen problemlos übernachten und ist morgens mit wenigen Schritten bei den Abfahrtskais der Fähren und Schnellboote.

*** **Triton**, modernes Haus mit 57 gepflegten Zimmern. Alle mit Bad, Klimaanlage, Telefon, TV und Heizung im Winter, teilweise auch mit Meerblickbalkonen. Gutes Frühstücksbuffet. Mehrere Leserempfehlungen. Unten im Haus ein Supermarkt. DZ ca. 70–180 €, Rabatt bei Onlinebuchung. Tsamadou Str. 8. ☎ 210-4173457, ✆ 4177888, www.htriton.gr.

** **Anemoni**, ein Stück entfernt vom Kai, kürzlich renoviertes Mittelklassehotel im Zentrum von Piräus, trotzdem relativ ruhig. Zimmer mit Klimaanlage und TV, kostenfreier Privatparkplatz in der Nähe. DZ mit Frühstück ca. 90–100 €, Rabatt bei Onlinebuchung. Evridipou Str. 65–67/Ecke Karaoli Dimitrou Str. ☎ 4111768, ✆ 4111743, www.anemoni.gr.

Caldéra-Ausflug mit der „Bella Aurora"

** Ionion, in einer Seitenstraße genau gegenüber der Abfahrtskais, wenige Schritte von der Metrostation. Ordentliche Zimmer mit heller Einrichtung, alle mit Bad, Balkon, Klimaanlage, Telefon, TV und Zentralheizung im Winter. Bäder mit gemauerten Duschen. Der Manager, Herr Saxionis, ist sehr nett und bemüht, das Personal laut Leserzuschrift eher weniger und nachts ziemlich laut. DZ ca. 50–80 €. Kapodistriou Str. 10. ℡ 210-4177537, 📠 4110 613, www.ionionhotel.com.

** Acropole, an einer breiten Verkehrsstraße ein wenig weiter südlich, gegenüber einer Marktpassage. Jüngst renoviertes Haus mit 22 gut eingerichteten Zimmern, jeweils mit Klimaanlage, TV und PC-Modemanschluss. DZ ca. 50–90 €. Gounari Str. 7. ℡ 210-4173313, 📠 210-4170525, www.acropole-hotel.gr.

* Elektra, erste Parallelstraße zur Uferstraße Akti Kalimassioti, 2 Min. von der Metrostation und relativ ruhig. 19 geräumige und saubere Zimmer. Alle mit heller Kiefernholzeinrichtung, Balkon, Klimaanlage, Telefon, TV und Heizung im Winter. DZ ca. 50–70 €. Navarinou Str. 12. ℡ 210-4227186, 4177057.

> **Tipp**: Falls man spätabends bzw. nachts ankommt und die Fähre erst am nächsten Tag startet, kann man gleich bei den Ticketbüros am Karaiskáki-Platz um die Ecke in den Cafeterias "Hetion" und "Filoxenia" warten. Sie sind 24 Std. offen und man kann sein Gepäck dort abgeben, im Hetion gibt es auch Internet und Duschen.

▶ **Rafína**: Der Name hat nichts mit Raffinerie zu tun, im Gegenteil. Das beschauliche Hafenstädtchen an der Ostküste Attikas ist bisher weitgehend griechisch geblieben und deswegen ein schöner Kykladen-Einstieg – derzeit fahren allerdings nur Schnellboote bis Santoríni, per Fähre ist Umsteigen auf Mýkonos, Páros oder Náxos nötig. Stimmungsvoll ist der Hafen, in dem sich im Halbrund lautstark gestikulierende Fischhändler und zahlreiche Tavernen drängen. Gleich nebenan kann man an einem schöne Sand-/Kiesstrand in Ruhe auf seine Fähre warten.

• *Verbindungen* Rafína liegt vom **Flughafen Elefthérios Venizélos** nur halb so weit entfernt wie Piräus. **Linienbusse** fahren zwischen 6.10 und 22.15 Uhr etwa alle 45 Min. Abfahrt ist gegenüber der Ankunftshalle vor dem Hotel "Sofitel" (vom Ausgang 3 über die Straße gehen). Die Fahrt dauert ca. 25–35 Min. und kostet ca. 3 € (Fahrpläne unter www.ktelattikis.gr).

Abfahrt in **Athen** etwa halbstündlich von ca.
6 bis 22 Uhr vor dem Areos-Park, Odos Mav-
romateon (Nähe Nationalmuseum, wenige
hundert Meter östlich der Metrostation Vic-
toria-Platz), ab Syntagma zu erreichen mit
Oberleitungsbus 2, 4, 9 oder 11. Die Fahrt
nach Rafína dauert 45 Min. (Achtung: in
Stoßzeiten länger!), ca. 3,50 €. In Rafína fahren die Busse bis in den Hafen hinunter.

Eigenes Fahrzeug, großer gebührenpflich-
tiger Parkplatz neben dem Hafen.

● *Übernachten* **** **Avra**, großer, moderner
Kasten beim Hafen, umgeben von Rasen-
flächen, Zimmer mit Balkonen, nach vorne
schöner Blick, Restaurant und Bar mit Terrasse. DZ mit Frühstück ca. 75–110 €.
✆ 22940-22780, 📠 22940-23320,
www.hotelavra.gr.

** **Akti**, einige Schritte vom großen Hauptplatz, unten ein italienisches Restaurant,
mit Lift hinauf zu den ansprechend gestalteten Zimmern mit Klimaanlage. Rezeption
etwas gelangweilt. DZ ca. 60–80 €. ✆ 22940-
29370, 📠 29373.

* **Corali**, einfaches, familiengeführtes Hotel
direkt am Hauptplatz oberhalb vom Hafen,
geflieste Zimmer mit Bad, z. T. mit Balkon.
DZ ca. 50–70 €. ✆ 22940-22477, 📠 210-6084133,
www.hotel-corali.gr.

*Auffahrt vom Hafen Athiniós
zum Kraterrand*

Anreise

Ankunft auf Santoríni

Die Hauptinsel Thíra besitzt drei Häfen und sogar das kleine Thirassía verfügt über
zwei Anlegestellen. Anlaufpunkt aller Großfähren und Schnellboote ist der geschäftige Verkehrshafen *Athiniós* einige Kilometer südlich von Firá. Nach dem Spießru-
tenlauf durch Dutzende von „Rooms"-Anbietern erfolgt der Transport nach Firá,
Kamári und Períssa in öffentlichen Bussen oder Taxi – die Serpentinenstrecke hinauf zum Kraterrand ist ein Erlebnis! Für die Rückfahrt wichtig: 60–90 Min. vor
Abfahrt der Fähren fahren Busse von Firá hinunter, sonst gibt es keinerlei Verbindung (→ Hafen Athiniós, S. 202).

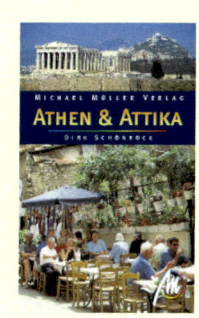

Neugierig geworden auf Athen, Piräus oder Rafína in Áttika?

Im aktuellen Reiseführer **Athen & Attika** von
Dirk Schönrock aus unserem Verlag finden Sie
Details zur quirligen Hauptstadt Griechenlands,
dem größten Hafen von Hellas und dem ge-
schichtsträchtigen Umland:

Dirk Schönrock:
Athen & Attika.
Michael Müller Verlag,
3. Aufl. 2009, 264 Seiten.
ISBN 978-3-89953-432-0

Unterwegs auf Santoríni

Aufgrund der vergleichsweise geringen Größe der Insel lohnt sich die Mitnahme eines eigenen Fahrzeugs nur bei einem längeren Aufenthalt. Zwar sind mittlerweile die meisten Straßen asphaltiert, trotzdem nehmen nur die wenigsten Besucher den Stress der langen Anfahrt auf sich, denn mit den recht häufig verkehrenden Inselbussen kommt man gut herum. Ansonsten gibt es ein riesiges Angebot an zwei- und vierrädrigen Mietfahrzeugen. Auch Fahrräder sind sinnvoll, um die Strände bei Kamári und Monólithos zu erreichen. Das Angebot an Wanderungen fällt mangels geeigneter Wege auf Santoríni eher bescheiden aus.

Linienbusse

Für kykladische Verhältnisse verfügt Santoríni über ein sehr gutes Bussystem. Grundsätzlich kommt man fast in jedes Dorf und auch die Frequenzen sind zufrieden stellend. Die Fahrzeiten der Busse sind sowohl an die Bedürfnisse der Pendler als auch an die der Touristen angepasst. Insofern ist der Service wirklich vorbildlich. Allerdings sind in der Hauptsaison fast alle Busse rund um die Uhr gnadenlos überfüllt. Das gilt insbesondere für die Linien zum Hafen Athiniós und die Rückfahrt nach Sonnenuntergang von Oía nach Fíra. Gelegentlich werden deshalb Sonderbusse eingesetzt, um die Lage halbwegs erträglich zu halten. Wegen des starken Verkehrs auf der Insel können jedoch die Abfahrtszeiten nicht immer genau eingehalten werden.

Die Busstation in Fíra liegt etwa 150 m südlich der zentralen Platía Theotokopoúlou. Hier befindet sich auch das Büro der Busgesellschaft, wo die Abfahrtszeiten angeschlagen sind (☎ 22860-23812, www.ktel-santorini.gr).

Santoríni vor 20 Jahren: Gepäck auf dem Dach

Route	Frequenz	Preis (einfache Fahrt)
Firá – Oía (40 Min.) über Imerovígli und Finikiá, (Rückfahrt abends bis zu 70 Min.)	8- bis 30-mal tägl. (etwa halbstündlich)	1,40 €
Firá – Kamári (20 Min.) über Karterádos, Messariá, Éxo Goniá und Méssa Goniá	10- bis 40-mal tägl. (halbstündlich bzw. im 20 Min.-Takt)	1,40 €
Firá – Períssa (45 Min.) über Karterádos, Messariá, Vóthonas, Pýrgos, Megalochóri und Emporió	10- bis 30-mal tägl. (etwa halbstündlich)	1,80 €
Firá – Vlicháda – Perívolos – Períssa (60 Min.) wie Períssa-Route, aber mit Umweg über Órmos Vlicháda und Perívolos	3- bis 8-mal tägl.	2 €
Firá – Akrotíri (50 Min.) über Karterádos, Messariá, Vóthonas, Megalochóri und Akrotíri-Ort	5- bis 14-mal tägl. (stündlich)	1,80 €
Firá – Flughafen – Monólithos (30 Min.) über Karterádos und Messariá	5- bis 14-mal tägl. (nach Bedarf)	1,50 €
Firá – Athiniós-Port (20 Min.) direkt	etwa 60–90 Min. vor Abfahrt einer Fähre	1,80 €
Kamári – Athiniós-Port (25 Min) direkt	etwa 60–90 Min. vor Abfahrt einer Fähre	2 €

(Stand: 2008)

Hinweis: Die erste Angabe bei den Frequenzen gilt für den Winter, die zweite für die Hauptsaison. Die Frequenzen in den Nebensaisonmonaten liegen dazwischen. Insbesondere im Frühjahr und Herbst werden die Abfahrtspläne der Busgesellschaft häufig geändert, u. U. täglich! Man sollte also regelmäßig die Zeiten checken und auch damit rechnen, dass die Busse mal 5–10 Minuten früher oder später abfahren können. Das kommt gar nicht so selten vor!

Taxi

Preiswerter als in Deutschland, allerdings wurden die Preise 2009 stark erhöht. Im Hochsommer kommt es oft zu Engpässen, während der Nebensaison stehen immer genügend Autos am Taxistandplatz bereit. Dieser liegt in Firá direkt zwischen Busbahnhof und Platía Theotokópoulou. Standplätze gibt es außerdem an den Ausfallstraßen von Firá, am Buswendeplatz in Oía, in Kamári, in Períssa, an der Ausgrabungsstätte Akrotíri sowie am Hafen Athiniós und am Flughafen. Fast immer warten auch Taxis in den touristisch relevanten Dörfern und Plätzen auf Kunden. Ansonsten halten die Fahrer auf Winkzeichen, wenn sie frei sind. Wer keinen Taxistand ausfindig machen kann, kann bei der Taxizentrale anrufen (✆ 22860-22555, 23951), muss dann aber die Anfahrt mitbezahlen. Auch auf Thirassía verkehren mittlerweile zwei Taxis, Standplatz direkt am Hafen (✆ 22860-29141).

● *Fahrpreise* Nach Möglichkeit sollte man nach Taxameter fahren, nur auf sehr langen Strecken ist es sinnvoll, den Preis vor der Fahrt auszumachen. Handeln ist dabei begrenzt möglich, oft wird zuviel verlangt. Falls Sie nach Taxameter fahren, achten Sie darauf, dass die Uhr auf dem richtigen Tarif steht – der preiswertere **Tarif 1** gilt im Ortsgebiet, in dem das Taxi eingetragen ist, der teurere **Tarif 2** nur außerhalb der Ortsgrenze und nachts ab 24 Uhr. Für Fahrten zum Hafen oder Flughafen wird Aufpreis ver-

langt, ebenso für größeres Gepäck. Ungefähre Preise (mit Tendenz nach oben): Von Firá zum Athiniós-Port ca. 17-20 €, von Kamári und Períssa ca. 25-30 €; Firá–Flughafen ca. 12-15 €; Firá–Oía ca. 17-20 €, Firá–Kamári ca. 18 €; Firá–Períssa ca. 20 €.

Schiff

Innerhalb des Santoríni-Archipels fährt die Fähre F/B Níssos Thirassía von den zwei Häfen Athiniós und Skála auf *Thíra* nach Ríva und Córfos auf *Thirassía* und zurück. Zusätzlich pendeln Kaikis und Ausflugsboote zwischen Thíra und Thirassía und steuern auch die Vulkaninseln *Paléa* und *Néa Kameni* an (→ S. 238 und 249).

Motorrad-, Roller- und Mopedvermietung

Santoríni ist im Prinzip ohne Schwierigkeiten befahrbar, allerdings sollte man unter allen Umständen vorsichtig und defensiv fahren! Die kurvigen und oft spiegelglatt gewetzten oder mit Splitt bedeckten Asphaltpisten können vor allem für leichtere Fahrzeuge wie Mopeds und Vespas tückisch sein – unvermutete Kurven, Bodenwellen, Spurrillen und Schlaglöcher sind häufig. Wenn man vor einer Kurve nicht rechtzeitig abbremst, kann das kritisch werden – alljährlich passieren viele Unfälle.

Beinahe alle Verleiher haben in den letzten Jahren neue und vollautomatische Roller mit 50 und 80 ccm im Angebot, deren Spritverbrauch relativ gering ist. Mit Motorrad bzw. Geländemaschine ist man bei intensiven Erkundungstouren sicherlich insgesamt besser beraten – aber diese sollte man wirklich nur mieten, wenn man schon Erfahrung damit hat! Auf Thirassía existiert keine Vermietung.

Achtung: In Griechenland besteht seit Jahren **Helmpflicht**! Helme gibt es trotzdem noch nicht überall zu leihen und falls doch, sind sie oft veraltet oder passen nicht.

Führerscheine: Früher bekam man mit dem Autoführerschein so ziemlich jedes Zweirad ausgehändigt. Heute erhält man mit der allgemeinen Pkw-Lizenz zumeist nur mehr 50er-Maschinen. Zwar sind in älteren Autoführerscheinen auch höhere Zweiradkategorien bis hin zu 125ern eingeschlossen, doch muss man dies auch nachweisen können. Die rosa Führerscheine mit ihren exakten Angaben zu den erlaubten Kubikzentimeterzahlen sind deshalb vorteilhafter als die alten grauen „Lappen", in denen nur die jeweiligen Klassen eingetragen sind, Details über die zulässigen Hubräume bei Zweirädern aber fehlen. Die griechischen Verleiher haften anteilig für Schäden, die von dem Mieter eines Zweirades verursacht wurden, für das er keine Fahrerlaubnis besitzt.

Wer Wert auf einen guten Helm legt, sollte ihn besser mitbringen. Zu empfehlen ist ein Kopfschutz mit Visier, denn der Fahrtwind kann schnell zu einer Augenentzündung führen und überdies fliegen überall Insekten herum. Sehr wichtig: ohne Helm kein Versicherungsschutz! Auf Santoríni wird im Hochsommer häufig kontrolliert. In der Regel gibt es zunächst nur eine Verwarnung, es können aber Strafen bis zu 180 € ausgesprochen werden (50% Rabatt bei Bezahlung innerhalb von zehn Tagen).

Generell: Wenn man noch keinerlei Erfahrung mit Motorrollern oder -rädern hat, sollte man dieses Defizit nicht unbedingt auf Santoríni ausgleichen wollen.

• *Zweirad-Typen*   **Voll-Automatik-Mofas** sind in jedem Fall am sichersten, man muss nicht schalten und kann sich voll auf die Fahrbahn konzentrieren. Nachteil ist gelegentlich die schwache Berggängigkeit auf Steilstrecken (schieben!), in 90 % der Fälle wird man jedoch langsam, aber sicher über alle Berge und auch vom Hafen Athiniós hinaufkommen. Gibt es in der Regel als Einsitzer, selten für zwei Personen. Auch mit der Bedienung der noch immer verbreiteten **Halbautomatik-Räder** (Zweisitzer) kommt man meist schnell klar.

Eine **Vespa** (Motorroller) mit Sitzbank für zwei Personen besser nur mieten, wenn man schon etwas Erfahrung damit hat. Die kurvigen, z. T. gefährlich glatten Asphaltpisten sind dafür wenig geeignet (Roller brechen leicht aus), Erdpisten noch weniger (extrem holpriges Fahrverhalten wegen geringen Raddurchmessers).

Auch **Mopeds** und **Motorräder** ab 50 ccm sollte man nur fahren, wenn man damit bereits vertraut ist – sie sind nämlich relativ schnell, was auf den Kurvenstrecken zu Leichtsinn verführen kann.

Geländemaschinen mit schwerem Stollenprofil sind teuer und nur für wirkliche Kenner geeignet. Sind zwar super zu fahren, gerade auf den bergigen Pisten, aber damit kann auch das meiste passieren.

Inselerkundung mit dem Quad

> **Quads:** Diese vierrädrigen "Spaßkarren" erfreuen sich bei jungen Touristen großer Beliebtheit und sehen wirklich cool aus, haben jedoch schwere Nachteile: So lassen sie sich wegen der starren Achsen nur schlecht manövrieren, werden zudem wegen ihrer Geschwindigkeit von höchstens 50 km/h ständig überholt und stellen wegen ihrer relativen Breite für Autofahrer unangenehme Hindernisse dar. Jedes Jahr kommt es zu schweren Unfällen mit diesen Fahrzeugen – wir raten ab.

● *Mietverträge (rental contracts)* Sie sind meist so vage abgefasst, dass der Mieter für ziemlich viel haftbar gemacht werden kann. Verträge auf Deutsch gibt es nur selten, die Vermieter haben meist englische Vordrucke. Fast immer muss man unterschreiben, dass das Fahrzeug bei der Übergabe vollständig in Ordnung war und man es im selben Zustand zurückbringen muss. Wenn Schäden am Moped auftreten, für die der Mieter nicht verantwortlich ist, wird das Fahrzeug in der Regel umgehend repa-

riert oder man erhält Ersatz. Allerdings, für **von ihm selber verursachte Schäden** am Fahrzeug haftet der Fahrer im Allgemeinen voll (Kosten für Ersatzteile und/oder Reparatur) – was von ihm letztendlich verursacht wurde, ist dann allerdings Definitionssache. **Reifenschäden** gehen fast immer zu Lasten des Mieters. Meist steht im Vertrag, dass man nur auf Asphaltstraßen fahren darf. Wenn man auf einer Erdpiste eine Panne hat, ist man für alle Schäden selbst verantwortlich. Es ist nicht erlaubt, ein Leihfahrzeug von Thíra auf eine andere Insel zu transportieren, das gilt auch für Thirassía.

● *Kaution* Oft muss man seine Kreditkartennummer angeben. Den **Pass** zur Sicherheit zu verlangen ist zwar offiziell nicht mehr erlaubt, wird aber noch immer von manchen Vermietern praktiziert.

● *Versicherung* **Haftpflicht** für Unfallgegner ist im Mietpreis inbegriffen. Für wenig Geld kann man **Vollkasko** abschließen – allerdings haben wir bisher keine Erfahrungswerte, ob das wirklich etwas bringt und seriös gehandhabt wird.

● *Preise* variieren je nach Anbieter, Saison, Mietdauer und Art des Zweirades erheblich. **Mofas** und **Halbautomatikräder** kosten je nach Saison pro Tag ca. 10–19 €, **Roller** ca. 15–22 €, **Enduros** ca. 15–23 €, **Motorrad** (bis 250 ccm) 20–30 €, **Motorrad** (über 250 ccm) 25–40 € (inkl. Umsatzsteuer und

Versicherung), **Quad** ca. 12–22 €. Wenn man für mehrere Tage mietet, verringert sich der Tagespreis um einiges. Handeln ist vor allem in der wenig ausgelasteten Nebensaison möglich.

● *Mietdauer* Sie beträgt bei tageweiser Anmietung **24 Stunden** – also muss man ein Fahrzeug, das man morgens mietet, erst am nächsten Morgen abgeben – und nicht bereits am Abend des gleichen Tages, wie von den Vermietern manchmal gefordert.

Mietwagen

Von der Größe der Insel her lohnt ein Mietwagen auf Santoríni eigentlich nicht. Allerdings hat das Eiland wegen seiner hohen Verkehrsdichte und der engen, unübersichtlichen Straßen die höchste Unfallrate aller Kykladen. Insofern bietet ein Auto deutlich mehr Sicherheit als ein Zweirad. Ein normaler Pkw reicht aus, wenn man hauptsächlich auf Asphalt bleibt. Mit Jeeps ist man sicherlich am besten beraten, muss aber auch am meisten zahlen. Auch hier gilt natürlich: Bitte äußerst vorsichtig fahren und nicht rasen! Vor Antritt der Fahrt Öl, Kühlwasser, Bremsen, Reifenzustand (Reserverad und Werkzeug vorhanden?) und Beleuchtung prüfen.

Bei Problemen: Der griechische Automobilclub heißt ELPA. Auf Santoríni liegt der Hauptsitz in Karterádos an der Inselstraße Richtung Messariá, ✆ 22860-24559 o. 6944-356907.

● *Mietverträge (rental contracts)/Kaution* Hier gilt dasselbe wie bei der Zweiradvermietung (s. o.).

● *Versicherung* Autoverleih wird im Grunde nur mit **Vollkaskoversicherung** angeboten, was sinnvoll, aber auch teurer ist.

● *Preise* variieren je nach Anbieter, Saison und Art des Autos erheblich. Richtpreise: Kleinstwagen (FIAT Panda/FIAT Cinquecento) kosten je nach Saison pro Tag ca. 20–

50 €, Kleinwagen (SEAT Ibiza/FIAT Punto) 35–60 €, Jeeps (Suzuki Vitara) 50–80 €. Alle Preise inkl. Umsatzsteuer und Versicherung. Wenn man für mehrere Tage mietet, verringert sich der Tagespreis um einiges. Sehr günstige Preise gibt es oft in der wenig ausgelasteten Nebensaison.

● *Mietdauer* Hier gilt dasselbe wie bei der Zweiradvermietung (s. o.).

Rushhour an der Platía Theotokopoúlou

Unterwegs auf Santoríni

Mietwagen online: Schon in Deutschland kann man über verschiedene Anbieter (Broker) bequem einen Mietwagen auf Santoríni ordern. Die Preise entsprechen den vor Ort angebotenen, sind aber oft auch günstiger. Ein Vorteil der Online-Buchung ist auch, dass der Gerichtsstand in dem Land ist, wo Sie gebucht haben. Unter www.billiger-mietwagen.de und www.mietwagennet.de kann man die Angebote diverser Broker vergleichen und buchen. Broker sind z. B. www.autoeurope.de, www.auto-kreta.com, www.autovermietung.de, www.economycarrentals.com, www.m-broker.de, www.rentacar-europe.com und www.sungo.de.

Mountainbikes

Eine immer beliebtere Alternative zu motorisierten Zweirädern. Doch ganz einfach ist Santoríni nicht. Die Höhenunterschiede sind auf kurzer Distanz beträchtlich, die Straßen viel befahren, eng und kurvenreich. Zudem verhalten sich Taxi-, Bus- und Lkw-Fahrer selten rücksichtsvoll. Das nicht asphaltierte Straßennetz ist gering. Hundertprozentig genaues Kartenmaterial sucht man vergeblich. Die Insel ist insofern nicht unbedingt ein ideales Radrevier. Dennoch: Das Angebot an Mountainbikes nimmt zu, fast jeder Vermieter von Motorrollern hat auch einige Mountainbikes im Angebot.

- *Mietverträge (rental contracts)* Hier gilt Ähnliches wie bei der Motorradvermietung.
- *Kaution* Hier gilt dasselbe wie bei der Motorradvermietung (s. o.).
- *Versicherung* ist recht günstig und im Preis inbegriffen. Abgedeckt sind allerdings nur Materialschäden, keine Personenschäden.
- *Preise* variieren kaum. Richtwert: mit 21-Gang-Shimano ca. 8 €/Tag und 45 €/Woche; mit 24-Gang-Shimano und Alu-Rahmen ca. 10 €/Tag und 60 €/Woche, jeweils inkl. Umsatzsteuer und Versicherung.
- *Mietdauer* Hier gilt dasselbe wie bei der Motorradvermietung (s. o.).

Wandern

Thíra und Thirassía sind keine idealen Wandergebiete. Insbesondere auf Thíra wurden viele der ehemaligen Fußwege im Inselinneren breit planiert und später auch asphaltiert. Die ausgewiesenen Fußpfade lassen sich an einer Hand abzählen. Santoríni ist auf der flacheren Ostseite, im Norden und im Süden agrarisch geprägt. In mühsamer Arbeit wurden dort Terrassenhänge und Weinfelder angelegt, Maultierpfade und Treppenwege durchkreuzen die Landschaft. Schatten ist wegen fehlender Bäume meist Mangelware, kahle Hügelrücken müssen in sengender Sonne überwunden werden. Belohnt wird man aber immer wieder durch herrliche Ausblicke und die unvergleichliche Stimmung. Markierungen wird man nur sehr selten finden, lediglich einige beliebte Wege wurden mit farbigen Punkten und losen Steinpyramiden sporadisch gekennzeichnet. Oft verlieren sich die Pfade plötzlich in der kargen Landschaft bzw. enden an einem einsamen Gehöft oder in einer der Erosionsschluchten und man muss querfeldein weiterlaufen. Thíra und Thirassía sind jedoch so klein, dass man sich nicht ernsthaft verlaufen kann. Irgendwo wird man immer in einer Siedlung ankommen, zeitlich sollte jedoch großzügig geplant werden.

Wie oft und wie lange man wandern will, ist von der individuellen Kondition abhängig. Man sollte mit kurzen Strecken beginnen und erst allmählich steigern. Zwar muss man nicht unbedingt mit dem Sonnenaufgang loslaufen, aber in der

Mittagshitze zu wandern kann unangenehm werden. Allerdings gibt es auf Santo-ríni nur sehr wenige wirkliche Langwanderwege, die einen ganzen Tag in Anspruch nehmen.

Generell gilt, dass man **so wenig wie möglich allein wandern** sollte – zumindest sollte immer eine Kontaktperson wissen, wo man unterwegs ist. Thíras Wege sind zwar keine einsamen Pfade, aber auf Thirassía kann es passieren, dass man den ganzen Tag keinen Menschen trifft – was also tun, wenn man sich den Knöchel ver-knackst, ein Bein bricht etc.? Zumindest ein Handy sollte deshalb immer dabei sein.

● *Jahreszeit* Mit Abstand beste Wanderzeit ist das **Frühjahr** (Mai und Juni). Eher abzu-raten ist dagegen von den extrem heißen Sommermonaten Juli und August. Gut möglich sind Wanderungen dann wieder im **September** und eventuell in der ersten **Oktoberhälfte** – die Trauben sind reif und die Sonne ist nicht mehr so drückend. Nachteil im Herbst: Die Sonne geht merk-lich früher unter und verringert die maxima-le tägliche Wanderzeit erheblich. Vor und nach den genannten Zeiträumen ist das Wetter in der Regel zu unsicher – häufige Regenfälle mit Matsch und Schlamm sind die Regel, außerdem ist es oft reichlich windig und kalt.

● *Inselrouten* Mit Abstand beliebteste Tour ist der panoramareiche **Kraterrandweg** von

Firá nach Oía. Aber auch die Routen um den höchsten Inselgipfel, den **Profítis Ilías**, werden gerne begangen. Von Kamári und Períssa führen dort zwei Wege hinauf in die alte Stadt Thíra. Auf Thirassía bevorzugen Wanderer vor allem die Strecke zum Klos-ter Kímissi tis Theotókou. Ansonsten gibt es Wandermöglichkeiten hauptsächlich in der Mitte und im Süden von Thíra.

> Detaillierte Beschreibungen finden Sie im Reiseteil dieses Führers.

● *Kartenmaterial*: Gut brauchbar ist die im Abschnitt Kartenmaterial empfohlene Karte von **Anavasi**, die zahlreiche Fußwege ent-hält. Allerdings gibt es in der Realität we-sentlich mehr Wege als in den Karten ver-zeichnet, sodass man vor Ort oft Probleme mit der Orientierung hat und unsicher ist, welcher Weg gemeint ist.

● *Wanderreisen*: werden für Santoríni ange-boten von **Hermann Richter Inselwandern in Griechenland**, Kemeler Weg 15, D-56370 Reckenroth, ℘ 06120-8651, ℘ 06120-978798, www.inselwandern-hermann.de. Der ein-wöchige Wanderurlaub wird in der Insel-Kombination Santoríni-Folégandros durch-geführt, ein langjähriger Kenner führt durch die Insel.

Zu Fuß unterwegs

> **Tipp**: Oft wird man unterwegs nach dem Weg fragen müssen: „pou íne to monopáti pros" (wo ist der Fußweg nach ...), „pósa chilió-metra íne pros" (wie viele Kilome-ter sind es nach ...), „thélo stin" (ich möchte nach ...). Wichtig: Die Ein-heimischen weisen einem natürlich immer den einfachsten Weg, näm-lich die nächste Straße! Wer einen Fußweg sucht (den es so gut wie immer gibt), muss ausdrücklich nach dem „monopáti" fragen!

Relaxen mit Blick: Hotelterrasse in Imerovígli

Übernachten

Das Zimmerangebot auf der Hauptinsel Thíra ist riesig, vor allem in den panoramareichen Orten am Kraterrand und den beiden Badezentren Aeríssa und Kamári an der flachen Ostküste. Das touristisch kaum entwickelte Thirassía besitzt dagegen nur eine Hand voll Unterkünfte. In den Kapiteln zu den jeweiligen Orten finden Sie eingehende Beschreibungen zahlreicher Hotels, Pensionen, Privatzimmer und der Campingplätze.

Santoríni ist eins der teuersten Pflaster der Ägäis. Die Übernachtungspreise sind allerdings stark saisonabhängig, eine entscheidende Rolle spielt außerdem, wo sich ein Quartier befindet: Es gibt sehr teure, bisweilen heftig überteuerte Unterkünfte in den heiß begehrten Lagen direkt am Kraterrand mit traumhaftem Blick auf die Caldéra (→ "Wohnen in Höhlen"), gehobene Preise in den Ortszentren und direkt am Strand sowie preiswerte Lagen etwas außerhalb der Orte (ohne Blick, schlechte Verkehrsanbindung etc.). Mittlerweile verfügen praktisch alle Zimmer über ein eigenes Bad, Klimaanlage und Kühlschrank, oft auch über TV. Viele Anlagen besitzen einen Pool, ansonsten darf man keinen großen Komfort erwarten (bzw. erst ab ca. 90 € aufwärts). Tägliche Zimmerreinigung und häufiger Handtuchwechsel beginnen sich aber aus Konkurrenzgründen mehr und mehr durchzusetzen.

Ein durchschnittliches Doppelzimmer kostet in der Hochsaison umgerechnet etwa 60–80 €, in der Nebensaison ab 30 € aufwärts (Stand: 2008). Unsere Preisangaben im Reiseteil beziehen sich immer auf ein Doppelzimmer (DZ), Angaben wie 40–70 € meinen den Neben- (NS) und Hochsaisonpreis (HS). Die Übernachtungspreise sind bei offiziell angemeldeten Vermietern staatlich festgelegt und müssen im Zimmer deutlich sichtbar angeschlagen sein. In der Nebensaison werden die offiziellen Preise üblicherweise unterboten, da sie unrealistisch hoch sind. Frühstück wird nicht immer angeboten, kostet extra und ist meist karg. Zimmer mit obligatorischem Frühstück gibt es nur in einigen Hotels der oberen Kategorien.

Wie auf vielen anderen Kykladeninseln kommen auch auf Santoríni die Zimmeranbieter in Scharen zum Hafen und zum Airport, wenn eine Fähre oder ein Tragflügelboot anlegt bzw. ein Flieger landet. Dies hat seine unbestreitbaren Vorteile: kaum ausgestiegen, kurz verhandelt, Koffer oder Rucksack in den Bus verladen, sich selber dazuplatzieren – fertig. Manchmal läuft diese Prozedur allerdings ziemlich penetrant ab und die Polizei versucht, dieses Treiben zu unterbinden. Zudem kommt es leider gerade auf dem touristisch überlaufenen Santoríni immer wieder vor, dass man mit falschen Versprechungen und geschönten Farbfotos der versprochenen Unterkunft geködert wird und sich dann reichlich enttäuscht in einem eher miesen Zimmer „mitten in der Pampa" wieder findet.

> **Tipp**: Vermeiden Sie es nach Möglichkeit, an Sommerwochenenden ohne fest gebuchte Unterkunft auf Santoríni anzukommen! Halb Athen befindet sich dann auf der Insel und belegt den Großteil der Betten.

Unterkünfte auf Santoríni

Die meisten Unterkünfte – Hotels, Privatzimmer, Campingplätze – öffnen im Lauf des Monats April und schließen Ende Oktober. In der kalten Jahreszeit existiert nur ein sehr beschränktes Angebot.

> ### Wohnen in Höhlen
>
> Die interessantesten Unterkünfte auf Santoríni sind zweifellos die zahlreichen Höhlenwohnungen, die vor allem in Firá, Firostefáni, Imerovígli und Oía dutzendweise in die Kraterhänge gegraben sind. Sie nutzen die Natur der Insel auf optimale Weise, sind authentisch und gleichzeitig pittoresk, leider aber auch mittlerweile sehr teuer, z. T. schon fast unerschwinglich. Ein Großteil dieser traumhaft in Weiß gehaltenen Anlagen gehört der 4-Sterne-Kategorie an, die Studios, Apartments und Suiten besitzen herrliche Terrassen und gediegene Einrichtungen, auch ein Pool ist fast immer dabei. Im Kapitel Oía können Sie auf S. 44 etwas über Entstehung und Funktion dieser typischen Santoríni-Wohnkultur nachlesen.

▸ **Hotels**: Hotels werden von der griechischen Fremdenverkehrsbehörde je nach Ausstattung, Lage und Service in verschiedene Kategorien unterteilt. Allerdings wurden diese Einteilungen oft bereits vor Jahren vorgenommen und sind heute nicht mehr immer nachzuvollziehen. Für die augenscheinlichen Abweichungen gibt es aber noch einen weiteren Grund: Griechische Zimmervermieter zahlen die Steuern je nach der Kategorie ihrer Häuser. So kommt es oft vor, dass hervorragende Zimmer eigentlich problemlos der ersten Kategorie angehören könnten, der Besitzer aus Steuergründen jedoch die Eingruppierung in eine tiefere Kategorie bevorzugt hat. Fazit: Fragen Sie nicht nach der Kategorie oder der Anzahl der Sterne, sondern werfen Sie lieber einen Blick in die Zimmer.

Nobelhotel im Santoríni-Stil

Die frühere Kategorisierung in Lux, A, B, C, D und E wurde in Griechenland erst vor kurzem von der international üblichen Klassifizierung mit Sternen abgelöst: Lux = *****, A = ****, B = ***, C = **, D/E = *.

▶ **Pensionen und Privatzimmer**: Für Reisende, die aufs Geld schauen, in der Regel eine preiswerte Alternative zu den Hotels. „Rooms"-Vermieter stellen im Fährhafen und am Airport das Gros der Anbieter, denn in manchen Orten vermietet mittlerweile fast jedes zweite Haus Zimmer. Jeder möchte auf diese relativ einfache Weise etwas dazuverdienen. Zu erkennen sind Privatquartiere an Schildern wie *rooms to rent, rooms to let* oder einfach *rooms* bzw. *domátia* (griech. = Zimmer) – viele nennen sich auch stolz „Hotel" oder „Pension". Zu vermieten heißt *„enoikiázontai"*.

Privatzimmer sind in drei Kategorien eingeteilt (****, ***, **), wobei auf Santoríni praktisch alle der obersten Kategorie angehören. Sie besitzen durchweg ein eigenes Bad und sind ordentlich, gelegentlich sogar stilvoll eingerichtet sind. Die Preise sind sehr unterschiedlich und liegen je nach Saison zwischen etwa 35 und 80 € fürs DZ. Der Begriff „Pension" ist übrigens offiziell nicht zulässig. Es gibt laut Gesetz entweder Hotels oder Privatzimmer, dazwischen nichts mehr. Dennoch nennen die meisten Privatvermieter ihre Häuser nach wie vor Pensionen und wir übernehmen hier diesen Sprachgebrauch.

▶ **Ferienwohnungen**: Fewos heißen auf Griechisch "Diamerísmata". Es gibt sie auf Santoríni inzwischen in großer Anzahl, insbesondere in der Stadt Firá und am steil zum Meer hin abfallenden Kraterrand. Ein *Apartment* besteht aus Wohn- und Schlafzimmer (auch zwei Schlafzimmer möglich) mit Küche oder Kochecke (Herd, Spüle, Kühlschrank) und Du/WC, ein *Studio* besitzt nur einen Raum mit integrierter Kochecke (Kitchenette) und Du/WC. Ein Vorteil dabei: Man kann den relativ hohen Frühstückspreisen in Cafés entgehen und auch ab und zu mal kochen. Preise ab etwa 45 € aufwärts, in der Nebensaison sinken die Preise und man kann problemlos handeln. Dann stehen auch viele Häuser leer und man muss nicht unbedingt zu Hause vorbuchen.

Praktisch alle Reiseveranstalter und viele Privatvermittler bieten Ferienwohnungen an, zu Hause mal in die großen Wochenzeitungen oder ins Internet schauen, z. B. www.beeinnet.com, www.casa-feria.de (www.michael-mueller-verlag.de), www.domizile.de, www.fewo-direkt.com, www.guestinn.com, www.greekhotel.com, www.jassu-reisen.de oder www.traum-ferienwohnungen.de. Auf Santoríni kann man über viele Reisebüros buchen.

▶ **Camping**: Auf Thíra gibt es nur noch zwei Zeltplätze (früher vier), nämlich in *Firá* (Ortsteil Kontochóri) und in *Períssa* (Zentrum), auf Thirassía gar keinen. Die zumeist schon in der frühen Nebensaison offenen Plätze sind problemlos mit öffentlichen Bussen erreichbar. Die Qualität ist allerdings eher mittelmäßig, und wenn im Hochsommer alles überfüllt ist, lässt die Sauberkeit oft zu wünschen übrig. Weitere Details in den entsprechenden Kapiteln.

▶ **Jugendherbergen**: Davon gibt es auf Santoríni ebenfalls zwei, nämlich in *Oía* und *Períssa*. Details in den entsprechenden Kapiteln.

Preiswert reisen

Griechische Zimmerpreise sind stark saisonabhängig. Wer Stress bei der Suche vermeiden und gleichzeitig erheblich Geld sparen will, sollte unbedingt in der Nebensaison fahren, am besten Mai/Anfang Juni oder Ende September/Oktober. Viele Unterkünfte werden dann schon um die 30–35 € offeriert, auch bessere Häuser. Privatzimmer bekommt man häufig noch günstiger – schon eine zögerliche Haltung und mehrmaliges Nachfragen nach dem Preis bewirken oft einen Nachlass. Im Frühjahr sind außerdem die Temperaturen noch nicht extrem und die Strände und Orte nicht überfüllt.

Essen und Trinken

Die Küche der Kykladen ist traditionell einfach. Entsprechend der kargen Agrarstruktur waren die Zutaten von jeher beschränkt: einige Gemüsesorten, etwas Fleisch und Fisch, dazu äußerst sparsame Verwendung von Gewürzen. Trotzdem hat jede Insel, so auch Santoríni, eigene kulinarische Traditionen, die man hier und dort noch kennen lernen kann.

Durch den Tourismus hat sich allerdings sehr viel verändert. Die allgemeine griechische Küche mit ihrer typischen „Souvláki-Moussaká-Tsatsíki"-Melange überdeckt in der Saison meist die speziellen Eigenarten der Insel. Nur noch selten kann sich der Gast in der Küche umsehen und sein Stück Fleisch oder Fisch aussuchen, das er später auf seinem Teller sehen möchte. Was die durchschnittliche Tavernenküche angeht, variieren Angebot und Zubereitung nur wenig. Individuelle Geschmacksnoten werden selten entwickelt – man schmeckt schon auf, wenn es irgendwo mal etwas anders mundet. Natürlich verführt die allsommerliche Massenabfertigung die Wirte beispielsweise an den Kraterrandgassen von Firá und Oía geradezu dazu, das „Essen von der Stange" zu perfektionieren. Man will Umsatz machen, es muss schnell gehen, die nächsten Gäste warten schon … Enttäuschun-

Essen und Trinken

Tomatokeftédes werden traditionell zu den Kirchweihfesten zubereitet

gen werden deshalb nicht ausbleiben. Demgegenüber gibt es aber vor allem in Firá und Oía auch einige erstklassige Nobelrestaurants, die hervorragende und einfallsreiche Kreationen anbieten, jedoch die Urlaubskasse massiv belasten – auf Santoríni kann allerdings gelegentlich schon die Preiskalkulation einer „einfachen" Taverne ein Stirnrunzeln hervorrufen, das gilt insbesondere für die Panoramatavernen am Kraterrand von Firá bis Oía. Natürlich gibt es aber auch auf Santoríni Tavernen, die sich durch gleichbleibend gute Qualität bei maßvollen Preisen hervortun, man muss sie allerdings ein wenig suchen.

Ein Tavernenbesuch ist auf Santoríni wie in ganz Griechenland unkompliziert, bis auf wenige Ausnahmen gibt es keine ausgeprägte Etikette, die Tische sind meist einfach gedeckt, der Service ist informell. Sämtliche Speisen, auch Beilagen, Vorspeisen etc., können gesondert bestellt werden, sodass man sich sein Essen ganz individuell selber zusammenstellen kann – ein Hauptgericht muss nicht dabei sein. Von allem, was man bestellt, bekommt man in der Regel einen Teller voll. Falls man keine anderen Wünsche äußert, wird alles gleichzeitig serviert. Fleischgerichte werden mittlerweile automatisch mit Beilagen gereicht, meist mit *patátes* (Pommes frites) und etwas Salat. Für Brot wird manchmal zusätzlich ein geringer Betrag verlangt, der in der Karte ausgewiesen sein muss, für Gedeck darf nicht kassiert werden.

Auf Santoríni essen gehen, das bedeutet vor allem, die unvergleichliche Stimmung auszukosten: hauptsächlich am Kraterrand, wo man hoch über dem tiefblauen Meer einen fantastischen Weitblick genießt, doch auch an den Uferpromenaden der Badeorte an der flachen Ostküste.

Tipp: Gehen Sie abseits der touristischen Ballungszonen essen. Hier muss ein Tavernenwirt noch um seine Gäste kämpfen, dementsprechend ist die Qualität des Gebotenen meist höher – und das bei deutlich günstigeren Preisen.

▸ **Frühstück**: Die griechischen Inselbewohner frühstücken wie in den meisten mediterranen Ländern sehr wenig. Doch durch den Fremdenverkehr hat sich einiges getan. In vielen Cafés und Tavernen bekommt man inzwischen eine recht üppige Morgenmahlzeit nach Wahl. Für Deutsche und Engländer, die ein kräftiges Frühstück lieben, gibt es „Continental Breakfast" und „English Breakfast". Ersteres besteht in der Regel aus Brot, Butter, Marmelade, Kaffee/Tee und frisch gepresstem Orangensaft, das englische Frühstück bietet zusätzlich „beans and bacon", „ham and eggs" und „sausages". Oft kann man aber auch Käse-/Schinkentoast, Fruchtjoghurt, Kuchen und ein gekochtes Ei (*avgó*) bestellen, gelegentlich wird auch Müsli mit Obst angeboten. Als Getränke gibt es außer Kaffee, Tee und Milch (*gála*) auch Kakao (*gála schokoláta*). Erfrischend an heißen Sommertagen ist der exzellente offene Joghurt (*yaúrti*) mit Honig. Nun die schlechte Nachricht: Die Frühstückspreise sind relativ hoch, an exponierten Orten wie am Kraterrand sogar exorbitant hoch. Vorsicht ist angebracht: Ist der Frühstückspreis ein Inklusivpreis mit Getränken oder geht Kaffee/Tee extra? Letzteres kommt ein ganzes Stück teurer. In Hotels fällt das Frühstück traditionell relativ karg aus, z. B. wenig Wurst und Käse, nur Marmelade, alles in kleinen abgepackten Portionen – doch mittlerweile ist das Frühstücksbuffet auf dem Vormarsch und vielerorts schon selbstverständlich.

▸ **Vorspeisen** *(orektiká)*: Alkohol trinkt man in Griechenland nur so lange, wie gegessen wird. Vor allem in der Ouzerí und im Mezedopolíon werden deshalb zahlreiche Appetithappen gereicht, genannt *mezédes*: panierter oder eingelegter Käse, gefüllte Weinblätter, Zucchinikroketten, Tomaten- und Gurkenscheibchen, Wildzwiebeln, Auberginen-, Paprika-, Kartoffel- oder Bohnenpüree, Fáva, Tintenfischragout, Scampi, Schnecken, Oliven, frittierte Auberginen und Zucchini, kleine Stückchen Melone, Muscheln, Pistazien, Mandelkerne und viele andere Leckereien. Ob mariniert, frittiert, püriert, gebraten oder gebacken, die Vielfalt der Vorspeisen ist unerschöpflich. Die Ouzerí bietet eine Gelegenheit, sich in aller Ruhe gesellig zu treffen und dabei immer etwas zum Knabbern vor sich zu haben. Oft ersetzt ein Gang in die Ouzerí das Abendessen.

Zu den typischsten griechischen Vorspeisengerichten zählt die Pítta. Blätterteig wird mit einem Nudelholz gewalzt und auf dem Backblech gebacken, darauf wird die Füllung verteilt, obenauf kommt wieder eine Lage Blätterteig. Solche Pittas gibt es z.B. als *spanakópitta* (Blattspinatfüllung mit Féta), *prasópitta* (Lauch), *kreatópitta* (Hackfleisch) oder *tyrópitta* (Frischkäse).

Achinosaláta: Salat aus rohen Seeigel-Innereien.

Dákos (auch: **Koukouvája** oder **Lathópsomo**): doppelt gebackenes Weizen- oder Gerstenbrot, belegt mit Tomatenstückchen, Fétakäse, Olivenöl und Oregano (→ Vegetarische Gerichte).

Dolmadákia: gerollte Weinblätter, gefüllt mit Reis und Gewürzen. Werden auch mit avgolémno (Eier-Zitronensauce) serviert und sind dann halb mit Reis, halb mit Hackfleisch gefüllt.

Fáva: cremiges Püree aus kleinen, gelben Erbsen, den so genannten „Platterbsen", z. T. auch aus Kichererbsen, aber nicht aus Bohnen.

Saganáki: panierter und gebackener Kefalotíri-Käse (→ Käse), traditionell in kleinen Pfannen serviert.

Salingária oder **kochlií**: Schnecken gehören zu den traditionellen Leckerbissen. Man isst sie, indem man die Zinke einer Gabel verbiegt und damit das Fleisch aus der Schale pult. Und auch wenn das zunächst gewöhnungsbedürftig ist – Schnecken schmecken.

Skordaljá: kaltes Kartoffelpüree mit Knoblauch.

Taramosaláta: rötlich-orangefarbenes Püree aus Fischeiern mit Weißbrot oder Kartoffeln.

Tonnosaláta: Thunfischsalat.

Tsatsíki: der auch bei uns mittlerweile zur Genüge bekannte Joghurt mit Knoblauch und Gurken muss mit Liebe und Erfahrung zubereitet werden, damit es wirklich mundet – es gibt große Unterschiede.

Tyrokaftéri: angemachter Schafskäse mit Paprika, scharf, genannt „Chtipiti".

▸ **Fleischgerichte**: Das Fleisch wird praktisch vollständig aus Athen importiert. Auf Santoríni werden kaum Schweine, Rinder, Schafe und Ziegen gehalten. *Arní* (Hammelfleisch) bzw. *arnáki* (Lammfleisch) sollte man mal versuchen. Sehr lecker sind die diversen Gerichte im Tontopf (Kasserolle), die sich wachsender Beliebtheit erfreuen.

Bekrí Mezé: scharf gewürzte Fleischstückchen (Gulasch), serviert mit Weinsauce. Ein traditionelles Gericht, das zunehmend auf den touristischen Speisekarten zu finden ist.

Giouvarláki: Fleischbällchen in Ei-Zitronensauce, ähneln unseren Königsberger Klopsen.

Gíros: Schweinefleisch an großen Spießen, wird durch Drehen vor Heizspiralen gegart, anschließend in Stückchen abgeschabt. Serviert als Tellergericht oder als Snack mit Zwiebeln und Kräutern in zusammengerollten Fladen, so genannte *pítta*. Gibt es in den größeren Orten überall. Gelegentlich auch mit Hühnchenfleisch.

Güvétzi: Hammelfleisch mit kleinen Kritharaki-Nudeln aus Hartweizengrieß, die optisch Langkornreis ähneln. Meist im Tontopf serviert.

Imám Baíldi: mit Tomaten, Zwiebeln und Hackfleisch gefüllte Auberginen – der Name stammt aus dem Türkischen und bedeutet „Der Imam fiel vor Begeisterung um".

Keftédes: „meat balls", sprich Frikadellen oder Fleischbällchen, in Griechenland auch *biftéki* genannt. Gibt es auf den Kykladen in zahlreichen Abwandlungen. Dabei werden sie wegen Mangel an Fleisch traditionell vegetarisch zubereitet (→ Vegetarisches).

Kléftiko: das so genannte Partisanengericht – Rind- oder Hammelfleisch mit Kartoffeln, Gemüse etc., in einer Kasserolle serviert und mit Alufolie abgedeckt. Hat seinen Namen von den „Kleften" (Spitzbuben), denn die Partisanen der Befreiungskriege gegen die Türken hausten versteckt in den Bergen und wurden nachts heimlich von ihren Familien versorgt. Damit die Speisen nicht kalt wurden und ihre delikaten Düfte nicht die Besatzer erreichten, brachte man sie ihnen in sorgfältig verschlossenen und umwickelten Töpfen hinauf.

Kokkinistó: geschmortes Rindfleisch aus dem Backofen, oft im Tontopf serviert.

Makarónia kimá: Spaghetti mit Hackfleischsauce, Standardgericht.

Moussaká: auf großen Blechen zubereiteter Auflauf aus Auberginen, Hackfleisch, Kartoffeln oder Nudeln, überbacken mit Béchamelsauce.

Papoutsákia: übersetzt „Kleine Schuhe", mit Hackfleisch gefüllte Auberginen in Béchamelsauce.

Pastítsio: Makkaroniauflauf mit Hackfleisch und Tomaten, mit Béchamelsauce überbacken.

Spetsofái: Wursteintopf mit Zwiebeln, Reis, Tomaten und Paprika, sehr lecker, leider nicht sehr häufig auf den Speisekarten zu finden.

Soutzoukákia: knusprig gebratene Hackfleischröllchen mit leckerer Tomaten-Paprika-Sauce.

Souvláki: das griechische Nationalgericht, jedem Griechenland-Reisenden zur Genüge bekannt. Die aromatischen Fleischspieße aus Schaf- oder Schweinefleisch sind mit Oregano gewürzt und über Holzkohlen gegrillt. Es gibt kleine und große Spieße. Sie sind meist preiswert und überall zu haben, mit etwas Zitrone verfeinert man den Geschmack.

Stifádo: besonders leckere Spezialität. Zartfasriges Rindfleisch (auch Ziege, Hase und Kaninchen) mit leckerem Zwiebelgemüse, Lorbeer und Zimt gewürzt und meist in der Kasserolle serviert.

▸ **Fisch und Meerestiere**: wesentlich teurer als Fleisch. Die ägäischen Fischgründe sind überfischt. Die Flotten der Kykladen-Fischer sind nicht allzu groß, fahren selten weit hinaus und fangen deshalb nur kleine Speisefische. Für den riesigen Bedarf der Touristenlokale kommen Fisch und Hummer inzwischen aus aller Welt – Tiefkühlfracht aus Argentinien und Kanada ist keine Seltenheit.

Fisch heißt *psári* und wird nach Gewicht verkauft. In der Speisekarte ist in der Regel der Kilopreis angegeben, der meist um die 35–60 € liegt (es gibt verschiedene Qualitätskategorien). 200 bis (maximal) 300 g genügen zum Sattwerden. Aufpassen, dass einem nicht zu viel aufgenötigt wird. Den Fisch sollte man sich vor der Zubereitung zeigen und gegebenenfalls wiegen lassen. Die äußerst beliebten Kalamari und Shrimps haben vom 1. Mai bis zum 1. Oktober offiziell Schonzeit. Wer sie in dieser Zeit isst, hat entweder tiefgekühlte Ware oder illegal Gefischtes auf dem Teller.

Die billigsten Fische sind *sardélles* (Sardinen, Sprotten), *gavrós* (Sardellen), *koliós* (Mittelmeermakrele), *gópa* (Gelbstriemen) und *marídes* (Hering).

Barboúnia, Rotbarben oder „red mullet", verbreiteter und sehr geschätzter Speisefisch, den man in allen Fischtavernen erhält.

Kakaviá: Auch diese relativ teure Fischsuppe wird als Besonderheit in fast allen Fischlokalen Santorínis angeboten.

Kalamarákia: Tintenfisch, die Arme werden in Öl gesotten, paniert und in Scheibchen geschnitten.

Marídes: das einfachste und billigste Fischgericht (Kilo ca. 16 €). Die winzigen, fingerlangen Sprotten werden meist als *mezédes* (Vorspeise) gereicht und als Ganzes mit Kopf und Gräten gegessen.

Oktapódi (oder Chtapódi): Der Oktopus muss nach dem Fang viele Dutzend Mal mit Kraft an einen Stein geschleudert werden, damit das Fleisch weich und genießbar wird. Danach wird er auf langen Leinen zum Trocknen aufgehängt, später gegrillt und mit Zitrone serviert.

Psarósoupa: Fischsuppe aus weniger „edlen" Teilen und Resten, mit Zwiebeln, Kartoffeln und Karotten zu einem Sud verarbeitet. Diese Fischsuppe ist weniger eine Delikatesse, sondern stellt vielmehr eine gute Möglichkeit dar, Fischreste zu verwerten, die man andernfalls hätte wegschmeißen müssen.

Xifías: Schwertfisch. Großer Fisch, der nur weit draußen zu fangen ist. Sehr lecker und fast grätenlos, die meterlangen Prachtexemplare werden säuberlich in dicke Filetscheiben gesäbelt und mit Zitrone serviert.

● *Sonstige Fische und Meerestiere* **atherína** (Ährenfisch), **astakós** (Hummer), **bakaláos** (Kabeljau), **fángri** (Sackbrasse), **galéos** (Hai), **gardía** (Languste), **garídes** (Garnelen), **glóssa** (Seezunge), **lithrínia** (Rotbrasse), **melanoúri** (Brandbrasse), **mídhja** (Muscheln), **sargós** (Geißbrasse), **sfirída** (Zackenbarsch), **synagrída** (Meerbrasse), **tónnos** (Thunfisch), **tsipoúra** (Dorade/Goldbrasse).

▸ **Vegetarisches, Beilagen, Gemüse und Salate**: Auf allen Kykladeninseln, so auch auf Santoríni, gibt es traditionell eine große Anzahl von vegetarischen Gerichten bzw. Beilagen, darunter die so genannten *pséftikeftédes* („Falsche Fleischklößchen"), aber auch Püree aus den kleinen gelben Fáva-Erbsen, gefüllte Zucchini, Krítama-Blätter und -Blüten (ähnlich Kapern), Kichererbsen u. a. m. Meist bilden sie das traditionelle Essen bei den zahlreichen Kirchweihfeiern. Wichtigster Salat ist natürlich der bekannte Bauernsalat *choriátiki saláta*.

Restaurrand am Kraterrandweg in Fíra

Essen und Trinken

Spezialitäten aus Santoríni

Santorínis einzigartiges vulkanisches Natur- und Ökosystem hat neben seinen berühmten Weinen auch andere interessante kulinarische Produkte hervorgebracht. Sehr geschätzt werden z. B. die kleinen, festen Tomaten der Insel namens *Santorínió domadáki* (→ S. 42). Sie haben eine etwas dickere Schale als ihre Artgenossen und ihr Wassergehalt ist niedriger. Sie können roh verzehrt werden, aus ihnen wird eine aromatische Tomatenpaste gemacht, sie werden getrocknet oder als Tomatenkonfitüre im Glas verkauft und sie werden für die Zubereitung der leckeren Brätlinge namens *tomátokeftédes* (→ unten) verwendet.

Weiterhin gibt es *áspri melitzána*, die berühmten weißen Auberginen von Santoríni, die deutlich weniger bitter sind als die herkömmlichen Auberginen, runde Zucchini, die Gurken namens *katsoúni*, die kleinen, dunklen Wassermelonen mit vielen Kernen und die Kapern, die vor allem an der Caldéra gedeihen – besonders lecker sind dabei die Kapernblätter namens *kapparófylla*, aus denen man einen appetitlichen Salat zubereiten kann. Und sogar die *fáva* Santorínis hat ihren eigenen Geschmack, nicht nur wegen der Vulkanerde, sondern weil sie auf der Insel endemisch ist, d. h. einer anderen Art angehört als auf den übrigen Inseln der Kykladen – entdeckt hat man sie sogar in der 3600 Jahre alten Ausgrabung von Akrotíri. Last but not least ist der Ziegenmilchkäse *chloró tyrí* eine inseleigene Spezialität, er wird allerdings hauptsächlich für den häuslichen Verbrauch hergestellt und kommt kaum in den Verkauf. Tipp: Im Restaurant Selene in Firá ist er gelegentlich zu haben.

Ánthous: mit Reis gefüllte Zucchiniblüten, sehr lecker.

Bouréki: Auflauf aus Kartoffeln, Zucchini oder Auberginen, Tomaten und Mizíthra-Käse, gewürzt mit Minze, überbacken mit Semmelbröseln und Olivenöl.

Briám: Eintopf aus Gemüse und Kartoffeln.

Choriátiki: Der griechische Bauernsalat wird in jeder Taverne als Standardgericht serviert. Besteht aus Tomaten, Gurken, Oliven, Zwiebelringen und vor allem *féta*, dem aromatischen, bröckligen Schafskäse. Kann man als Vorspeise, aber auch als Beilage zum Hauptgericht essen. Mit etwas Brot kann er sogar allein als Mittagessen ausreichen.

Kolokithákia tiganitá: gebratene bzw. frittierte Zucchini oder **jemistá kolokithákia me yiaoúrti** (mit Hackfleischfüllung und Joghurtsauce).

Kolokithokeftédes: Brätlinge aus geriebenen Zucchini.

Melitzánes Imám: gefüllte weiße (!) Auberginen, ein traditionelles Gericht von Santoríni, das leider kaum mehr serviert wird.

Pséftikeftédes: übersetzt: „falsche Fleischklößchen". Diese vegetarischen Klößchen bzw. „Gemüse-Bouletten" werden in Öl frittiert und sind echten Fleischklößchen oft täuschend ähnlich. Sie bestehen neben Zwiebeln und Kräutern hauptsächlich aus einem Püree aus Fáva-Erbsen, sodass sie auch **Fávakeftédes** genannt werden. Wenn Santoríni-Tomaten verarbeitet sind, nennt man sie **Tomátokeftédes**.

Revíthia: gebackene Kichererbsen, z. B. als Suppeneinlage (soúpa revíthia).

Revíthokeftédes: leckere Bratbällchen aus klein gehackten Kichererbsen. So gekonnt zubereitet, dass man das Fehlen des Fleisches gar nicht registriert.

Tomátes jemistés: mit Reis gefüllte Tomaten, lecker. Gibt's praktisch überall, sind aber nicht so einfach zuzubereiten, wie sie aussehen.

Trachánas oder **Kritharáki**: kleine griechische Nudeln, serviert z. B. mit Tomaten und Oliven oder in der Suppe.

• *Gemüse* (lachaniká) **Kolokithákia**, Zucchini ist neben Auberginen das wichtigste Gemüse. Es wird frittiert oder gebraten, besonders lecker sind die Blüten, z. B. gefüllt mit Kaninchenfleisch und Reis und überbacken mit Béchamelsauce.

Melitzánes, Auberginen, sehr verbreitet. Die Frucht wird in Öl angebraten, damit sie weich wird. Um den bitteren Geschmack zu entziehen, legt man sie zuvor in Salzwasser.

Ókra, die fingerlange, grüne Frucht, der Bohne vergleichbar, benötigt eine aufwändige Zubereitung, denn die schleimige Flüssigkeit im Inneren soll beim Kochen nicht austreten.

Weitere Gemüse: **angináres** (Artischocken), **arakás** (Erbsen), **angoúri** (Gurke), **patzária** (rote Rüben), **fassólia** (Bohnen), **fáva** (kleine, gelbe Erbsen), **gígandes** (große, weiße Bohnen), **karóta** (Karotten), **piláfi** (Reis), **piperjés** (Paprika), **spanáki** (Spinat), **tomáta** (Tomaten).

• *Beilagen* **Patátes**, Kartoffeln oder Pommes frites, werden fast zu jedem Fleischgericht serviert, wenn man Glück hat, sind sie noch handgemacht.

Piláfi, Reis.

• *Salate* Beliebtester Salat ist natürlich der griechische Bauernsalat **choriátiki saláta**, von Touristen gerne fälschlicherweise „Griechischer Salat" genannt. Er besteht aus Tomaten, Gurken, grünen Salatblättern und Oliven, gekrönt von einer aromatischbröckligen Scheibe **féta** (Schafskäse). Der Choriátiki wird meist als Vorspeise genommen, man kann ihn aber auch als Beilage zum Hauptgericht essen. Mit etwas Brot kann er sogar allein als Mittagessen ausreichen. Es gibt ihn in vielen Qualitätsabstufungen, je nach der Mühe, die der Wirt darauf verwendet.

Andere Salate sind **angourotomáta** (Gurken-/Tomatensalat), **láchano saláta** (Krautsalat), **maroúli** (Römersalat) und **tomáta saláta** (Tomatensalat).

▸ **Nachspeisen/Süßes** *(gliká)*: In Griechenland und auch auf den Kykladen gibt es eine reiche Auswahl an traditionellen Backwaren – meist Blätterteig, sehr süß, oft anlässlich des Osterfestes oder anderer Feiertage gebacken, gelegentlich türkischen Ursprungs. Man findet sie im *Zacharoplastíon* (Konditorei).

Amigdalotó: Mandelgebäck in Pralinenform.

Baklavá: Blätterteig-Roulade, mit Honig und Nüssen gefüllt.

Chalwadópittes: handgroße Oblaten mit türkischem Honig, Spezialität der Kykladeninsel Sýros.

Chalvá: knusprig-süßes Gebäck aus Honig und Sesamsamen.

Loukoúmi: extrem süße Fruchtgeleestücke, ebenfalls von Sýros.

Loukoumádes: in heißem Öl frittierte Teigkugeln, mit Honig übergossen.

Yaúrti: frischer Schafsjoghurt mit Honig *(méli)*, für Liebhaber eine Delikatesse.

▸ **Käse** *(tirí)*: Da auf Santoríni kaum Schafe und Ziegen gehalten werden, gibt es den Ziegenkäse *chloró tyrí* (→ Kasten, S. 81) nur in sehr geringen Mengen.

▸ **Gewürze**: Basilikum, Bohnenkraut, Fenchel, Kamille, Lorbeer, Oregano, Rosmarin, Salbei und Thymian wachsen auf den Kykladen weitab von Industrieluft und Verkehrsstau, auf Santoríni allerdings nur sehr spärlich. Sie enthalten große Mengen ätherischer Öle und haben wenig giftige Rückstände.

Getränke

▸ **Wasser** *(neró)*: traditionell das wichtigste Getränk. Leider ist die alte griechische Sitte fast ausgestorben, zum Essen und zum Kaffee ungefragt Wasser zu reichen. Wer in den überteuerten Caldéra-Cafés kein Wasser angeboten bekommt, sollte sich nicht scheuen, höflich um „éna karáfaki neró" zu bitten.

▸ **Kaffee** *(Kafé)*: Wenn man den typischen griechischen Kaffe, ein starkes, schwarzes Mokkagebräu in winzigen Tassen, trinken will, muss man ausdrücklich „kafé ellinikó" oder „greek coffee" verlangen. Die Griechen haben sich an die Ausländer schon so weit gewöhnt, dass sie ihnen im Zweifelsfall immer Nescafé servieren, wenn „Kaffee" gewünscht wird. Filterkaffee unserer Machart gibt es nur vereinzelt, meist in Cafés, die von Ausländern betrieben werden. Eine interessante Neuigkeit ist der erfrischende *freddoccino*, eine Art Frappé bzw. kalter Cappuccino aus viel Milch, Eis, Zucker und löslichem Bohnenkaffee (www.freddoccino.gr).

Kafé ellinikó: *elafrí kafé* = leicht; *métrio* = mittelstark, mit Zucker; *varí glikó* = sehr süß; *skéto* = ohne Zucker; *varí glikó me polí kafé* = sehr süß und sehr stark.

Nescafé: *sestó* = heiß; *frappé* = kalt; *skéto* = schwarz; *me sáchari* = mit Zucker; *me galá* = mit Milch.

▸ **Bier** *(bíra)*: In Griechenland wurde das Bier während der ersten Hälfte des 19. Jh. eingeführt. Damals war Otto I., Sohn des bayerischen Königs, König von Griechenland. Und er brachte natürlich sein Bier mit – nach seinem Braumeister Fuchs wurde die erste griechische Biermarke Fix genannt. Mittlerweile trinken die Griechen viel und gerne Bier. Vor allem die Marke *Mýthos*, die seit 2008 der dänischen Carlsberg Group gehört (früher Boutári), hat sich massiv im Markt etabliert. Daneben gibt es noch das Bier *Álpha* der Athenian Brewery (www.athenianbrewery.gr) und die Biere von *Amstel* und *Heineken*, die in Lizenz im Land gebraut werden. In den Nachtbars und Diskos wird auch überall das leichte mexikanische Bier *Corona* angeboten.

▸ **Hochprozentiges**: Der Tresterschnaps *Rakí* oder *Tsikoudiá* wird im Herbst überall aus den Rückständen der gepressten Weintrauben gebrannt, begehrt ist besonders der so genannte *Rakómelo*, der aus Rakí, Honig und mehreren Gewürzen hergestellt wird. Ansonsten bekommt man wie überall in Griechenland natürlich *Oúzo*, den bekannten Anisschnaps – er verfärbt sich beim Verdünnen mit Wasser milchig, kann aber auch unverdünnt getrunken werden. Im Nachtleben beherrschen natürlich internationale Modegetränke wie Wodka-Mix, Tequila („Slammer") und Cocktails aller Art die Szene.

▸ **Alkoholfreies**: Frisch gepressten Orangensaft (*chymós portokalíou*) bekommt man fast überall, Orangenlimonade heißt p*ortokaláda*, *limonáda* ist Zitronenlimonade.

Santorínis Weine (Santorinió Krassí)

Die intensive Weinbaukultur Santorínis entwickelte sich schon in der Antike und gelangte unter venezianischer Herrschaft vom 13. bis zum 16. Jh. zu einem Höhepunkt. Damals waren besonders die Süßweine sehr geschätzt und wurden in viele europäische Länder exportiert. Auch heute noch genießen die Weine der Vulkaninsel einen hervorragenden Ruf.

Die zum Weinanbau genutzte Rebfläche beträgt derzeit etwa 1500 Hektar Land. Doch obwohl nahezu jeder unbebaute Quadratmeter genutzt wird, drängt die zunehmende touristische Erschließung Santorínis den Weinbau zurück – noch vor hundert Jahren sollen fast 4000 Hektar bewirtschaftet worden sein. Die niedrigen Reben wachsen überwiegend auf den weiten Plateaus im Mittel- und Südteil der Insel, die von der 300 m hohen Westküste zur flachen Ostküste abfallen. Von der gefürchteten Reblaus sind sie stets verschont geblieben, da das Vulkangestein nur sehr wenig Lehm enthält. Trotz der erheblichen Wasserarmut auf Santoríni gedeihen sie prächtig. Das Geheimnis heißt Tau: Die Asche- und Bimssteinböden sind hervorragende Speicher für den kostbaren allnächtlichen Niederschlag, der durch häufige Wasserdampfbildung über der Hunderte von Metern tiefen Caldéra noch ergänzt wird. Die einzelnen Stöcke sind so weit auseinander gepflanzt, dass ihre Wurzeln das Wasser aus großen Bodenflächen ziehen können. Um Verwehungen zu vermindern und die winterlichen Niederschläge besser zu den Stöcken zu leiten, stehen zudem alle Weinstöcke in flachen Kuhlen. Und um die Ernte gegen den ständigen Wind auf den kahlen Hängen und Plateaus zu schützen, werden die dicken Rebäste niedrig (d. h. knapp über dem Boden) gehalten. Sie sind auf unverwechselbare Weise im Kreis gewunden, sodass eine Art Nest oder Korb entsteht, der bis zu 80 cm hoch werden kann *(kouloúra)* – so werden die Trauben vor der intensiven Sonneneinstrahlung geschützt. Nach der Ernte werden die Trauben in inseltypischen Höhlenkellern namens *Áspa* verarbeitet, die in den weichen Bimsstein gegraben sind. Diese schaffen auch für die spätere Lagerung der Weine ein ideales Mikroklima (im Sommer kühl, im Winter nicht zu kalt) und sind gut geeignet, Erdbeben zu überstehen.

Die Winzer von Santoríni stellen heute etwa 40 Weinvariationen her. Einige der trockenen Weiß- und Süßweine gehören der höchsten griechischen Qualitätsstufe OPAP (Onomasia proelefseos anoteras piotitos) an und werden mit der internationalen Herkunftsbezeichnung "Appellation of Origin" bzw. VQPRD (Kontrolliertes Ursprungszeichen) gekennzeichnet. Die Rotweine sind dagegen im Allgemeinen wenig komplex und meist gewöhnliche Tafelweine. Die Traubensorten für die Weißweine sind weitgehend autochthon, d. h. sie wachsen ausschließlich auf Santoríni, während man die verbreitete Mandilariá-Traubensorte für Rotweine auch auf Páros und Kreta findet. In den letzten Jahren hat man sich mitteleuropäischen Trends angepasst und baut einen gewissen Anteil der Weine wieder im traditionellen Holzfass aus. Diese Weine, zumeist weiße, weniger rote, tragen die Zusatzbezeichnung "Baréli".

Viele der besseren Santoríniweine sind in den Tavernen der Insel zu haben. Leider werden sie von einigen Wirten als Chance zum schnellen Euro angesehen, die Preise wirken nicht selten überhöht. Offene Weine sind generell preiswerter – doch nicht immer stammen sie auch wirklich von Santoríni. Verlangen Sie Wein *ap to varéli* (vom Fass) bzw. *krassí chimá* (Hauswein), *aspró krassí* (Weißwein) oder *kokkíno krassí* (Rotwein) – und fragen Sie den Wirt doch einmal, wo sein Wein eigentlich herkommt.

Weinprobe am Kraterrand

Trauben auf Santoríni

Die mit Abstand wichtigste Traubensorte ist die autochthone *Asýrtiko-Traube*, die allein etwa 70 % der Rebflächen einnimmt. Daneben gibt es noch die aromatische *Aidáni* und die vollfruchtig-milde *Athíri-Traube* (zusammen 10 % der Rebfläche). Aus allen drei Sorten werden zum Großteil (ca. 85 %) trockene Weißweine gekeltert, aber auch die bekannten Süßweine Santorínis. Der Rotwein stammt weitgehend von der *Mandilariá-Traube*, zum kleineren Teil auch aus der autochthonen *Mavrotrágano-Traube*, mit der man in den letzten Jahren gute Ergebnisse erzielt hat.

Essen und Trinken

Weinsorten

Im Folgenden die wichtigsten Weinsorten, die unter den verschiedensten Namen in den Handel kommen.

▶ **Niktéri** (auch Nichtéri): der gebräuchlichste *Weißwein* der Insel, meist trocken, einem Riesling nicht unähnlich. Sein Name rührt daher, dass die gesammelten Trauben (Mischung von Asýrtiko mit anderen Arten) sofort nach der Ernte, d. h. noch in derselben Nacht, gepresst werden (níchta = Nacht). Eine andere Erklärung meint, dass die Trauben vor Sonnenaufgang gepflückt werden, weil sie dann angeblich ihr bestes Aroma haben.

Man kann Niktéri jung trinken, doch meist wird er einige Jahre in Fässern gelagert, um an Gehalt zu gewinnen. Er besitzt vollmundigen Geschmack, sattgelbe Färbung und um die 13 % Alkohol, ist sehr erdig, jedoch mit süßer Komponente (kann mit geschlossenen Augen sogar für einen Rotwein gehalten werden). Passt gut zu allen Knoblauchgerichten, zu Geröstetem und Gegrilltem, zu Geflügel und Ziegenfleisch.

▶ **Vinsanto** (auch Visanto): *süßer Aperitifwein*, kann weiß, rosé oder rot sein. Er wurde schon im Altertum getrunken und seine Herstellung folgt einer antiken Technik: Die Trauben werden zuerst ein bis zwei Wochen zum Trocknen in die Sonne gelegt, was den Zuckergehalt steigen lässt. Erst dann presst man die „halbgebackenen" Trauben aus, traditionell mit den Füßen, heute aber meist mit Maschinen. Anschließend folgt eine lange Gärung mit Haut und Stielen, dann nochmals mehrere Jahre Lagerung in Fässern. Vinsanto hat einen hohen Zucker- und einen geringen Alkoholgehalt (kaum mehr als 10 % Alkohol, meist sogar nur 9 %), er wird sehr kalt getrunken. Es gibt auch eine weniger süße Variante namens *Imíglyko* (halbsüß).

▶ **Broúsko**: weit verbreitete *Rot-, Weiß- und Roséweine* mit hohem Alkoholgrad (15–18 %) und intensiver Farbe. Die Trauben werden zwei bis vier Tage gelagert und erst dann gepresst. Anschließend erfolgt die Gärung mit Haut und Stielen. Da die hauptsächlich verwendeten Asýrtiko-Trauben einen besonders hohen Tanningehalt haben, wird der Wein recht herb. Nicht alle Touristen mögen dies, sodass es inzwischen zahlreiche mildere Varianten gibt. Beim Broúsko existieren viele Qualitätsstufen.

Die Kellereien von Santoríni

Neun größere und viele kleine Privatkellereien („Cánaves") arbeiten auf Thíra, drei davon sind seit dem 19. Jh. bestehende Familienbetriebe. Die größeren Betriebe bieten fast alle Besichtigung mit Weinprobe und Direktverkauf an.

▶ **Antoníou:** Niederlassung bei Megalochóri (→ S. 205). Der Wein der Marke *Santoríni* ist ein vollfruchtiger, fast schon an Zitrusfrüchtearoma erinnernder Weißwein, dessen drei Traubensorten bei Karterádos, Emborío und Akrotíri wachsen. Antoníous *Vinsanto* wird nur aus den Aidáni- und Athíri-Trauben gewonnen. Sie liegen vor der Verarbeitung 15 Tage in der Sonne. Der *Niktéri* wird bei Antoníou acht Monate lang in französischen Holzfässern ausgebaut, sein Aroma ist intensiv fruchtig und vanilleartig.

▶ **Argyrós:** Die Kellerei in Méssa Goniá (→ S. 176) wurde 1903 gegründet und ist heute in vierter Generation in Familienbesitz. Ihre Produktpalette ist groß, es werden *Asýrtiko*, *Santoríni* und *Aidáni* gekeltert, letzterer zu 100 % aus der gleichnamigen Traube, ebenso wie der *Argyrós Mavrotrágano*. Den Wein *Atlantis* gibt es in weiß, rosé und rot, weiterhin einen edlen *Argyrós Barrel* in begrenzter Stückzahl und einen leichten Vinsanto namens *Vinsanto Mezzo*, dessen Trauben nur 6– 7 Tage getrocknet werden. Ganzer Stolz der Kellerei ist ihr *Vinsanto twenty years* – der einzige Vinsanto, der seit 1987 als einziger Vinsanto der Insel weitsichtig so lange gelagert wurde. Er gilt als der Beste von Santoríni.

▶ **Boutári:** moderne Kellerei bei Megalochóri (→ S. 205) Der große, börsennotierte Weinhersteller (1879 im nordgriechischen Náoussa gegründet) hat in ganz Griechenland Standorte, auf den Kykladen außerdem noch in Páros. Die Kellerei auf Santoríni wurde 1988 gegründet, sie war die erste, die ihre Türen für Besucher öffnete. Mit kontrolliertem Ursprungszeichen (VQPDR) werden u. a. produziert: *Domaine Selladía* (trockener Weißwein aus der Gegend um Fáros und den Trauben Asýrtiko, Aidáni und Athíri), *Vinsanto Boutári* (gilt trotz der orange-goldenen Farbe als natursüßer Weißwein und wird aus Asýrtiko- und Aidáni-Trauben gekeltert), *Kallísti* (zwischen fünf und zwölf Monate im Holzfass gereifter, trockener Weißwein aus der Asýrtiko-Traube), *Asýrtiko Boutári* (trockener Weißwein aus der Asýrtiko-Traube, angebaut in der Gegend um Pýrgos und Megalochóri) und *Santoríni Boutári* (trockener, zitrusfruchtaromatischer Weißwein aus der Asýrtiko-Traube).

▶ **Gaválas:** Die Kellerei ist seit über hundert Jahren in Megalochóri ansässig (→ S. 205). Hergestellt werden ein *Santoríni* mit VQPDR-Siegel aus Asýrtiko und Aidáni-Trauben vom angeblich ältesten Weinfeld Griechenlands, ein *Vinsanto*, der trockene weiße *Katsanó* aus den seltenen Katsanó- und Gaidouriá-Trauben sowie der rote *Xenóloo* aus den Trauben Mavrotrágano, Voudomáto und Athíri, die letzten beiden in stark limitierten Stückzahlen.

▶ **Hatzidakis:** Das kleine Weingut von Harídimos und Konstantina Hatzidákis liegt bei Pýrgos, dem höchstgelegenen Dorf Santorínis (→ S. 201). Produziert werden hauptsächlich viel gelobte Weißweine aus der Asýrtiko-Traube, aber auch *Vinsanto* und ein roter *Mavrotrágano*. Harídimos und seine Frau Konstantína bauen ihre Weine biologisch an, ihre hoch gelegenen Reben sind stetigen Winden ausgesetzt, was sie von potenziellen Parasiten befreit.

▶ **Koutsouyanópoulos:** Die größte Privatkellerei der Insel ist seit 1880 im Geschäft (seit 1974 Flaschenabfüllung) und wird heute von Geórgios Koutsouyanópoulos geführt. Ihre Niederlassung liegt etwas außerhalb von Messariá (→ S. 170). Man orientiert sich sehr an touristischen Bedürfnissen und produziert deshalb hauptsächlich trockene Weißweine mit mäßigem Alkoholgehalt (ca. 12 %) und keine süßen Weine. Die Weine werden unter der Dachmarke "Volcan Wines" angeboten. Eine der bekanntesten Marken der Kellerei ist der Broúsko-Wein *Láva*. Außerdem gibt es den *Ampelónes Koutsouyanópoulos* als trockenen Weißwein und als Variante aus dem Holzfass den *Ampelónes Baréli*.

▸ **Roússos**: Die älteste Kellerei Santorínis (seit 1836) mit Hauptniederlassung in Méssa Goniá (→ S. 176) legt großes Augenmerk auf Tradition und produziert auch entsprechende Weine. Top-Produkte sind die trockenen Weißweine *Santoríni* und der *Niktéri*, im Angebot sind auch halbtrockene Weine, z. B. der *Athíri* und der rote Aperitifwein *Mavrathiró* (mit 15 % ziemlich stark), der vor der Abfüllung erst zehn Jahre in Fässern gelagert wird. Des Weiteren gibt es den Roséwein *Rivári* und den sehr trockenen roten *Caldéra*. Man kann die alte Kellerei von Roússos besichtigen und das dortige Santoríni-Weinfestival besuchen.

▸ **Sánto**: Am Kraterrand bei Pýrgos (→ S. 202) liegt der große genossenschaftliche Betrieb, dem fast tausend Kleinwinzer angeschlossen sind – über 65 % der gesamten Weinproduktion Santorínis wird von Sánto bestritten. Produziert werden zahlreiche verschiedene Weinsorten und jedes Jahr wird mit neuen Kreationen experimentiert. Eine solche „Erfindung" ist beispielsweise ein für Santoríni völlig untypischer Retsína-Wein namens *Sánto*. Nebenbei werden auch zahlreiche andere traditionelle Inselprodukte wie Tomaten, Kapern, eingelegtes Gemüse, Früchte und Fáva vermarktet.

● *Weinmarken* (Auswahl) **Agéri**, leichter halbtrockener Weiß- und Roséwein.

Santoríni Asýrtiko, trockener, aromatischer Weißwein mit ca. 12,8 % Alk. aus der Asýrtiko-Traube, weitgehend aus dem Nordwesten der Insel.

Santoríni Niktéri und **Santoríni Niktéri Reserve**, traditioneller trockener Weißwein aus den Trauben Asýrtiko, Aidáni und Athíri, die Reserve-Variante wird im Holzfass ausgebaut, beide mit ca. 14 % Alk.

Védema, trockene Weiß-, Rosé- oder Rotweine mit ca. 12 % Alk.

Kaméni, purpurroter Rotwein aus der weißen Asýrtiko- und der roten Mandilariá-Traube, 6–8 Monate in Holzfässern ausgebaut.

Imíglykos Sánto, halbsüßer, fruchtiger Weiß- oder Rotwein aus verschiedenen Traubensorten.

Santoríni Vinsanto, süßer Weißwein aus den 15 Tage in der Sonne getrockneten Trauben Asýrtiko, Aidáni und Athíri, der anschließend im Holzfass reift. Beliebter Dessertwein in verschiedenen Varianten, z. B. vier oder acht Jahre alt oder als Likörwein.

Namá, süßer Wein aus den roten Trauben Mandilariá, Mavrotrágano und Voudomáto, wird als Dessertwein und bei der orthodoxen Kommunion getrunken.

▸ **Sigálas**: Der ehemalige Mathematiklehrer Páris Sigálas produziert sieben Weine bester Qualität. Er hat sich in den letzten Jahren große Anerkennung unter Griechenlands Winzern verschafft. Seine Niederlassung liegt bei Finikiá im Norden Santorínis (→ S. 143).

● *Weinmarken* **Sigálas Santoríni** (VQPDR), mit gut 80.000 Flaschen der meistverkaufte Wein der Kellerei. Er basiert auf der Asýrtiko-Traube, wird im Stahltank ausgebaut und besitzt licht- bis goldgelbe Farbe und ein leicht zitroniges Aroma.

Sigálas Santoríni Oak, der trockene Weißwein reift mindestens sechs Jahre im Eichenfass, der weiße **Sigálas Asýrtico-Athíri** in Stahltanks, beide tragen das VQPRD-Siegel.

Sigálas Vinsanto, er wird aus 10–12 Tagen in der Sonne getrockneten Asýrtiko- und Aidáni-Trauben hergestellt, bleibt 2–3 Jahre im Holzfass und hat eine goldgelbe Farbe mit leichtem Orangen-Touch.

Sigálas Niampélo, wird in Weiß (Asýrtiko) und Rot (Mandilariá- und Agiorgítiko-Trau-
ben aus Neméa) erzeugt.

Sigálas Mezzo, Rotwein aus Mandilariá-Trauben, die nach der Lese 6–8 Tage in der Sonne getrocknet werden, der Wein reift dann zwei Jahre im Holzfass.

Sigálas Mavrotrágano, wird aus der gleichnamigen autochthonen roten Rebsorte hergestellt und kann jung getrunken werden.

Santorini-Weine von Boútari, Hatzidákis und Sigálas können unter www.griechischer-weinversand.de (☎ 01805-880155) geordert werden. Bestsortierter Weinladen auf Santorini ist lama in Oía (→ S. 151).

Essen und Trinken

Noch vor wenigen Jahren in Betrieb, heute Blickfang für Touristen

Wissenswertes von A bis Z

Ärztliche Versorgung und Apotheken

Die ärztliche Versorgung auf Santoríni ist in den letzten Jahren besser geworden. In Firá gibt es ein kleines Inselkrankenhaus namens *Health Center* mit 24-Stunden-Dienst (englischsprachige Ärzte), ein neues wird derzeit gerade gebaut. Außerdem praktizieren einige niedergelassene Allgemeinärzte, Zahnärzte und Chirurgen. In schweren Fällen sollte man aber nach Möglichkeit in die modernen Kliniken von Athen oder Iráklion (Kreta) ausweichen – oder man wird dorthin ausgeflogen.

Apotheken befinden sich in der Nähe der Platía Theotokopoúlou in Firá, an der Kraterrandgasse in Oía, an den Strandpromenaden von Kamári undAríssa sowie in Messariá, Pýrgos und Akrotíri. Bei kleineren Beschwerden kann man auf den

Gang zum Arzt verzichten und die meist sehr kompetenten Apotheker um Rat fragen. Medikamente sind preiswert, vieles läuft rezeptfrei.

Wichtige Telefonnummern:
Polizeinotruf ✆ 100; **Feuerwehr** ✆ 199; **Erste Hilfe/Unfallrettung** in größeren Städten und deren Umgebung ✆ 166; **Pannenhilfe** ✆ 104; **kostenloser Euronotruf** (gültig EU-weit, vom Handy ohne PIN-Code oder Aufhebung der Tastensperre wählbar, SIM-Karte nötig) ✆ 112.

• *Behandlungskosten/Versicherung* Der Weg zu ärztlicher Hilfe führt für gesetzlich Versicherte nicht mehr über den Auslandskrankenschein (E 111), sondern über die **European Health Insurance Card (EHIC)** . Mit der EHIC kann man im EU-Ausland zum Arzt gehen und sich behandeln lassen, ohne die Kosten vorstrecken zu müssen, allerdings nur bei Ärzten, die im Rahmen des staatlichen Gesundheitssystems behandeln – und das sind nicht allzu viele. Aufenthalt und Behandlung in einem **staatlichen Krankenhaus** oder **Health Center** (Nosokomío) sind jedoch mit der EHIC-Karte stets kostenlos. Medikamente müssen zwar bezahlt werden, doch auch diese Kosten erstattet Ihre Krankenkasse zurück.

Flexibler und nicht an bestimmte Ärzte gebunden ist man, wenn man einen Arzt **bar** bezahlt. Doch wie in allen Urlaubsgebieten verlangen manche Ärzte von Touristen hohe, teils wohl auch überhöhte Rechnungen. Für eine kurze Konsultation sollte man mit 40–70 € rechnen. Gegen eine detaillierte Quittung (**Apódixi**) des behandelnden Arztes, die die Diagnose, Art und Kosten der Behandlung beinhalten sollte, erhalten Sie aber bei Ihrer Krankenkasse zu Hause die Ausgaben ganz oder anteilig, je nach Krankenkasse, zurückerstattet. Darunter fallen auch Apotheken- und Medizinkosten (anteilig), falls sie vom Arzt verschrieben wurden. Unbedingt zu empfehlen ist der Abschluss einer zusätzlichen **Auslandskrankenversicherung**, die die meisten privaten Krankenkassen preiswert anbieten. Darin ist auch ein aus medizinischen Gründen nötig gewordener Rückflug eingeschlossen, den die Versicherungen so weit nicht zahlen.

• *Gesundheitsvorsorge* In den ersten Tagen extrem aufpassen wegen **Sonnenbrand** – unbedingt auf ausreichenden **Sonnenschutz** achten, gute **Sonnenbrillen** sollten ebenfalls im Gepäck sein, vor allem auch für Kinder.

Beim Baden in Felsbuchten können **Badeschuhe** gute Dienste leisten, für Höhlentrips eine **Taschenlampe**, bei Wanderungen ein **Sonnenhut** und stabiles **Schuhwerk**.

Für die oft schaukeligen Überfahrten sollte ein Mittel gegen **Seekrankheit** dabei sein, falls man anfällig ist.

Seeigelstacheln sind schmerzhaft – Ringelblumensalbe relativ dick auftragen und Pflaster drauf, nach einem Tag lösen sie sich wie von selbst. Auch das Auftragen von heißem Öl soll hilfreich sein. Bei **Wespenstichen** kann Essig lindernd wirken. Für **Insektenstiche** an jeden Fall entsprechende Lotion mitnehmen, außerdem vorbeugenden Schutz gegen Stiche. Leichtere Verbrennungen durch **Quallen** kann man ebenfalls selbst behandeln: Man reibt die betroffenen Hautstellen mit Rasierschaum ein, lässt den Schaum trocknen und reibt die Haut mit einer Kreditkarte o. Ä. ab, um die Nesseln zu lösen. Auf keinen Fall die Haut mit Süßwasser abwaschen. Wenn Fieber oder Atemnot auftreten, auf jeden Fall einen Arzt aufsuchen.

Kleiner Tipp, um einem verdorbenen Magen vorzubeugen: **Essen Sie scharf**, z. B. Peperoni, dadurch werden die Magenschleimhäute angeregt und Sie sind eher gefeit gegen kleine, unfreundliche Gesellen, die dem Magen Übles antun wollen. Auch **Kohletabletten** sollten in der Reiseapotheke nicht fehlen, ebenso **Verbandszeug** und **Jod**.

Ein letzter Tipp: Leicht, sehr leicht holt man sich auf den stets windigen Kykladen eine handfeste **Erkältung** – es kann sich lohnen, entsprechende Medikamente bereits von zu Hause mitzubringen.

Diplomatische Vertretungen

Auf Santoríni gibt es keine ausländischen Vertretungen, alle Botschaften haben ihren Sitz in Athen. In Notfällen – z. B. bei Verlust sämtlicher Reisefinanzen oder der

Personalpapiere – kann man sich dorthin wenden. Mit Überbrückungshilfe sieht es aber meist schlecht aus. Zuerst wird man aufgefordert, sich das nötige Geld für die sofortige Heimreise von zu Hause schicken zu lassen. Erst wenn zu Hause niemand zu erreichen ist, erhält man Schiffs- und Zugticket für die sofortige Heimreise, die aber natürlich zurückgezahlt werden müssen.

• *Deutschland* **Botschaft der Bundesrepublik Deutschland**, Karaoli & Dimitriou Str. 3, GR-10675 Athen-Kolonáki, ✆ 210-7285111, ✺ 7251205, www.athen.diplo.de; Mo–Fr 9–12 Uhr.
Die Santoríni nächstgelegenen Honorarkonsulate sind in Kreta:
Iráklion, Dikeossinis Str. 7, 4. Stock. ✆ 2810-226288, ✺ 222141, honkons@her.forthnet.gr; **Chaniá**, in Agía Marína, einem Badeort westlich von Chaniá, Paraliaki, Stassi Nr. 13. ✆/✺ 28210-68876.

• *Österreich* **Österreichische Botschaft**, GR-10674 Athen, Vass. Sofias 4, ✆ 210-7257270, ✺ 7257292, www.bmaa.gv.at; Mo–Fr 10–12 Uhr.
Honorarkonsulat: **Iráklion** (Kreta), Eleftherias-Platz/Dedalou Str. 36, ✆/✺ 2810-223379. Mo–Fr 10–12 Uhr.
• *Schweiz* **Schweizer Botschaft**, GR-11521 Athen, Iassiou Str. 2, ✆ 210-7230364, ✺ 7249209, www.eda.admin.ch. Mo–Fr 10–12 Uhr.
Kein Konsulat auf Kreta.

Einkaufen

Auf Santoríni findet man eine ganze Menge hübscher und teilweise authentischer Stücke, die sich gut als Mitbringsel oder zur Erinnerung eignen. Vor allem die *kulinarischen Produkte* der Insel sind geeignet, um zu Hause den Urlaub noch einmal genussvoll nachzubereiten – in erster Linie sei hier natürlich der berühmte Kraterwein genannt, aber es gibt auch verschiedene Leckereien wie Süßigkeiten, Schokolade, Marmelade, eingelegte Früchte, Kapern/Kapernblätter u. v. m. Eine besonders gute Auswahl bietet der Verkaufsladen der genossenschaftlichen Sánto-Kellerei am Kraterrand (→ S. 202), wobei allerdings nicht alles aus Santoríni stammt, sondern das angebotene Olivenöl z. B. aus Kreta und vom Peloponnes.

Auch *Ton-, Keramik- und Glasprodukte* werden hier und dort in guter Qualität gefertigt (→ „Einkaufen" in den Kapiteln Firá und Oía). Weiterhin gibt es aus einheimischer Produktion hin und wieder schöne *Stickereien* und *Häkelarbeiten*. Vieles ist allerdings aus anderen Regionen Griechenlands importiert oder gar fernöstliche Massenware. Bunte Ikonenmalereien, Schmuck von Athener Juwelieren und blank polierte Kopien der berühmten antiken Kykladenidole ergänzen das Angebot. Zudem erhält man in den Boutiquen der Inselorte Markenware (sofern sie echt ist) manchmal bis zu 20 % unter mitteleuropäischem Preisniveau.

Einkaufen in den Gassen von Firá

Ein- und Ausreise

Für Deutsche, Österreicher und Schweizer genügt bei einem Aufenthalt in Griechenland der Personalausweis. Der deutsche Kinderausweis wird anerkannt, ab zehn Jahren mit Passbild. Wer über die Republik Jugoslawien (Serbien) und Makedonien einreist, muss den Reisepass mitnehmen, der noch drei Monate gültig sein muss.

Sinnvoll ist es, Personalausweis *und* Reisepass mitzunehmen. Erstens hat man Ersatz, wenn ein Ausweis abhanden kommt. Zweitens liegt ein Papier oft bei der Hotel- oder Campingplatz-Rezeption – problematisch, wenn man z. B. Schecks einlösen oder ein Fahrzeug mieten will (allerdings ist es griechischen Hoteliers offiziell *nicht* erlaubt, einen Ausweis länger als 24 Std. einzubehalten). Es empfiehlt sich auch, *Kopien der Dokumente* mitzunehmen (getrennt von Originalen aufbewahren). Im Fall eines Verlustes kommt man so beim zuständigen Konsulat schneller zu Ersatzpapieren, die zur einmaligen Ausreise berechtigen.

Kraftfahrer benötigen als Nachweis für eine bestehende Haftpflichtversicherung die *grüne Versicherungskarte*. Empfehlenswert ist auch ein *Auslandsschutzbrief*, mit dem man sich im Fall eines Schadens beim griechischen Automobilclub ELPA melden kann. Eine vorübergehende *Vollkaskoversicherung* ist für das eigene Fahrzeug ebenfalls anzuraten, da die griechischen Haftpflichtversicherungen sehr geringe Beträge zugrunde legen (gilt auch für Schmerzensgeld). Wer mit einem geliehenen Fahrzeug einreisen will, benötigt eine von einem Automobilclub oder Notar beglaubigte Vollmacht des Inhabers.

Die Ausweise von Reisenden aus EU-Ländern werden gemäß dem Schengener Abkommen bei der Ein- und Ausreise üblicherweise nicht mehr kontrolliert.

Geld

Die Zeiten, als Griechenland ein „Billigreiseland" war, sind vorbei. Vor allem seit der Einführung des Euro hat man sich in vielen Bereichen ans mitteleuropäische Kostenniveau angepasst. Auf Santoríni, einem der begehrtesten Urlaubsziele der Ägäis, zahlt man im Sommer oft sogar deutlich mehr als von zu Hause gewohnt, vor allem in Hotels, Cafés und Restaurants am Kraterrand, aber auch in Supermärkten. Günstig sind die Preise lediglich auf der ruhigen Insel Thirassía.

An Bargeld kommt man natürlich am bequemsten und sichersten mit der *ec-Karte und Geheimnummer* über Geldautomaten, denn diese gibt es bei allen Banken in Firá, Oía, Kamári, Períssa, Messariá, Méssa Goniá und Akrotíri (jedoch noch nicht auf Thirassía). Allerdings muss man auf die Aufkleber des betreffenden Automaten achten, denn nicht alle nehmen ec-Karten an. Zu Hause fällt einige Tage später pro Abhebung eine Gebühr von ca. 4,50 € an. Tipp: Mit einem Konto bei der DKB-Bank kann man weltweit kostenlos Geld abheben und auch mit der „Postbank SparCard 3000 plus" (in der Schweiz: „PostCard") sind die ersten zehn Abhebungen im Jahr gratis.

Ansonsten können *Reisechecks* in Banken und Postämtern problemlos in Euro eingetauscht werden (Ausweis mitnehmen). Mit den gängigen *Kreditkarten* kann man in größeren Hotels, Geschäften, Autovermietungen etc. bargeldlos bezahlen, gegen recht hohe Gebühren in Banken und autorisierten Shops auch Bargeld erhalten.

Wissenswertes von A bis Z

Der Euro wird in Griechenland „EYP" geschrieben und „Efró" ausgesprochen. Als Unterwährung wurde nicht der Cent – wie ansonsten überall im Gebiet der Währungsunion – eingeführt, sondern die alte griechische Einheit Lépta wiederbelebt.

▸ **Geldwechsel (für Schweizer):** Da der Umrechnungskurs zwischen Franken und Euro nach wie vor schwankt und die Banken unterschiedliche Gebühren verlangen, lässt es sich nicht generell sagen, ob ein Geldwechsel in Griechenland günstiger ist als zu Hause. Als Gebühr fallen zumeist 1–2 % des eingelösten Betrags an. Auch in Postämtern kann man Geld wechseln.

Im Notfall

● Bei **Verlust** der Geldkarte, Kreditkarte etc. diese sofort telefonisch sperren lassen (entsprechende Tel.-Nummer mitnehmen). Gebührenfreie Vermittlung zum Sperrdienst für Bankkarten von Sparkassen, Volks- und Raiffeisenbanken unter 0049-116116. Auch verloren gegangene Handys können so gesperrt werden (Sie benötigen dafür die Handyrufnummer, SIM-Kartennummer, eine Kundennummer oder ein Kennwort).

● Kreditkarteninhaber können bei Verlust ihrer Karte über Banken, die ihre Karte akzeptieren, ein Notfallgeld erhalten.

● Im Fall eines **Totalverlustes** an Geld kann man sich über „Western Union Money Transfer" (www.westernunion.de) von einer Kontaktperson zu Hause innerhalb weniger Stunden Geld überweisen lassen. Einzahlung u. a. bei allen Filialen der Postbank. Die Gebühr für eine Überweisung von 250 € beträgt ca. 25 €, für alle weiteren Beträge von 250 € ca. 7,50 €. Dieses Verfahren funktioniert auch ohne einen eventuell abhanden gekommenen Ausweis. Auszahlung bei Postfilialen, ausgewählten Banken, Reisebüros und Shops in Kreta. Tipp: Günstiger kann man Geld über "Money Gram" (www.moneygram.com) transferieren, allerdings gibt es dafür bisher nur relativ wenige Anlaufstellen.

Grußworte

Man begrüßt sich mit *„kaliméra"* (guten Morgen/guten Tag). *„Kalispéra"* (guten Abend) kommt ab dem Zeitpunkt zum Einsatz, an dem sich die Griechen nach der Siesta wieder aufrappeln. *„Jássas"* und *„jássou"* (hallo) sind gebräuchlich, sofern man sich näher kennt. *„Sto kaló"* meint „Gehe/Geht im Guten" und wird bei der Verabschiedung nur von der zurückbleibenden Person gebraucht. *„Chérete"* heißt sowohl „Sei gegrüßt" wie auch „Leb wohl" und am Abend sagt man zum Abschied *„kaliníchta"* (gute Nacht). Wenn der Grieche *„nai"* (gesprochen *„nä"*) sagt, meint er übrigens *„ja". „Nein"* heißt dagegen *„óchi".*

Informationen

Die *Griechische Zentrale für Fremdenverkehr* (GZF), in Griechenland unter dem Namen *Ellenikós Organismós Tourismoú* (EOT) zu finden, unterhält in Deutschland vier Büros, in Österreich und der Schweiz jeweils eines. Prospekte werden auf Anfrage zugeschickt. Die Website ist www.eot.gr bzw. www.gnto.gr.

Urlauber in Oía

● *Deutschland* Neue Mainzer Str. 22, **D-60311 Frankfurt**, ✆ 069/2578270, 25782729, info@gzf-eot.de;
Wittenbergplatz 3a, **D-10789 Berlin**, ✆ 030/2176262-63, ✉ 2177965, info-berlin@gzf-eot.de;
Neuer Wall 18, **20354 Hamburg**, ✆ 040/454498, ✉ 454404, info-hamburg@gzf-eot.de;
Pacellistr. 2, **D-80333 München**, ✆ 089/222035-6, ✉ 297058, info-muenchen@gzf-eot.de.
● *Österreich* Opernring 8, **A-1010 Wien**, ✆ 01/5125317, ✉ 5139189, grect@vienna.at.
● *Schweiz* Löwenstr. 25, **CH-8001 Zürich**, ✆ 01/2210105, ✉ 2120516, eot@bluewin.ch.
● *Griechenland* Schriftliche Anfragen an **E.O.T.**, 7 Tsócha Street, GR-11521 Athen,

info@gnto.gr; mündliche Infos und reichhaltiges Material zum Mitnehmen gibt es im **Auskunftsbüro** des EOT, Leofóros Amalías 26 (beim Sýntagma-Platz, gegenüber vom Nationalgarten). Mo–Fr 9–15.30 Uhr (im Sommer bis 19 Uhr), Sa/So 10–16 Uhr. ✆ 210-3310716, 3310392, ✉ 3310640.
Auf **Santoríni** selber gibt es keine offizielle Auskunftsstelle des E.O.T. In den Hochsommermonaten bekommt man lediglich in einem Informationskiosk der Inselverwaltung in Fíra Auskünfte, Zimmervermittlung wird dabei nicht angeboten. In die Bresche springen außerdem zahlreiche **Reisebüros** (Travel Agencies), die touristische Auskünfte geben.

Internet

Viele Dutzend Websites beschäftigen sich mit der Vulkaninsel Santoríni, im Folgenden eine Auswahl. Weitere kommentierte Webadressen zu Griechenland unter „www.michael-mueller-verlag.de", Stichwort „Reiselinks".

Webcams:
www.santoriniwebcam.com,
www.santorini.net/caldera.html,
www.santorini.in/webcam1,
www.travel-to-santorini.com/
 webcamera

● *Santoríni* (deutsch) **www.kalliste.de**, informative Santoríni-Seite mit gutem Content und Forum.
www.santorin.deu.net, weitere Santoríni-Seite von Leuten, die ständig auf der Insel wohnen.
http://santorini.info, Infos zu diversen touristischen Betrieben.

www.tierschutzverein-santorini.de, Tierschutzverein von Santoríni.

• *Santoríni* (englisch) www.santorini-today.gr, www.santonet.gr, www.santorini.com, www.santorini-info.net, www.santorini.net, www.travel-to-santorini.com, www.santoriniweb.com, www.visit-santorini.com, www.santorini.gr, www.mysantorini.com, www.santorini-islandguide.com, www.santoriniguidebook.gr, www.decadevolcano.net/santorini/santorini.htm, www.united-hellas.com/tourism/santorini, www.greektravel.com/greekislands/santorini.html

• *Griechenland allgemein* www.de-di.de/katalog/griechenland.htm, umfassender Überblick über die Websites, die Griechenland betreffen, jeweils mit Links.

www.griechenlandinformation.de, Informationen und Nachrichten zu Politik, Wirtschaft und Kultur, erstellt vom Presse- und Informationsbüro der griechischen Botschaft.

www.griechenland.net, Website der „Griechenland Zeitung", die einzige deutschsprachige Zeitung Griechenlands (erscheint wöchentlich).

www.culture.gr, Website des griechischen Kulturministeriums in englischer Sprache, sehr umfangreich, u. a. die Öffnungszeiten aller staatlichen Museen.

www.griechenlandaktuell.de, deutschsprachige Touristenzeitung mit Sitz in Iráklion/Kreta.

www.nissomanie.de, Reiseberichte einer Inselhüpferin, garniert mit vielen Informationen und nett zu lesen.

---

www.in-greece.de & www.kykladen-treff.de, engagiert geführte Seiten mit umfangreichem Content zu Griechenland und seinen Inseln, u. a. zahlreiche Artikel von Usern, Chat, Forum und viele Links.

Kartenmaterial

Hervorragend sowohl inhaltlich wie auch vom Kartenbild ist die Karte „Santorini" des schweizerischen Verlags *Gecko Maps* (www.geckomaps.com) im Maßstab 1:35.000. Neben einer ästhetisch gelungenen Inseldarstellung mit vielen Details (z. B. Strände, Kirchen, Museen, Weinkellereien) besitzt die Karte genaue Stadtpläne zu Firá, Oía, Imerovígli, Kamári und Períssa (mit Eintragungen von Hotels und Restaurants) sowie kleine Ausgrabungspläne von Akrotíri und Alt-Thíra. Vertrieb in der Schweiz über den Hersteller, in Deutschland über www.hoeferverlag.de und www.gruenes-herz.de.

Ebenfalls gut bis sehr gut sind die Karten von *Kompass* (1:25.000, www.kompass.at) sowie die griechischen Karten von *Road Editions* (1:35.000, www.road.gr) und *Anavasi* (1:40.000, www.mountains.gr). Letztere ist die beste Karte für Wanderer – sie ist auf reiß- und wasserfestem Material gedruckt und enthält GPS-gestützte Wegdaten und Wandertouren.

Typische Kirchenarchitektur

Tipp: Eine umfassend sortierte Bezugsadresse für griechische Landkarten ist der Buchhändler „Nestor" (c/o M. Horst, Postfach 350133, 40443 Düsseldorf, www.griechenlandkarten.info).

Klöster und Kirchen

Einen Besuch der Klöster und wichtigen Kirchen auf Thíra und Thirassía sollte man sich nicht entgehen lassen, die Stimmung ist Welten entfernt vom Touristenrummel. Leider sind nicht wenige Klöster auf Santoríni mittlerweile verlassen und einige sind, wenn überhaupt, nur für orthodoxe Christen zugänglich. Ganz wichtig beim Besuch: Sie müssen angemessene Kleidung tragen und wenig Haut zeigen. Keine nackten Beine und Schultern, stattdessen lange Hosen für Männer bzw. knielange Röcke für Frauen. Das gilt natürlich auch für die Kirchen, die allerdings häufig geschlossen sind – am besten versucht man es am Vormittag, am frühen Abend oder direkt nach den Gottesdiensten.

Literaturtipps

Walter L. Friedrich: „Feuer im Meer. Der Santorin-Vulkan, seine Naturgeschichte und die Atlantis-Legende". Spektrum Akademischer Verlag, Neuauflage 2007.
Der Autor ist Geologieprofessor an der Universität Arhus in Dänemark. Sein Mitarbeiter entdeckte 2006 den Olivenzweig, der die zeitliche Bestimmung des Vulkanausbruchs auf Santoríni ermöglicht hat (→ S. 20). Das Buch ist ein echter Klassiker über die Geologie und den Vulkanismus der Insel. Friedrich gelingt es, Vulkanforschung als spannendes Abenteuer darzustellen und die Naturgeschichte der Insel anhand der entdeckten Pflanzen- und Tierfossilien anschaulich zu beschreiben. Einblicke in das bronzezeitliche Leben der Minoer fehlen ebenso wenig wie die Frage, ob hier nicht Platons Atlantis gelegen habe. Mit den vielen Tabellen und Exkursen kommt die wissenschaftliche Seite nicht zu kurz, die brillanten Farbfotos machen das Buch auch zu einem fesselnden Bildband.
Verena Appenzeller: „Wenn Götter grollen. Die letzten Tage von Santorin". BoD GmbH, Norderstedt 2004.
Das Buch ist aus dem Bedürfnis entstanden, den reichen archäologischen Funden in Santoríni einen menschlichen Hintergrund zu verleihen. Die Autorin beschreibt in dem packenden, aber fundiert recherchierten historischen Roman die Abenteuer des jungen Kamaros, der den Ausbruch des Santoríni-Vulkans im 17. Jh. v. Chr. aus unmittelbarer Nähe miterlebt. Dabei erfährt man auch einiges über die Sitten und Gebräuche der Menschen aus der Bronzezeit. Lebendige und leichte Lektüre für den Strand oder den Hotelbalkon.
Jürgen Schug: „Mythos Santorín. Von der Atlantis-Sage bis heute", Eulen Verlag, Freiburg i. Br. 1999 (vergriffen, nur noch antiquarisch erhältlich).
Der Fotograf Jürgen Schug hat in 90 brillanten Farbfotos die Schönheit und Idylle Santorínis eingefangen. Außerdem gibt er in seinem Bildband interessante Hintergrundinformationen über die Ikonen-, Aquarell- und Freskenmalerei. Dabei werden auch einige der bedeutendsten Künstler porträtiert. Ebenso wenig fehlt ein Besuch in der ältesten Weinkellerei der Insel. Schug und seine Co-Autorin Sonja Wolf liefern zudem eine Bildbeschreibung der wichtigsten Wandmalereien von Akrotíri und ergreifen in der Diskussion über das versunkene Atlantis (→ S. 22) zugunsten Santorínis Partei.

Medien

In den touristischen Zentren von Firá, Oía, Kamári, Períssa und Akrotíri gibt es in vielen Geschäften die wichtigsten deutschsprachigen Printmedien zu kaufen, allerdings nur während der Saison von Mai bis Oktober.

Maulesel gehören auf Santoríni zum alltäglichen Bild

Jährlich erscheinende Inselmagazine gibt es mehrere, z. B. das *Santorini Magazine*, den *Santorini Island Guide* (www.santorini-islandguide.com) und das *Santorini Guidebook* (www.santoriniguidebook.gr), dazu die *Santoríni Times* (http://santori ni.info/Iwos/german.html), ein monatlich erscheinender Newsletter der „International Women's Organization" von Santoríni, in dem nicht nur frauenspezifische Themen behandelt werden, sondern auch – meist in englischer, seltener in deutscher Sprache – kulturelle Aspekte von allgemeinem Interesse. Die Magazine liegen in Hotels, Tavernen und Reisebüros kostenlos aus.

Die Mitnahme eines Weltempfängers ist sicherlich sinnvoll. *Nachrichten* aus dem Äther gibt es aber auch in den griechischen Programmen. Der staatliche Hörfunk sendet täglich ab 7.30 Uhr Nachrichten mit Wetterberichten in englischer, italienischer, französischer und deutscher Sprache. Am Sonntag beginnen die Nachrichten bereits um 7.15 Uhr. Bei den Meldungen handelt es sich um Übersetzungen der griechischen Nachrichten. Wer auf aktuelle Berichte aus der Heimat hofft, wartet deshalb vergebens. Gesendet wird auf MW: 728 kHz (ERT 1) und 1385 kHz (ERT 2). Informativer, was News aus der Heimat angeht, sind dagegen die Sendungen der *Deutschen Welle*: stündlich Nachrichten, Wetterberichte, Reisenotrufe und samstags Bundesliga live.

Kaum zu glauben, aber Santoríni verfügt über drei eigene Radiostationen. *Radio Santoríni* sendet auf UKW 106,4 MHz, *Radio Kamári* auf UKW 105,6 MHz und *Top Melody* auf UKW 104,9 MHz. Außerdem gibt es auch einen lokalen Fernsehsender: *Santoríni TV*, ✆ 22860-22974.

Öffnungszeiten

Sind mit langer Siestapause den mediterranen Klimaverhältnissen angepasst. Dafür haben die Geschäfte abends lange offen, wenn die Hitze nachgelassen hat. Dann macht das Einkaufen auch viel mehr Spaß als in der mittäglichen Gluthitze. Nur staatliche Einrichtungen haben feste Zeiten, die auch eingehalten werden. Ansonsten gilt als Faustregel: vormittags ab 8 oder 9 Uhr bis ca. 13/14 Uhr, nachmittags etwa 17–21 Uhr oder länger. Vor allem Souvenir- und Lebensmittelläden haben selbst in der Nebensaison abends oft bis 23 oder 24 Uhr geöffnet.

Post *(tachidromíon)*

Postämter gibt es auf Thíra in Firá, Oía, Kamári, Aríssa, Messariá und Akrotíri sowie in Manolás auf Thirassía. Man kann dort Reiseschecks einlösen, Schweizer können auch Geld wechseln. Karten und Briefe werden in drei bis acht Tagen nach Mitteleuropa befördert. Der Vermerk „per Luftpost" ist überflüssig, da die gesamte Post ab Athen generell mit dem Flugzeug befördert wird. Eine Auszeichnung als „sistiméno" (Einschreiben) bewirkt oft schnellere Beförderung (ca. 2 € Aufpreis). Sendungen ab 2 kg Gewicht dürfen erst auf der Post verschlossen werden, nachdem der Beamte den Inhalt kontrolliert hat. In Länder außerhalb der EU ist Paketversand mit SAL (Economy-Paket) am günstigsten.

Briefmarken gibt es außer bei der Post auch in Kiosken und Läden, die Postkarten verkaufen, dort allerdings 10 % teurer. Eine Postkarte/Brief bis 20 g nach Mitteleuropa kostet ca. 0,65 €.

„Poste restante": Jedes Postamt nimmt postlagernde Sendungen entgegen. Diese können mit Ausweis und gegen eine kleine Gebühr abgeholt werden. Ein Brief wird im Normalfall bis zu zwei Monate aufbewahrt. Als Absender in einem solchen Fall immer den Empfängernamen (Nachnamen unterstreichen!), das Zielpostamt und den Vermerk „Poste restante" auf den Umschlag schreiben.

Telegrafische Postanweisung siehe unter "Geld".

Religion

Mit 96 % gehört landesweit der größte Teil der Bevölkerung dem griechisch-orthodoxen Glauben an. Daneben leben in Griechenland etwa 130.000 Moslems, 35.000 Katholiken, 15.000 Protestanten, 6.000 Juden und 6.000 Armenier.

Im Jahre 1054 kam es zum Bruch zwischen der orthodoxen Kirche und dem vom Papst verkörperten Katholizismus, der schon seit dem 9. Jh. als Nachfolger von Petrus den Alleinvertretungsanspruch der Christen für sich beanspruchte. Seitdem gehen die Kirchen getrennte Wege. Liturgie und Architektur der griechisch-orthodoxen Kirche unterscheiden sich deutlich von katholischen und evangelischen Gottesdiensten bzw. -häusern. Die Predigt spielt eine eher untergeordnete Rolle; dominiert wird der Gottesdienst, bei dem Besucher willkommen sind, von Wechselgesängen. Je mystischer die Liturgie klingt, desto sicherer, dass sie „nicht von dieser Welt" ist. Die Kuppel der Kirche stellt das Firmament dar, das Gebäude selbst wird als Teil des Himmels, als dessen Eingang empfunden, Sichtbares und Unsichtbares, Glaube und Architektur verschmelzen zu einer Einheit.

Neben der orthodoxen Mehrheit leben jedoch auf den Kykladen relativ viele Katholiken. Dies geht auf die venezianische Eroberung im 13. Jh. zurück, denn die „Franken" brachten natürlich auch ihren Glauben mit und verbreiteten ihn mittels Mischehen weiter. Die größten katholischen Bevölkerungsanteile besitzen Sýros, Tínos, Náxos und eben auch Santoríni (→ S. 122).

Sport

Die Kykladen sind kein Sportparadies, das gilt auch für Santoríni. Vieles bleibt der Eigeninitiative überlassen.

▶ **Bootssport**: Tretboote und Kanus werden an den touristisch erschlossenen Stränden verliehen.

▶ **Reiten**: Bei Éxo Goniá gibt es einen guten Reitstall, der von einem dänisch-griechischen Paar geführt wird.

▶ **Segeln**: Die Kykladen sind ein fantastisches Segelrevier! Speziell im Frühjahr und im Frühherbst kreuzen viele Jachten – im Hochsommer können dagegen die Meltémi-Winde das Segeln oft für Tage unmöglich machen. Alle nautischen Reiseführer warnen: Wind und Seegang sind unberechenbar und oft sehr gefährlich. Wer die Kykladen kennt, weiß um ihr doppeltes Gesicht. Wenn das Wetter mitspielt, gibt es kaum schönere Inseln, aber wehe, wenn Wind und Meer sich von ihrer unangenehmen Seite zeigen. Für Santoríni gilt zudem wegen der besonderen geologischen Gegebenheiten eine Sondersituation. In der Caldéra existiert praktisch kein Ankergrund und an der Ostküste Thíras (wo ankern möglich wäre) ist der auflandige Wind eine Gefahr. Im Süden herrscht dagegen meist unangenehme Dünung. Die einzige sichere Bucht ist der Hafen Córfos auf Thirassía, obwohl auch hier kein Ankern möglich ist.

● *Informationen* Die Broschüre „Segeln in der griechischen See" gibt es bei der **Griechischen Zentrale für Fremdenverkehr** (→ Abschnitt „Information"). Die GZF vermittelt außerdem Adressen von Veranstaltern, die Segelkreuzfahrten in der Ägäis anbieten. Weitere Infos beim **Deutschen Segler-Verband (DSV)**, Kreuzer-Abteilung/Informationsstelle Mittelmeer, D-22309 Hamburg, Gründgensstr. 18, ✆ 040/632009-0, ✉ 632009-28, www.dsv.org, www.kreuzer-abteilung.org. Meteorologische Törnberatung beim **See-wetteramt Hamburg**, D-20359 Hamburg, Bernhard-Nocht-Str. 76, ✆ 040/31900.

● *Literatur* Rod Heikell, **Griechische Küsten**, Delius Klasing Verlag, 3. Auflage 2009. Die gesamten griechischen Küsten und sämtliche Inseln in einem Band. Natürlich auch mit Navigationstipps, Hafenplänen, ausführlichen Angaben über Ansteuerung, Liegeplätze sowie Versorgung für Thíra, Thirassía und die Kaméni-Eilande. Inselbeschreibungen und touristische Hinweise halten sich in Grenzen und sind teilweise veraltet.

▶ **Tauchen**: Schnorcheln ist überall erlaubt. Für das Tauchen mit Pressluftflaschen und Tauchanzügen ist Santoríni dagegen Sperrzone.

▶ **Windsurfen**: Die gesamten Kykladen gehören zu den windstärksten Zonen im Mittelmeer – vor allem in den Sommermonaten, wenn die Meltémi-Winde aktiv sind. Im Juli, August und Oktober gibt es hier an mehr als zwei Dritteln der Tage Windstärken von über 4 Beaufort. An zahlreichen Stränden rund um die Insel werden Surfbretter verliehen.

▶ **Wandern**: siehe Kapitel „Unterwegs auf Santoríni", S. 71.

Telefon

Telefonieren ist von den vielen öffentlichen Kartentelefonen problemlos in alle Welt möglich. Magnetische Telefonkarten der halbstaatlichen Telefongesellschaft OTE (Organísmos Tilepikinoníon tis Elládos) erhält man für ca. 4 € in vielen Läden und Kiosken, größere Karten gibt es dagegen nur in den OTE-Shops und bei der Post. Deutlich preisgünstiger telefoniert man mit den in Griechenland erhältlichen Prepaid Cards, z. B. mit Ya! der Telefongesellschaft Wind (Kostenpunkt 3 bzw. 5 €, dafür 2 Std. telefonieren möglich) oder mit TALK-TALK (3, 5, 10 oder 15 €, ca. 5 ct/Min., www.talk-talk.gr). Erhältlich sind diese Karten in den meisten Kiosken. Um sie in Betrieb zu nehmen, muss man eine PIN frei rubbeln und eine kostenlose Nummer anwählen.

> **Tipp**: Unter www.t-com.de/deutschlanddirekt finden sich Informationen über die Möglichkeit, dass der Angerufene die Gesprächskosten übernimmt (R-Gespräch).

▶ **Mobiltelefon**: Griechenland ist mittlerweile fast flächendeckend mit den "Netzen" verschiedener Mobilgesellschaften ausgestattet. Sobald sich das Handy in eines der Netze eingebucht hat, kann man fast überall problemlos telefonieren und Anrufe entgegennehmen. Funklöcher kommen meist nur noch in ganz abgelegenen Regionen vor, auch auf den Fähren hat man meist Verbindung. Seit 2007 wurden die so genannten Roaming-Gebühren auf Betreiben der EU deutlich reduziert (abgehende Gespräche max. ca. 0,58 €/Min., eingehende 0,28 €). So sind die Preisunterschiede der verschiedenen Netzbetreiber im Reiseland nicht mehr so gravierend und man kann sich einfach in das am besten empfangbare Netz einbuchen oder die automatische Netzwahl beibehalten. Achtung: Wenn Sie aus Deutschland in Griechenland angerufen werden, zahlen Sie immer die Weiterleitungsgebühren – und selbst wenn der Anrufer ebenfalls in Griechenland ist, wird das Gespräch über Deutschland umgeleitet. Auch für Anrufe auf Ihre Mailbox zahlen Sie doppelt: den Anruf aus Deutschland und die Umleitung auf die Mailbox in Deutschland (Tipp: absolute Rufumleitung Ihres Handys deaktivieren). Für Auslandsreisende ist es außerdem sinnvoll, den Empfang von MMS auf das Heimatnetz zu beschränken.

Für den, der viel telefoniert oder längere Zeit in Griechenland bleibt, lohnt sich der Kauf einer lokalen Prepaid-Karte (ca. 20 €). Wenn Sie Ihren Gesprächspartnern die neue Rufnummer mitteilen oder auf der Mailbox Ihrer deutschen Vertrags- oder Prepaid-Karte hinterlassen, umgeht man damit die mit den deutschen Karten verbundenen Kosten für eingehende Anrufe.

> **Tipp**: Ausführliche aktuelle Hinweise und Hintergrundinformationen über mobiles Telefonieren im Ausland finden Sie unter www.teltarif.de/reise.

• *Von Griechenland ins Ausland* Beim Wählen zuerst die Auslandsvorwahl (Deutschland **0049**, Österreich **0043**, Schweiz **0041**), dann die Ortsvorwahl ohne die Null und schließlich die Nummer des gewünschten Teilnehmers wählen.

• *Vom Ausland nach Griechenland* Vorwahl Griechenland von Deutschland ist **0030**, danach die Ortsvorwahl mit der **2**. Beispiel: Anruf BRD nach Santoríni 0030 + 22860 + Nummer des Teilnehmers.

• *Innerhalb Griechenlands* Jede größere Insel bzw. Präfektur oder Stadt hat ihre eigene Vorwahl, kleinere Inseln sind oft unter einer Nummer zusammengefasst. In jedem Fall muss die mit **2 beginnende Vorwahl** mit gewählt werden, auch bei einem Ortsgespräch. Beispiel Ortsgespräch in Firá auf Santoríni: 22860 + Nummer des Teilnehmers.

> **Wichtig**: Autofahrern ist das Telefonieren während der Fahrt untersagt. Die Bußgelder in Griechenland wurden kürzlich drastisch angehoben.

Toiletten

Für alle Toiletten in Griechenland gilt: Papier darf nicht mit hinuntergespült werden, dafür steht immer ein Eimer in der Ecke (ansonsten wären dauernd die engen Abflussrohre verstopft). Als öffentliche Toiletten bzw. in Tavernen, Cafés usw. sind

Wissenswertes von A bis Z

zum Teil noch die traditionellen Stehklos in Gebrauch. Leider spottet ihr Zustand oft jeglicher Beschreibung: Nicht selten sind sie verstopft, verdreckt oder einfach nur verschlossen. Auch die Spülung funktioniert nicht immer (oder zu heftig), Papier muss oft selber mitgebracht werden. Beschilderung: Herren = *ándron*, Damen = *ginaíkon*.

Uhrzeit

In ganz Griechenland gilt die osteuropäische Zeit (OEZ). Sie ist der mitteleuropäischen Zeit um eine Stunde voraus. Von April bis Oktober ist wie bei uns zusätzlich die Sommerzeit gültig.

Umweltprobleme

Wie auch in Mitteleuropa spielt das schwierige Problem der *Müllbeseitigung* eine beherrschende Rolle. In Griechenland und speziell auf den Kykladen gibt es allerdings noch keinen Müllexport in Dritte-Welt-Länder. Stattdessen wirft man den täglichen Müll auf Inseldeponien, wo er entweder verbrannt (Dioxinentwicklung) oder durch die winterlichen Regenfälle in die nächste Schlucht und weiter ins Meer geschwemmt wird. Von dort geht es dann mit Hilfe der heftigen Meltémi-Winde schnurstracks an die Nordstrände der weiter südlich liegenden Inseln (im Fall von Santoríni ist das Kreta), wo er vielleicht wieder eingesammelt und auf die Deponie gebracht wird ... An eine konsequente *Müllvermeidung* hat man bisher kaum gedacht. Während PET-Flaschen (Wasser, Cola, Limonade, Milch) rückstandsfrei verbrannt werden können, sind Aludosen und Glas-Einwegflaschen ein Problem. Außerdem wird im Supermarkt auch der kleinste Artikel in eine Kunststofftüte eingepackt. Persönlicher Beitrag: Bringen Sie eine Tragetasche mit.

Die zunehmende *Bebauung* Santorínis ist ein weiteres Problem. Landspekulation und Zersiedlung zerstören zusehends die Reize der einzigartigen Insel und schädigen die Landwirtschaft, speziell den Weinbau. Zu einer ungewöhnlichen Kampagne ruft deshalb die Weinwirtschaft Santorínis auf: "Mit dem Genuss von Santoríni-Weinen schützt man den 3500 Jahre alten Weinbau und verhindert die Bebauung der Naturflächen." Eng verbunden mit der heftigen Bautätigkeit ist natürlich der ständig steigende *Auto- und Zweiradverkehr*. Welche Konsequenzen das auf das empfindliche ökologische Gleichgewicht der Insel haben wird, ist noch nicht abzusehen.

Ein wirkliches Desaster für Santoríni kann schließlich immer noch der Untergang des Kreuzfahrtschiffs Sea Diamond im April 2007 mit sich bringen. Das Schiff liegt seit gut zwei Jahren tief in der Caldéra. Siehe dazu S. 203.

Wasser

Wie fast alle Kykladeninseln (nur Ándros und Náxos machen da Ausnahmen) bestehen auch auf Santoríni erhebliche Probleme mit der Süßwasserversorgung. Durch das lockere vulkanische Gestein versickert Regenwasser recht schnell. Natürliche Auffangteiche und Seen gibt es genauso wenig wie Flüsse. Wasser ist daher, vor allem wenn es im Winter kaum geregnet hat, eine kostbare Ware. Praktisch jedes Haus hat seine eigene Zisterne. Das winterliche Regenwasser wird gesammelt, um möglichst weit über den trockenen Sommer zu kommen. Das fehlende Wasser

Taverne am Strand von Akrotíri

wird per Tanklastwagen auf die Siedlungen der Insel verteilt. Es stammt weitgehend aus dem Badeort Kamári an der Ostküste, der auf dem vorvulkanischen Kalksteinrücken liegt und deswegen über Grundwasser verfügt. Trotzdem wird im Sommer oft das Wasser knapp – Grund dafür ist vor allem der heftige Verbrauch durch den Tourismus, denn kein neu gebautes Hotel kommt mehr ohne Pool aus. Dann kommt das Wasserschiff aus Piräus. Allerdings liegt die Organisation dieser Lieferungen ziemlich im Argen und auch die anderen Inseln wollen versorgt werden. Überdies ist das Wasser vom Tankschiff sehr teuer und nicht von besonders guter Qualität. Meerwasser-Entsalzungsanlagen sind zwar mittlerweile ernsthaft angedacht, aber noch nicht gebaut – so ist sparsamer Wasserverbrauch nach wie vor erste Tugend, auch für Touristen.

Zoll

Innerhalb der EU dürfen Waren zum eigenen Verbrauch unbegrenzt ein- und ausgeführt werden. Es wurde allerdings ein Katalog über Richtmengen erstellt. Überschreitet man diese, muss man im Fall einer Stichprobenkontrolle glaubhaft machen, dass diese Mengen nicht gewerblich genutzt werden, sondern nur für den persönlichen Gebrauch bestimmt sind. Die Ausfuhr von *Antiquitäten* ist streng verboten, ausgenommen sind staatlich autorisierte Kopien, die in verschiedenen Shops und Museen erworben werden können (mit „Falschheits-Zertifikat").

> **Richtmengenkatalog** (Warenmenge pro Person ab 17 Jahre):
> 800 Zigaretten, 400 Zigarillos, 200 Zigarren, 1 kg Rauchtabak, 10 l Spirituosen, 20 l Zwischenerzeugnisse, 90 l Wein (davon höchstens 60 l Schaumwein) und 110 l Bier.

Für **Schweizer** gelten niedrigere Quoten: 200 Zigaretten oder 100 Zigarillos oder 50 Zigarren oder 250 g Tabak; 1 l Spirituosen oder 1 l Zwischenerzeugnisse oder 2 l Wein oder 2 l Bier sowie Geschenke bis 200 sFr.

Reiseziele

Ankunft in Firá

Firá (Thíra)

Weißes Häusermeer an der Abbruchkante des Kraters, autofreies Labyrinth von Shops, Restaurants, Cafés und sündhaft teuren Hotels, immer wieder überwältigende Panoramablicke. Im oberen Bereich noch verhältnismäßig überschaubar, am schwarzen Kraterhang ein wahrer Irrgarten von Terrassen, Wänden, Treppen und Kirchenkuppeln. Der Kraterrandweg idyllisch, in der tiefer gelegenen Osthälfte der Stadt dagegen chaotischer Straßenverkehr.

Firá wurde ursprünglich 1806 von ehemaligen Bewohnern des Skáros-Felsens bei Imerovígli weiter nördlich gegründet. Nach dem schweren Erdbeben von 1956 baute man die Stadt mit Behutsamkeit und touristischem Weitblick wieder auf. Kein überdimensionaler Neubau stört die Harmonie der Zuckergusskomposition, der prächtige Arkadenbau der *Kathedrale Ypapantí* thront auf der Spitze wie der Palast eines orientalischen Märchenprinzen, das Großhotel Atlantis wurde von einem Stararchitekten daneben gesetzt. Von hier aus ist der Blick auf den Kraterrand und die Skyline der Stadt Firá, aus der die katholische Kirche mit ihrem markanten Glockenturm herausragt, besonders schön. Mehrere tiefblaue Kirchenkuppeln und Glockentürme in verschiedenen Baustilen dominieren Firás Profil. Wie in Oía wurden viele Höhlenhäuser in den Bims gegraben und dann außen wie innen hell oder bunt bemalt. So entstand der Santoríni-typische Kontrast Weiß und Pastell auf Schwarz, angereichert mit dem frischen Blau der Ägäis. Auch die Balkone der Häuser zeigen sich hübsch begrünt und reich verziert.

Im Gegensatz zum Trubel um den Hauptplatz, die *Platía Theotokopoúlou*, herrscht in den säuberlich gepflasterten Gassen am Kraterrand gepflegte Basaratmosphäre, motorisierter Verkehr ist dort nicht möglich. Das Angebot ist auf Kreuzfahrttouristen zugeschnitten: hell erleuchtete Schmuckboutiquen Athener Nobeljuweliere, schwere Pelze, nach Schafswolle duftende Teppichläden, Keramik, Kulinarisches – das meiste allerdings keine Ursprungsware von Santoríni und gewiss nicht billiger als im übrigen Griechenland. Die Einkaufsmeile setzt sich an der Platía Theotoko-poúlou und an der Durchgangsstraße mit zahllosen Cafés, Agenturen, Banken und Supermärkten fort. Großes Highlight ist dort seit Frühjahr 2000 der Neubau des *Prähistorischen Museums* mit einigen der weltberühmten Wandmalereien aus der verschütteten Stadt Akrotíri.

Wer vom städtischen Rummel genug hat, kann Firá in wenigen Minuten auf dem Kraterrandweg Richtung Norden verlassen und in die höher gelegenen Dörfer *Firostefáni* und *Imerovígli* schlendern. Unterwegs genießt man die herrlichsten Panoramablicke auf Firá, den Kraterhang und die tief unten liegende Caldéra – vor allem zur Zeit des Sonnenuntergangs der bevorzugte Treff aller Fotoprofis und -amateure. Zum Hafen von Firá, dem so genannten *Old Port*, führt ein um 1840 ange-legter Treppenweg in vielen Serpentinen hinunter. Obwohl *Skála* eigentlich „Treppe" heißt, ist der Begriff heute zur offiziellen Bezeichnung des Alten Hafens geworden.

Unterm Strich: Firá ist ein interessanter Standort und auch optimaler Ausgangs-punkt für die Inselerkundung, häufig verkehrende Busse fahren in alle Richtungen.

> ### Verwirrende Namensgebung: Firá oder Thíra?
> Offiziell heißt die Inselhauptstadt wie die Insel, nämlich Thíra (Betonung auf dem i). Genannt wird sie allerdings von den Inselbewohnern meistens Firá (Betonung auf dem a). Diese Bezeichnung geht noch auf türkische Zei-ten zurück. Die Osmanen hatten nämlich Probleme, das griechische „th" (gesprochen wie das stimmlose englische th, z. B. „that") auszusprechen, und verwendeten deshalb das F, änderten außerdem zusätzlich die Beto-nung. In diesem Reisebuch verwenden wir Thíra (neben Santoríni) als Be-zeichnung für die gesamte Insel, Firá als Namen der Inselhauptstadt.

*I*nformation

Ein *Informationskiosk* der Inselverwaltung steht etwas unterhalb des Hauptplatzes (Platía Theotokopoúlou). Hier gibt es Infos zu Sehenswürdigkeiten, Veranstaltun-gen, Öffnungszeiten der Museen, Bus-, Fähr- und Flugverbindungen, jedoch keine Zimmervermittlung. Öffnungszeiten im Sommer tägl. 9–24 Uhr, ✆ 22860-27199.

Auskünfte kann man auch bei den diversen *Reiseagenturen* rund um den Haupt-platz einholen. Dort werden Unterkünfte vermittelt, außerdem kann man Geld wechseln, organisierte Ausflüge buchen, Schiffstickets kaufen, sein Gepäck auf-bewahren lassen etc.

> #### George, offizieller Fremdenführer
> George Strónis wohnt auf Santoríni und in Athen. In Athen hat er ein Atelier, ei-ne permanente Ausstellung seiner Bilder ist in der "Koúkla-Art Gallery" im Fabri-ca Shopping Center zu sehen. George hat Musik studiert, er komponiert und spielt Saxophon. Außerdem ist er Deutschlehrer und spricht fließend Deutsch. Seine Führungen haben einen hohen Informations– und Unterhaltungswert, in seiner witzigen und spritzigen Art bringt er alles Wissenswerte interessant herü-ber, auch bei 43 Grad Hitze. ✆ 6944-531835.

Firá (Thíra) Karte Umschlagklappe vorne

Verbindungen

• *Bus* Der ca. 150 m südlich vom großen Hauptplatz liegende **Busbahnhof** (→ Stadtplan) ist das Zentrum des santorinischen Bussystems. Von hier aus hat man Verbindungen zu allen Orten der Insel, die an das Busnetz angeschlossen sind, außerdem zum Flughafen und zum Athiniós-Port. Aktuelle Abfahrtszeiten sind an der Station angeschlagen. Leider sind vor allem die Busse von und zu den Fähren oft völlig überfüllt. Tipp: Immer frühzeitig da sein, damit man noch einen Sitzplatz ergattert. Linienübersicht im Kapitel „Unterwegs auf Santoríni", S. 67. ✆ 22860-25404, www.ktel-santorini.gr.

• *Taxi* Standplatz zwischen Busstation und Hauptplatz, ✆ 22860-22555. Fahrpreise jeweils in den Kapiteln der Fahrziele.

• *Zu Fuß zum Alten Hafen* Eine vielfach gewundene Treppe mit 587 Stufen führt hinunter. Zu Fuß etwa 20 Min. (durch Maultierkot verdreckt), per Muli etwa 4 € (→ „Skála/Old Port", S. 123).

• *Per Seilbahn zum Alten Hafen* Alternative zum Fußweg. Kostet dasselbe wie ein Maultierritt und fährt mindestens alle 20 Min., im Hochsommer alle 4–5 Min. von 6.30–24 Uhr. Die Fahrt über etwa 230 Höhenmeter dauert nur wenig mehr als 2 Min. (→ "Skála/Old Port", S. 123).

Adressen (s. Karte Umschlagklappe vorne)

• *Ärzte/Krankenhaus/Apotheken* **Krankenhaus**, an der Straße von Firá nach Messariá, ✆ 22860-23123, 23333 (ein neues Hospital wird derzeit gebaut). **Zahnarzt**, ✆ 22860-22973. **Apotheken**, ✆ 22860-22375, 22860-22700.

• *Ausflüge* Zahlreiche Reiseagenturen bieten Dutzende von Möglichkeiten: Inselrundfahrt (mit Bus), nach Oía, ins minoische Akrotíri, zum Weinfestival in Éxo Goniá, nach Alt-Thíra (Eselreiten), Kamári, Oeríssa, Pýrgos und zur Panagía Episcopí. Diese Touren kann man allerdings problemlos und preisgünstiger auf eigene Faust unternehmen. Reizvoll sind die zahlreichen **Schiffsausflüge**: zu den heißen Quellen auf Néa Kaméni, nach Thirassía, Caldéra-Rundfahrt, zu den Vulkanklippen bei Akrotíri. Viele Variationen und Kombinationen werden angeboten. Besonders schön sind Touren an Bord des Segeldreimasters „Afroditi" (www.santorini-sea-excursions.com) oder mit der getreuen Nachbildung der „Bella Aurora", einem 18 m langen Schoner aus dem späten 18. Jh. (www.santorini-cruises.com). Im Hochsommer fährt das Glasboden-Schiff „Calypso" (16 qm Glasfläche) täglich durch die Caldéra. Buchung in allen Reisebüros. **Spiridákos Yachts Santorini**, die 12 m lange Luxusjacht „Oceanis" für bis zu 10 Pers. kann für 600–700 €/Tag inklusive Kapitän und Bedienung gechartert werden. Im Preis inbegriffen sind freie Drinks. ✆ 22860-23755, www.santorini-yachts.com. **Thirak Tours**, geleitet von Jörg Neuschäfer aus Deutschland. Er veranstaltet privat geführte Touren auf der Insel für bis zu 6 Pers. mit klimatisiertem Minibus, aber auch Hotel- und Privatzimmer, Segeltörns, Bootsausflüge, Reiten, Kutschfahrten, Windsurfing und Tauchen können gebucht werden. ✆/✉ 22860-23927 oder 6942-52453, www.santorini-guide.info.

• *Bäcker* **(29)** in einem versteckten Durchgang unmittelbar nördlich unterhalb der Platía Theotokpoúlou.

• *Fahrzeugverleih* etliche Anbieter um den Hauptplatz und entlang der Durchgangsstraße Richtung Oía oder Kamári. **Tony's (7)**, Rent a Car und Moto in Firostefáni, der höfliche Antónis Dakorónias vermietet neben Autos auch Zweiräder von 50–250 ccm. Er versprach, jedem, der mit diesem Buch kommt, 10 % Rabatt zu gewähren. ✆ 22860-22863, ✆/✉22860-24529, tonys@san.forthnet.gr, www.santorini.gr/rentals/tony. **Ancient Thira Tours**, Auto- und Zweiradvermietung an der Straße nach Imerovígli. Der freundliche Antónis Tsavradídis hat auch einige gut gewartete und gepflegte Mountainbikes im Angebot und gibt Tipps zu Inselerkundungen. ✆/✉ 22860-23915, http://santorini.info/ancient-thira/index.html.

• *Foto und Film* Fotoläden mit Schnellentwicklung in 30 Min. liegen an der Kraterrandgasse, an der Hauptgasse und an der Platía.

• *Geld* Mehrere Banken um den Hauptplatz, überall Geldautomaten.

• *Gepäckaufbewahrung* in verschiedenen Reisebüros.

• *Hafenamt* an der Straße nördlich der Platía Theotokopoúlou. ℡ 22860-22239.

• *Internationale Presse* an der Unterseite der **Platía Theotokopoúlou**, im **Fabrica Shopping Center** neben der Kathedrale und im **Katholischen Kirchenbezirk**, wenige Schritte nach dem Museum Mégaron Ghízi.

• *Internet* **Lava**, schickes Café an der linken Seite der Straße von der Platia Theotokopoúlou in Richtung Oía. 12 Computer mit Internet-Zugang, Scanner, Drucker und CD-Spielen. Angeboten werden Frühstück, Kaffee, kalte Drinks, Salate und Snacks. Geöffnet tägl. von 9 Uhr morgens bis 24 Uhr. ℡ 22860-25291.

• *Olympic Airlines* an der Ausfallstraße Richtung Kartérados, etwas außerhalb vom Zentrum, ℡ 22860-31525, ℡ 28363.

• *Post* südlich vom Hauptplatz, beim Neubau des Archäologischen Museums.

• *Polizei/Touristenpolizei* Die Polizeistation befindet sich in Karterádos an der Hauptstraße Richtung Ortsmitte. ℡ 22860-22649.

• *Rechtsanwalt* **Pános Simítos** ist deutschsprachig und hat seine Kanzlei in Firá. ℡ 22860-24292 o. ℡ 6977-311209, ℡ 22860-23090, psimitos@otenet.gr.

• *Reisebüros* kaum noch zu zählen. Die meisten liegen an der Hauptgasse, in der Nähe der Platía oder an den Einfallstraßen. Freundlicher Service bei **Pelikan Travel** an der Platia (℡ 22860-22220, ℡ 22860-22570, www.pelican.gr), das Gleiche gilt für **Dakoutros Travel** unterhalb der Platia (℡ 22860-22958, ℡ 22860-22686, www.dakoutrostravel.gr).

• *Supermarkt* zahllose kleinere Läden an der Durchgangsstraße und im unteren Be-

Firá – faszinierendes Gassengewirr am Rande des Kraters

reich der Hauptgasse. Riesiger Supermarkt direkt am Ortseingang an der Straße Richtung Athiniós-Hafen.

• *Wäscherei* **Penguine**, Self-Service an der Straße nach Oía linker Hand, 200 m oberhalb vom Hauptplatz. 9–21.30 Uhr.

AD Laundry, neben Hotel Lignos an der Hauptstraße nach Oía. 9–14, 17–20 Uhr, So geschl.

Übernachten

Unzählige Möglichkeiten, trotzdem in der Hochsaison oft völlig ausgebucht. Generell teuer, vor allem am Kraterrand. Mittlerweile viele Hotels mit gutem bis sehr gutem Standard, etliches in der Mittelklasse und zahllose Privatzimmer. Letztere vor allem unterhalb des Hauptplatzes und an der Straße zum Campingplatz im Ortsteil *Kontochóri*. Meist wird man bereits an der Bushaltestelle bzw. schon im Hafen Athiniós oder am Airport von Vermietern angesprochen. Auf eigene Faust loszulaufen hat in der Hochsaison wenig Sinn, da man die wenigen freien Zimmer kaum aufspüren wird.

Eigentlicher Tipp für die Übernachtung in bzw. bei Firá ist der ebenfalls am Kraterrand liegende Vorort *Firostefáni*, etwa 10 Fußminuten nördlich vom Busbahnhof in Firá. Dort herrscht deutlich weniger Rummel und es bietet sich mindestens ein genauso schöner Blick über die Caldéra.

Am Kraterrand (s. Karte Umschlagklappe vorne)

In der Regel umwerfender Blick und Sonnenuntergang auf dem eigenen Balkon. In der Hauptsaison jedoch fast nicht mehr zu bezahlen. Meist luxuriös mit allem erdenklichen Schnickschnack ausgestattet.

**** Hotel Atlantis (52), traditionsreichstes Hotel der Insel, großer Kasten neben der Mitrópolis, unübersehbar am Kraterrand. Anfang der Fünfziger vom griechischen Architekten Ioánnis Venetsános errichtet. Mit seinen zahlreichen Rundbögen erinnert es an die typischen Tonnengewölbe Santorínis. Im blendend weißen Inneren fühlt man sich zeitweise in ein nobles Sanatorium versetzt. Die gesamte Einrichtung samt Aufenthalts- und Frühstücksraum wurde von den bekannten amerikanischen Architekten Robsjohn-Gibbings und Pullin entworfen. Von der Frühstücksterrasse besonders toller Blick. Es gibt 28 komfortable Zimmer mit TV, Mini-Bar und Klimaanlage, die mit Kirschbaummöbeln nobel eingerichtet sind. Frühstück wird auf Wunsch rund um die Uhr serviert, besonders lecker sind die hausgemachten Kuchen. Swimmingpool, Jacuzzi. DZ mit Frühstück zur Rückseite ca. 110–195 €, mit Meerblick 140–240 €. ℡ 22860-22232, 22860-22111, 🖷 22860-22821, www.atlantishotel.gr.

**** Hotel Kavalári (44), in der Nähe der Mitrópolis am Kraterrandweg. Ehemals ein traditionelles Kapitänshaus, nun ein Hotel der ersten Klasse. Vermietet werden Apartments und Zimmer mit Klimaanlage, Sat-TV und Kühlschrank, die Apartments mit vollständiger Küche. Geschmackvoll eingerichtet und mit Komfort ausgestattet. Jedes Zimmer hat seinen eigenen Stil und ist individuell eingerichtet, teilweise auch im Höhlenstil. Frühstück auf der großen Terrasse. DZ ca. 120–180 €, Studio (2–4 Pers.) ca. 190–260 €. ℡ 22860-22455, 🖷 22860-22603, www.kavalari.com.

**** Hotel Thiréas (51), etwas südlich unterhalb der Kraterrandgasse. Évi Damígou vermietet vier luxuriöse DZ und zwei Suiten (eine für 4 Pers.), geschmackvoll eingerichtet und in hellen Farben. Alle mit Klimaanlage, Sat-TV, Kühlschrank, Telefon, Radio und Safe. Die Räume sind nach griechischen Göttern benannt. Oben Terrasse mit Kraterblick. Je nach Saison 130–165 €. ℡ 22860-25292, 🖷 22860-27084, www.hotelthireas.gr.

**** Hotel Iriána (48), in der Nähe der orthodoxen Mitrópolis am Kraterrandweg. Evangelía Chatzistámou vermietet exquisite Apartments der obersten Qualitätsstufe.

Auf dem Kraterrandweg Odós Nomikoú

Sehr große Zimmer mit Topausstattung, alles vom Allerfeinsten. Man fühlt sich wie in einer Mischung aus ehemaligem Herrenhaus und Museum. Dagegen ist die Kücheneinrichtung eher einfach und funktional. DZ ca. 90–130 €, Apartment ca. 130–190 €, jeweils mit Frühstück. ✆ 22860-22006, ☏ 22860-25605, www.santonet.gr/hotels/iriana-apartments.

*** **Hotel Pórto Firá (54)**, am Hang unterhalb der Kraterrandgasse. An mehreren Terrassen übereinander sind elegante Räumlichkeiten in den Berghang gebaut. Einrichtung jeweils individuell, die natürlichen Felswände sind in die Raumgestaltung mit einbezogen. Jedes Zimmer mit Klimaanlage, Kühlschrank und Terrasse. Auch Pool und Restaurant sind vorhanden. Suite mit Frühstück ca. 115–300 €. ✆ 22860-22849, ☏ 22860-23098, www.portofira.gr.

** **Hotel Athína (56)**, schöne Terrassenanlage mit Kraterblick und Pool unterhalb der Mitropolis. Neun komfortable Studios mit Küche, Klimaanlage, Telefon und Föhn. Preis mit Frühstück ca. 150–200 €. ✆ 22860-24910, ☏ 22860-24913, www.athina-studios.gr.

** **Hotel Theoxenía (42)**, älteres, aber durchgängig renoviertes Hotel direkt an der Kraterrandgasse, schön geflieste Zimmer mit Schallschutzfenstern (abends wird es laut im Zentrum) und eisernen Bettgestellen, Zugang zur Terrasse mit Caldérablick, wo jedes Zimmer einen abgetrennten Bereich hat. DZ mit Frühstück im Zimmer ca. 70–170 €. ✆ 22860-22740, ☏ 22860-22950, www.theoxenia.net.

* **Hotel Kéti (57)**, eine der wenigen relativ preiswerten Möglichkeiten an der Caldéra. Kleiner Familienbetrieb, ebenfalls unten am Kraterhang (vom Hotel Pórto Firá links halten), sieben Zimmer, davor schmale Terras-

se, jeweils Kühlschrank und TV. DZ ca. 65–90 €, Superior (mit Jacuzzi) ca. 80–120 €. ✆ 22860-22324, ☏ 22380, www.hotelketi.gr.

**** **Antithesis Apartments (46)**, unterhalb des Restaurants Archipélagos und unter gleichem Management. Vermietet werden Apartments mit vollständiger Küche, Klimaanlage, Föhn und Meerblick-Balkonen. Für Hausgäste gibt es 10 % Rabatt im Restaurant. Je nach Saison ca. 80–160 €. ✆ 22860-25190, ☏ 22860-25189, www.antithesis-santorini.com.

**** **Scirocco Apartments (43)**, direkt am Kraterrand unterhalb der Mitrópolis. Anja aus Bielefeld und ihr griechischer Mann Elefthérios vermieten 16 Apartments, Studios, Grotten und VIP-Grotten. Alle mit Bad, Klimaanlage, Kühlschrank und Terrasse mit Caldérablick, die Studios und Höhlen auch mit Küche. Pool und Frühstücksterrasse in der Anlage. Frühstück nach deutschem Standard. Anja gibt immer gute Tipps für Ausflüge und Tavernen. Ab einer Woche Aufenthalt sind Frühstück und Flughafentransfer inklusive. Da die Anlage über vier Ebenen geht und es eine Menge Stufen zu überwinden gibt, sind die Apartments für Familien mit kleineren Kindern nicht unbedingt geeignet. Studio ca. 75–125 €, Apartment ca. 100–145 €, Grotte ca. 115–160 €. ✆ 22860-22855, ☏ 22860-23774, www.scirocco.gr.

**** **Studios Caldéra (47)**, unauffälliger Eingang neben dem Hotel Athína. Schöne und in Anbetracht ihrer Lage mit Blick auf die Caldéra relativ günstige Pension. Frühstück auf der Terrasse, täglich frische Handtücher. Bewirtschaftet von einer freundlichen griechischen Familie. DZ ca. 60–100 €, Studio ca. 60–150 €. ✆/☏ 22860-25166, www.calderastudios.com.

Firá (Thíra)
Karte Umschlagklappe vorne

An der Hauptstraße und im Stadtzentrum (s. Karte Umschlagklappe vorne)

Kein Caldéra-Blick, auch nicht immer leise gelegen, dafür merklich günstiger im Preis. Faustregel – je weiter weg vom Krater, desto preiswerter. An den Ausfallstraßen meistens ruhigere Zimmer nach hinten raus.

**** **Hotel Daédalus (61)**, 300 m vom Busstopp an der Straße Richtung Süden. 46 relativ neu ausgestattete Zimmer mit Bad, Kühlschrank, Klimaanlage, Föhn, Safe und Sat-TV, fast alle auch mit Balkon. Täglicher Service. Im Innenhof hübscher Swimmingpool mit Bar, Sauna für den Winter im Keller. Gutes Frühstücksbuffet mitteleuropäischen Standards. Freundliche Rezeption,

geöffnet 15. März bis 1. Nov. DZ 90–190 €. ✆ 22860-22834, ☏ 22860-22818, www.daedalushotel.gr.

*** **Hotel Delfíni I (40)**, zentrale Lage an der Hauptstraße von Firá, die Zimmer zum Garten nach hinten sind jedoch ruhig. Alle Zimmer mit Klimaanlage, Kühlschrank, TV und Balkon/Terrasse. Vermietet werden DZ für ca. 35–70 € sowie fünf Studios für 2–4 Pers.

(je nach Saison und Anzahl der Personen ca. 50–90 €). ☎ 22860-22780, 🖷 22860-24340, www.delfini-santorini.gr.

*** Hotel Tatáki (34), originelles Hotel der einfacheren Sorte, wenige Meter oberhalb vom Hauptplatz mitten im „Basar". Elf Zimmer um einen Innenhof, in der Mitte ist ein Baumstamm einzementiert. 2004 renoviert, geräumig und sauber, teilweise nur Blick auf den Hof. Immer mit Klimaanlage, TV und Kühlschrank. Bei Rucksacktouristen beliebt, es herrscht ein reges Kommen und Gehen, daher nicht gerade ruhig. DZ je nach Saison ca. 35–70 €. ☎ 22860-22389, 🖷 22860-23311, hoteltataki@yahoo.gr.

Pension Villa Pópi (14), östlich der Durchgangsstraße, schräg gegenüber der Tavérna Kápari wenige Meter den Hang hinab. Michaíl Alefragkís vermietet 25 Zimmer, die nach griechischen Inseln benannt sind. Alle Zimmer mit Klimaanlage, Kühlschrank, Balkon und Heizung. Bäder schlicht und funktional. TV-Raum neben der Rezeption, im Innenhof kleiner Pool. Je nach Saison ca. 35–70 €. ☎ 22860-23786, 🖷 22860-24745, www.villapopi.gr.

Hotel Léta (17), östlich der Durchgangsstraße schräg gegenüber der Taverne Kápari etwa 50 m die Stufen hinunter, 17 einfache, aber blitzsaubere Zimmer mit Fliesenboden, Kühlschrank, TV und kleinen Balkonen mit Blick auf die Ostküste, alles in Blau und Weiß gehalten, im Innenhof Minipool, freundliche Besitzerin. DZ 35–70 €. ☎ 22860-22540, 🖷 22860-23903, www.leta-santorini.gr.

Loízos Apartments (60), zwei Fußminuten südlich der Busstation, ruhige Lage, 15 geräumige Studios und Apartments mit Balkon oder Terrasse für 2–6 Pers. Von den Ostzimmern schöner Blick auf Stadt und Ostküste. Im schmalen Hof ein kleiner Pool. Studio für 2 Pers. ca. 50–90 €, Frühstück ca. 7 € pro Pers. ☎ 22860-24046, 🖷 2286025188, www.loizos.gr.

* Hotel Lignós (33), einfaches Hotel unterhalb vom Hauptplatz an der Ecke zur Hauptstraße nach Oía. Ordentlich möblierte Zimmer mit Klimaanlage, TV und Kühlschrank. Ein Pool in einem nahe gelegenen Zweithaus kann benutzt werden. DZ ca. 35–70 €. ☎ 22860-23101, 🖷 22860-25451, www.santonet.gr/hotels/lignos.

Ortsteil Firostefáni/Kraterrandgasse

Die meisten Hotels und Pensionen liegen aneinandergereiht am Kraterrandweg, der von der Seilbahnstation immer dicht an der Caldéra entlangführt. Alternativ gelangt man auch per Taxi bzw. Bus in den Vorort Firostefáni. Rechts und links der großen Aussichtsterrasse an der Kirche Ágios Gerásimos befinden sich fast alle der folgenden Adressen.

**** Hotel Agáli Houses, direkt am Kraterrand. Herrlicher Blick, großer Süßwasserpool mit Liegeterrasse, geräumige Studios und Apartments, jeweils großer Balkon. Luxuriöse Einrichtung. 2-Pers.-Studio mit Frühstück ca. 140–180 €. ☎ 22860-22811, 🖷 22860 22131, www.agalihouses.gr.

**** Hotel Cliff Side Suites (vormalig Grotto Villas)**,** mehrere komfortable Höhlenwohnungen und Häuser am Kraterrand, 23 DZ und Suiten im schicken, minimalistischen Stil. Alle mit Terrasse, Klimaanlage, Kühlschrank, Radio, Sat-TV und Föhn. Tägliche Reinigung. Studio 170–264 €, Suite 214–307 €. ☎ 22860-22141, 🖷 22860-22187, www.grottovillas.com.

** Hotel Galíni (3), am Kraterrand. Schönes Haus, ganz in Hellblau, Weiß und dezentem Grau gehalten, schon vor mehr als 25 Jahren eröffnet, aber immer gut renoviert. Die freundliche Besitzerfamilie Roussos vermietet acht meist kleine Zimmer mit Klimaanlage, Kühlschrank und TV, gemeinschaftliche Terrasse, z. T. auch private Balkone mit fantastischem Blick. DZ ca. 80–120 €. Frühstück wird auf der Terrasse des hauseigenen Cafés angeboten. ☎ 22860-22095, 🖷 22860-23097, www.hotelgalini.gr.

** Hotel Eftérpi Villas, 2004 renovierte Anlage mit kleinem Swimmingpool am Kraterrand. 16 Studios und Apartments mit jeweils hübscher Terrasse/Balkon, Küche, Klimaanlage und TV. Studio ca. 135–190 €. ☎ 22860-22541, 🖷 22860-22542, www.efterpi.gr.

** Apartments Mános Small World, großzügige Apartmentanlage mit Terrasse und super Blick. Sehr sauber, tolle Schlafzimmer (erhöht) mit Strahlern. Vollholzmöbel und sehr geräumig, tägl. Zimmerservice. Mit Jacuzzi. Preis ca. 140–170 €. ☎ 22860-23202, 🖷 22860-24666, www.manos-apartments.gr.

Vallás Apartments, vier Hausgruppen nah am Kraterrand mit nett eingerichteten Studios und Suiten, alle mit Küche, Klimaanlage, TV und großem Balkon. Panoramaterrasse mit kleinem Pool. Studio ca.

Hotel im traditionellen Höhlenstil

Firá (Thíra)
Karte Umschlagklappe vorne

100–130 €. ☎ 22860–22050, 🖷 22860–22142, www.vallas gr.

** **Mama Thira**, Zimmer mit Kühlschank, Klimaanlage und IV, die meisten mit Caldérablick. Große Dachterrasse mit herrlichem Blick, wo man auch frühstücken kann. Das gleichnamige Restaurant bei Akrotíri steht unter derselben Leitung. DZ ca. 60–120 €. ☎ 22860–22189, 🖷 22860-28729, www.mamathira.com.

*** **Hotel Sunset (Iliovasílema)**, neun einfach ausgestattete Zimmer mit Terrasse. Sehr freundliches Besitzerehepaar. Der herrliche Blick auf die unterhalb gelegene Terrasse und die Caldéra diente schon als Postkartenmotiv. Mit Jacuzzi. DZ ca. 60–130 €. ☎ 22860-23046, 🖷 22860-24003, www.sunset-hotel.gr.

* **Hotel Sophía Sigálas**, sehr freundliche Besitzerin, saubere Zimmer mit kühlen Steinfliesen und modernen Holzmöbeln, geräumige Bäder. Dachterrasse mit traumhaftem Blick, von den Zimmern z. T. verbaut. Im Hof hübscher, kleiner Pool und Holzliegen zum Sonnen. DZ ca. 50–90 €. ☎ 22860-22802, 🖷 22860-25400.

* **Hotel Mýlos**, gegenüber dem Hotel Sofia Sigalas, geführt von Nikoletta Sigalas, zu erkennen an der Windmühle. Acht Zimmer, Steinfußboden, ordentliches Mobiliar, Klimaanlage, Kühlschrank, Kaffeekocher und Gemeinschaftsterrasse bzw. Balkon. Herrlicher Caldérablick. Unten kleiner Laden, gegenüber das nette Café "Fresh Coffee". DZ ca. 60–90 €. ☎ 22860-23884, 🖷 22860-25993, www.greekhotel.com/cyclades/santorin/fira/mylos/home.htm.

Villa María Damígou, von Lesern empfohlen, sehr saubere und ruhig gelegene Unterkunft, Zimmer und Studios mit Caldérablick, fast alle mit Balkon, freundliche Wirtin. DZ ca. 60–110 €, Studio ca. 70–140 €. ☎/🖷 22860-23725, www.villamariadamigou.gr.

Ortsteil Firostefáni/Hauptgasse u. Zentrum (s. Karte Umschlagklappe vorne)

Wie in Firá: Ein paar Meter weg vom Kraterrand fallen die Preise gleich ziemlich heftig, teils um mehr als die Hälfte. Auch hier gibt es gute Unterkunftsmöglichkeiten, darunter unseren besonderen Tipp, die Villa Argonáftes. Die Häuser sind zumeist über die Straße Richtung Imerovígli zu erreichen.

Pension Villa Firostefáni (5), direkt an der Straße nach Imerovígli. Eine freundliche Familie vermietet elf saubere Zimmer, unten liegt ein netter Frühstücksraum. Nachts muss man allerdings wegen des Straßenlärms die Fenster schließen, geöffnet April–Okt. DZ 35–65 €. ☎ 22860-23320, 🖷 22860-24027.

Pension Villa Argonáftes (8), am Ortsbeginn (von Firá kommend an der Verlängerung des Odós Erithroú Stavroú). Leicht zu finden anhand der auf den Kalk gemalten Bilder mit Motiven aus Seefahrt und Mythologie. Die hat Boss Leftéris, ehemaliger Hafenpolizist im Athiniós-Port, in jahrelanger Arbeit selbst gemalt. Auch die Zimmer sind reich mit Bildern ausgestattet. Zusammen mit seiner ebenso freundlichen Ehefrau Toúla vermietet er neun DZ mit Bad und Kühlschrank, teilweise mit Balkon, Radio, Klimaanlage und Heizung. Außerdem ein normales Studio für 2 Pers. und zwei Riesenstudios für 5 Pers., jeweils mit Küche und Klimaanlage. Im Untergeschoss auch eine stilechte und geschmackvoll eingerichtete Höhlenwohnung mit zwei Zimmern und Küche. Alles tipptopp sauber, tägl. Reinigung. Die Hausgäste treffen sich auf der großen Sonnenterrasse zum Kaffee oder zu einem netten Plausch mit Toúla und Leftéris, der seinen Gästen gerne selbst gemachten Santoríni-Wein anbietet. Ruhige, erholsame Atmosphäre. Ganzjährig geöffnet. DZ ca. 40–75 €. Preise für Studio und Wohnungen auf Anfrage, weil stark saisonabhängig. ✆/✉ 22860-22055, www.santorini.com/hotels/argonaftesvilla.

Kontochóri (s. Karte Umschlagklappe vorne)

Der Ort nordöstlich von Firá ist im Grunde mit Firá und Firostefáni längst zusammengewachsen. Zum Kraterrand geht man etwa 10–15 Minuten, das Preisniveau ist daher durchaus angenehm. Meist Pensionen und der einzige Campingplatz von Firá.

Pension Summer Time (32), neue, saubere Pension unterhalb des Hauptplatzes. zehn Zimmer mit Kühlschrank und TV, z. T. Balkon mit schönem Blick zur Ostküste. Freundliche Leitung. ✆ 22860-24313, ✉ 22860-25438, www.summertime-santorini.com.

Schattiges Plätzchen in der Mittagshitze

Pension Villa Soúla (30), älteres Haus, ruhige Zimmer, jeweils Klimaanlage, Minikühlschrank, TV und Balkon, Bäder veraltet, aber für Firá gutes Preis-Leistungs-Verhältnis. Von Lesern empfohlen. DZ ca. 45–70 €. ✆ 22860-23473, ✉ 22860-24709, www.santorini-villasoula.gr.

Blue Sky (35), gepflegtes Gebäude unterhalb der Durchgangsstraße in Richtung Campingplatz. 25 modern eingerichtete Studios, Bäder nicht sehr groß, aber auch neueren Datums. Hotelbar, Frühstücksraum, hinter dem Haus ein großer Pool. Gutes Preis-Leistungs-Verhältnis. DZ ca. 35–70 €. ✆ 22860-24351, ✉ 22860-25120, www.santorini.com/hotels/bluesky.

* Golden Star (36), neu erbautes Haus neben dem Blue Sky, 24 gut eingerichtete Zimmer und großer Pool. DZ ca. 60–90 €. ✆ 22860-23191, ✉ 22860-25145, www.hotelgoldenstar.gr.

Villa Romantic (31), nette Pension mit großzügiger Poollandschaft und Garten. Zimmer mit Balkon und Blick zur Ostküste. DZ ca. 35–80 €. ✆ 22860–24430, ✉ 22860–25724, www.santorini-villa-romantic.gr.

● Camping **Santoríni (38)**, an der nach Osten abfallenden Inselseite, vom Zentrum in Firá ca. 10 Fußminuten (nördlich vom Hauptplatz beschilderter Abzweig von der Straße). 11.000 qm großes Gelände, im Hochsommer dennoch proppenvoll, Schatten durch Bäume und Schilfmattendächer. Vermietung von kleinen, abschließbaren Holzhütten mit Zeltdach und zwei Betten (im Sommer extrem heiß). Sanitäranlagen beim Check in der Hochsaison leidlich sauber. Restaurant, Bar, Minimarket, Waschsalon, Küchen- und Speiseraum sowie ein Riesenkühlschrank zur gemeinsamen Nutzung vorhanden, leider alles schon ziemlich in die Jahre gekommen. Für Rucksäcke und Wertgegenstände können abschließbare Boxen an der Rezeption gemietet werden. Attraktion des Platzes: ein Swimmingpool. Im Sommer sind oft lärmende Jugendgruppen zu Gast, dröhnende Musik von der Pool-Bar bis mindestens Mitternacht. Bimssteinstaub überdeckt täglich aufs Neue alles, was im Freien liegt – aber das ist die Natur der Insel. Rezeption freundlich und hilfsbereit, Internetzugang. Je nach Saison: Erwachsene 6–9 €, Kind 2,50–4 €, eigenes Zelt (klein) 3–5 €, eigenes Zelt (groß) 3,50–6 €, eigener Caravan 4–5 €, Zelt mieten 4–6 €, Stromanschluss 3,50 €. Transfer zum Hafen 2 €. ✆ 22860-22944, ✆ 22860-25065, www.santorinicamping.gr.

Essen & Trinken

Die spektakuläre Lage am Kraterrand und viel Durchgangspublikum scheinen die Wirte zu verführen, an der Qualität zu sparen. Den schönen Blick muss man meist mitbezahlen. Allerdings gibt es auch einige wenige gute Restaurants an der Caldéra. Faustregel: je weiter entfernt von der Promenade, desto besser und günstiger. Unsere Tipps liegen daher auch eher in der Stadt bzw. im Vorort Firostefáni. Achtung: Gerade auf Santoríni sind bei den Tavernen Pächterwechsel im Jahresrhythmus nicht selten. Oft sind damit auch ein Namenswechsel und insbesondere ein Wechsel in der Güteklasse sowie in den Spezialitäten der Küche verbunden. Schreiben Sie uns, wenn Sie gravierende Abweichungen zu unseren Angaben vorfinden.

Am Kraterrand (s. Karte Umschlagklappe vorn)

Kaum noch zu überblickendes Angebot an Tavernen und Nobelrestaurants. Generell sehr hohes Preisniveau in der Nähe der orthodoxen Mitrópolis. Die Qualität kann entsprechend sein, muss aber nicht. Das Preis-Leistungs-Verhältnis ist allgemein nicht mehr okay – gut 50 % muss man nur für den Blick und das Kraterambiente bezahlen. Nur einige wenige Tavernen bewegen sich im preislichen Mittelfeld.

Seléne (58), vom Hotel Atlantis ein Stück Richtung Süden, direkt an der Caldéra, ruhige Lage. Terrasse und Innenraum bieten Platz für 300 Gäste. Der renommierte Koch George Hatziyannákis bietet hier internationale Küche, vor allem eine Reihe echter Santoríni-Spezialitäten, die ausschließlich aus Erzeugnissen der Insel hergestellt werden, z. B. *favakeftédes*, mit Oktopus gefüllte Auberginen, weiße Auberginen, Kapern, fangfrischen Fisch und Fischsuppe sowie den Inselkäse *chloró tirí*. Dazu gibt es eine reiche Auswahl an hervorragenden Weinen. Luxus-Ambiente und daher das teuerste Lokal an der Caldéra. ✆ 22860-22249.

Koukoumávlos (55), unterhalb vom Hotel Atlantis. Die Taverne von Nikos Pouliasis gilt als eine der besten an der Caldéra. Romantischer Platz im Innenhof eines traditionellen Hauses, Tische auch in den drei barocken Innenräumen. Moderne, kreative Küche in mediterraner Mischung und jede Saison neue Kreationen: z. B. in Vinsánto-Soße eingelegte Shrimps mit Pilzen, Seebarschfilet in Retsína-Soße mit Ingwer und Koriander oder Lammfilet in Cabernet-Sauvignon-Soße. Gute Weinauswahl, gehobener Service, entsprechende Preise. ✆ 22860-23807.

Archipélagos (45), an der Caldéra gegenüber der Mitrópolis. Terrasse mit super Hangaussichtslage aufs Meer und stilvoller, nicht zu überladen eingerichtetem Innenraum im Höhlenstil. Romantische Atmosphäre, gehobene griechische und mediterrane Küche. Tipp sind auch die Mezédes und die Weine aus allen Regionen Griechenlands. Griechische Musik. ✆ 22860-24509.

Casablanca Lounge Restaurant (13), im nördlichen Bereich der Caldéra, großzügigedel gestaltete, nach hinten versetzte Hochterrasse, dadurch Superblick auf die Caldéra und das untere Firá, bequeme Regiestühle um große Marmortische. Highlight ist der mit Natursteinen gemauerte Grill, auf dem vor den Augen der Gäste die leckeren Fisch- und Fleischgerichte zubereitet werden. Bereits ab vormittags geöffnet, auch Frühstück und Drinks, die Sonnenliegen und Jacuzzi im Hof können von den Gästen mitbenutzt werden. Gehobenes, der Lage und dem Ambiente entsprechendes Preisniveau.

The Flame of the Volcano (11), ruhige Lage am Panoramaweg nach Firostefáni, ebenfalls fantastischer Blick. Gute Küche, z. B.

bekrí mezé und diverse Nudelgerichte, Spezialität sind die Salate „al forno". Der sprachbegabte Chef Raimoni stammt aus Neapel, hat lange in USA gelebt und zieht eine echte Ein-Mann-Show ab. Mit jedem Gast parliert er perfekt in seiner jeweiligen Muttersprache, natürlich auch in Deutsch. Mittlere Preise, halber Liter Wein allerdings 8 €.

Lesertipp: **Fanári**, Terrassenlokal am Kraterrand, beim Treppenweg zum Hafen. wider Erwarten gute Küche und gar nicht mal so teuer."

An der Hauptstraße u. in der Stadt (s. Karte Umschlagklappe vorn)

Kein Kraterrand, aber oft deutlich besseres Essen zu weit günstigeren Preisen. Hier findet man noch Tavernen, die ausschließlich griechische Küche bieten. Viele liegen an der Hauptgasse, dem Odós Erithroú Stavroú, oder an der Straße Richtung Imerovígli.

Stáni (21), zentral am Odós Erithroú Stavroú, uriges Lokal, verwinkelt auf mehreren Etagen, am kleinen Dachgarten oben Blick auf beide Inselseiten. Serviert werden Ouzomezédes, Pizza und griechische Gerichte – köstlich die Übersetzungen: Spaghetti Bolognese ist z. B. "Isolationsschlauch à la Bewohner von Bolognese".

Nikólas (24), ebenfalls am Odós Erithroú Stavroú. Galt lange Jahre fast als Kult, doch die Qualität lässt nach. Dennoch füllen sich die Plätze abends innerhalb weniger Minuten, draußen bilden sich Warteschlangen. Teuer, trotzdem immer voll – wenn man zu lange bleibt, werden die Bedienungen ungeduldig.

El Gréco (39), einer der wenigen authentischen Familienbetriebe in Firá, ziemlich versteckt unterhalb der Platía Theotokopoúlou. Sieht unten aus wie eine Imbissstube, auf dem Dachgarten oben sitzt man aber angenehm und speist gut und preiswert, Empfehlung für Shrimps Saganáki und *tomáto-keftédes*. Gelegentlich Livemusik.

Poseidon (53), nur wenige Meter von der Busstation, bietet sich an, wenn man länger auf den Bus warten muss. Äußerlich nicht besonders einladend, hat aber gute Küche und ein reichhaltiges Angebot an Fisch- und Fleischgerichten vom Grill zu korrekten Preise. Geöffnet von 8 Uhr bis 1 Uhr nachts.

Kápari (15), Tipp! Neues Lokal mit bildschöner Terrasse an einer kleinen Platia an der Hauptstraße Richtung Imerovígli auf der linken Seite, geführt von Kostas mit seiner Frau Doris aus Salzburg. Hier wird man aufmerksam beraten und kann zahlreiche traditionelle Spezialitäten nach hauseigener fantasievoller Rezeptur kosten, gutes Preis-Leistungs-Verhältnis.

Mama's House (12), 400 m von der zentralen Platia an der Straße Richtung Oía auf der rechten Seite. Einfache Taverne von einer stark amerikanisierten Griechin geführt. Bisweilen geht es zu wie in einem Highway-Restaurant. Dennoch echte griechische Küche, serviert wird u. a. Lamm vom Grill, morgens gibt es American Breakfast. Nach hinten ruhiger Garten mit Blick auf die Ostküste. Preise okay. Tägl. durchgehend 8 Uhr bis Mitternacht.

● *Snacks* **Lucky Soufláki (49)**, etwas unterhalb der Platía Theotokopoúlou, das wohl beste Fast-Food-Lokal in Firá, neben Soufláki und Gýros auch Falafel- und Shrimps-Pitta, die Portionen sind riesig (die Pittas lassen sich kaum rollen) und der stets gut gelaunte Chef sorgt für Unterhaltung. Sehr günstig.

Ladókoula (59), kleine, moderne Snackbar/ Taverne gegenüber der Post, gute traditionelle Küche, z. B. *spetsofái*. Hauptsächlich griechische Gäste.

Ortsteil Firostefáni (s. Karte Umschlagklappe vorn)

Gleiches Verhältnis wie bei den Unterkünften: Wo das Stadtzentrum fernab liegt und das optische Ambiente nur mäßig ist, wird die Küche umso besser. Zwei der gemütlichsten und echt griechisch gebliebenen Tavernen mit hervorragendem Essen finden sich in Firostefáni, kaum 10 Fußminuten vom Busbahnhof in Firá entfernt.

Im geschäftigen Zentrum Firás

Firá (Thira)
Karte Umschlagklappe vorne

Símos (6), an der Hauptstraße von Firá nach Firostefáni, ca. 300 m unterhalb der Kirche Ágios Gerásimos auf der linken Seite. Wer auf Kraterrandblick verzichten kann und unverfälschte griechische Küche genießen will, ist hier genau richtig – allerdings hat sich das herumgesprochen und es ist ständig überfüllt. Freundliche Kellner servieren viele Spezialitäten griechischer und insbesondere santorinischer Küche. Simos, der Wirt, kocht selbst. Sämtliche angebotenen Vorspeisen werden auf einem großen Tablett den Gästen an den Tisch gebracht. Mittlere Preise. In der Nebensaison nur abends geöffnet.

Romantica (4), von Simos ein paar Meter weiter nördlich und nette Alternative, geführt von einer freundlichen Familie in drei Generationen, Küche gut und nicht teuer, oft gute Stimmung.

To Aktaíon (2), gepflegtes, kleines Lokal am Kraterrand an der Platía bei der Kirche Ágios Gerásimos. Nach Angaben des Wirts die älteste Taverne der Insel, seit 1922 in der Hand der Familie Roussos und seit 1983 von Vangolis in der dritten Generation geführt. Hübsches Kykladenambiente in Blau-Weiß. Die Holzschnitte an den Wänden sind von Vangelis selbst kreierte Kunstwerke. Gemütliche Atmosphäre bei griechischer Musik, nettes Personal. Es gibt einige typische Inselspezialitäten, z. B. Santoríni-Salat mit Kapern und den Blättern des Kapernstrauchs, *favakeftédes* und gegrillte weiße Auberginen. Mittleres Preisniveau.

Il Cantuccio (1), kleines, aber feines italienisches Lokal an den Stufen zu Grotto Villas, geführt von Giuseppe und Angela, die früher auf Mýkonos waren. Authentische italienische Küche, Plätze im nett aufgemachten Hof oder im Innenraum – kein Caldérablick, aber stets gut besucht.

Cafés/Musik-Bars/Snacks usw. (s. Karte Umschlagklappe vorn)

Fürs ruhigere Vergnügen locken die Terrassen-Bars am Kraterrand. Aus der Zeit, als Anfang bis Mitte der neunziger Jahre Cafés und Musik-Bars auf den griechischen Inseln wie Pilze aus dem Boden schossen, haben sich in Firá etliche fest etabliert, sind meist recht gemütlich eingerichtet und schon zur Frühstückszeit geöffnet. Besondere Santoríni-Spezialität: zum Sonnenuntergang Cocktails schlürfen und klassische Musik hören!

Franco's Bar (27), seit vielen Jahren die Renommierbar von Firá und die erste, die klassische Musik eingeführt hat. Ab 12 Uhr mittags, man kann gemütlich in Liegestühlen liegen. Beste und teuerste Cocktails.

Café mit Atmosphäre

Zafora (16), Terrassencafé bei der Seilbahn-station. Eins der beliebtesten Cafés an der Kraterrandgasse. Herrlicher Blick auf Firá.

Térpsi (19), Musikcafé am Kraterrand, 1994 eröffnet. Internationale und griechische Popmusik auf einer hübschen Hochterras-se. Es gibt Frühstück, Snacks, Drinks und Eis. Geöffnet von 9 Uhr morgens bis 3 Uhr nachts. Besonders beliebt zum Sonnenun-tergang.

Azur (50), eine der vielen Café-Bars mit tol-lem Kraterrandblick, direkt über der gleich-namigen Apartmentvermietung Iriana. Ge-mütlich-elegant, man sitzt in weichen, weißen Polstern, trotz der zentralen Lage recht ruhig.

Classico (41), gegenüber Hotel Theoxenia. Mehrere Terrassen mit Caldérablick, zum Sonnenuntergang klassische Musik.

• *In Firostefáni* **Galíni**, Café-Bar in Firoste-fáni, gehört zum gleichnamigen Hotel. Auf gemütlichen Regiestühlen sitzt man auf der Terrasse hoch über der Caldéra und ge-nießt den spektakulären Blick. Schon zur Frühstückszeit geöffnet.

Vallás, ganz ruhig am Kraterrand in Firoste-fáni, gehört zu den gleichnamigen Apart-ments. Von Lesern empfohlen: „Netter Wirt und für die Lage moderate Preise."

Mýlos Café, neu eröffnet bei der restaurier-ten Windmühle, herrlicher Blick, Internetzu-gang über Laptop.

Fresh Coffee, in Firostefáni auf der rechten Seite des Wegs, gegenüber vom Hotel My-los. Kein Kraterblick, dafür vorzüglicher Kaf-fee, leckere Snacks und moderate Preise, geführt vom freundlichen Georgis.

Santoríni Musik Festival: Viele bekannte griechische und internationale Künst-ler sind im Rahmen dieses Festivals zu hören, das alljährlich Ende August/An-fang September im Nomikós-Konferenzzentrum (→ Sehenswertes) stattfindet. Veranstaltungsbeginn jeweils 21 Uhr, Eintritt ca. 20 €. Programm in den Reise-agenturen auf Thíra. Informationen unter ℡ 22860-23166, http://santorini.info/music-festival.

Nachtleben/Diskotheken (s. Karte Umschlagklappe vorn)

Wenn man auch noch ein gutes Stück von Mýkonos-Verhältnissen entfernt ist, bie-tet Santorínis Hauptstadt selbst in der Nebensaison ein ausgeprägtes Nachtleben.

Diskos und Disko-Bars findet man vor allem im zentralen Odós Erithroú Stavroú und im oberen Bereich des Treppenwegs, der zum Alten Hafen hinunterführt. Im Hochsommer wird meist Eintritt verlangt, ein Getränk ist inklusive. Achtung: Die Preise sind im Allgemeinen hoch (z. B. 0,3 Ltr. Bier für 7 €).

Santoriniá: „Die Frauen von Santoríni"

Unweit des Nomikós-Zentrums (→ Sehenswertes) liegt der traditionelle Rembétiko-Club Santoriniá. In einer Zeit, in der in Griechenland US-Popmusik gerade sehr in war, wurde das Santoriniá 1984 als folkloristisches Bistro von zwei einheimischen Frauen gegründet. Réna Verákou und Kay Connors spielten in dem im Höhlenstil errichteten ehemaligen Weinkeller auf ihren Gitarren überwiegend griechische, aber auch deutsche und englische Lieder. Zusammen nahmen sie zwei Schallplatten auf. 1991 wurde das Lokal geschlossen, da Réna an Krebs erkrankte und kurze Zeit später verstarb. Die Wiedereröffnung als Rembétiko-Lokal erfolgte 1995 unter dem alten Namen. Marína und Kóstas Kolias, die heutigen Pächter, übernahmen das Santoriniá 1999.

Da griechische Musik eine nach wie vor ungebrochene Renaissance erlebt, ist das Santoriniá heute ein absoluter In-Treff unter den Einheimischen. Ausländer sind natürlich auch herzlich willkommen. Allerdings sollte man daran denken, dass es sich um ein Tanzlokal handelt. Wer Tanzen nicht mag, ist hier falsch. Zwar gibt es kein offizielles Tanzprogramm, aber durch die gute Laune ist die kleine Tanzfläche zwischen den Tischen immer voll. Die Santorinier kommen gerne hierher, um Geburtstage, Namenstage oder Familienfeste zu feiern. Stammbesetzung ist heute eine vierköpfige Männergruppe, die Akkordeon, Gitarre, Bouzoúki und Touberléki (Trommel) spielt und dazu singt. Manchmal kommen Gastmusiker mit Violine oder Sängerinnen dazu. Das Publikum ist durchaus gemischten Alters, für Kinder ist das Santoriniá allerdings nicht geeignet. Es gibt gute Santoríni-Weine, Snacks und Obstteller.

Das **Santoriniá (9)** liegt am Ende einer kleinen Gasse relativ weit oben am Kraterrand in Firostefáni. Von der Hauptstraße Richtung Oía aus beschildert. Geöffnet Anfang Juli bis Ende Sept. täglich jeweils ab 24 Uhr bis gegen 6 Uhr in der Frühe, Sa Einlass nur mit Reservierung. Eintritt ca. 10 €, dafür ein Getränk frei. Reservierungen unter ✆ 22860-23777 bzw. 22860-32065.

Tropical Bar (28), an der Caldéra, von der so genannten „Goldgasse" ein paar Stufen Richtung Hafen Skála auf der linken Seite. Seit 1981 geöffnet und damit die zweitälteste Bar von Firá. Freundliches, Englisch sprechendes Team. Ab ca. 10 Uhr vormittags als normales Café mit Caldérablick geöffnet, ab 22 Uhr dann kräftig laute Popmusik internationaler Couleur. Vorwiegend junges Publikum, lockere Atmosphäre, lange Holzbar und kleiner Balkon. Eintritt im Hochsommer (abends) 5 €, dafür ein freier Drink, in der Nebensaison frei.

Murphy's (23), Odós Erithroú Stavroú, schön gestalteter Innenraum mit langer Theke, viel Holz und hoher Decke. Internationale Popmusik, je nach Publikum zurück bis in die 60er Jahre, es wird auch getanzt.

Kira Thíra (25), gemütliche Kneipe mit bunten Bildern, coole Jazzklänge heben sich hier angenehm vom üblichen Discosound ab, gelegentlich Livemusik, dann besonders gute Atmosphäre.

Koo Club (20), vielleicht die schönste, sicher jedoch die größte Disko der Insel: hohes Tonnengewölbe ganz in Weiß, im Hof

Firá (Thíra)
Karte Umschlagklappe vorne

große Bar. An Wochenenden machen die jungen Athener die Nacht zum Tag. Eintritt in der Nebensaison frei, im Hochsommer 10 €, dafür ein freier Drink.

Énigma (22), gegenüber dem Koo. Besitzt ebenfalls einen schönen, großen Innenhof. Internationale Popmusik bis zum frühen Morgen. Gleiche Preise.

Studio 33 (18), gleich nach dem Koo Club. Disko mit ausschließlich griechischer Musik. Superstimmung unter den hauptsächlich griechischen Gästen. Ebenfalls 10 € Eintritt im Hochsommer.

Casablanca Soul (26), coole Bar ganz in Weiß, etwas versteckt auf einer Galerie am oberen Ende der Goldgasse. Soul, Funk und Housemusik, gelegentlich Livebands.

The Two Brothers Bar (37), kleine, schummrig erleuchtete Bar. Das junge Publikum steht an der Theke und trinkt Bier, andere tanzen ausgelassen, während die zwei Brüder hinter der Bar stehen. Internationale Popmusik bis zum Bersten der Lautsprecher.

Shopping & Kunst

Der Bereich um Kraterrandgasse und Odós Erithroú Stavroú ist ein einziger Basar. Man findet Teppiche, Keramik, Schmuck und Kleidung, vor allem aber auch viele Läden mit kulinarischen Produkten von Santoríni und aus ganz Griechenland. Die so genannte Goldstraße, parallel zum Odós Erithroú Stavroú, ist bekannt für ihre Goldläden und Juweliere, die hier die höchste Dichte in Griechenland erreichen. An der Kraterrandgasse gibt es mehrere Kunstgalerien, ebenso um das Museum Megaron Ghizi im Katholischen Kirchenbezirk.

„Palia Fabrica" Art Gallery, neben der orthodoxen Mitrópolis. Christóforos Assimís bietet geschmackvolle Aquarelle von Firá und dem Krater, behutsam gestaltet und dezent koloriert, daneben gibt es auch hübsche Keramik und Skulpturen von seiner Frau sowie ausgesuchten Schmuck (→ Kasten, S. 121).

Ilías Lalaoúnis, ebenfalls neben der Kathedrale, der griechische Nobel-Juwelier und Schmuckdesigner in vierter Generation hat weltweit Niederlassungen, u. a. in Paris, London, Tokio und New York.

Fabrica Shopping Center, zwischen der orthodoxen Mitropolis und der Hauptstraße. Auf mehreren Ebenen finden sich Läden aller Art, darunter das kleine, aber feine **Koúkla-Art** mit handgemachtem Schmuck von bekannten Designern.

Nóstos, am oberen Ende der „Goldstraße". Sehr gute Auswahl an griechischer Musik auf CD, z. B. Nissiotiko, Rembetiko und griechischer Pop.

Dalmirás, Odós Erithroú Stavroú (neben Rest. Nikólas), die frühere Tischlerwerkstatt verkauft heute ein Allerlei an Souvenirs, aber immer noch viele selbst gemachte Holzartikel wie Spiele, Gefäße und Kistchen.

Art & Icon Studio, am Museum Mégaron Ghízi. Katharína Ioannídou malt Ikonen aus den traditionellen Ei-Farben und 22-K-Blattgold nach der alten Technik. Ihr Laden ist Workshop und Ausstellung zugleich. Alle Stücke entsprechen dem byzantinischen Stil, sind garantiert echte Handarbeit und zumeist auf Olivenholz gemalt. Geöffnet 10.30–13.30 und 17–20 Uhr. ✆ 22860-23077.

Ceramic Art Studio Goúlas (10), Keramikwerkstatt und -galerie neben dem Nomikós-Konferenzzentrum in Firostefáni. Der junge Andréas Alefragkís ist einer der wenigen einheimischen Töpfer. Er hat es sich zur Aufgabe gemacht, seinen eigenen Santoríni-Stil zu entwickeln. Es ist eine Verbindung zwischen japanischem Rakú und der griechischen Antike (→ Kasten, S. 119). Zu bewundern und zu kaufen gibt es u. a. Amphoren, Skulpturen, Schalen, Vasen und Lampen in normaler Ausführung oder als Rakú-Keramik. Hochwertige Ware, alle Stücke garantiert Unikate. Ganzjährig geöffnet.

Sehenswertes

Die Pflaster- und Treppengässchen im Zentrum von Firá messen nur etwa 2 bis max. 3 m Breite und sind erfreulicherweise zu schmal für Autos. Wenn man das geschäftige Gebiet zwischen Hauptplatz und Caldéra durchbummelt hat, sollte man unbedingt noch ein Stück den Kraterhang hinuntersteigen, wo es merklich ruhiger

Rakú: „Santorinisierung" einer uralten Keramik-Technik

Die Brenntechnik Rakú stammt ursprünglich aus Japan und hat sich seit dem 16. Jh. überall in der Welt verbreitet. Fast jeder Künstler hat aus dem zugrunde liegenden Rakú-Prinzip seine eigene Technik und seinen eigenen Stil entwickelt. Der santorinische Keramikkünstler Andréas Alefragkís vom "Ceramic Art Studio Goúlas" (→ oben) kombiniert in seinen Stücken japanische und griechische Kunst und entwickelte die japanische Brenntechnik mit den speziellen Materialien der Insel weiter. Klare Linienführung und ausgewogene Proportionen bestimmen seine Werke.

Um Rakú zu brennen, muss der sehr hitzebeständige Ton bestimmte Anteile an Schamotten enthalten. Nach dem Formen wird er im zweistündigen Brennvorgang auf etwa 1000 °C in speziellen Öfen erhitzt. Diese Öfen werden auf Santorini mit Gas betrieben, da Kohle oder Holz als Brennstoffe auf der Insel zu teuer sind und elektrische Öfen schlecht mehrfach während des Brennens geöffnet und geschlossen werden können. Sobald die Glasur zu verlaufen beginnt, werden die Stücke mit einer langen Schutzzange aus dem Ofen herausgenommen und sofort in brennbarem Material eingegraben, z. B. Sägemehl. Möglich sind auch alte Zeitungen oder trockene Blätter. Durch den kurzen Kontakt mit der kalten Luft „zerspringt" die Glasur und es entstehen die individuellen „Risse". Der durch das zum Glimmen gebrachte Sägemehl entstehende Rauch dringt in die Risse der Tonglasur ein und färbt sie schwarz. Nach etwa 10 Min. in der Reduktionsatmosphäre des Sägemehls werden die noch immer einige hundert Grad heißen Stücke mit der Schutzzange ausgegraben und in normal temperiertem Wasser abgeschreckt. Hierbei enden die chemischen Prozesse bzw. das Zerspringen der Glasur und die Farbschattierungen fixieren sich. Enthält die Glasur einen hohen Kupferanteil, entstehen Farben von metallisch Kupferrot bis Türkisgrün. Die oxidierten Schichten färben sich grünlich wie ein Kupferdach, während die reduzierten Schichten rötlich werden.

wird. Interessant ist weiterhin der Bezirk um die katholische Kathedrale, wo Reste des historischen Zentrums erhalten bzw. wieder aufgebaut sind. Und auch auf dem musealen Sektor ist in Firá einiges geboten.

Zentrum und Kraterrand

Zwischen dem lauten *Hauptplatz* (Platía Theotokopoúlou) und der Kraterrandgasse liegt das *Basarviertel* mit seinen vielen kleinen Läden (Odós M. Danézi und rechte Seitengassen: Odós Erithroú Stavroú und die parallel dazu verlaufende "Goldgasse") – nett zum Bummeln, solange die Verkäufer nicht zu aufdringlich ihre Schätze anpreisen.

Die *Kraterrandgasse* (Odós Ypapantís) mit ihrem akribisch angelegten Kieselsteinpflaster ist die bevorzugte Flanierzeile der Stadt – fantastischer Blick auf das weiße Dächer- und Treppengewirr am Hang und die Caldéra tief unten. Ganz zentral, in der Verlängerung des Odós M. Danézi, zweigt von der Kraterrandgasse der breite *Stufenweg zum Alten Hafen* (Odós Spýridon Marinátos) ab. Im oberen Teil reiht sich Taverne an Taverne, Souvenirshop an Teppichladen, Bar an Disko, weiter unten gehen die Maultiertreiber ihrem Geschäft nach und transportieren mutige Touristen zur Anlegestelle.

Mitrópolis und Bischofspalast: Als architektonischer Blickfang steht weithin sichtbar im südlichen Bereich der Kraterrandgasse die orthodoxe *Mitrópolis Ypapantí* (Maria Lichtmess). Der prächtige Arkadenbau wurde nach dem Erdbeben von 1956 (das die hier stehende Vorgängerkirche völlig zerstört hatte) ausgesprochen großzügig und modern erbaut; mit seiner hohen Kuppel erinnert er fast an eine islamische Moschee. Beeindruckend ist auch das Innenleben mit riesigem Kristallleuchter und farbenfrohen Fresken des einheimischen Malers Christóforos Assimís (→ Kasten). Gegenüber der Kathedrale begrenzt das Mäuerchen *Boudí* die Kraterrandgasse zum Hang hin. Besonders zum Sonnenuntergang ist es ein beliebter Platz.

Südlich benachbart schließt sich der große Kasten des Hotels Atlantis (→ Hoteltipps) an, noch ein paar Schritte weiter steht der *Bischofspalast Panagía tou Belónia*. Richtung Süden erkennt man hier außerhalb von Firá riesige Bimssteinbrüche, die in Terrassenform angelegt sind und schwere Wunden in die Landschaft geschlagen haben.

Káto Firá: Der am südlichen Kraterhang gelegene Teil Firás ist abenteuerlich steil. Zahlreiche Bars und Terrassentavernen findet man hier, großteils aber auch noch ruhige Wohnhäuser, wo Touristen nur selten hinkommen.

Verwinkelte Gassen, begrünte Innenhöfe

Unterhalb vom Hotel Atlantis kann man ein Stück den Hang hinuntersteigen bis zur weißen *Kapelle Ágios Minás*. Dort nimmt man rechts den *Odós Agíou Mína* und geht parallel zum Kraterrand entlang. Hier trifft man auf die ebenfalls blendend weiße *Kirche Ágios Ioánnis*, zu der auch Stufen vom oben erwähnten Mäuerchen hinunterführen. Mit ihren dunklen Steinkanten unterhalb der Kuppel ist sie eine der fotogensten Kirchen der Insel. Die Gasse führt weiter, bis man auf den Stufenweg zum Hafen trifft. Hier gibt es mehrere Möglichkeiten, z. B. kann man weiter Richtung Norden gehen, bis man über Stufen zur *Seilbahnstation* nah am Zentrum hinaufsteigt. Aber Vorsicht – hier traben die Mulitreiber oft mit ganzen Horden von Tieren zum Alten Hafen hinunter!

Aquarellmalerei: Christóforos Assimís von Santoríni

Am Kraterrandweg in Firá, Firostefáni, Imerovígli und Oía trifft man allerorts auf eine besondere Spezies Menschen: Zeichner, Maler und insbesondere Aquarellmaler. Keine andere griechische Insel bietet so viele Traummotive für Anfänger und Profis wie Santoríni. Hinzu kommen die einzigartigen ägäischen Lichtverhältnisse. Künstler sämtlicher Maltechniken werden von der Insel förmlich angezogen. Beim Aquarell beruht die Wirkung auf den transparenten Schichten der Farben. Dabei scheinen die unteren Lagen durch die oberen und später aufgetragenen hindurch.

Der bedeutendste einheimische Aquarellmaler ist Christóforos Assimís, der am 11. Juli 1998 vom griechischen Staatspräsidenten Konstantínos Stephanópoulos zum Ehrenbürger der Insel Santoríni ernannt wurde. Assimís stammt aus Éxo Goniá und zog nach dem Erdbeben von 1956 als Elfjähriger nach Athen. Dort studierte er Kunst und gewann 1967 seinen ersten Künstlerpreis. 1974 kehrte Assimís nach Santoríni zurück und wirkt seither auf der Insel. Zusammen mit seiner Frau, der Bildhauerin Eléni Koulaítou-Assimís, richtete er sein Atelier „Palia Fabrica" ein (→ Shopping).

Die Ausdrucksstärke der Aquarelle von Santoríni beruht, so der Künstler, insbesondere auf dem Kontrast der schneeweißen Häuser und der dunklen Lavaerde. Hinzu kommen die kräftigen Blautöne des Himmels und des Wassers der Caldéra. Im Mittelpunkt der Arbeiten von Assimís stehen immer die traditionellen Inselbauten sowie Landschaften. Impressionistische Werke finden sich genauso wie realistische Darstellungen. Außerdem widmet er sich der Kirchen- und Ikonenmalerei. Eine seiner wichtigsten Arbeiten ist die Ausgestaltung der orthodoxen Mitrópolis Ypapantí am Kraterrandweg in Firá.

Kraterrandweg (Odós Nomikoú): zweifellos der berühmteste Weg von Firá. Er beginnt an der Seilbahnstation und führt stets am Berggrat entlang in die Vororte *Firostefáni* und *Imerovígli*. Unterwegs hat man immer wieder großartige Kraterpanoramen. Nur ein paar Schritte von der Seilbahn entfernt kommt ein erster Aussichtspunkt mit Blick auf Firá, ein weiterer mit noch schönerem Stadtblick (Fotografentreff!) folgt nach wenigen Minuten. Ein echtes Highlight der Insel – vor allem am Spätnachmittag, wenn die Sonne allmählich untergeht, ist der Spaziergang wunderschön.

Kulturzentrum Bellónios: 1995 eröffnetes Kulturzentrum vis à vis vom Busbahnhof. Während die Gemeinde Firá das Grundstück zur Verfügung stellte, stammen

Firá (Thíra)
Karte Umschlagklappe vorne

die Gelder für das Gebäude und die Stiftung aus privater Hand: von Loukás und Evángelos Bellónios, letzterer ist heute Präsident der Stiftung. Im Untergeschoss des Kulturzentrums befindet sich die einzige öffentliche Bibliothek Santorínis, die über 22.000 Bücher umfasst (allerdings sind nur etwa 2000 nicht in griechischer und die meisten hiervon wiederum in englischer Sprache geschrieben). Das Kulturzentrum bietet ein reiches Programm an Bücherpräsentationen und Ausstellungen sowie Vorträge zu Themen wie Geschichte, Archäologie, Musik, Kunst, Gesundheit oder Sozialprogramme. Die Vorträge sind meistens auf Griechisch, aber es gibt auch oft Übersetzungen ins Englische. Das aktuelle Programm hängt im Vorraum des Haupteingangs aus, wo auch andere Ausstellungen und Vorträge angekündigt werden. Der Eingang liegt auf der rechten Seite des Gebäudes.

Informationen Die Leiterin des Hauses, Sophía Thanapoúlou, spricht sehr gut Englisch. ✆ 22860-24960, www.santonet.gr/exhibitions/belloniocenter.htm.

Katholischer Kirchenbezirk

Bei der Seilbahnstation um die Ecke, nah am Kraterrand. Ein schön überbauter Straßenzug mit Kathedrale und einem Dominikanerinnenkloster ist noch erhalten.

Der katholische Glaube breitete sich während der venezianischen Besatzungszeit auf den Inseln der Kykladen aus, die im Herzogtum Náxos zusammengefasst wurden. 1596 gründeten Dominikanernonnen ein Kloster auf dem Skáros-Felsen, später kam eine Schule hinzu. Gegen Ende des 18. Jh. zogen die Katholiken vom Skáros in den nördlichen Bereich von Firá und gründeten hier das fränkische Viertel *ta Frángika*. Ordensschwestern betrieben eine Mädchenschule für Webereien, ein Krankenhaus und ein Altersheim. Durch das Erdbeben von 1956 wurden praktisch

alle Einrichtungen zerstört. Nur eines der ehemals drei Klöster der Katholiken wurde später wieder aufgebaut.

Kirche Ágios Ioánnis Baptistís: Die kleine katholische Kathedrale mit ihrem filigran gestalteten Glockenturm wurde 1823 erbaut und durch das Erdbeben vom 9. Juli 1956 schwer beschädigt. Nach der langwierigen Restaurierung erfolgte die neue Weihung erst am 17. August 1975. An der Nordseite ist ein Marienaltar mit Bildnis der Maria und Geburtsszene zu sehen, links des Zentrums eine Marien-Statue und einige Skulpturen. Der Altarraum ist eher schlicht gehalten. Im rechten Seitenschiff zwei ältere Bilder und neu restaurierte Malereien auf Holz, die fast wie Fresken aussehen.

Im katholischen Kirchenbezirk

● *Besichtigung* 9–13 und 16.30–20 Uhr.
● *Heilige Messe* Sa und So 19 Uhr, abgehalten in der Sprache der meisten Anwesenden.
● *Katholische Kirchengemeinde* ✆ 22860-22244.

Katholisches Katharinenkloster der Dominikanerinnen: grundsätzlich nicht zu besichtigen, geöffnet ist nur die Klosterkirche (Eingang rechts neben der Klosterpforte). Das „Kloster des Ordens der Barmherzigen Schwestern" wird derzeit von dreizehn Nonnen aus sieben Ländern bewohnt. Hinter der Pforte befindet sich ein hübsch begrünter Innenhof mit Wohnzellen auf beiden Seiten. Die Kirche ist erst vor kurzem restauriert worden. Ihre Fresken zeigen Papst Pius V. sowie die Heiligen Antonius, Thomas und Vincentius. Im Mittelgang befinden sich zwei Grabplatten, eine erinnert an den Bischof Nikolao Joseph Delenda, der 1825 verstarb. Das linke Seitenschiff ist der heiligen Katharina gewidmet, gegenüber eine Darstellung des heiligen Dominicus. Sämtliche Rundbögen wurden mit Ornamenten verziert.
Besichtigung Klosterkirche 9–13 und 16.30–20 Uhr, Gottesdienste tägl. 8 Uhr in griechischer Sprache.

Der Alte Hafen Skála (Old Port Firá)

Tief unter Firá am Fuß der hohen Kraterwand liegt der kleine alte Hafen. Früher, als noch alle Gäste per Eselsritt nach oben befördert wurden, war er der Haupthafen der Insel. Heute werden hier nur noch die zahlreichen Kreuzfahrttouristen an Land gebracht. Außerdem starten die meisten Bootsausflüge ab Firá im Alten Hafen oder legen einen kurzen Zwischenstopp auf dem Weg zu den Kaméni-Inseln ein.

Zum Hafen von Firá – offiziell *Skála*, aber meist *Old Port* genannt – führt der um 1840 angelegte Treppenweg *Odós Spýridon Marinátos* in vielen Serpentinen hinunter. Der alte Hafen besitzt mittlerweile ein eher nüchternes Ambiente, das zum Besuch nicht unbedingt einlädt. Der breit betonierte Kai mit Anlegeplätzen für Ausflugsboote und Jachten ist vielmehr recht unansehnlich: Hinter dem kleinen Hafen in der südlichen Hälfte liegt ein ziemlich unaufgeräumtes Gelände mit schrottreifen Kaíkis und jeder Menge Müll von Schiffsreparaturen. Der Abstieg zu Fuß von der Kraterrandgasse ist auch von daher nur bedingt zu empfehlen. Mit seinen 587 breiten Stufen ist der geräumige Treppenweg mit Maultierdreck arg verschmutzt. Zudem traben immer wieder ganze Horden von Mulis vorbei. Wenn man den Ab- bzw. Aufritt per Muli wählt, sollte man möglichst wenig bei sich tragen und sich gut festhalten! Wer's bequem will, nimmt die Seilbahn.

Die wenigen Häuser sind zum großen Teil in den Fels getrieben. Rechter Hand vom Meerwasser liegen ausgehöhlte Grotten, darüber das vielfarbige Gestein der Kraterwand. Das am 13. Jh. erbaute Kastell der katholischen Delenda-Familie am Nordende des *Old Port* wurde im Zweiten Weltkrieg von den italienischen Besatzern als Quartier benutzt. Am Südende liegt eine kleine *Kapelle*, die dem *Ágios Nikólaos* geweiht ist.

Übrigens ist das Wasser in der Caldéra extrem tief: Der Kraterhang fällt unter dem Meeresspiegel noch mehrere hundert Meter steil ab! Schiffe können hier nicht ankern und werden an großen Bojen festgemacht. Das am 5. April 2007 gesunkene Kreuzfahrtschiff Sea Diamond (→ S. 203) hängt südlich vom Alten Hafen zwischen 90 und 170 m Tiefe fest.

▶ **Seilbahn (Cable Car)**: Das alpenerprobte Fabrikat der Firma Doppelmayr aus Vorarlberg wurde Anfang der achtziger Jahre von den beiden Reedern Loulás und Evángelos Nomikós für die 14 Gemeinden der Insel gestiftet (auch das Hotel Atlantis stammt von ihnen, allerdings nicht als Stiftung!). Die Gewinne, die der Betrieb einspielt, gehen hauptsächlich an karitative Einrichtungen (Waisenhäuser, Alters-

Firá (Thíra)
Karte Umschlagklappe vorn

heime) in ganz Griechenland. Aber auch die Maultiertreiber erhalten einen Teil davon – für sie hätte die neue technische Konkurrenz den sicheren Konkurs bedeutet.

● *Fahrzeiten und -preise*   tägl. 6.30–24 Uhr alle 20 Min., im Hochsommer alle 4–5 Min., Fahrzeit etwa 2 Min. Einfache Fahrt ca. 4 € für Erwachsene, 2 € für Kinder. Große Gepäckstücke werden ebenfalls mit 2 € berechnet. ☏ 22860-22977.

● *Adressen*   Am Kai befinden sich mehrere **Souvenirshops**, ein kleiner **Laden**, mehrere **Kartentelefone** sowie das Büro der **Küstenwache**. Die Besitzer der Ausflugsboote haben sich zu der **Touristic Boats Union of Santoríni** zusammengeschlossen und bieten Caldéra-Rundfahrten und Ausflüge nach Néa und Paléa Kaméni an. ☏ 22860-24355, ✆ 22860-23862.

● *Essen & Trinken*   **Syrtáki**, etwa in der Mitte des Hafens sitzt man unter einem Sonnendach mit Blick auf die Kaméni-Inseln und verspeist frisches Meeresgetier. Die Küche befindet sich in einem der alten tonnengewölbten Häuser hinter der Taverne. Tagsüber gut besucht, gegen Abend eher ruhig. **Captain Nikólas**, am Nordende der breiten Mole. Windgeschütztes Plätzchen an der Ecke direkt unter der hohen Steilwand. Auch hier natürlich Fischspezialitäten, die vom Wirt und Fischer Nikólas frisch serviert werden. Griechische Musik und freundliche Atmosphäre. Mittags immer voll und nicht zu teuer.

Alpenerprobte Gondelseilbahn zum Alten Hafen

Ortsteil Firostefáni

Schmuckstück mit blendend weißen, den Hang hinuntergewürfelten Häusern. Friedvolle Atmosphäre, nur wenige Schritte von Firá, aber mittlerweile schon mit der Inselhauptstadt zusammengewachsen.

Ursprünglich eine eigenständige Gemeinde, gehört Firostefáni heute zu Firá. Wer am Kraterrand, auf der Hauptgasse im Zentrum oder auf der Asphaltstraße Firá Richtung Norden verlässt, kommt praktisch – ohne es zu merken – nach Firostefáni. Die Straßen und Häuser der Orte gehen nahtlos ineinander über. Zur Orientierung: Nördlich des katholischen Viertels beginnt Firostefáni. An der Hauptgasse Odós Erithroú Stavroú markiert der lange Bogendurchgang die Ortsgrenze.

Maultiertreiber

Sobald ein Kreuzfahrtschiff im Alten Hafen festmacht, ist der Teufel los – Dutzende und Aberdutzende von mit bunten Perlen und Deckchen geschmückten Tieren werden im Eiltempo den Serpentinenweg hinuntergetrieben. Die Treiber bedrängen die ausgebooteten Passagiere hart, für etwa 4 € zum Kraterrand hinaufzureiten. So mancher nimmt das Angebot an und schon geht's im Laufschritt über die schlüpfrigen Stufen bergan. Wenn man dabei ein junges Tier erwischt, wird der Trab zum Abenteuer: Schwitzend und fluchend umklammert der Treiber mit aller Kraft die Zügel des ungebändigten Jungtiers – doch dieses, verängstigt und wütend, wie es ist, kümmert sich meist wenig darum. Überhaupt bedeutet das stundenlange Rauf und Runter mit den teils schweren Lasten für die Tiere eine erhebliche Schinderei. So mancher Urlauber verzichtet deshalb auf das „romantische" Erlebnis und fährt mit der Seilbahn.

Wenn man auf dem Kraterrandweg kommt, trifft man nicht weit hinter dem Ortsanfang auf eine verlockende Aussichtsterrasse mit Bänken, abends Treffpunkt der Dorfbewohner. Dahinter liegen die große *Dorfkirche Ágios Gerásimos* mit üppigen Zypressen und die gemütliche, ganz in Blau-Weiß gehaltene Taverne „To Aktaíon", ein wunderschönes Plätzchen, um eine Kleinigkeit zu essen (→ Firá/Essen & Trinken).

Ortsteil Kontochóri

Umgeben von landwirtschaftlichen Nutzflächen und relativ flachen Terrassenhängen ist Kontochóri wie Firostefáni formell ein eigenes Dorf, aber gleichfalls längst mit Firá zusammengewachsen. Viele Privatzimmer, den einzigen Campingplatz des Hauptortes und ein völkerkundliches Museum gibt es hier.

Nach Kontochóri gelangt man, indem man von der Platía Theotokopoúlou östlich die Straße hinunterfährt und sich dann links hält. Der Übergang in den kleinen

Vorort ist – wie bei Firostefáni – nicht zu erkennen. Schon ein ganzes Stück vom Kraterrand entfernt haben wegen der günstigeren Grundstückspreise viele Privatzimmeranbieter in Kontochóri gebaut, unterdessen sind auch ein paar gute Hotels hinzugekommen. Der Campingplatz von Firá liegt weiter hangabwärts, deutlich außerhalb des Dorfs. Noch weiter östlich trifft man unten an der Küste auf ein paar Häuser und den Strandabschnitt *Kanakári*.

Mitten im Ort führt an den Eukalyptusbäumen eine Treppe hinauf zur *Dorfkirche Profítis Ilías* mit ihrem gelblichen Glockenturm. Sie wurde Mitte des 18. Jh. vom Johanniterorden errichtet, ist heute aber orthodox. Rechts an der Straße nach Oía liegt das *Museum für santorinische Völkerkunde* (→ Museen in Firá).

▶ **Gialós Kanakári**: etwa 250 m breiter, von gut 5 m hohen Bimssteinwänden eingerahmter Strandabschnitt unterhalb von Kontochóri. Daher am Spätnachmittag reichlich Schatten, wenn man sich auf dem schwarzgrauen Lavasand aalt. Südlich vom Strand liegt ein winziges, mit Felsblöcken aufgeschüttetes Hafenbecken, Bootsgaragen wurden in die Bimswände gegraben. Kein Sonnenschirmverleih, keine Tavernen.

● *Übernachten* **** Hotel Pórto Castello**, recht einsam und abgelegen, fast direkt am Strand von Kanakári. Der zweistöckige Kasten neben der Kirche Ágios Nikólaos wirkt ziemlich klotzig, verfügt aber über einen Pool. Nett eingerichtete Zimmer mit Klima-anlage und TV, hoteleigene Taverne vorhanden, dennoch ist Motorisierung hier unumgänglich. DZ mit Frühstück ca. 40–70 €. ✆ 22860-22654, 22860-22655, www.santonet.gr/hotels/hotel-portocastello.

Museen in Firá

Mit seinem neuen Prähistorischen Museum besitzt Santoríni endlich ein angemessenes Gebäude, um die umfassenden Funde der Insel der Öffentlichkeit präsentieren zu können. Leider sind bislang die meisten der berühmten Fresken, die in der kykladisch-minoischen Handelsstadt Akrotíri tausende von Jahren luftdicht abgeschlossen waren, im Nationalmuseum von Athen verblieben. Naturgetreue Kopien der Originale kann man aber im Petros-M.-Nomikós-Konferenzzentrum betrachten.

Prähistorisches Museum Thíra

Im Jahr 2000 wurde der moderne Museumsbau gegenüber vom Busbahnhof eröffnet. Die rund 500 hervorragend präsentierten Exponate wurden alle auf Santoríni gefunden und stammen aus dem *Neolithikum* (Fundstellen: Firá und Akrotíri), dem *Frühkykladikum* (Firá, Ftéllos, Karageórgis-Steinbrüche bei Ágios Ioánnis am Kávos Alonaki, Akrotíri und Archángelos), dem *Mittelkykladikum* (Ftéllos, Karageórgis-Steinbrüche, Akrotíri und Steinbrüche von Megalochóri) und dem *Spätkykladikum* (Ftéllos, Akrotíri, Steinbrüche von Megalochóri und Potamós oberhalb vom Almíra-Strand). Einen Höhepunkt bilden zweifellos die herrlichen *Wandmalereien* aus der verschütteten Stadt Akrotíri im Süden Santorínis, von denen allerdings bisher nur vier im Original zu sehen sind („Erwachsene Frauen", „Blaue Affen", „Antilopen" und „Blumenmotive"). Später sollen einmal fast alle Bilder hier untergebracht werden, nur das „Frühlingsfresko", die „Boxenden Knaben" und die „Weißen Antilopen" werden im Athener Nationalmuseum verbleiben. Schon jetzt gilt das Museum allerdings als viel zu klein, um sämtliche Fundstücke angemessen präsentieren zu können.

● *Öffnungszeiten* Di–So 8.30–15 Uhr (in den Sommermonaten auch länger). Mo und an Feiertagen geschlossen. ✆ 22860-23217. ● *Eintrittspreise* Erwachsene 3 €, erm. 2 €, inkl. Zutritt zum Archäologische Museum, erster Sonntag frei (außer Juli, August, Sept.).

• *Fotografieren* nur ohne Verwendung von Blitzlicht erlaubt.

Rundgang

Der Museumsbesuch ist als Rundgang angelegt und beginnt rechts vom Eingang.

A. Die Entdeckung der archäologischen Fundstellen

Sie begann 1967 in Akrotíri (→ Kapitel Akrotíri, S. 227). Erklärungen zu den Fundstellen.

B. Geologie von Thíra

Erklärungen zu Gesteinsschichten, Ablagerungen, Eruptionswellen, Aufbau der Caldéra und Entwicklung der Inselhauptstadt.

C. Thíra vom Neolithikum zur Mittleren Bronzezeit

Marmoridole, Idolfragmente, Vasen aus Akrotíri und Firá, Gefäße, Schalen und Bronze-Speerspitzen aus Akrotíri. Vasen, Krüge, Wein- und Ölgefäße, Schalen, Menschenidole, Tieridole (Kühe), Becher, Obsidian-Stücke und Tonwaren des nordostägäischen Stils aus verschiedenen Fundorten wie Ftéllos, Karageórgis und Megalochóri.

Original einer Wandmalerei aus Akrotíri

D. Nachbau der Stadt Akrotíri in ihrer Blütezeit

Sehr gut sind die Häuser, Gassen, Wege und die dreiecksförmige Platía zu erkennen. Erklärungen zu den Sektoren, Terrassen und Gebäudeformen.

D 1. Das Zentrum der Stadt

Erklärungen zu Straßen, Stallungen, Sanitäreinrichtungen, Wandmalereien aus dem 17. Jh. v. Chr. und zu den Kunstgegenständen. Exponate: Gipsabdrücke von Resten eines Stuhles und von einem geschnitzten Holztisch, der fast barock anmutet; Lampenständer und Öllampen; Küchengegenstände; Feuerstelle; transportabler Ofen; verzierte Grillteile; Bronzegefäße für Küche, Kochen und Aufbewahren; Pfeilspitzen und Angelhaken aus Bronze; Bronzegussform aus Stein; Badewanne aus spätkykladischer Zeit.

D 2. Entwicklung der Bürokratie

a) Entwicklung der Linear-A-Schrift aus Kreta; b) Entwicklung des metrischen Systems; c) Standardisierung von Formen und Schmuck; d) Stadtsiegel und Siegelverfahren; Exponate: Normgewichte aus Metall und Stein; Fragmente mit Schriftzeichen;

Vase mit Linear-A-Inschrift; Pithoi mit diversen Motiven; Amphoren mit standardisierten Bemalungen und Formen (z. B. elliptische Öffnungen); standardisierte Kannen in gleicher Form, aber unterschiedlicher Größe.

D 3. Wandmalereien und monumentale Kunst

Erklärungen zur Maltechnik (D 3.1) und zu den frühen Funden (D 3.2). Aus der frühen spätkykladischen Periode sind nur noch wenige Überreste erhalten. Exponate alle aus Akrotíri: Reste von Wandbildern und herrliche Malerei mit Relief; bemalter Opferaltar; bemalte Fußbodenfragmente; sehr gut erhaltene Wandmalereien aus dem Frauenhaus (umfassen ein vollständiges Zimmer); Darstellung der Malereien durch verschiedene Techniken.

D 4. Luxus-Keramik

Darin besteht eine lange Tradition auf Thíra, speziell in Akrotíri. Die Entwicklung reicht zurück bis in die spätneolithische Zeit. Tausende eigene und importierte Vasen zeigen Szenen aus dem alltäglichen Leben, der Religion und legen ökonomische Kontakte offen. Exponate: zylindrische Pithoi mit Delfinen und Lilien.

Firá (Thíra)
Karte Umschlagklappe vorne

D 4.1. Gegenstände für den täglichen und spirituellen Gebrauch

Sehr gut erhaltene Vasen, Lampen, Flakons, Becher, Schalen, Gefäße und Tieridole (Löwenkopf, Bulle und männliches Schwein).

D 4.2. Eigene und importierte Keramik

Die gefundenen Stücke stammen bisher zu etwa 85 % aus eigener und ca. 15 % aus fremder Produktion. Hier vor allem aus Kreta, den anderen Kykladen, vom Dodekanes und dem griechischen Festland, aus Kleinasien, Zypern und Syrien. Exponate: vor allem Krüge und Becher.

D 4.3. Technologie der Keramik

Bisher konnte noch keine Werkstatt ausgegraben werden. Wahrscheinlich lagen sie außerhalb der Stadt. Dennoch lassen sich durch die Vielzahl der Stücke Aussagen treffen. Exponate: größere Vasen und Amphoren zu Aufbewahrungszwecken, Vasen mit Blumen- und Palmendekor, Vasen und Töpfe für Blumen.

D 4.4. Kunst der Keramik

Keramische Kunst wurde sehr innovativ und kreativ aus kykladischer und minoischer Tradition entwickelt. Ausgestellt sind einige sehr schöne, mit Adlern, Schwalben, anderen Vögeln, Delfinen, Ziegen, Palmen und menschlichen Gestalten, bemalte Stücke: Vasen, Krüge, Siebe, Krug mit Doppelsieb und Töpfe.

D 5. Von den Vasenmalereien zu den Wandmalereien

Die Wandmalereien entwickelten sich aus den Vasenmalereien. Nur Erklärungstafeln, keine Exponate.

D 6. Juwelen: Hinweise auf die prachtvolle äußere Erscheinung

Es wurden nur sehr wenige Stücke entdeckt, weil die Bewohner Akrotíris auf der Flucht ihre persönlichen Wertgegenstände wahrscheinlich alle mitnahmen. Gefunden wurden Schmucksteine, Gold, Kristall, Bronze, Knochen und Elfenbein. Die daraus produzierten Ohrringe, Ketten und Anhänger sind anhand der Frauendarstellungen auf den Wandmalereien gut zu erkennen. Exponate: Ketten und Kettenglieder aus Steinen, Bronzenadeln und -ringe, ein Gold- und ein Kristalljuwel.

D 7. Der kosmopolitische Hafen aus der Bronzezeit

Vom Neolithikum bis zur Glanzzeit Akrotíris bestanden weitreichende Kontakte zwischen der Hafensiedlung und anderen Gebieten und Kulturen. Dafür sprechen u. a. die afrikanischen Motive der Wandmalereien, z. B. die „Blauen Affen" und die Reste weiterer Malereien (Affen, Vögel und Palmen). Die ausgestellten Vasen (teils aus Marmor), Amphoren, Becher und Deckel stammen aus Náxos, Kéa, Aégina, Argolís, Korínth, Kós, Kreta (Knossós und Ost-Kreta) und aus dem östlichen Mittelmeerraum.

D 7.1. Die Wandmalereien der „Blauen Affen"

Die „Blauen Affen" wurden an der nördlichen und westlichen Wand des Raumes Beta 6 gefunden (Plan vorhanden). Sie stammen aus spätkykladischer Zeit, dem 17. Jh. v. Chr. Die gefundenen Reste wurden im Hintergrund durch Konturen des Gesamtwerkes ergänzt, sodass man einen guten Eindruck vom ehemaligen Aussehen bekommt.

D 7.2. Die Figur der „Goldenen Ziege"

Dieses einmalige Stück wurde erst am 12. Dezember 1999 bei Ausschachtungen für ein weiteres Schutzdach gefunden. Die ca. 11 cm lange und 9 cm hohe Figur ist der erste nennenswerte Gegenstand aus purem Gold, der in Akrotíri gefunden wurde. Sie befand sich in einer (nicht mehr erhaltenen) Holzkiste, die ihrerseits in eine Tonurne eingesetzt war. Vermutlich handelte es sich um ein sehr aufwändig und in mehreren Schritten hergestelltes Weihegeschenk. Da zum Entdeckungszeitpunkt das Museum schon fast eröffnet wurde, musste man bei der Präsentation des sensationellen Fundes etwas improvisieren.

Archäologisches Museum Firá

Gegenüber der Seilbahnstation. Große Sammlung von Vasen, Amphoren und Terrakottafiguren von der Prähistorie bis zu rot- und schwarzfigurigen Stücken der klassischen Antike. Die älteste Keramik stammt von den deutschen und griechischen Ausgrabungen in Akrotíri, das meiste aber aus Alt-Thíra (siehe dort). Insgesamt sehr viele Exponate auf engem Raum. An der Seitenfront befindet sich eine Gedenktafel an den Baron Friedrich Wilhelm Hiller von Gaertringen, der Alt-Thíra Ende des 19. Jh. auf eigene Kosten ausgrub.

• *Öffnungszeiten*   Di–So 8.30–15 Uhr. Mo und an Feiertagen geschl. ✆ 22860-22217.

• *Eintrittspreise*   Erwachsene 3 €, ermäßigt 2 €, inklusive Eintritt in das Prähistorische Museum.

• *Fotografieren* im Innenraum verboten, im Hof nur ohne Blitzlicht erlaubt.

Rundgang

Beschriftung der Exponate in griechischer und englischer Sprache: zunächst die Bezeichnung des Fundstückes, dann der Fundort und wenn möglich die Ausgrabung.

Zu sehen gibt es (in nicht nummerierter Reihenfolge) u. a.: prähistorische Vasen aus Akrotíri; mykenische Vasen; Überreste von Skulpturen und Koúroi (6. Jh. v. Chr.) aus Alt-Thíra; Gefäße aus den Werkstätten von Alt-Thíra; Amphoren in diversen Größen und Erhaltungszuständen; kretische Amphoren aus Alt-Thíra; Amphoren mit Relief-Dekorationen; Fundstücke aus dem Aphrodíti-Heiligtum in Alt-Thíra (8.– 7. Jh. v. Chr.); Grabsteinteile aus Alt-Thíra; Kopf eines archaischen, weiblichen Koúros (6. Jh. v. Chr.) von der Agorá aus Alt-Thíra; protokorinthische Vasen; Tonfiguren vom Friedhof Alt-Thíras (2. Hälfte des 7. Jh. v. Chr.); geometrische Amphoren (8. Jh. v. Chr.); Teile eines Koúros (2. Hälfte des 7. Jh. v. Chr.); kretische und kykladische Amphoren (8. Jh. v. Chr.); Teile einer Statue aus archaischer Zeit; phönizische Scherben; ionische Tassen (6. Jh. v. Chr.); Platten und Teller aus Rhódos (6. Jh. v. Chr.); korinthische Vasen und Teller; Amphoren und Teller aus Oía und Kamári (6. Jh. v. Chr.); archaischer Löwe aus Marmor (6. Jh. v. Chr.); schwarze Vasen im attischen Stil aus einem Grab aus Alt-Thíra (6. Jh. v. Chr.); Vasen mit schwarzen Figuren im attischen Stil mit den Götter-Motiven Athená, Herakles, Apóllon und Ártemis; attische Schale mit Griffen: Poseidon greift den Gianten Polybios an, außen ein Hoplitenheer mit Reitern vom Friedhof in Alt-Thíra (3. Viertel des 6. Jh. v. Chr.); attische Rotfigur-Vasen (Mitte des 5. Jh. v. Chr.); atti-

Keramikvase im prähistorischen Museum

sche Tassen (6. Jh. v. Chr.); Kopf eines jungen Mannes aus dem Gymnasion Alt-Thíras; Ton-Statuetten von Vögeln, Ziegen, Schweinen, Rindern, Enten, Delfinen sowie menschliche Idole und ein Pferdekopf vom Friedhof in Alt-Thíra (6. Jh. v. Chr.); Grabtisch mit Relief (3. Jh. v. Chr.); Kopf der Agrippina (1. Jh. n. Chr.); Fragmente santorínischer Gräber (5. Jh. n. Chr.); Kopf einer Grabstatue aus Méssa Goniá; Säulenteile aus einer pariotischen Werkstatt (5. Jh. v. Chr.); Kopf der Aphrodíti aus Alt-Thíra; Kopf der Faustina (2. Jh. n. Chr.); Aphrodíti-, Herakles- und Tyche-Statuen ohne Kopf aus Alt-Thíra.

Im **Raum rechts vom Eingang** befinden sich weitere Statuenteile und -köpfe sowie Reliefs aus römischer und hellenistischer Zeit.

Im **Innenhof** mit der durchs Dach wachsenden Palme sind Säulenreste, Kapitelle, Statuen, Grabsteine, Inschriften, Grabstelen, Pithoi und eine antike Sitzbank ausgestellt.

Museum Mégaron Ghízi

Das ehemalige Haus der alteingesessenen venezianischen Familie Ghízi steht im katholischen Kirchenbezirk und stammt von etwa 1700. Beim Erdbeben von 1956 wurde es völlig zerstört. Als der älteste Sohn der Familie starb, übereigneten es die Ghízi der katholischen Kirche, die es restaurierte und das Museum einrichtete.

Firá (Thíra)
Karte Umschlagklappe vorne

Die blauen Affen gehören zu den wichtigsten Wandmalereien aus Akrotíri

● *Öffnungszeiten* Mai bis 20. Sept. Mo–Sa 10.30–13.30 Uhr und 17–20 Uhr, So geschl.; 21. Sept. bis Ende Okt. Mo–So 10–16 Uhr, So geschl. ✆ 22860-22244.
● *Eintrittspreise* Erwachsene 3 €, erm. 1,50 €.

Rundgang

Eingangsraum: In den Vitrinen Dokumente von der katholischen Diözese Santoríni. Verträge, Urkunden, Testamente und Briefe, ältestes Schriftstück von 1573. An den Wänden alte Landkarten unterschiedlicher Qualität, ältestes Stück von 1550. Die Karten umfassen auch andere Inseln wie Náxos (1572), Mýkonos, Kéa, Sérifos, Kreta, Kíthira sowie Gesamtansichten der Kykladen und Griechenlands.

Raum links vom Eingang: In der Vitrine Mineralien von verschiedenen Orten und von verschiedenen Ausbrüchen überall auf der Insel: schwefel-, kupfer- und eisenhaltige Gesteine, gelb, rot, grün und blau. An den Wänden Darstellungen der typisch santorinischen Frauen- und Männerkleidung aus dem 18. und 19. Jh. Außerdem Stiche und Drucke von Kratern und Dörfern, allesamt santorinische Ansichten aus dem 18. und 19. Jh.

Raum geradeaus vom Eingang: Berichte der „London News" vom 17.3.1866, 31.3. 1866 und 23.7.1870 über die gerade aktive Ausbruchsphase des Vulkans. Außerdem weitere Inselansichten (meist Drucke) aus dem 19. Jh., teils sogar in Farbe. Neben Santoríni werden auch Náxos, Sýros, Tínos und Sífnos dargestellt.

„Erdbeben"-Raum: Die Fotodokumentation aus der Zeit vor und unmittelbar nach dem Erdbeben von 1956 ist sicherlich der Höhepunkt der Sammlung. Sehr sehenswerte SW-Bilder von Oía, Firá, Höhlenwohnungen, Kirchen und Kapellen sowie dem Kraterrandweg vor der Katastrophe. Direkt daneben befinden sich die Fotos von den angerichteten Zerstörungen und den anschließenden Aufräumarbeiten in Häusern, Gassen und Kirchen. Eine Fotoserie umfasst den zerstörten katholischen Dom. Eindrucksvoll und beklemmend zugleich zeigen die Bilder, dass man sich hier auf einem Stück Erde befindet, welches noch immer nicht zur Ruhe gekommen ist. Im gleichen Raum sind auch einige Gipsnachbildungen sowie alte Gebrauchsgegenstände ausgestellt.

Raum im 1. Stock: An der Treppe hinauf passiert man den Stammbaum der Ghízi-

Familie. Oben befindet sich eine Gemäldesammlung bekannter griechischer Maler – moderne Bilder, überwiegend Aquarelle und Kreidezeichnungen, teils auch im primitiven Stil.

Pétros-M.-Nomikós-Konferenzzentrum

Dieses besonders sorgsam restaurierte klassizistische Gebäude mit herrlichem Caldéra-Blick liegt ein Stück nördlich vom Kirchenbezirk (zu erreichen über den Odós Agíou Ioánnou). Die hier ansässige „Thíra-Stiftung" hat es sich zur Aufgabe gemacht, die kulturelle Entwicklung Thíras zu fördern. Gesponsert werden u. a. geologische und archäologische Forschungen. Großes Highlight sind aber die hier ausgestellten Kopien aller 40 bisher restaurierten *Wandbilder* aus Akrotíri, die nach kompliziertem vermessungstechnischem Verfahren hergestellt wurden und so für größtmögliche Authentizität bürgen. Die Exponate sind in einem ehemaligen Weinkeller untergebracht, daher herrschen recht kühle Temperaturen von etwa 19 °C.

• *Öffnungszeiten* 1. Mai bis 30. Okt. tägl. 10–20 Uhr. ✆ 22860-23016, 22860-23017-19, www.therafoundation.org und www.theraconferences.gr.
• *Eintrittspreise* Erwachsene 3 €, erm. 1,50 €, Kinder gratis. Die Erlöse gehen komplett in die Finanzierung der laufenden Ausgrabungen.
• *Führung* per Kopfhörer und Kassettenabspielgerät, auch in deutscher Sprache verfügbar. 3 € pro Pers. (zusätzlich zum Eintrittspreis).
• *Verbote* Fotografieren, Filmen, Rauchen und Anfassen der Exponate.

Rundgang

Unser Rundgang startet neben dem Eingang und endet im höher gelegenen Raum. Die Nummerierungen der Exponate stammen aus Akrotíri und sind nicht in aufsteigender Reihenfolge. Wir folgen dem Rundgang:

Eingangsraum: 7. Miniatur-Fries: Versammlung auf dem Hügel und Schiffswrack; 6. Miniatur-Fries: Flusslandschaft; 8. Miniatur-Fries: Flotille (sehr bedeutend); 15./16. Blaue Affen (sehr bedeutend); 37. Antilope; 36. Altar mit Affen; 38. Wilde Enten; 10. Junge Priesterin; 26. Blumenvase; 18. Boxende Knaben (sehr bedeutend); 19. Weiße Antilopen (sehr bedeutend); 30. Marmorbearbeitung; 9. Nackter Fischer (sehr bedeutend); 29. Marmorbearbeitung; 17. Kühe; 35. Fries mit Spiralen.

Seitenraum im Gang: 11. Halb-Ikrion (dekorative Motive, z. B. Girlanden); 22./23./21. Ikrion; 24./25. Zwei Ikria.

Höher gelegener Raum: 12./13./14. Frühlingsbild mit Lilien (sehr bedeutend!); 33. Verehrungsszene; 31./32. Safran-Sammler; 20. Herrin der Tiere und Safran-Sammler; 34. Rosetten; 40. Nackter Jüngling; 39. Erwachsene Frau; 41. Nackter Jüngling; 1./5. Frauen; 2./3./4. Meeresnarzissen.

Folklore-Museum

Das vor noch nicht allzu langer Zeit eröffnete Folklore-Museum liegt im Ort Kontochóri, der aber längst mit Firá und Firostefáni zusammengewachsen ist. Man folgt der unterhalb des Busbahnhofs verlaufenden breiten Straße Richtung Oía (vorbei am Hotel Lignós). Von hier aus befindet sich das Museum nach ca. 500 m auf der rechten Seite leicht unterhalb der Straße. Emmanouíl Lignós hat seine auf der ganzen Insel zusammengetragenen Stücke in dieser Privatsammlung der Öffentlichkeit zugänglich gemacht. Im Hof des Museums liegt eine Kirche, die Ágios Konstantínos und Agía Eléni geweiht ist.

• *Öffnungszeiten* März bis Okt. tägl. 10–14, 18–20 Uhr. ✆ 22860-22792, emlignos@otenet.gr.
• *Eintrittspreise* Erwachsene 3 €, erm. 1,50 €.
• *Führung* entweder durch den Besitzer Emmanouíl Lignós oder seine Schwester. Beide sprechen Englisch.

Firá (Thíra)
Karte Umschlagklappe vorne

Rundgang

Höhlenkeller: Im alten santorinischen Stil hat man den Keller mit mehreren Seitenhöhlen bis zu 35 m weit in den Bims hineingegraben. Hier konnte man Lebensmittel kühl, trocken und erdbebensicher lagern. Auffällig ist das in allen Bimshöhlen auftretende Fehlen des typischen Geruchs von stehender, feuchter Luft.

Gegenüber und neben dem Höhlenkeller: Ehemalige Tischlerwerkstatt mit Werkbänken sowie Werkzeugen aus Metall und Holz. Weinfässer unterschiedlicher Größe. 1861 erstmals benutzte Weinpresse für den „Fußbetrieb", außerdem eine moderne Presse nebenan.

Angrenzend im Innenhof: Einrichtung einer traditionellen *Höhlenwohnung* mit altem Metallbett, Holzbett mit Baldachin, Babywiege, Tischen, Schrank, Kleiderschrank mit alten Frauen-Trachten und Männer-Kleidung, Sofa, Glas, Porzellan, Stickereien, Lampen, Gemälde und sogar ein altes Grammophon ist vorhanden. Nebenan befindet sich ein *Lagerraum* mit Gefäßen für Öl, Wein, Getreide und Fáva-Bohnen usw. in Schalen und kleinen Amphoren. Außerdem eine *Küche* mit Holzkohleofen, Töpfen aus Metall und Ton, Pfannen, Sieben, Kaffeemühlen, Gewichten und einer alten Waage. In der Ecke der Küche ist ein alter Mahlstein für Fáva-Bohnen zu bewundern, wie ihn die Frauen früher bedient haben. An der Stirnseite des Hofes liegt eine ehemalige *Schmiedewerkstatt* mit Hammer, Amboss, Töpfen, Kannen, Kanistern und anderen geschmiedeten Gegenständen. Gleich nebenan befindet sich auch eine alte *Schusterwerkstatt*, in der eine Nähmaschine für Leder, Schusterwerkzeug und Größenmodelle aus Holz ausgestellt sind.

Räume im 1. Stock: In der *Museumsbibliothek* sammelt der Besitzer sämtliche verfügbaren Druckerzeugnisse über Santoríni, sogar touristische Werbebroschüren. Herr Lignós verlegt auch eine monatlich erscheinende Inselzeitung über Santoríni. Nebenan kann man eine kleine Gemäldegalerie mit ausschließlich santorinischen Motiven in Öl, Kreide, Bleistift oder Aquarell von diversen griechischen Künstlern bewundern.

Kirche Ágios Konstantínos & Agía Eléni: Im Hof des Museums wurde auch eine Kirche errichtet. Alte hölzerne Altarwand mit vier großen und zehn kleinen Ikonen in der Reihe darüber. Die Namensikone befindet sich direkt am Eingang, in der Apsis einige sakrale Kunstgegenstände. Zwar nicht sehr alt, aber eine der wenigen Inselkirchen, die besichtigt werden kann.

Nähere Umgebung von Firá

Südlich von Firá liegen die großen Bimssteinbrüche der Insel, „Baládes" genannt. Richtung Norden, den schon erwähnten Kraterrandweg entlang, kommt man in die Dörfer *Firostefáni* (→ oben) und *Imerovígli* (→ Inselnorden). Gegenüber dem Trubel in Firá breitet sich hier noch wohltuende Ruhe aus: herrliche Kraterpanoramen im Zusammenklang mit bildschöner Kykladenarchitektur.

▶ **Alte Leprastation**: südlich von Firá, in der Nähe des Müllverbrennungsplatzes am Kraterrand. Von der Straße Richtung Süden ist etwa 1,2 km außerhalb der Stadt rechts kurz vor der Tankstelle (auf der linken Seite) ein kleines blaues Metallkreuz am Kraterrand zu sehen. Dahinter liegen die verschlossenen Höhlen und die ebenfalls unzugängliche Kirche der ehemaligen Leprastation, die noch bis in die fünfziger Jahre hinein bewohnt war. Das Gelände wird heute zwar noch regelmäßig frisch gestrichen, lohnt aber die unangenehme (und sicherlich nicht gerade gesundheitsfördernde) Anfahrt durch den Gestank des Müllverbrennungsplatzes eigentlich nicht.

• *Zufahrt* Etwa 1,2 km stadtauswärts von Firá Richtung Süden zweigt von der Straße am Kraterrand kurz vor der Tankstelle die beschilderte Zufahrt zum Müllverbrennungsplatz nach rechts ab. Zwar ist diese Straße für Privatfahrzeuge verboten, aber man sollte bis etwa 100 m vor das Metalltor des Müllplatzes fahren und dort sein Fahrzeug abstellen. Von hier aus wandert man etwa 200 m über das Stoppelfeld Richtung Kraterrand und erreicht kurz vor den Bimsbrüchen die Eingangspforte der Leprastation.

Oía gilt vielen als der schönste Ort der Insel

Inselnorden

Die einzigen größeren Ortschaften im äußersten Inselnorden sind Oía und das kurz davor liegende Finikiá, weiter südlich thront Imerovígli auf dem höchsten Punkt des Kraterrands. Zwischen Firá und Oía verläuft eine schmale Höhenstraße nah an der Caldéra, von der man immer wieder Superblicke tief hinunter zur Ostküste hat. Eine ruhigere Alternative ist die Fahrt auf der küstennahen Straße über Vourvoúlos und Porí.

Oía (sprich: „Ia") gilt vielen Santoríni-Liebhabern als schönster Ort der Insel. Ein faszinierendes Labyrinth von Treppengässchen, Flachhäusern, Gewölbedächern und Kirchenkuppeln beherrscht die Szenerie, dazwischen liegen alte Höhlenwohnungen, die man z. T. auch mieten kann. Postkartenmotive mit traumhaften Kykladenidyllen finden sich an jeder Ecke. Allabendlich fahren Horden von „Sunset"-Fotografen Richtung Oía, da der Ort fast schon als Synonym für Sonnenuntergangsromantik gilt.

Auch das idyllische *Imerovígli* liegt am Kraterrand und besitzt mit dem vorgelagerten *Skáros*-Felsen ein imponierendes Naturdenkmal. Ansonsten gibt es mit dem *Baxédes* einen langen, in der Nebensaison fast menschenleeren Strand, der sich auf fast 5 km Länge an der Nordküste entlangzieht. Weitere Strände schließen sich an der Ostküste bis auf die Höhe von *Vourvoúlos* an, das in einer Erosionsrinne liegt und wegen seiner alten Höhlenwohnungen sehenswert ist.

Tipp: Eine reizvolle Alternative zur Fahrt von Firá nach Oía per Bus oder Mietfahrzeug ist unsere Wanderung über Firostefáni und Imerovígli am Kraterrand entlang (→ S. 156).

Imerovígli

Der höchstgelegene Ort am Kraterrand, gerne als "Balkon von Santoríni" bezeichnet, ist nur knapp 2 km von Firá entfernt. Noch Mitte der Achtziger war er vom Tourismus völlig verschont. Inzwischen breiten sich aber auch hier an der Caldéra zahlreiche neue, ästhetisch wohlgeformte Wohnkomplexe aus, darunter so manche hochpreisige Luxusanlage. Dennoch ist es deutlicher ruhiger als in der Inselhauptstadt. Der mächtige Skáros-Felsen dominiert die Caldéra-Szenerie.

Im Mittelalter und zu venezianischer Zeit war Imerovígli bzw. der vorgelagerte Berg Skáros einer der wichtigsten Inselorte. Piraten machten damals ständig die Ägäis unsicher und von hier hatte man einen optimalen Blick über die gesamte Caldéra. Als die Piratengefahr weitgehend gebannt war und zudem Ende des 18. Jh. Bergrutsche und Risse im Gestein das Wohnen zusehends gefährlicher machten, errichtete man an einer deutlich niedrigeren Stelle Firá, die heutige Hauptstadt, und einige wenige Herrenhäuser im heutigen Imerovígli. Das eigentliche „Wachstum" des Ortes begann erst mit dem Tourismus.

Wer von Firá über den gestuften Kraterrandweg in gut 20 Minuten zu Fuß hinaufkommt, trifft zunächst auf das mächtige *Frauenkloster Ágios Nikólaos* vor dem Ortseingang. Bald dahinter erscheinen die nach dem Erdbeben restaurierten Häuser und zahllose Neubauten. In der Ortsmitte liegt die sehenswerte *Kirche Panagía Maltésa* (direkt an der Kraterrandgasse). Kurz zuvor trifft man auf eine weitere Kirche: *Ágios Geórgios*. Von hier aus zieht sich ein Treppenweg ein Stück den Kraterrand hinunter und wieder hinauf auf den *Skáros*.

*V*erbindungen/*A*dressen

● *Zu Fuß* Auf dem Kraterrandweg gelangt man von Firá über Firostefáni in ca. 20–30 Min. nach Imerovígli.

● *Bus* Busstopp auf der viel befahrenen Linie Firá–Oía liegt an der Durchgangsstraße. Zum Kraterrand sind es nur wenige Meter. Fahrzeit vom Busbahnhof in Firá ca. 8 Min.

● *Taxi* Standplatz an der Platía links der Straße Richtung Oía. Hier stoppt auch der Bus. Ein Taxi von Firá kostet ca. 4 €.

● *Auto- und Zweiradvermietung* **Sunbird**, etwas unterhalb der Busstation an der Durchgangsstraße. Ein freundliches, junges Paar vermietet Zweiräder von 50–250 ccm und Autos aller Klassen. Jedes Jahr neue Modelle. Straßenservice rund um die Uhr und überall auf der Insel, Bringservice zum Hafen, Flughafen und Hotel. Wer mit diesem Buch kommt, erhält bei Autos 15 % und bei Zweirädern 10 % Rabatt. ✆ 22860-25672 o. 6979-781073, www.sunbird-santorini.gr.

*Ü*bernachten

Am Kraterrand liegen zahlreiche neue, komfortable und entsprechend hochpreisige Apartmentanlagen, die vor allem pauschal gebucht werden. Fast immer ist ein Pool mit Kraterblick vorhanden. Weiter zur Straße hin gibt es günstigere Übernachtungsmöglichkeiten.

*** Hotel Spilótica, an der Caldéra. Der Besitzer des „Blue Note" (siehe S. 136) vermietet Suiten und Apartments für 2–6 Pers. Die Suiten sind luxuriös mit Antiquitäten aus ganz Griechenland eingerichtet, teilweise Maisonette, jeweils mit zwei Bädern und Balkonen. Jede verfügt über mehr als 80 qm Wohnraum im santorinischen Stil. Die Apartments sind etwas einfacher und verfügen jeweils über Küche, Kaffeemaschine, Klimaanlage und Sat-TV. Angeboten werden auch Studios. Neuer Pool und Bar

Imerovígli und der markante Skáros-Felsen

inmitten der Anlage. Studio ca. 150–176 €, 6-Pers.-Apt. oder Suite ca. 390 €, jeweils mit Frühstück. ℘ 22860–22637, ℮ 22860-23590, www.spiliotica.com.

**** Hotel Androméda Villas, an der Caldéra im oberen Ortsteil. Etwa 50 Räumlichkeiten, weitgehend im Höhlenstil liebevoll terrassenartig in die Caldéra-Wand hineingebaut. Unterschiedliche Größe und Ausstattung, vom kleinen Studio über Maisonette bis zur Luxussuite. Alle geschmackvoll eingerichtet, mit kleinen Meerblick-Balkonen, Küche, Klimaanlage, Telefon, Radio, Sat-TV und Safe. Frühstücksterrasse am Pool, einmal wöch. „Griechischer Abend" mit Livemusik. Pauschal über Attika. Je nach Saison DZ ca. 169–237 €, Suite 268–374 €. Üppiges Frühstücksbuffet für 14 € pro Pers. ℘ 22860-24844, ℮ 22860-24847, www.andromeda-santorini.com.

**** Hotel Sunny Villas, neu erbaute Apartmentanlage im traditionellen Stil mit wunderschönem Blick auf den Vulkan. Die freundliche Familie Marinis vermietet 20 individuell gestaltete Studios und Suiten, fast alle im Höhlenstil. Hausherr Spíros spricht Deutsch. In der Außenanlage kleiner Swimmingpool mit Bar. Frühstück auf der Terrasse. Studio ca. 110–160 €, Suite ca. 250–300 €. ℘ 22860-22324, ℮ 22860-22380, www.sunnyvillas.gr.

**** Hotel On the Rocks, schöne, elegante Anlage ganz in Weiß, hübscher Pool, exquisite Räumlichkeiten, "Member of the Small Luxury Hotels of the World". DZ mit Frühstück ca. 235–320 €. ℘ 22860–23889, ℮ 22860–22721, www.onrocks.net.

**** Langas Villas, kleine, komfortable Anlage an der Caldéra, der freundliche Eigentümer vermietet Studios und Apartments im Santoríni-Stil. Alle besitzen Küche, Wohnecke, Klimaanlage, TV und einen Balkon mit Caldérablick. Frühstück wird im Zimmer oder auf der Terrasse serviert. Mit Jacuzzi und einem Pool, der teilweise in einer Höhle liegt. Studio ca. 125–160 €, Apt. 115–145 €, Frühstück extra 7–10 €. ℘ 22860–22715, ℮ 22860–24096, www.langasvillas-santorini.com.

**** Prékas Apartments, die nördlichste Anlage am Kraterrandweg, architektonisch interessant, da teilweise ruinenhaft belassen. Mit hübschem Panoramapool. Tägliche Reinigung. Studio ca. 115–190 €, Rabatt bei Onlinebuchung. ℘ 22860-28750, ℮ 22860-28751, www.prekasapartments.com.

*** Hotel Apólafsi Villa, an der Caldéra im oberen Ortsteil. Georgía Drósou vermietet sechs Studios für 2–4 Pers. mit voll ausgestatteter Küche, TV und Caldérablick-Balkon. Studio mit Frühstück ca. 90–190 €. ℘ 22860-24136, ℮ 22860-24861, www.apolafsivilla.gr.

*** **Hotel Méli Méli (= Honig)**, kleine, gepflegte Anlage mit sechs geräumigen Zimmern, hübschem Pool und Parkplatz. Freundlicher Service, zwei Minuten zum Kraterrandweg. DZ mit Frühstück ca. 90–160 €. ☏ 22860–28933, 📞 22860-28983, www.melisantorini.com.

** **Hotel Regina Mare**, neu renoviertes Haus am Kraterrand, alle Zimmer mit Caldérablick und geschmackvoll eingerichtet, Bäder etwas klein. Schöner Pool mit Poolbar, gutes Frühstück, freundliches Personal. Zu buchen über zahlreiche Online-Anbieter. ☏ 22860-25430, 📞 22860-25431.

* **Hotel Katerína's Castle**, das älteste Hotel von Imerovígli, Dímitris vermietet neun Höhlenzimmer am Kraterhang. Einfaches Haus mit nicht sehr großen Zimmern, blitzsaubere Bäder, Klimaanlage, Minibar und TV. Cafébar und Gemeinschaftsterrasse mit Caldérablick. DZ ca. 75–100 €. ☏ 22860-22708, 📞 22860-22014, www.hotel-katerina.gr.

* **Hotel Villa Anatolí**, ruhige Lage in einer vom Kraterrand zurückgesetzten Gasse nördlich des Hauptplatzes. Caldérablick nur vom Dachgarten. Neun Studios in einem zweistöckigen Haus, Blick auf den kleinen Pool des Hauses. Bäder sauber und okay, Küche, Balkon und TV. Studio mit Frühstück ca. 60–80 €. ☏ 22860-22178, 📞 22860-25427, www.anatolisantorini.com.

Essen & Trinken

Die Tavernenlandschaft von Imerovígli leidet etwas unter der Nähe zu Firá und Firostefáni. Zu Unrecht, denn das Ambiente an der Caldéra ähnelt dem der Hauptstadt. Nichtsdestotrotz gibt es auch hier gute und lohnenswerte Restaurants. Insbesondere abseits vom Kraterrand sinken die Preise auf ein normales Maß.

Anéstis, an der Durchgangsstraße von Firá nach Oía gelegen. Chef Anésti lebte elf Jahre in Deutschland und spricht hervorragend Deutsch. Seine Spezialität sind Fleischgerichte der traditionellen griechischen Küche, aber auch gefülltes und gegrilltes Gemüse. Besonders empfehlenswert vom Holzkohlengrill sind Lammkeule am Spieß und Lammkoteletts. Stifádo, Gýros, die *tomatokeftédes* und der scharf gewürzte Käsesalat schmecken ebenfalls lecker. Dazu gibt es Wein und Bier vom Fass. Wenn es der Restaurantbetrieb zulässt, spricht der freundliche Anésti auch gerne mit seinen Gästen. Plätze gibt es draußen und im Innenraum. Ab der Mittagszeit geöffnet, alle Speisen auch zum Mitnehmen. Günstige Preise.

Blue Note, über dem Skáros-Felsen mit herrlichem Ausblick gelegen – schön und teuer. Der Boss, ein amerikanisierter Grieche, serviert zu den Fisch- und Fleischgerichten seinen eigenen Wein in Weiß und Rot: „Ktíma Spilióti". Mit dem Rotwein hat er schon einen Preis gewonnen. Spezialität ist Hummer mit Spaghetti und Saganáki.

Außerdem gibt es auch Frühstück, Salate und Desserts wie z. B. hausgemachtes Tiramisu. Angenehme, leichte Hintergrundmusik (meist Jazz), passend zur Sonnenuntergangsromantik.

Skáros, Fischtaverne in wunderbarer Lage am Kraterrandweg, aufmerksam geführt, guter frischer Fisch des Tages. Ebenfalls nicht billig.

Vegéra, fast ganz oben am Hang, aber noch nicht an der Caldéra. Gleich nebenan liegt das Bürgermeisteramt. Rustikale Einrichtung, Tische innen und im Außenbereich. Unspektakuläre Inselküche. Preise im Rahmen.

Estía, Café neben dem Vegéra, freundliches, angenehmes Ambiente, Treffpunkt des einheimischen, meist jugendlichen Publikums. Im Angebot kühle Drinks und leckerer Frappé.

La Maltésa, Restaurant des gleichnamigen Hotels mit wunderschöner Aussichtsterrasse. Vorzügliche, kreative Haute Cuisine mit internationalem Einschlag, aufmerksamer, freundlicher Service. Teuer.

Sehenswertes

Kloster Ágios Nikólaos: das einzige orthodoxe Frauenkloster der Insel. Einige wenige Nonnen wohnen noch in dem einfachen, festungsartigen Bau mit seinen dicken Mauern. Besucher werden höflich, aber distanziert empfangen. Da das große Tor stets geschlossen ist, muss man zunächst die Klingelschnur („ring the bell") be-

tätigen und sich dann eine Weile gedul-
den, das Klosterleben läuft gemächlich
ab. Während das Außengebäude von
1674 stammt, wurde die Klosterkirche
erst 1820 errichtet. In dieser gibt es
zwei prächtige handgeschnitzte Holz-
ikonostasen zu bewundern. Ihre teils
vergoldeten Ikonen zeigen Darstellungen aus dem Alten Testament. Außerdem zahlreiche Porträts der ehemaligen
Inselbischöfe an den Wänden und wertvolle Stickereien. Um das Kloster liegen
noch alte Bruchsteinruinen vom Erdbeben im Jahr 1956.

Öffnungszeiten tägl. 8–12.30 Uhr und 16–
19 Uhr. Mi und Fr geschlossen. Einlass erfolgt nur in angemessener Kleidung. Unsere Spende wurde freundlich abgelehnt.

Kirche Panagía Maltésa: an der Kraterrandgasse, etwa in der Mitte des Ortes
hinter dem Spielplatz. Zu sehen gibt es
eine alte, handgeschnitzte Ikonostase
aus Holz mit fünf Oklad-Ikonen (Oklad
= getriebene Verkleidung aus Messing
oder Silber). Gleich links des Eingangs

*Blick von Imerovígli
nach Firá*

befindet sich eine ebenfalls okladüberzogene Darstellung des heiligen Georg. Besonders schön sind aber die Fresken, die alle Wände und auch die Kuppeldecke der
Kirche zieren. Leider lässt sich das stets verschlossene Gotteshaus nur kurz vor
oder nach den Gottesdiensten besichtigen.

Skáros: markanter, steil aufragender Felsklotz direkt vor Imerovígli am Kraterrand.
Hier hatten die Venezianer Anfang des 13. Jh. ihre größte Inselfestung Kástro errichtet, in deren Schatten sich die Häuser der Siedlung ausbreiteten. Erhalten ist
vom Palast und der Bischofskirche praktisch nichts mehr. Zwar wurde der Felsen
niemals erobert, doch nachdem die Türken nach Santoríni kamen, wurde das Kástro nicht mehr gebraucht und zu Beginn des 19. Jh. schließlich völlig aufgegeben.
Den Rest besorgte das Erdbeben von 1956. Durch die Erosion des locker gewordenen Gesteins rutschen immer wieder selbst größere Felsbrocken des Skáros ins
Meer ab. Vorsicht!

Eine gut ausgebaute Treppe führt von der Terrasse bei der hübschen *Kapelle Ágios
Geórgios* (gleich unter der Taverne „Blue Note") den Hang hinunter, vorbei an der
Kirche Ágios Ioánnis und über einen ca. 200 m hohen Sattel hinüber auf den Skáros.
Unterwegs liegen vom Erdbeben zerstörte Gebäudereste verstreut. Auf dem Sattel
ist an den Grundmauern einer Apsis beispielsweise eine ehemalige Kapelle zu erkennen. Wenn man den Felsen auf schmalen Wegen umrundet, trifft man ganz unvermu-
tet auf die wunderschön gelegene *Kirche Theosképasti.* Das Gipfelplateau kann nur
mittels einer kleinen Klettertour über eine Ruine erklommen werden – toller Blick
die wilde Küstenlinie entlang: Richtung Süden erkennt man Firá, im Anschluss
daran große Bimssteinbrüche im Kraterhang, dahinter erhebt sich der Profítis Ilías.

Von Firá auf der Kraterrandstraße nach Oía

Kurvenreiche und bisweilen enge Asphaltstraße, immer dicht am Krater-hang, aber selten mit Caldéra-Blick. Dafür schöne Sicht auf die Ost- und Nordküste der Insel. Auf der viel befahrenen Straße pendeln auch die öffentlichen Linienbusse zwischen Firá und Oía hin und her.

Von Firá aus passiert man zunächst Imerovígli (→ oben), dann folgen etwa 7,5 kur-venreiche Kilometer, bevor man Finikiá und Oía erreicht. Wunderschön sind von hier oben die zahllosen Terrassenhänge und Erosionsspalten zu sehen, die sich von Oía zur Ostküste ziehen. Nur ein Teil des weitgehend einsamen Gebiets wird noch landwirtschaftlich genutzt, Bauern- und Ferienhäuser sieht man ebenfalls nur ver-einzelt. Beeindruckend ist die Fahrt auf der engen Straße aber auch wegen der herr-lichen Farben des vulkanischen Gesteins. Insbesondere im Bereich des *Kókkino Vounó* ziehen sich tiefrote, schwarze, graue, braune und kleine gelbe Adern durch die uralte Schlacke.

▸ **Mikró Profítis Ilías**: 317 m hoher Berg am Kraterrand, etwa in der Mitte zwischen Finikiá und Imerovígli. Auf der engen Straße entlang der Ostseite passiert man die-se viertgrößte Erhebung der Insel. Die vulkanischen Auswurfschlacken sind hier etwa 100.000 Jahre alt. Für den Aufstieg empfehlen wir, unserer Wanderroute von Firá nach Oía zu folgen (→ S. 156).

  • *Essen & Trinken* **To Stéki tou Níkou**, Ta-verne und Café-Bar direkt unterhalb der Straße, kurz vor der Abfahrt nach Porí. Net-ter Zwischenstopp mit Blick hinüber zur Ostküste, nachmittags gibt es auch Kuchen und Eis.

▸ **Kókkino Vounó**: Die Inselstraße von Oía nach Imerovígli kurvt nördlich am 283 m hohen Gipfel vorbei. An der Südseite der Straße sind die vulkanischen Formationen hervorragend zu beobachten, die dem Berg seinen Namen gegeben haben: tiefrote Lavaschichten, die bis zu eine Million Jahre alt sind.

▸ **Mávro Vounó**: 329 m hoher Berg am Kraterrand östlich von Finikiá. Im Gipfelbe-reich dominiert schwarzes und graues Lavagestein, weiter unten auch heller Bims. Zur Besteigung empfehlen wir auch hier, unserer Wanderroute von Firá nach Oía zu folgen (→ S. 156). Die Kirche am Weg auf den Mávro Vounó heißt *Tímios Stavrós*.

Informationen zu **Finikiá**, dem Vorort von Oía, finden Sie auf S. 155.

Von Firá entlang der Ostküste nach Oía

Eine im Gegensatz zum "Kraterrand-Highway" deutlich weniger befahrene Straße führt von Kontochóri zunächst durch den Ort Vourvoúlos und dann im flachen Inselosten ebenfalls Richtung Oía. Unterwegs hat man Zugang zu einigen ruhigen Stränden, die auch in der Hochsaison kaum überlaufen sind. Es geht durch einsame Landschaften immer nah am Wasser entlang, ver-streut gibt es Unterkünfte und Tavernen – sehr ruhige und erholsame Ecke.

Vom unteren Teil des kleinen Ortes Vourvoúlos folgt nordwärts auf der Küstenstra-ße alsbald auf der rechten Seite die 1994 geweihte *Kirche Agía Iríni*, die allerdings

Traditionelle Höhlenwohnungen bei Vourvoúlos

Inselnorden

stets verschlossen ist. Etwa 1 km weiter trifft man auf die größere Anlage des *Ágios Artémios*. Danach führt die Straße weiter durch landwirtschaftlich genutzte Ebenen, wo hauptsächlich Korn und Wein angebaut werden. Westlich steigen die Abhänge des Vulkans sehr steil an, dennoch hat man hier einige Häuser errichtet, darunter eine neue Top-Anlage im Windmühlenstil. Immer wieder überquert man Spalten und kleinere Schluchten, an deren Hängen Einzelgebäude und Kirchen stehen. Etwa 1 km vor Porí kommt man an der ebenfalls verschlossenen *Kirche Análipsi* auf der linken Seite vorbei. Hinter dem Streuweiler *Porí* überquert die Straße einige Hügel. Bald erreicht man den lang gezogenen *Strand Baxédes* – Tipp für einen ruhigen Strandtag. Weiter geht es auf der mittlerweile durchgängig asphaltierten Straße in weitem Bogen hinauf in den Ortsbereich von Oía.

Vourvoúlos

Kleiner Ort in einem tiefen und steil abfallenden Erosionstal. Zu sehen gibt es eine verschlafene Platía und Höhlenwohnungen sowie etwas außerhalb die zwei Kirchen Agía Panagía und Ágios Artémios.

Der obere Ortsteil namens *Áno Vourvoúlos* zieht sich die Schlucht hinunter und der Odós Konstantínou Bellónia führt mitten hindurch. Einen Blick wert sind hier vor allem die alten Höhlenwohnungen, von denen einige immer noch als Wohnräume in Gebrauch sind und andere als Viehbehausungen genutzt werden. In *Káto Vourvoúlos*, dem unteren Ortsbereich, steht *Ágios Evstáthios*, die leider verschlossene Hauptkirche des Ortes. Hier, an der ausladenden Platía mit einer improvisierten Taverne, sieht man tagsüber fast nur alte Leute, die Jüngeren arbeiten im nahen Firá. Direkt an der Platía befindet sich auch ein Kriegsopferdenkmal. Weitere Höhlenwohnungen liegen am südlichen Ortseingang.

• *Verbindungen* Die Busse der Linie Firá–Oía stoppen auf Anfrage an der Kreuzung oberhalb des Orts. Von Firá kommend, biegt der Bus hier nach einem steil abschüssigen Stück nach links ab. Fahrzeit von Firá über Imerovígli ca. 10 Min. Ein Taxi kostet etwa 6 €. Die Strecke ist zu Fuß von und nach Firá in 30–40 Min. zu bewältigen.

● *Adressen* kleiner **Supermarkt** und **Kartentelefone** an der Platía.

● *Übernachten* *** Hotel Santoríni Villas**, zwischen den beiden Ortsteilen gelegen, von Áno Vourvoúlos aus auf der linken Seite. Vermietet werden zwölf im traditionel-

len Inselstil errichtete Apartments. Je nach Saison ca. 50–90 € für zwei Pers., 95–160 € für 4 Pers. ✆ 22860-22036, ✉ 22860-24677, www.santorinivillas.gr.

● *Essen & Trinken* **Roza**, in Káto Vourvoúlos an der südlichen Ortsausgangsstraße auf einer Hochterrasse. Nettes, hübsch begrüntes Plätzchen mit blauem Sonnendach. Blick leider ziemlich verbaut. Es gibt Fisch, Souvláki, Moussaká, Salate und Drinks.

▶ **Kirche Agía Panagía:** Die obere der beiden Kirchen ist von der Straße aus durch den Kinderspielplatz zu erreichen. Ihr Eingang liegt auf der etwas höher gelegenen Terrasse mit herrlichem Blick auf den flachen Ostteil der Insel. Während der Glockenturm frei steht, wurde die Kirche direkt an den Bimssteinhügel „geklebt". Im Innenraum finden sich eine handgeschnitzte und reich vergoldete Altarwand mit einer großen Muttergottes-Ikone sowie ein imposanter Kronleuchter.

▶ **Friedhof:** von der Platía aus an der Straße hinauf Richtung Imerovígli auf der linken Seite. Über eine Treppe gelangt man in den Hof. Die reicheren Familien des Ortes haben sich hier sehenswerte Grabkapellen im Miniaturformat errichtet, die um die einfachen Gräber in der Mitte herum angelegt wurden. Zum Teil wurden sie sogar mit Büsten und Porträts der Verstorbenen versehen.

▶ **Gialós Vourvoúlos:** Der kleine Strandabschnitt liegt etwa 1,5 km östlich des Ortes. Eine mittlerweile vollständig asphaltierte Straße zieht sich an Korn- und Weinfeldern entlang hinunter. Unten liegen ein kleiner Parkplatz und ein nicht sehr großer, betonierter Fischerboothafen. Der Strand besteht aus dunklem, mit Kies durchsetztem Lavasand und ist nur leidlich sauber. Scharfkantige Gesteine ziehen sich bis ins Meer hinein, daher besser Badeschuhe tragen, auch in der Nähe der Wellenbrecher. Interessanter sind aber ohnehin die auf beiden Seiten der Marína sich anschließenden Felsformationen der Bimswände. Von Wind und Wasser aus-

Die Kirche Ágios Artémios wurde in ein Hotel umgewandelt

gewaschen, haben sie bizarre Formen angenommen. Hier wurden auch ein paar Bootsgaragen in den Bims gegraben.

Kurz vor dem Vourvoúlos-Strand zweigt eine Schotter- und Sandpiste nach links zum *Gialós Xiropígado* ab. Der Weg lohnt eigentlich nicht. Man kann ihn sich und seinem Fahrzeug ersparen, ohne Nennenswertes zu versäumen – der Strand ist ähnlich wie Gialós Vourvoúlos ohne Einrichtungen.

• *Einrichtungen* **Sonnenschirmverleih** an der Taverne.

• *Essen & Trinken* **Limanáki**, in einem optisch recht auffällig mit dunklen Lavabomben gestalteten Haus direkt am Ende der Zufahrtsstraße. Tische an der Straße und im Innenraum. Es gibt Fisch- und Fleischgerichte sowie Spaghetti.

▶ **Kirche Ágios Artémios**: Knapp 2 km nördlich von Vourvoúlos steht diese große, blend weiß gekalkte Kirchenanlage aus dem 15. Jh. ein wenig abseits der Durchgangsstraße. Das Kuriosum: Der gesamte Komplex wurde vor einigen Jahren in ein Hotel umgewandelt. Eine Besichtigung der Kreuzkuppelkirche ist aber am Wochenende noch möglich. Die große hölzerne Ikonostase befindet sich hinter Glas, Fresken gibt es keine, dafür ist das Kircheninnere mit Blumentöpfen und Farnen begrünt. Am 20. Oktober wird ein großes Panigýri gefeiert.

• *Übernachten* **Ághios Artémios Traditional Houses**, frühere Kirche, die nun als Hotel genutzt wird. Die einstigen um den großen Hof in den Bimssteinhang gegrabenen Pilgerzellen für das Panigýri am 20. Oktober sind heute dezent-schick eingerichtete Zimmer und Suiten, dank des perfekten Mikroklimas sind sie im Sommer angenehm kühl. Dazu gibt es einen ebenfalls in den Bims gegrabenen Speisesaal, einen schönen Pool und einen Tennis-/Basketballplatz. Die Anlage ist beliebt für größere Feiern, Hochzeiten etc. Studio mit Frühstück ca. 80–120 €, Zwei-Raum-Suite für 4 Pers. ca. 180–240 €. ✆ 22860–25249, 📠 22860-28590, www.aghiosartemios.gr.

▶ **Porí**: Streusiedlung mit winzigem Kaíki-Hafen an der Nordostecke der Insel. Die Taverne "Porí" liegt oben an der Durchgangsstraße, daneben führt eine steile Treppe hinunter zu einem gut 400 m langen Strand aus schwarzgrauem Sand und Kies, hohe Felsen bieten etwas Schatten – dennoch ein kaum besuchter Ort und in der Nebensaison fast menschenleer.

Direkt nördlich von Porí liegen zwei größere, typisch santorinische Kirchenbauten mit Außenanlage links der Straße am Hang. Die kräftig blauen Kuppeln und das strahlende Weiß der Mauern heben sich eindrucksvoll von der grauschwarzen Lavalandschaft ab. Die nördlichere der beiden Kirchen wurde 1995 dem heiligen Georg geweiht. Von dort hat man einen schönen Blick auf die Küste und den steilen Vulkanhang.

• *Übernachten* **Ágia Iríni**, zwischen Voúrvoulos und Porí, nicht direkt am Meer. Kleine, aber saubere Doppelzimmer, teilweise mit Meerblick. Der Eigentümer ist Tischler und hat die Möbel selbst gezimmert. Schön bepflanzter Innenhof, kleiner Pool, herrliche Ruhe. Freundliche Familie, die älteren Leute sprechen allerdings nur ein paar Brocken Englisch. DZ ca. 35–70 €. ✆ 22860–24498, 📠 24498, www.santorini.com/hotels/agia-irini.

• *Essen & Trinken* **Porí**, in der Nähe vom Kaíki-Hafen auf einem Plateau direkt über der Küste. Tische im Innenraum und draußen am Wasser. Hübscher Ort, wo man bei Meeresrauschen romantisch speisen kann. Naturgemäß liegt der Schwerpunkt auf Fischspezialitäten, es gibt aber auch andere Gerichte.

▶ **Gialós Kouloúmbos**: Um das Kap von Kouloúmbos führt die Straße in Kurven herum. Gegenüber der großen Apartmentanlage "Soulis", die direkt an der Straße liegt, führt ein Weg hinunter zum etwa 200 m langen Strand, der sich recht pittoresk unter einer Kraterwand erstreckt.

Inselnorden

Am Strand Gialós Kouloúmbos

● *Übernachten* **Soulis Apartments**, 15 Apartments für 2–4 Pers. und einige größere Suiten, alle mit Klimaanlage und TV, weitgehend Meerblick, schöner Pool. Tägliche Reinigung. Preise auf Anfrage. ✆ 228 60–72073, www.soulisapartments.com.

Gialós Baxédes

Knapp 1 km hinter Porí beginnt ein langer Kies- und Sandstrand, der sich an der nördlichen Ostküste über fast fünf Kilometer bis zum Kávos Mavrópetra hinzieht. Von der mittlerweile durchgängig asphaltierten Straße hinter dem Strand zweigen überall kleine Stichpisten zum Meer ab.

Der Beach besteht aus grauschwarzem Lavasand, Kieseln und kleinen Felsbrocken. Dahinter ragen die hellen Bimssteinwände teilweise recht steil auf und geben dadurch sogar etwas Schatten. In der Nebensaison bietet der lange Strand, der auch *Parádisos* genannt wird, genügend Platz, um gänzlich einsame Stellen zu finden. An den Wochenenden und im Hochsommer ist er aber auch bei den Einheimischen ein beliebtes Ausflugsziel. Das Wasser zeigt sich sauber und klar, größerer Wellengang ist selten, aber Felsblöcke und Steinplatten im Meer erlauben nur vorsichtiges Schwimmen. Bei gutem Wetter hat man einen tollen Blick nach Anáfi und Íos, an besonders klaren Tagen auch bis Náxos.

Etwa 3 km hinter Porí steht die Kirche *Kyrá Panagía* im Inselinnern. Ein asphaltierter Abzweig führt hinüber, man kann sie etwas erhöht am Hang in südlicher Richtung gut erkennen. Über einen Stufenweg vom Ende der kurzen Zufahrtspiste gelangt man in wenigen Minuten zum Eingang, der leider meist verschlossen ist.

● *Verbindungen* Von Mitte Juni bis Mitte Sept. verkehren tägl. etwa 4–6 Busse von Oía.
● *Übernachten* **Vrachiá**, im südlichen Strandbereich, neu gebaute Studios und Apartments zwischen Straße und Strand, ruhig und einsam. Gutes Mobiliar, Klimaanlage, TV und Kitchenette, freundlich geführt von Familie Pagonis. Über dem Strand eine große Kiesfläche mit Liegestühlen zum

Sonnen. Studio ca. 40–60 €, Apt. für 4 Pers. ca. 60–80 €. ☎ 22860–71561, ✆ 22860-71177, www.santonet.gr/hotels/vrachia-studios.

Álmyra, unmittelbar neben dem Vrachiá, dieselbe Ausstattung zu denselben Preisen, ebenfalls freundlich geführt. ☎ 22860–71596, ✆ 22860-71718, www.almyra-studios.gr.

En Plo, im nördlichen Strandbereich, landeinwärts der Straße. Große, neue Anlage mit gut eingerichteten Studios und Apartments, schöner Pool und Spielplatz. Preise ja nach Saison und Größe ab ca. 70 €. ☎ 22860–71305, ✆ 22860-71573, www.hotelenplo.gr.

Parádisos, direkt an der Durchgangsstraße, schon recht nah an Oía. Zimmer auf mehrere Häuser verteilt: einige vorne im kykladischen Würfelhaus, der Rest weiter nach hinten versetzt und mit tonnengewölbtem Dach. Neuere Bauart, schlichte Einrichtung, aber alle mit Bad und Balkon/Terrasse. Straßenlärm hält sich in Grenzen. Je nach Saison ca. 35–70 €. ☎ 22860-71519, ✆ 22860-71771, www.paradisos-oia.com.

• *Essen & Trinken* **Finikiá**, etwa in der Mitte des Strandes direkt an der Durchgangsstraße. Hinter dem als Rundbogen gemauerten Eingang liegt ein kleiner Garten. Hier stehen Tische unterm Sonnendach. Die Speisekarte konzentriert sich auf Meeresgetier, es gibt aber auch Fleischgerichte, Spaghetti und gute Salate. Gäste, die nur einen Drink oder Kaffee wollen, sind ebenfalls willkommen.

Delfíni, bei der Anlage "En Plo" zwischen Straße und Strand, Terrasse mit Blick auf Oía, große Auswahl, aber nur in der HS geöffnet.

Parádisos, direkt an der Durchgangsstraße. Tische draußen auf beiden Seiten des Hauses, sodass man sich bei Wind immer die geschützte Terrasse aussuchen kann. Nett auch der kleine Teich im Garten. Gemauerter Holzkohlengrill direkt am Gebäude. Die Fischgerichte sind zu empfehlen, es ist aber auch schon zur Frühstückszeit geöffnet.

Domaine Sigálas: Bioweine aus Oía

Umgeben von Weinreben, die ganz untypisch für Santoríni nicht in "Nestern" am Boden wachsen, liegt die Kellerei des früheren Mathematikprofessors und heutigen Bio-Winzers Páris Sigálas (beschildert) etwas zurück von der Durchgangsstraße an der Zufahrt nach Finikiá. Vor einigen Jahren gab er seinen Beruf auf, um sich nur noch dem Wein zu widmen, und übernahm die einzige Kellerei im Inselnorden. Heute bewirtschaftet er 14 ha um Oía und weitere neun in Baxédes. Im Innenraum und auf der hübschen Terrasse kann man in aller Ruhe die sieben verschiedenen Weine kosten (Glas ca. 1 €), die z. T. als Qualitätsweine mit kontrol-

lierter Ursprungsbezeichnung (V.Q.P.R.D.) ausgewiesen sind, dazu gibt es leckere Snacks von Santoríni, z. B. *mavromatika* (schwarze Bohnen) mit Kapern. Stella berät fachkundig und freundlich. Zu erwerben sind auch getrocknete Tomaten, Favabohnen, Kapern, eingelegte Mandeln, Honig u. a.

Informationen zu den Weinen von Sigálas auf S. 87. Sigálas-Weine werden weltweit exportiert und können z. B. unter www.griechischer-weinversand.de (☎ 01805-880155) geordert werden.

Öffnungszeiten April/Mai und Okt./Nov. Mo–Fr 10–19, Sa/So 11–19 Uhr, Juni bis Sept. Mo–Fr 10–21, Sa/So 11–21 Uhr. ☎ 22860-71644, www.domaine-sigalas.com.

Bummel durch die Kraterrandgasse

Oía

Der frühere Seefahrerort wurde an der äußersten Nordspitze auf den Kraterrand und tief den Hang hinunter gebaut – ein faszinierendes Labyrinth aus Treppengässchen, Flachhäusern, Runddächern und Kirchenkuppeln, dazwischen sind alte Höhlenwohnungen in den weichen Bims gegraben. Wenig sichtbar Modernes stört die Szene, obwohl die meisten Häuser nicht viel älter als dreißig Jahre sind. Traumhafte Kykladenidylle, Postkartenmotive an jeder Ecke, am Lóntza-Kastell allabendlicher Auftrieb der Sunset-Fotografen.

Nur eine Minute, so lange dauerte das verheerende Erdbeben am frühen Morgen des 9. Juli 1956 – und Oía war ein Trümmerhaufen! Vieles hat man seitdem wieder aufgebaut und geschmackvoll restauriert, doch zwischen den Häusern sieht man noch immer Ruinen. Vor dem Erdbeben hatte Oía mehr als 8000 Bewohner – viele sind nach Athen gegangen oder ins Ausland. Die Stadt war eines der großen Wirtschaftszentren von Santoríni. Mehr als vier Fünftel der Männer fuhren zur See und brachten ihrer Heimat einen gewissen Wohlstand. Reiche Schiffseigner und Kapitäne errichteten einst die klassizistischen Gebäude oben auf den Klippen. Wo heute im Hafen ein paar bunte Kaíkia auf dem Wasser schaukeln, waren damals weit mehr als hundert Schiffe vorhanden. Doch der Reichtum ist für die Hiergebliebenen wieder zurückgekehrt – in Form des Tourismus. Die Grundstückspreise haben mittlerweile Münchner Niveau erreicht, und wer ein Hotel an der Caldéra besitzt, ist lebenslang saniert (zumindest aber bis zum nächsten Erdbeben). Außer dem Geschäft mit den Fremden und etwas Weinanbau gibt es allerdings keine anderen Erwerbsquellen. Wasser muss per Tankwagen von den Quellen bei Baxédes, Monólithos und Kamári geholt werden. Heute leben wieder etwa 500 Menschen ganzjährig in Oía, im Sommer gut das Zehnfache. Viele Künstler und Kunsthandwerker haben sich niedergelassen, Galerien und originell geschmückte Shops liegen an der schmucken, hübsch mit Marmor gepflasterten Hauptgasse, die 140 m über dem Meer parallel zum Kraterrand verläuft. Der museale und artifizielle Charakter des Städtchens wird von seinen geschäftstüchtigen Bewohnern wirksam unterstrichen – aus jeder zweiten Tür ertönt klassische, meditative oder besinnliche Musik, die Düfte von Räucherstäbchen und orientalischen Parfüms hängen in der Luft. Mit seiner ruhigen und gediegenen Atmosphäre gilt Oía als idealer Urlaubsort für frisch Verlobte und Hochzeitspaare.

Verbindungen

● *Eigenes Fahrzeug* gebührenfreier **Parkplatz** gleich bei der Busstation.

● *Bus* Der **Wendeplatz** am Rand des alten Zentrums in Oía ist Endstation der Buslinie von der Inselhauptstadt. Durch eine enge Gasse kommt man rasch zur langen Kraterrandgasse, immer den Massen nach. In der Saison pendeln mindestens alle 45 Min. Linienbusse von und nach Firá, trotzdem sind die Busse überfüllt (besonders eng wird es nach Sonnenuntergang in Oía, denn dann wollen oft gut hundert Leute und mehr gleichzeitig in den Bus nach Firá). Beeindruckend ist die Fahrt auf enger Straße mit schönem Blick tief hinunter auf die Ostküste. Weitere Haltepunkte liegen entlang der Straße und im Ortsbereich von Finikiá. Ein Bus-Abfahrtsplan befindet sich am Bus-

wendeplatz direkt vor dem Reisebüro. Fahrzeit Oía–Firá ca. 40 Min.
Außerdem gehen im Sommer 4–6 x tägl. **Badebusse** zum nahen Baxédes-Strand, auch Paradise genannt (→ S. 142).

● *Taxi* Hauptstandplatz ist der Buswendeplatz, außerdem gibt es zwei, drei weitere Stellen entlang der Straße. Ein Taxi von Firá nach Oía kostet ca. 18 €.

● *Schiff* Der kleine Hafen **Arméni** ist von Oía über einen langen Treppenweg ab der Hauptgasse zu erreichen (Beschilderung „Arméni Beach"). Hier starten die Ausflugsboote in die Caldéra (Néa Kaméni, Paléa Kaméni und Thirassía. Von **Ammoúdi** fährt ein Kaíki hinüber nach Thirassía.

Adressen

● *Ausflüge* per Kaíki auf die Inseln der Caldéra – Néa Kaméni, Paléa Kaméni und Thirassía. Buchung in den Reisebüros der Stadt oder direkt im Hafen.

● *Auto- und Zweiradverleih* **Oía Rent a Car & Moto**, an der Zufahrtsstraße nach Oía. Zweiräder von 50–250 ccm und Autos aller Klassen. Jedes Jahr neue Modelle. Straßenservice rund um die Uhr und überall auf der Insel, Bringservice zum Hotel. Einer der Angestellten spricht perfekt Deutsch. ☏/✆ 22860-71330.

● *Einkaufen* mehrere **Supermärkte** an der Kraterrandgasse, am Buswendeplatz und entlang der asphaltierten Straße Richtung Finikiá.

● *Erste Hilfe* ☏ 22860-71227.

● *Internationale Presse* in zahlreichen Läden entlang der Kraterrandgasse und im Supermarkt am Buswendeplatz.

● *Reisebüros* **Karvoúnis Tours**, an der Kraterrandgasse. Chef Márkos Karvoúnis ist in Oía aufgewachsen – er weiß bestens Bescheid. Tickets aller Art, Vermietung von Villen, Organisation von Hochzeiten und vieles mehr. ☏ 22860-71290, ✆ 22860-71291, mkarvounis@otenet.gr.

Ecorama, am Buswendeplatz. Infos und Zimmervermittlung. ☏ 22860-71507, ✆ 22860-71509, www.santorinitours.com.

● *Sonstiges* **WC**, **Geldautomat** und **internationale Presse (16)** am Buswendeplatz.

Übernachten (s. Karte S. 146/147)

In Oía gibt es hauptsächlich gediegene Unterkünfte in Höhlenwohnungen und traditionellen Inselhäusern am Kraterhang – meist 1- oder 2-Zimmer-Apartments inkl. Küche bzw. Kochnische. Zwar herrlicher Blick auf die Caldéra, eigene Terrasse, Pool etc., dafür in der Regel extrem hohes Preisniveau und keine tageweise Vermietung. Hotels gibt es nur eine Hand voll im Ort, weitere Übernachtungsmöglichkeiten findet man im Vorort Finikiá.

Inselnorden

● *Höhlenwohnungen* **** **Ikiés Traditional Houses (43)**, am östlichen Ortsrand direkt am Kraterrand. Vermietet werden zehn sehr teure traditionelle Häuser mit privater Atmosphäre im alten Inselstil. Geschmackvolle Einrichtung nach bestimmten Themen: z. B. Fischer-, Kapitäns- oder Winzerhaus, teils mit Wandmalereien. Alle mit Bad, Küche, Wohnzimmer, Klimaanlage, Sat-TV und Caldérablick-Veranda. Frühstück wird auf Wunsch auf der eigenen Veranda serviert. Pool mit Sonnenterrasse in der Anlage. Herrlicher Blick auf Oía, dessen Zentrum 8 Fußmin. entfernt liegt. Transfer zum Hafen und Flughafen. Preis mit Frühstück ca. 200–500 €. ℘ 22860–71311, ℘ 22860-71953, www.ikies.com.

**** **Cánaves Oía (42)**, im östlichen Ortsbereich am Kraterrand, komfortable, äußerst geschmackvolle und durchdachte Apartmentanlage mit zwölf traditionellen Höhlenwohnungen, die modernisiert und erweitert wurden. Sehr schöne, kühle Fliesenböden, z. T. historisches Mobiliar und Betten mit Steinfundament. Vor den verschieden großen Wohnungen für 2–5 Pers. jeweils Terrasse mit Sonnenschirmen und Sitzmöbeln. Schöner Pool mit Bar und Restaurant. DZ mit Frühstück ca. 300–470 €. ℘ 22860-71453, ℘ 22860-71195, www.canaves.gr.

**** **Filótera Villas (36)**, hübsche Anlage mit Pool am Kraterrand. María Xagorári und ihre gut Englisch sprechende Tochter Spiridoúla vermieten einige Apartments und Studios im Höhlenstil. Alle mit Balkon, kleiner Küche und z. T. Steinfundamentbetten mit Baldachin. Die Räumlichkeiten sind nicht übermäßig groß, aber hell in Weiß gehalten. Studio ca. 130–170 €, Rabatt bei Onlinebuchung. ℘ 22860-71110, ℘ 22860-71555, www.filoteravillas.gr.

**** **Golden SunSet Village (2)**, Höhlenwohnungen, Apartments und Studios gegenüber der Windmühle im Nordwesten der Stadt. Von einfachen Studios bis zur Maisonettewohnung für bis zu 5 Pers. ist alles vorhanden. Alle recht großzügig gehalten und ausgestattet. Meerblickbalkon, moderne Küche, TV und Safe. Einrichtung teils rustikal, teils helles Kiefernholz. Studio ca. 140–190 €, Apt. 150–210 €, jeweils mit Frühstück. ℘ 22860-71001, ℘ 22860-71107, www.goldensunsetvillas.com.

*** **Chelidoniá (29)**, neun traditionelle Höhlenwohnungen in herrlich exponierter Lage am Kraterhang im Zentrum des Orts. Die Österreicherin Erika Möchel und ihr griechi-

scher Ehemann Triantáfyllos Pitsikális vermieten sehr große, 2002 vollständig renovierte und gut ausgestattete Höhlenwohnungen (teils mit antiken Möbeln). Steinfundamentbetten, voll ausgestattete Küchen, alle mit Caldérablick-Balkon. Riesige Bäder, weiß gefliest, alles tipptopp sauber. Freundliche Vermieter und viele zufriedene Gäste. Studio bzw. 2-Pers.-Höhle ca. 140–160 €, Villa (Zweiraum-Höhle) ca. 165–180 €. ℘ 22860-71287, ℘ 22860-71649, www.chelidonia.com.

*** **Lauda (34)**, am Kraterrand unterhalb der Hauptgasse. Viel Ambiente und ganzjährig geöffnet. Christóforos Níkos Fítros vermietet 16 Zimmer, Studios und Apartments im

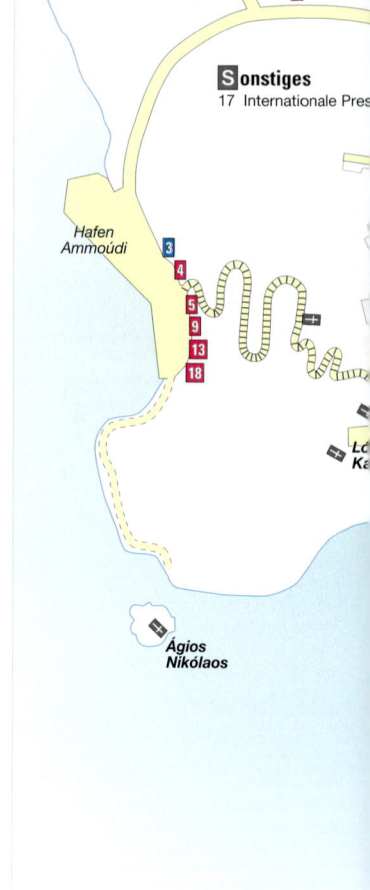

Höhlenwohnungsstil. Alle mit Terrasse, Klimaanlage, Kühlschrank und rustikaler Einrichtung. Auch ein Pool gehört zu der Anlage. DZ ca. 60–90 €, Studio 80–140 €. ☎ 22860-71204, 🖷 22860-71274, www.lauda-santorini.com.

• *Hotels und weitere Unterkünfte* **** **Hotel Kapetanóspito 1864 (26)**, der freundliche Toni vermietet drei luxuriöse Suiten mit dem Charme des 19. Jh. und dem Komfort des 21. Jh. in einem Haus von 1864. Geschmackvolle Einrichtung mit Antiquitäten und Kunstgegenständen, außerdem Marmorbäder, Minibar, Sat-TV, Internet-Anschluss und Telefon. Vieles im traditionellen Steinstil. Sauna im Haus. Frühstück im Zimmer oder in der Bar neben der kleinen Bibliothek. Essen kann abends vom hauseigenen Restaurant „Ambrosia" (siehe Essen & Trinken) geliefert werden. April bis Nov. geöffnet. Preis ca. 200–350 €. ☎ 22860-71983, 🖷 22860-71687, , www.santorini-gr.com.

**** **Hotel Aéthrio (24)**, ruhig, aber dennoch fast im Zentrum von Oía. 1928 von der Familie Danígou als Socken- und Strumpfweberei errichtet, wurde das 2500 qm große Gelände nach langem Leerstand 1992 zu einem Hotel im Dorfstil umgebaut. Der Dieselmotorantrieb der alten Maschinen ist im Hotel noch als Ausstellungsstück zu sehen. Angeboten werden 20 Wohneinheiten vom DZ bis zum 2-Zimmer-Apartment. Die luxuriös

Caldéra-View mit „Bolero" von Ravel ist obligatorisch

und geschmackvoll eingerichteten Zimmer verfügen alle über eine Küche, Terrasse, Sat-TV mit fünf deutschen Programmen und Fußbodenheizung. Natürliche Gewölbedecken kühlen im Sommer. Außenanlage mit Gassen, Treppen, Terrassen und Swimmingpool mit Bar. 2-Pers.-Wohneinheit ca. 150–180 €. ℆ 22860-71040, ✆ 22860-71930, www.aethrio.com.

**** Hotel Katikiés (40), kleines, luxuriöses Hotel im östlichen Kraterrandbereich, Mitglied der Kette „Small Luxury Hotels of the World". Im kykladischen Stil über mehrere Ebenen, Zimmer teilweise mit Antiquitäten möbliert, zwei Swimmingpools, Jacuzzi, Bibliothek mit Internetecke, Pool-Bar und -Restaurant, kleines Feinschmeckerrestaurant, sehr entspannende, ruhige Atmosphäre. Leserkommentar: „Sehr aufmerksames Personal. Die Wünsche wurden uns von den Augen abgelesen." DZ 360–435 € inklusive Champagner-Frühstück. ℆ 22860-71401, ✆ 22860-71129, www.katikies.com.

*** Hotel Museum (21), gehört zur Best-Western-Kette, schönes, altes Stadthaus direkt an der Kraterrandgasse, umfassend renoviert und umgebaut. Das Ergebnis zeigt sich zwar leicht verkitscht im minoisch-byzantinischen Stil, jedoch auch elegant und sehr sauber. Vermietet werden sieben Studios/Apartments mit voll ausgestatteter Küche und TV, Meerblick allerdings nur im oberen Stock. Im Hinterhof gibt es einen hübschen kleinen Pool mit Bar, seit einiger Zeit auch ein Wellnesszentrum (www.santorinipremiumspa.com). Das Hotel kann nicht mit dem Taxi angefahren werden, bietet jedoch einen Hol- und Bringdienst ab Parkplatz. Studio ca. 80–185 €, Apartment ca. 90–195 €. ℆ 22860-71515, ✆ 22860-71516, www.hotelmuseum.net.

*** Hotel Delfíni (38), ruhige Lage am östlichen Ende der Kraterrandgasse, herrlicher Blick auf die Caldéra. Es gibt fünf relativ kleine DZ sowie Studios und große Apartments in Höhlenhäusern. Oben ein Dachgarten, Personal freundlich. Für die Kraterrandlage ein gutes Preis-Leistungs-Verhältnis. DZ mit Meerblick ca. 60–90 €, nach hinten günstiger, Apt. 110–150 €. ℆ 22860-71600, ✆ 22860-71601, www.delfinihotel.net.

*** Hotel Villa Kimá (41), kleines, ruhig gelegenes Hotel am östlichen Kraterrandweg in der Nähe des Restaurants Kasteli, neun unterschiedlich große und eingerichtete Wohneinheiten für 2 bis 4 Pers., alle mit Kochmöglichkeit und Terrasse/Balkon mit wunderschönem Caldérablick. Sehr kleiner, aber hübscher Pool, auf Wunsch Frühstück auf der Zimmerterrasse, freundlicher Besitzer. Studio ca. 60–120 €. ℆ 22860–71049, ✆ 22860-71767, www.kimavilla.com.

*** Oia's Sunset Apartments (16)**, zentrale, aber ruhige Lage nahe der Kraterrandgasse, Busstopp und Parkplatz gleich um die Ecke. 15 verwinkelte Studios und Apartments mit Klimaanlage, TV und Terrasse, teils „Sunset"-Meerblick, schöner Eingangsplatz mit Rezeption, Café und Pool, relaxte Atmosphäre. Studio ca. 75–130 €. ✆ 22860-71420, 🖂 71421, www.oiasunset.com.

Jugendherberge Oia (10), Anfang der Neunziger erbautes Haus im Inselstil, ca. 150 m westlich der Bushaltestelle (beschildert). Etwa 70 Betten in mehreren Schlafsälen, Waschmaschinen, Minimarkt, Bar/Restaurant, Dachterrasse mit schönem Blick, schattiger Innenhof, gutes Frühstück. Zimmer und Sanitäranlagen sehr sauber. Infos bei „Karvoúnis Tours". Pro Nacht ca. 14–16 € inkl. Frühstück. ✆/🖂 22860-71465.

Essen & Trinken (s. Karte S. 146/147)

In Oía essen zu gehen lohnt vom Ambiente her genauso wie in Firá. Das hat sich herumgesprochen und sogar in der Nachsaison sind die „Renner" unter den Lokalen schnell bis auf den letzten Platz besetzt. Man sollte früh kommen, andernfalls muss man oft warten, bis ein Tisch frei wird. Leider haben mit steigenden Besucherzahlen auch Touristennepp und Unfreundlichkeit deutlich zugenommen.

1800 (25), restauriertes, altes Bürgerhaus mit Terrasse an der Kraterrandgasse, stilvolle, fast museale Atmosphäre, man fühlt sich 200 Jahre zurückversetzt. Der Wirt bietet interessante griechische Gerichte mit internationalem Einschlag. Zum hervorragenden Essen kommt die exquisite Weinauswahl – gut 25 bis 30 Sorten sind verfügbar, ausgewählt in Zusammenarbeit mit einem italienischen Connaisseur. Selbstverständlich sehr teuer. Nur abends. ✆ 22860-71485.

Ambrosía (28), nahe dem zentralen Platz an der Kraterrandgasse. Ausgefallene mediterrane Küche mit gehobenem Niveau zu ebensolchen Preisen, z. B. gegrillte Früchte als Vorspeise, marinierte Artischocken, gegrilltes Lammfilet und Tiramisu. Dazu die besten Tropfen von Santoríni und Weine aus ganz Griechenland. Sehr kleine Tische auf den Terrassen erzeugen eine private Atmosphäre, noch verstärkt durch romantisches Kerzenlicht. Im Innenraum antike Stücke wie im Museum. Nur abends. Praktisch immer voll, daher Reservierung dringend anzuraten. Sehr teuer. ✆ 22860-71413.

Kyprída (6), in der Nähe vom Marinemuseum, neue Taverne mit kypriotischem Essen, exzellente Qualität zu etwas höheren Preisen, aber lohnt sich – schmeckt wie verfeinerte griechische Küche. Hübsche Terrasse mit ein wenig Meerblick.

Karma (11), asiatisch inspiriertes Restaurant nördlich der Hauptgasse, fantasievolle Einrichtung mit vielen Polstern, serviert wird kreative, ethnisch-orientalische Küche nach großteils eigenen Rezepten, eigene Sushi-Abteilung. Nur abends. ✆ 22860-71404.

Róka (7), kleines griechisches Lokal, an derselben Gasse ein Stück weiter und in

eine Sackgasse einbiegen. Gute hausgemachte traditionelle Küche, z. B. Mezédes, *bekri mezé* und *spetsofái*, gemütliche Einrichtung und sehr schöne Terrasse mit Blick auf die Nordküste, Preise in Ordnung und von Lesern für gut befunden.

Candoúni (12), noch ein paar Schritte weiter, unter dem Gewölbedach eines alten Kapitänshauses von 1837 hat das einst nach Kanada ausgewanderte Ehepaar Fotis dieses kleine, gemütliche Restaurant im klassischen Stil mit viel Holz eingerichtet. Abends sitzt man bei romantischem Kerzenlicht in schönem Ambiente (alte Bilder an den Wänden, Parkettboden) und genießt die kulinarischen Spezialitäten der mediterranen Küche. Plätze auch draußen im stilvollen Innenhof. Ganzjährig offen, in der Saison Reservierung angeraten. Nur abends. ✆ 22860-71616.

Blue Sky (15), an der engen Gasse von der Busstation zur Kraterrandgasse, bei Spýros gibt es Mezédes und Fisch, aber auch gute vegetarische Gerichte.

Skála (31), große Terrasse am Beginn des Treppenwegs zum Hafen Arméni, Plätze auf gemauerten Bänken mit gemütlichen Kissen, schöner Caldérablick. Der freundliche Wirt Geórgios spricht hervorragend Deutsch. Leckere, kreativ interpretierte griechische Küche: mit Feta und Gemüse gefülltes, gebackenes Lamm, Tintenfisch in Vinsánto, Spaghetti mit Krebsfleisch, dazu guter Hauswein. Preise im ortsüblichen Rahmen. Mittags kann man den Eseltreibern mit ihren Tieren zusehen, wie sie zum Hafen Arméni hinunter reiten.

Thalámi (30), gleich beim Skála an der Kraterrandgasse. Sitzplätze auf beiden Seiten

Inselnorden

der Gasse, Terrasse mit Superblick, wird sehr schnell voll. Gute griechische Küche, Fisch- und Fleischgerichte, Spezialität ist gegrilltes Hühnchenfilet. Offener Wein. Leider Leserkritik am unfreundlichen Service.

Pétros (35), ebenfalls Kraterrandgasse, eins der ältesten Fischrestaurants der Insel, noch recht authentisch geblieben, Sitzplätze auf der Dachterrasse, netter und höflicher Service, gut sind z. B. Lobsterspaghetti und der Santoríni-Salat, ausschließlich mit Zutaten von der Insel.

Kastéli (39), östliche Kraterrandgasse, so ziemlich die einzige traditionell gebliebene Taverne mit urgriechischem Essen, eine der wenigen, die den „Blick" nicht mit be-

rechnen – für Oía ein echtes Kontrastprogramm. Es gibt Gutes vom Grill und offenen Hauswein zu sehr fairen Preisen, netter, unaufgesetzter Service, der Papa singt gerne beim Grillen.

> Tavernen im nahe gelegenen Finikiá siehe S. 156

● *Snacks* **Obilistírio Oía (22)**, in einer kleinen Seitengasse beim Busstopp, bestes Souvláki im Ort. Viele Einheimische holen sich hier ihre Souvlákia, man kann aber auch unter einer Pergola ganz nett draußen sitzen.

Cafés/Unterhaltung/Nachtleben (s. Karte S. 146/147)

An der Kraterrandgasse liegen vorwiegend schicke Café-Bistros mit traumhaftem Blick. Auf den internationalen Touristengeschmack hat man sich eingestellt – Caldéra-View mit Bolero von Ravel ist obligatorisch.

Kástro (14), Café vorn am Lóntza-Kastell. Das nachgebildete Felsambiente wirkt ein wenig kitschig. Schöne Aussicht aufs Kastell und hinüber nach Thirassía. Oft allerdings voll im Wind, außerdem reichlich hohe Preise.

Sunsets (Iliovasilémata) (8), die Sonnenuntergangs-Bar schlechthin, man sitzt in ei-

Künstleratelier am Kraterrand

nem überdachten Innenhof und auf einer Hochterrasse und kann zu gesalzenen Preisen kleine Platten ordern (Griechischer Salat ca. 9 €).

Meteor (20), kurz vor dem Lóntza-Kastell, winziges Café mit einer kleinen Terrasse am Weg, auf der anderen Straßenseite der putzige Innenraum, ebenfalls mit Terrasse und Blick auf die Caldéra. Über 60 Cocktails, gute Jazzmusik und alter Rock – nett, aber nicht billig.

Lóntza (19), kleines Terrassenlokal an der Kraterrandgasse, herrlicher Caldérablick. Service rund um die Uhr, d. h. Frühstück, Drinks zum Sundown und Dinner mit griechischer Küche. Preise nicht gerade günstig, laut Auskunft der Gäste Qualität aber okay, in der Hauptsaison muss man oft warten, bis ein Tisch frei wird.

Pelekános (23), an der westlichen Kraterrandgasse. Café-Bar und Restaurant für den kleinen Hunger. Im Obergeschoss schöne Terrasse mit Blick auf einen alten Uhrturm und den Sonnenuntergang. Es gibt gute Salate, Pasta, Pizza, Crêpes, Waffeln, deutsche Würstchen, Kaffee, Bier, Wein und Cocktails. Tagsüber griechische, abends internationale Popmusik. Gabi, die Frau eines der Eigentümer, stammt aus Deutschland.

Seagull (27), schräg gegenüber vom Restaurant 1800, leicht zu verfehlen, nur ein kleines Holzschild weist darauf hin. Zwei kleine Terrassen mit Blick über die Caldéra, hübsch zum Sitzen.

Skiza (32), kleine Patisserie mit Kraterrandblick, sehr gute Auswahl an (nicht zu süßen) Kuchen, Crêpes, Waffeln. Auch leckeres Frühstück, Sandwichs und Pizzen, alles
selbst gemacht und superfrisch. Schöner
Blick auf die Caldéra-Inseln, höhere Preise.

Flóra (33), gemütliches Plätzchen am Kraterrand Richtung Ágios-Geórgios-Kirche.

Man sitzt direkt auf der Gasse oder auf dem
Dachgarten des Cafés mit Blick auf die Cal-
déra. Serviert werden Kaffee, Drinks und
Snacks. Freundlicher Service. Preise okay.

Anemónes (37), ruhige Dachbar im östlichen Bereich der Kraterrandgasse, weit abseits vom Trubel. Hier kann man den Blick
zu normalen Preisen genießen.

Kunst

Oía gilt als die Künstlerkolonie auf Santoríni. Unzählige Künstler aller Stilrichtun-
gen kommen jedes Jahr und lassen sich von der besonderen Atmosphäre der
Stadt inspirieren. Einige von ihnen sind hängen geblieben und haben Kunsthandwerks-
läden, Galerien und Boutiquen eröffnet.
Das Preis-Leistungs-Verhältnis stimmt
weitgehend noch.

● *Aquarelle* **Art Gallery Sivridákis**, an der
westlichen Kraterrandgasse. Manólis Sivridákis verkauft hier seine hübschen Santo-
ríni-Aquarelle, sowohl Drucke als auch Originale. Angemessene Preise. ✆ 22860-71463.

Art-Gallery Vassílis & Yota Kyrkou, an der
breiten Gasse zum Lóntza-Kastell. Hübsche
Aquarelle von Griechenland im Allgemeinen und Santoríni im Besonderen. Verkauft
auch Silberwaren wie Vasen, Krüge und
Spiegel. ✆ 22860-71325, www.kyrkos.gr.

The House of Art, an der östlichen Kraterrandgasse unweit der Platía. Die freundliche Tána führt hier eine exklusive und geschmackvoll eingerichtete Galerie für Glas-
kunst, Bronzeskulpturen, Rakú-Keramik des
Künstlers Iánnis Tsavrídis und hochwertigen Silberschmuck mit Edelsteinen oder
Email, alles Arbeiten griechischer Künstler,
Unikate oder limitierte Auflagen.
✆/✉ 22860-71977, www.thehouseofart.gr.

● *Holz* **Art Gallery Oía (The Art Shop)**, direkt neben dem Restaurant "1800" an der
Kraterrandgasse. Unbedingt sehenswert
und originell ist der Laden von Bella und
Stávros Galanópoulos (keine Namen draußen, nur ein kleines Schild). Hier werden
mit geradezu fotorealistischer Genauigkeit
alte Fischerboote und die pittoresk verwit-
terten Fronten, Fenster und Türen alter
griechischer Häuser nachgebildet.
✆/✉ 22860-71448, www.galanopoulos.com.

● *Ikonen* **Ilioloústri**, kleine Werkstatt in einer Höhle an der westlichen Kraterrandgasse zum Lóntza-Kastell. Der Ikonenma-
ler Dimítrios Kolioúsis ist nicht ganz leicht
zu finden, weil es ein paar steile Stufen hin-
untergeht und man den tiefer als die Gasse
liegenden Laden leicht übersieht. Dimítrios

Hauptgasse in Oía

Kolioúsis stammt aus Nordgriechenland
und hat sich 1985 auf Santoríni niedergelassen. Seine Ikonen malt er fast vollständig
als Auftragsarbeiten großer Sammler. Nur
ein kleiner Teil ist für Kirchen bestimmt. Die
Eigenart des Künstlers liegt in der Material-
wahl begründet. Er bevorzugt als Grundlage das Holz alter Türen und Fensterläden.
✆ 22860-71829.

● *Kulinarisches* **Iama Wine Store**, Ursula
Deneke führt den gut sortierten Weinladen
an der Kraterrandgasse seit 20 Jahren, sie
verkauft nicht nur Santoríni-Weine, sondern
auch Weine aus ganz Griechenland und anderen Weltregionen. Bestellungen auch online

Inselnorden

Blick auf das vorgelagerte Lóntza-Kastell und die Caldéra

möglich. ☎ 22860-71786, www.iamatrade.com.

Melénio, ebenfalls Kraterrandgasse, großer Konditoreiladen mit den besten Torten und Blätterteigspezialitäten, leider sehr teuer geworden. Caféterrasse mit Caldérablick.

● *Postkarten* **Pitsikális**, an der Kraterrandgasse, nur ein paar Meter westlich der Platía. Vielleicht der größte Postkartenladen der Insel, sicher aber der größte von Oía. Der freundliche Chef Emmanouíl Pitsikális verkauft wohl so ziemlich alle jemals mit Motiven von Santoríni gedruckten Postkarten. Außerdem gibt es Fotoartikel, Sonnen-brillen, Rucksäcke, Bilder, Spiele, Stifte, Teller, T-Shirts und das Buch, in dem Sie gera-de lesen.

● *Souvenirs* **Beads & Roses** oder **Susámi aníxe**, „Sesam öffne dich" an der nördli-chen Kraterrandgasse. Nicht unbedingt au-thentisch, aber die Waren sind so nett prä-sentiert, als betrete man einen Palast aus Tausendundeiner Nacht. Decken, indische Schals, Taschen, Modeschmuck. Die Sil-ber- und Goldarbeiten stellt die freundliche Katérina Ilíadi selbst her. ☎/≈ 22860-71139, igiogos@hol.gr.

Sehenswertes

Trotz der schweren Zerstörungen von 1956 gilt Oía heute als der Inbegriff eines idyllischen Kykladendorfs – es gibt Dutzende malerische Winkel, weiß gekalkte, steile Treppengässchen und blaue Kirchenkuppeln, die die Titelblätter diverser Farbbro-schüren schmücken. Dazu kommt der immer präsente Traumblick auf die Caldéra.

Marinemuseum: Oía blickt auf eine lange Geschichte als Reeder- und Seefahrer-stadt zurück. Seit Ende der siebziger Jahre gab es viele Jahre lang an der Kraterrand-gasse ein uriges Museum (das heutige „Hotel Museum") mit zahlreichen Ausstel-lungsstücken aus dieser Epoche. Zusammengetragen hatte die Sammlung António Dakorónias, ein ehemaliger Kapitän. Als der alte Herr 1993 starb, beschlossen die Schiffseigner von Oía, das beliebte Museum nicht aufzulösen, sondern zu erweitern und zu modernisieren und in einer schön restaurierten Stadtvilla neben dem Rathaus unterzubringen. Im geschmackvollen Rahmen kann man dort nun diver-se Schiffsutensilien, zahlreiche historische Fotos, Modelle, Diplome und andere

Relikte aus der Seefahrertradition Oías betrachten, darunter sogar eine Galionsfigur von 1690. Auch Herr Dakorónias selbst ist auf verschiedenen Fotografien als junger Kapitän zu sehen.

• *Lage* Das Haus liegt etwas versteckt im verwinkelten Ortskern, ist aber von der Kraterrandgasse aus gut beschildert. Von der Platía geht man auf der Kraterrandgasse Richtung Lóntza-Kastell bis zum Café/Restaurant Lóntza und hält sich anschließend rechts.

• *Öffnungszeiten* täglich 10–14 Uhr und 17–20 Uhr. Di geschl., Eintritt 4 €. ✆ 22860-71156.

• *Rundgang* **Erdgeschoss**: Seefahrerknoten, diverse Bordwerkzeuge, alte Fässer, Ketten, Anlegebefestigungen, Logistikeinrichtungen, Kompasse, Sextanten, Taue, Netze, Signalflaggen, Signalleuchten, Arbeitsgeräte der Werften, Doppelrollen, Eisenringe, Rettungsringe, Schiffsschrauben, Steuerräder, Positionsleuchten und Schiffsnachbildungen.

Obergeschoss: Schiffsruder, Glocken, Kanonen, Kielfiguren, Truhen, Ferngläser, Sextanten und weitere Navigationsgeräte, Bilder, Porträts, Diplome, Urkunden, Uniformen sowie etwa zwei Dutzend Schiffsnachbildungen.

> „Auf unserer Insel, an die Wellen schlagen, steht ein Leuchtturm, er leuchtet im Dunkeln. Es ist das Marinemuseum, Hafen Eurer Seele, gegründet, um an Euren Seemannstod zu erinnern und um ehrerbietig Eure Werke zu sammeln, um sie für die Geschichte aufzubewahren.“
>
> (Gedicht von António Dakorónias, seinem Vater gewidmet)

Kirche Panagía: Hauptkirche von Oía, direkt an der Platía vor der Kraterrandgasse gelegen. Sehr große, alte Ikonostase mit zahlreichen Heiligenbildern aus Oklad. Sämtliche Wände wurden in jüngerer Zeit mit bunten Fresken bemalt, z. B. Pantokrátor in der Kuppel. Wer bibelfest ist, kann mit ein bisschen Fantasie die dargestellten Szenen deuten, auch wenn die Schrift kaum lesbar ist.

Lóntza-Kastell: am Westende der Kraterrandgasse. Ein paar Stufen führen in der Gasse hinunter, dann unmittelbar am Kástro wieder hinauf. Von beiden Aussichtsplattformen bietet sich ein kaum zu überbietender Blick auf die Stadt und die rote Kraterwand – mit Abstand der beliebteste Fotografierstandort von Santoríni.

Die teils wieder befestigten Ruinen des Kástros stammen aus venezianischer Zeit und wurden schon weit vor der Erdbebenkatastrophe von 1956 zerstört. Zwar hieß die ehemalige Besitzerfamilie Argýri, doch wird der Platz heute allgemein als Lóntza-Kastell bezeichnet.

> **Tipp für Romantiker**: Der Sonnenuntergang von Oía ist weltberühmt und am schönsten ist er sicherlich hier vorne am Lóntza-Kastell – das Vergnügen teilt man allerdings mit hunderten anderer "Schaulustiger". Ruhiger kann man den Sunset unten in Ammoúdi erleben.

Häfen und Strände von Oía

▸ **Arméni**: kleiner Strand und Hafen an der Innenseite der Caldéra unterhalb der Stadt, hier fahren die Ausflugsboote ab. Ein steiler Treppenweg führt von der westlichen Kraterrandgasse hinab. Während der Saison gibt es auch Mulitransport (ca. 4 €). Am Meer befinden sich eine Taverne, mehrere Bootsgaragen und eine kleine Schiffsreparaturwerft.

Inselnorden

▶ **Ammoúdi**: pittoreske Bucht unterhalb von Oía. Entweder über den Treppenweg oder über die Straße zu erreichen. Nicht zu überbietende Fischerhafenidylle: bunte Tavernen in Rot, Gelb, Blau und Weiß, davor das grünlich schimmernde Wasser der Bucht. Direkt über den Dächern steile Lavaabhänge mit tiefrotem Gestein wie am Red Beach im Süden Santorínis, an einigen Stellen fast senkrecht. Oben liegt die Stadt mit ihren weißen Würfelhäusern und der Windmühle. Gigantischer Blick – und der Tipp für einen ruhigen Sonnenuntergang ohne Massenauftrieb (am schönsten im Südteil der Bucht).

Die Restaurants am Hafen Ammoúdi gelten als hervorragende Fischtavernen. Die Strände dagegen sind kaum der Rede wert. Gleich hinter dem Parkplatz folgt ein etwa 15 m langer, dunkler Kiesstrand neben einer Mole. Eine andere (von den Einheimischen als „Strand" bezeichnete) Stelle liegt südlich der Bucht. Nach den Tavernen zieht sich ein schmaler Pfad dicht am Wasser entlang und endet nach ca. 250 m unvermittelt an einem Betonplateau. Der unattraktive Steinstrand zieht trotzdem genügend Sonnenanbeter an, die dort ihr Handtuch ausbreiten. Einige Stufen führen ins Wasser. Man kann noch weiter zwischen den Felsen kraxeln und kommt dann zum *Kávos Ágios Nikólaos*. Vorgelagert ist die *Insel Ágios Nikólaos*, zu der man hinüberschwimmen kann. Dort erwarten einen die an den Hang gebaute *Kirche Ágios Nikólaos* und eine Betonplattform am Meer. Mutige springen aus 5 m Höhe vom Felsen ins Wasser.

● *Zugang* Beim vorgelagerten Lóntza-Kastell führt ein **Treppenweg** mit knapp 300 Stufen hinunter. Um die Mittagszeit, wenn die Besucher in die Tavernen strömen, wird auch Mulitransport durchgeführt (ca. 4 €). Wer motorisiert ist, kann auch auf einer asphaltierten **Straße** bis zum kleinen Parkplatz unmittelbar an der Bucht fahren. Die Straße zweigt im nordwestlichen Teil von Oía von der Piste nach Baxédes links ab (beschildert). Es kommt jedoch unten regelmäßig zu Parkraummangel. Kurz vor dem Parkplatz werden Abwässer ins Meer geleitet – das sieht und riecht man.

● *Verbindungen* Mehrmals täglich fährt sehr günstig ein bei den Einheimischen „Lántza" genanntes Kaíki-Boot nach **Thirassía** (ca. 1 €). Siehe auch S. 239.

● *Übernachten* **Ammoúdi Villas (3)**, am Beginn der kleinen Bucht terrassenförmig an den Hang gebaute Studios. Besitzer selten vor Ort, vorher anrufen. ☎ 6978-115049.

● *Essen & Trinken* (Karte S. 146/147) **Tís Pandóras (4)**, gleich die erste Taverne, wenn man vom Parkplatz am Ende der Straße kommt, nur wenige Tische, aber gute Auswahl an Mezédes, auch Fischsuppe.

Kýra Katína (5), kurz danach, zu erkennen an den orangefarbenen Tischen und Stühlen. Vor der Küche kann man der inselweit bekannten "Kyra" (Frau) Katina zusehen, wie sie die Fische auf dem Holzkohlengrill zube-

reitet, lecker sind auch die *tomatokeftédes*.

Sunset I & II (9), die größte der Tavernen am Ammoúdi und als erste 1985 hier eröffnet. Man sitzt direkt am Wasser auf einer schattigen Terrasse. Herrlicher Blick auf die Bucht und nach Thirassía. Spezialitäten sind Lobster mit Spaghetti, Brassen, Rotbarben, Schwertfisch, Rofos und eine sehr gute Fischsuppe. Hinzu kommen gefüllte Auberginen mit Knoblauch. Weißwein vom Fass, griechisches Bier. Leider hohe Preise und langsamer Service, könnte nach Leserzuschriften auch etwas freundlicher sein.

To Kymá (13), direkt beim großen Kran, mit dem die Kaikis ins Wasser gehievt werden. Gut ein Dutzend Tische auf einer Betonmole. Die Fischerfamilie serviert stets frische Ware, traditionell auf dem Holzkohlengrill zubereitet. Gute Kalamari.

Dímitri (18), ockergelbes Haus am Ende der Tavernenzeile, geführt von Dimitri mit seiner kanadischen Frau Joy, die mittlerweile über zwanzig Jahre auf Santoríni lebt. Auch hier gute und authentische griechische Küche – und der beste Platz für den Sonnenuntergang.

Ether (1), an der Straße hinunter zum Strand (etwa auf halber Strecke). Hübsche, kleine Café-Bar auf einem Plateau rechts der Straße. Mithin der schönste Ort für die Beobachtung des Sonnenuntergangs in Oía. Leider liegt die Terrasse oft voll im Wind.

Ammoúdi: pittoreske Bucht im Inselnorden

▶ **Gialós Katharós**: Knapp einen halben Kilometer vor Ammoúdi zweigt rechts ein Schotterweg zum Strand Katharós von der asphaltierten Zufahrtsstraße ab. Nach etwa 200 m endet der Weg und man muss noch ca. 30 m die Felsen hinuntersteigen. Unten liegt ein ungefähr 80 m langer und nicht sehr breiter Strand aus grauschwarzem Lavakies. Die Felsen spenden etwas Schatten. In der Nebensaison fast menschenleer, obwohl der Strand deutlich besser als Ammoúdi ist. Keine Einrichtungen.

Finikiá

Kleiner, verwinkelter Vorort östlich von Oía. Um den Übergang von Oía nach Finikiá wahrzunehmen, muss man schon genau hinsehen. Die Orte sind im Grunde entlang der Straße zusammengewachsen. Ein Stück weiter unten am nördlichen Hang sieht man dagegen, dass Finikiá ein eigenständiges Dorf ist.

Großes touristisches Eigenleben findet hier nicht statt. In das ruhigere Finikiá haben sich vielmehr die Geschäftsbesitzer von Oía zum Wohnen zurückgezogen. Früher war es – wie Oía auch – ein Seefahrerort. Auffallend ist die Vielzahl der traditionellen Häuser mit Tonnengewölben. Auf der Caldéra-Seite des Ortes liegen die große *Dorfkirche Panagía Marouliáni* mit ihrer riesigen blauen Kuppel und der große Friedhof, an dem auch unsere Wandertour von Firá nach Oía vorbeiführt (→ S. 156). Jenseits der Straße fällt der Hang zur Nordküste hin ab. Treppengassen und eine asphaltierte Straße führen hinunter.

• *Verbindungen* Die Busse der Linie Firá–Oía stoppen im Ortsbereich von Finikiá. Fahrzeit von Firá über Imerovígli ca. 35 Min. Ein Taxi kostet etwa 14 €.

• *Übernachten* ** **Hotel Finikiá Place**, im Vorort Finikiá direkt an der Straße, 20 Min. Fußweg nach Oía, Busstopp vor der Tür. Sehr freundlich geführtes Haus mit 15 gut eingerichteten Zimmern und Studios mit Klimaanlage in einzelnen Bungalowhäuschen. Alle großzügig gebaut, teilweise wirklich Riesenzimmer. Von den Terrassen und

Balkonen weiter Blick auf die terrassierten Hänge zur Ostküste. Swimmingpool vorhanden, außerdem ein vorzügliches Restaurant (siehe Essen & Trinken). DZ mit Frühstück ca. 76–102 €. ℘ 22860-71373, ℘ 22860-71118, www.finikiaplace.com.

Blick von Oía auf die Kraterwand der Caldéra

Villas Agnadi, in der Nachbarschaft von Finikiá Place, ebenfalls wunderbare Aussicht auf die sanft abfallende Ostküste und auf den Sonnenuntergang. 20 gut eingerichtete Studios für 2–4 Pers., Frühstücksraum, große Sonnenterrasse und hübscher Pool. Täglicher Roomservice. Zu buchen über viele Online-Anbieter. ℘ 22860-71647, ℘ 22860-71759, www.santonet.gr/hotels/agnadivillas.

• *Essen & Trinken* **Finikiá Place**, an der Durchgangsstraße. Bei Touristen und Einheimischen gleichermaßen beliebt. Man speist im hübsch begrünten Vorgarten mit einem offenen Holzkohleofen. Blumengesäumte Terrasse, fantasievolle Küche und interessante Vorspeisen, beispielsweise Gemüse, mit Féta und Honig überbacken. Mit etwas Glück kann man hier z. B. Kapernblätter kosten. Die hervorragende Küche des Hauses ist auch bekannt für ihr Gebäck. Schneller, zuvorkommender Service. Es werden auch Zimmer vermietet (→ Übernachten).

Santoríni Moú, direkt unterhalb der Durchgangsstraße. Wunderschönes Ambiente in einem bunten Garten. Tische auf mehreren Ebenen unter Sonnendach und Weinlaub. Freundlicher und schneller Service in angenehmer Atmosphäre. Gute griechische Küche und spät am Abend Livemusik durch Chef Michális und sein Personal. Tägl. ab 18 Uhr geöffnet. Etwas teurer.

Krináki, ein Stück weiter an der Straße nach Finikiá hinunter, schöner Blick auf die Nordseite von Santoríni und ins Dorf. Gute und günstige Fleischküche.

Wanderung 1:
Von Firá über den Kraterrandweg nach Oía

Eine der schönsten und beliebtesten Wanderungen auf Thíra. Auf schmalen Pfaden meist direkt an der Kraterküste entlang, nur an einer Stelle muss man etwa 400 m auf der Asphaltstraße laufen. Langwanderung, die dennoch kürzer ist, als es auf den ersten Blick den Anschein hat.

Wegstrecke: Von Firá über Firostefáni und Imerovígli stets am Kraterrand entlang. Dann Anstieg auf den Mikrós Profítis Ilías und wieder Abstieg zur Straße. Nach wenigen Metern auf Asphalt erneut Aufstieg zum Mávro Vounó. Von hier aus nur noch hangabwärts über Finikiá nach Oía.

Dauer: Von Firá über Firostefáni nach Imerovígli ca. 20–30 Min. Der weitere Weg und Aufstieg bis zum Gipfel des Mikrós Profítis Ilías dauert eine knappe Stunde. Für den Abstieg vom Mikrós Profítis Ilías, den kurzen Abschnitt auf der Straße und den erneuten Aufstieg auf den Megálo Vounó benötigt man eine weitere Stunde. Danach Abstieg nach Oía in einer guten halben Stunde möglich. Ohne Besichtigungs- und Fotografierpausen also ungefähr 3 Stunden reine Wanderzeit.

Schwierigkeit und Ausrüstung: Von Firá über Firostefáni nach Imerovígli sehr einfache Strecke über die gepflasterte Kraterrandgasse. Danach zunächst breiter Schotterweg auf den Gipfel des Mikró Profítis

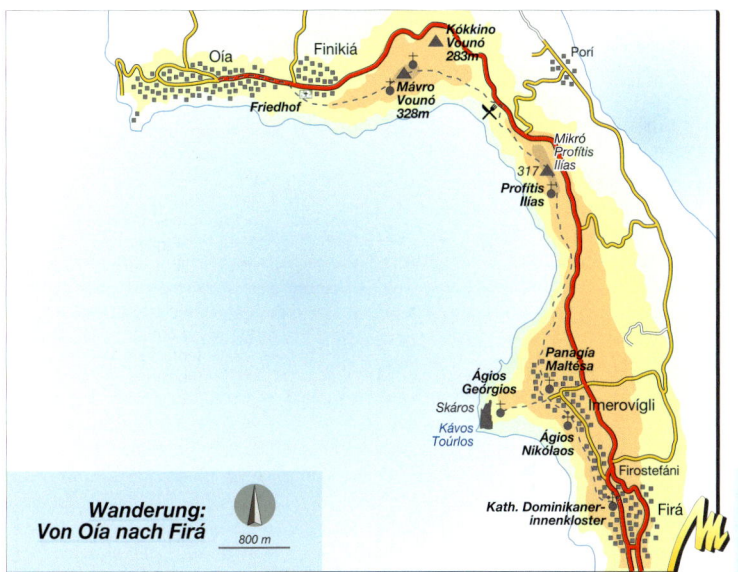

Ilías. Ab hier bis zur Straße steiniger Esels-pfad mit viel losem Geröll und Sand. Nach der Straße wieder enger Pfad und auch hier teilweise unbefestigtes Geröll und Kiesel. Abstieg nach Oía dann wieder gepflastert. Wir empfehlen aufgrund des schwierigeren Mittelteils feste Bergwanderschuhe. Hinter Imerovígli bietet ein Imbisswagen an der Asphaltstraße kleine warme Mahlzeiten, Kuchen und Erfrischungen. Etwa 1,5 Liter Wasser pro Person sollten genügen.

Wegbeschreibung: Unsere Wanderung beginnt am *Nomikós-Konferenzzentrum*, schon ziemlich weit oben an der Kraterrandgasse. Von hier aus hat man einen schönen Blick auf die Stadt und hinunter in die Caldéra mit den täglichen Kreuz-fahrtschiffen. Die Gasse namens *Odós Nomikoú* führt nördlich ein paar Stufen auf-wärts und der Blick fällt jetzt auf den Skáros-Felsen und Imerovígli am Hang rechts darüber. Gut ist auch das Kloster *Ágios Nikólaos* kurz vor dem Ortseingang des höchsten Dorfes an der Caldéra zu sehen. Hier liegt unser erstes Etappenziel.

Der Weg am Kraterrand verläuft relativ eben und immer wieder folgen Bänke zum Sitzen und Genießen der Aussicht auf die Inseln der Caldéra. Bald erreicht man den Ortsteil *Firostefáni* mit einer kleinen Platía an der Kraterrandgasse. Nebenan befin-det sich die *Kirche Ágios Gerásimos* mit ihrer blauen Kuppel und dem separaten Glockenturm. Es folgt eine Gasse mit zahlreichen Hotels und Tavernen, aber ohne Kraterblick. Der Weg verlässt bald Firostefáni und führt direkt neben der Straße auf das Kloster zu. An dem auf ca. 330 Höhenmetern gelegenen *Kloster Ágios Nikólaos*, das gleichzeitig den Ortsbeginn von *Imerovígli* markiert, wandert man rechts (d. h. östlich) auf einer nun wieder von Mauern eingefassten Gasse entlang des Krater-rands vorbei.

Diese Gasse führt erneut an zahlreichen Tavernen, Café-Bars und Hotels vorüber. Auch in Imerovígli passiert man eine große, am Kraterrand gelegene Kirche: die *Panagía Maltésa* mit ihrer blauen Kuppel und dem fast venezianisch anmutenden,

Inselnorden

frei stehenden Glockenturm. Danach bietet sich ein wunderschöner Blick auf den Skáros. Kurz nach der Panagía Maltésa folgt die *Kirche Ágios Geórgios*. Hier ein paar Stufen an der Caldéra hinunter und vorbei an der *Taverne Blue Notes*. Nur wenige Meter weiter zweigt der *Treppenweg* auf den Skáros ab. Wer früh genug am Vormittag losgewandert ist, kann die Besichtigung des Felsens mit in das Wanderprogramm einbeziehen.

Im Nordwesten liegt nun unser Tagesziel Oía im Blickfeld. Der Weg verläuft hier auf ca. 350 Höhenmetern relativ eben, zunächst durch ein unbebautes Gelände, bevor er alsbald danach wieder eine kleine Hotelsiedlung passiert. An einem für santorinische Verhältnisse merkwürdig gehaltenen Kastenhaus mit dreieckigen Giebeln verlässt man den lang gezogenen Ort Imerovígli. Das Gebäude entpuppt sich als *Mahnmal* für die Toten und die Schäden aus dem Zweiten Weltkrieg (in Griechenland von 1941–1944) sowie gleichzeitig an die Zerstörungen durch das verheerende Erdbeben von 1956.

Über Beton und auf einem mit Vulkangestein gepflasterten Weg geht es nun bergab und am *Friedhof* von Imerovígli vorbei. Danach wird der Weg breiter (nun geschottert) und verläuft stets am Kraterrand entlang auf den 317 m hohen Mikró Profítis Ilías zu. Oía bleibt links am Nordwestende der Insel stets im Blickfeld. Leider wurde der in dieser Passage einstmals schöne Fußweg auf befahrbare Breite planiert. Gut 15 Min. nach Imerovígli trifft man auf eine Hotelanlage mit Swimmingpool. Hier rechts halten und auf dem Betonweg bergauf Richtung Gipfel wandern. Unterhalb der Bergkuppe ist eine verfallene Kirche zu erkennen, außerdem liegt hier etwas versteckt die Höhlenkirche Ágios Antónios. Vorbei an der sichtbaren Kirche gelangt man über einen geschotterten, gepflasterten und betonierten Fahrweg hinauf auf den Gipfel des *Mikró Profítis Ilías* mit der *Kirche Profítis Ilías* am fast höchsten Punkt.

> **Kirche Profítis Ilías**: Insgesamt wenig spektakulär. Die Ikonostase rechts vom Eingang ist eindeutig neueren Datums, was auch für den gesamten Kirchenbau und die Ikonen gilt. Fußboden im Schachbrettmuster und gewaltige Kronleuchter. Die Namensikone des Propheten Elías befindet sich gleich am Eingang.

Unser Weg führt nun an der Westseite der Kirche als schmaler *Ziegenpfad* weiter am Berghang entlang. Dabei hält man sich stets am Westhang des Mikró Profítis Ilías, d. h. auf der Caldéra-Seite, und klettert nicht hinauf bis zum höchsten Punkt. Auf einem Schotterpfad geht es westlich unterhalb des Gipfels vorbei auf eine *Hotelsiedlung* zu. Bald kommt auch die Straße nach Oía wieder ins Blickfeld, die rechts des Hotels verläuft. Der Pfad führt nun am Nordhang des Mikró Profítis Ilías teils recht steil abwärts auf die Straße zu. Dieser Abschnitt offenbart interessante *Gesteinsformationen*: Es dominiert dunkelrote Lavaschlacke wie am „Red Beach" (bei Akrotíri), aber auch schwarze und graue Gesteine in unterschiedlichen Größen finden sich hier am Felshang.

Bevor man die Hauptverbindung Firá–Oía erreicht, wandert man wenige Meter durch feinsten, schwarzen Lavasand und passiert dann den Neubau direkt an der Straße. Nun folgt leider ein ca. 350–400 m langes Teilstück auf der *Asphaltstraße* nach links, d. h. in nordwestlicher Richtung. In einer Rechtskurve befindet sich ein kleiner *Imbissstand* mit Sonnendach und Blick in die Caldéra, auch die Taverne/ Café-Bar "Tó Stéki toú Níkou" ist nicht weit (→ S. 138). Direkt hinter dem Wagen

Byzantinischer Doppeladler in der Kirche Profítis Ilías

zweigt in spitzem Winkel ein nordnordwestlich verlaufender Pfad links der Straße wieder in Richtung Kraterrand ab. Drei, vier Meter bergauf, dann parallel zur Straße am Hang entlang auf den nächsten Hügel, den Mávro Vounó, zu. Hier befinden wir uns auf ca. 200 m Höhe.

Zunächst über weißen Bims, dann über gemischte Lavakiesel geht es an einem *Haus mit Swimmingpool* links entlang einer Natursteinmauer auf eine tiefschwarze Vulkanformation zu. Dahinter folgen auf dem Eselspfad wenige Meter auf gepflastertem Natursteinweg, Schotter, Bimsstein und Geröll in allen Farben. Hier wächst ein wenig Phrygana, in der insbesondere der Thymiangeruch auffällt. Bald steigt der Pfad – weiter entlang der Natursteinmauer – wieder an. Über losen, schwarzen Lavakies und durch Phrygana erreicht man als nächsten Orientierungspunkt die auf ca. 270 Höhenmetern gelegene *Kirche Tímios Stavrós* auf dem *Mávro Vounó*.

Von hier aus bietet sich ein fantastischer Blick auf Oía und zurück auf Imerovígli. Die Kirche ist leider mit einem schweren Vorhängeschloss gesichert. Nun ist auch der letzte Anstieg dieser Wanderung überwunden und es geht nur noch bergab Richtung Finikiá. Zunächst wieder über einen steinigen Eselspfad mit kleinen Kieseln, dann wenige Meter gepflastert und schließlich wieder über Schotter und Kieselsteine. Nach einem erneuten Pflasterweg-Teilstück passiert man eine weitere verschlossene Kirche namens *Ágios Vassílios* auf einem kleinen, ca. 180 m hoch gelegenen Plateau. Oía rückt nun zum Greifen nahe.

Nach der Kirche führt links an der Caldéra ein teils gepflasterter, teils betonierter Weg entlang einer Mauer aus schwarzen Lavabrocken bergab und immer dicht am Kraterhang entlang. Hinter einem Hotel mit Pool, dem ersten Außenposten von Finikiá, bietet sich auf der rechten Seite die eindrucksvolle Ansicht einer vom Wind ausgehöhlten *Bimssteinwand* mit Einlagerungen von dunklen Lavabomben. Vorbei an einem kleinen Industriegelände führt der nun betonierte und natursteingepflasterte Treppenweg oberhalb des *Friedhofs* vorbei weiter an der Caldéra Richtung Ortszentrum. Einige Meter vor der markanten ockerfarbenen *Kirche Panagía Marouliani* trifft man auf die Straße nach Oía. Kurz darauf folgt der Busstopp für die Rückfahrt nach Firá, oder man wandert auf der Gasse weiter nach Oía hinein und gelangt dort auf die Platía am Kraterrandweg.

Inselnorden

Vóthonas: wunderschönes Dorf in einer der Erosionsschluchten

Inselmitte

Kamári an der Ostküste ist der wichtigste Badeort von Santoríni. An der viel befahrenen Inselstraße von Firá nach Kamári passiert man mehrere ausgesprochen hübsche Dörfer mit traditionellen Höhlenwohnungen. Der Zentralort Messariá besitzt sogar noch venezianische Palazzi. Außerhalb der Orte liegen Kirchen, Kornfelder, Wein- und Pistazienplantagen.

Von Firá gleitet der Inselhang sanft zur Ostküste ab. Alle paar hundert Meter ziehen sich schmale und breite Erosionstäler vom Kraterrand nach Osten. In einigen dieser ehemaligen Lavarinnen entstanden Dörfer. Zum einen boten die engen Täler früher ein fast optimales Versteck vor Piratenüberfällen, zum anderen auch einen natürlichen Schutz gegen den oft so starken Wind auf den Kykladen. Der dritte Vorteil lässt sich heute noch in allen Dörfern begutachten: In die weichen Bimssteinwände konnten recht einfach erdbebensichere und angenehm temperierte Höhlenwohnungen hineingegraben werden. Inzwischen überwiegt jedoch auch hier die moderne Betonbauweise.

Um in Karterádos, Vóthonas, Éxo und Méssa Goniá ein paar alte Höhlenwohnungen zu finden, muss man nicht lange suchen. Einige dienen noch heute als Wohnhäuser, andere als Viehställe und wieder andere stehen – meist außerhalb der Orte – einfach leer. Hier sollte man einmal einen Blick in den Innenraum werfen. Aber auch sonst sind die Orte sehenswert. Es gibt eine Reihe imposanter Kirchen, venezianische Palazzi in Messariá und natürlich überall die typisch kykladische Architektur zu bewundern. Im Umland finden sich bedeutende Kirchen wie die Panagía tís Sergeínas bei Vóthonas und die Panagía Episcopí bei Méssa Goniá. Und je weiter man sich von der Hauptstadt entfernt, desto mehr gelangt man in das Weinanbaugebiet – Éxo und Méssa Goniá sowie Vóthonas gelten als die grünsten Dörfer der Insel.

Die Inseldurchquerung auf der Straße nach Südosten endet in Kamári, dem Zentrum des Pauschaltourismus auf Santoríni. Die Busse auf der Strecke Firá–Kamári pendeln bis tief in die Nacht, so ist es gut möglich, in Firá unterzukommen und zum Baden jeweils nach Kamári zu fahren. Allerdings sind die Inselbusse oft völlig überfüllt – und die Fahrt im Stehen ist nicht unbedingt ein Vergnügen. Eine gute und ruhigere Alternative bieten die Strände von Karterádos und Monólithos.

Karterádos

Kleines Dorf mit drei markanten Kirchen wenige Kilometer südöstlich von Firá. Gute Unterkunftsmöglichkeiten, wenn im Hochsommer der Hauptort überfüllt ist. Nette Tavernen und ein einsamer Strandabschnitt.

Früher war das Dorf eine Seefahrersiedlung, später ein Bauernort und heute haben sich zahlreiche Hotels angesiedelt. Wegen der Nähe zu Firá wird Karterádos oft als ruhigeres und günstigeres Ausweichquartier benutzt, wenn die Unterkünfte in der Inselhauptstadt belegt sind. Allerdings ist der Ort bezüglich Panorama und Ambiente nicht sonderlich aufregend.

Karterádos gehört zu den Dörfern mit den meisten Kirchen auf der Insel. Nach der Mitrópolis von Firá und der Stavrós-Kirche in Veríssa steht hier Ágios Geórgios, die drittgrößte Kirche von Santoríni. Der untere Ortsteil liegt in drei engen Bimssteinschluchten, wo es noch zahlreiche Höhlenwohnungen gibt. Karterádos gilt noch als eins der „normalen" Wohndörfer der Einheimischen. Die alten Häuser und die langsam zerfallenden Wohnhöhlen bleiben hier traditionell in der Hand der alteingesessenen Familien und werden sogar teilweise restauriert.

Zum ruhigen Strand von Éxo Gialós, wo es eine sehr gute Fischtaverne gibt, wandert man etwa 30 Minuten hangabwärts die Durchgangsstraße entlang. Um den Ort liegen zahlreiche landwirtschaftlich genutzte Felder.

• *Verbindungen/Hinkommen* Karterádos liegt günstig an den drei viel befahrenen Busrouten Firá–Kamári, Firá–Veríssa und Firá–Akrotíri. Der Bus benötigt von Firá ca. 3 Min., ein Taxi kostet etwa 4 €. Zu Fuß läuft man von Firá etwa 15–20 Min.

• *Adressen* An der nördlichen Gasse durch den alten Teil des Ortes liegt die älteste **Bäckerei** der Insel. Sogar das deutsche Fernsehen hat über sie schon einmal eine Dokumentation gedreht.

Sunrise, die seriös geführte Auto- und Zweiradvermietung von Dimítris Valvís liegt an der Hauptstraße hinter der Kurve, ✆ 22860-22695 oder 6944-141810, www.sunrise-rentacar.com.

• *Übernachten* ***** Hotel Nikólas**, im oberen Ortsteil. Vermietet werden 42 Zimmer in der traditionellen Inselarchitektur. Alle mit Bad, Balkon, Kühlschrank, Telefon, Radio, TV und Safe. Hotelbar mit Sat-TV, außerdem eigenes Restaurant, Swimmingpool und Tiefgarage. Sehr freundlicher Service und durchaus luxuriöses Ambiente. DZ mit Frühstück ca. 70–110 €. ✆ 22860-24936, ✆ 228 60-25786, www.nikolas.gr.

*** Hotel Santoríni Tennis Club, an der Straße hinunter zum Éxo Gialós. Sehr hübsche Anlage mit neun Apartments auf einem 15 ha großen Grund. Alle Räume wurden im Höhlenstil errichtet und liegen auf den Fundamenten ehemaliger Herrschaftshäuser aus dem 18. Jh. Soweit möglich, hat Loucás Damígos versucht, den alten Stil der Insel zu bewahren. Die Apartments für 2–6 Pers. verfügen über ein Wohnzimmer mit Telefon, Schlafzimmer, voll ausgestattete Küche und Bad. Hübscher, bunter Garten mit Pool. Durch die ruhige Lage und die großzügigen Außenflächen guter Tipp für Familien mit Kindern. Außerdem zwei Tennisplätze auf dem Grundstück: für Hotelgäste frei, Fremde zahlen ca. 12 € pro Std. für 2 Pers. (Doppel). Je nach Saison ca. 80–130 € für 2 Pers., Dreibettzimmer ca. 95–160 €, Vierbettzimmer ca. 120–195 €, Frühstück kostet ca. 8 €. ✆ 22860-22122, ✆ 22860-23698, www.santorinittchotel.com.

**** Hotel Villa Mános, gepflegte Anlage mit schönem Pool, ruhige Lage am südlichen Ortsausgang, 25 gut eingerichtete DZ

Ágios Geórgios in Karterádos: drittgrößte Kirche der Insel

und Studios mit TV und Balkon. Eigener Mini-Bus zum Hafen und Flughafen. DZ ca. 30–80 €. ✆/✉ 22860-24666, www.villamanos.gr.

** **Hotel Cyclades**, an der Hauptstraße im Ort. Chef Státhis Sigálas vermietet 22 DZ und vier Dreierzimmer durchschnittlicher Größe. Zimmer und Bäder sauber, wenn auch – wie das ganze Haus – schon etwas älteren Semesters. Einrichtung schlicht, aber alle Zimmer mit Telefon und Kühlschrank, außerdem gibt es einen Pool. DZ mit Frühstück ca. 35–65 €. ✆/✉ 22860-22948, www.cycladeshotel.com.

Pension Villa Margaríta, María und Spýros Hálari vermieten sieben DZ in einem zweistöckigen Haus mit blauen Türen und Fensterläden und Pool im Hof. Geräumige Zimmer mit Doppelbetten, Bad, Balkon und Marmorböden. Nett eingerichtet und tägliche Reinigung. Sehr sauber, auch die Bäder. Spýros gibt gerne mal einen Wein aus. Familiäre Atmosphäre. Sehr ruhige Lage am Ortsrand. DZ ca. 35–70 €. ✆ 22860-24485, ✉ 22860-24865, www.margarita-villa.gr.

Pension George, im unteren Teil von Karterádos Richtung Strand. Hübsche und sehr saubere Pension. Geführt von Geórgios Hálari und seiner englischen Frau Helen, beide freundlich und hilfsbereit. Kleiner, gepflegter Garten mit Blumen und Kakteen,

sehr ruhige Lage. DZ ca. 40–70 €. ✆ 22860-22351, ✉ 22860-24114, www.pensiongeorge.com.

Pension Atlas, kleine Anlage mit 14 Zimmern und Pool, geführt von Pétros mit seiner Schweizer Frau Trudi, sehr familiäre Aufnahme. Zimmer mit Klimaanlage, Kühlschrank und TV, Transfer vom Hafen incl. Das Haus liegt direkt an einer Straße, d.h. es kann etwas lauter werden, je nachdem, wo das Zimmer liegt. Busstopp vor dem Haus. DZ ca. 40–70 €. ✆/✉ 2860-23415, www.hotel-atlas-santorini.com.

• *Essen & Trinken* **Neráida**, hinter der Platía auf der linken Seite. Das freundliche Ehepaar Manuéla und Leftéris führt diese Familientaverne, in der die Mutter des Wirts noch selbst kocht. Zu empfehlen sind die riesigen Platten mit gegrilltem Fleisch oder Fisch für mehrere Personen sowie santorinische Spezialitäten. Günstig.

Sávvas, hinter der Platía auf der linken Seite. Kleine, gemütliche Tavérna mit drei Tischen vorm Haus und fünf im Innenraum. Der freundliche Wirt Sávvas bietet eine kleine Auswahl von täglich wechselnden Grillgerichten: Hühnchen, Lamm, Fisch, Oktopus, auch Moussaká. Pizza ist immer zu bekommen. Ganzjährig geöffnet und preiswert.

Fanoúris, linker Hand an der Platía Emmanuél Vathéou und wohl einer der besten

Hähnchengrills der Insel. Es gibt aber auch Souvláki, Pítta usw. Sitzplätze auf der Platía und im Innenraum. Bei den Einheimischen sehr beliebt. Günstig.

Café-Bar Sinántisi, unterhalb des Hauptplatzes auf der linken Seite (neben der Tavérna Neráida). Leckeres Frühstück, freund-

licher Service und gute Preise. Man sitzt bequem unter einer schönen Holzpergola und kann bis spät abends Cocktails und Fassbier genießen. Neben dem großen Sat-TV kann man auch sehr schön das Dorfleben beobachten.

Sehenswertes

Griechische Kirchenbauten verfügen meist über eine Entstehungsgeschichte irgendwo zwischen Mystik und Wahrheit – so auch bei der *Kapelle Agía Ánna* in Karterádos. Bei einem Piratenüberfall im 14. Jh. sollen die in einer der Höhlen versteckten Einwohner geschworen haben, der heiligen Ánna eine Kapelle zu errichten, wenn sie glimpflich davon kommen sollten. Sie kamen. Agía Ánna ist heute eine kleine katholische Kirche mit geweißeltem Glockenturm, jedoch ohne Kuppel. Von der großen *Dorfkirche Agía Análipsi* aus ist sie über den Pfad auf der rechten Seite (d. h. südöstlich in Richtung Strand) nach nur 50 m zu erreichen. Die rechts des Wegs in einem gepflasterten Hof frei stehende Kirche ist üblicherweise verschlossen. Man erzählt von einer besonderen orthodoxen Ikone in dem Gotteshaus: Dreimal hätten die Einheimischen versucht, die Ikone in eine orthodoxe Kirche zu verbringen und jedes Mal sei sie von selbst in die Ánna-Kirche zurückgekehrt. Seither darf das orthodoxe Bild in der katholischen Kirche bleiben.

Auf der anderen Seite der Dorfkirche liegt die nur auf Griechisch beschilderte *Felsenkirche Ágios Fanoúrios*. Vom Innenhof der Agía Ánna aus ist am linken Hang die *Kirche Ágios Nikólaos* gut zu sehen.

▶ **Éxo Gialós:** Die Asphaltstraße durch den Ort führt zum schwarzen Strand Éxo Gialós an der Ostküste hinunter. Der Strand von Karterádos besteht aus schwarz glitzerndem Vulkansand und Steinen auf gut 300–400 m Länge. Im sauberen Wasser einige Molen als Wellenbrecher. Nach Süden in Richtung Monólithos steil abfallende Bimssteinfelsen, insgesamt durchaus hübsche Szenerie. Der Haken sind aber die oft sehr starken Winde, die den Strand manchmal ungemütlich werden lassen und gelegentlich Meeresschmutz anspülen. Daher kommen selbst im Hochsommer nur wenige Strandbesucher und Ruhe ist fast garantiert. Kein Sonnenschirmverleih.

● *Essen & Trinken*   **Pános**, gemütliches Plätzchen am Strand von Éxo Gialós. Panagiótis und seine deutsche Frau Danielle aus Franken bieten leckere Fischspezialitäten vom Grill. Sehr gute Fischsuppe und täglich wechselnde Gerichte, je nachdem, was Panagiótis gerade gefangen hat. Daher immer garantiert frische Ware. Fragen Sie stets nach dem aktuellen Fang und auch nach Fischgerichten, die nicht auf der Karte stehen. Außerdem gibt es hervorragendes Kaninchen-Stifádo aus eigener Zucht. Geöffnet von 9–24 Uhr, es gibt auch Frühstück. Mitte Mai bis Ende Sept.

Traditionelles Transportmittel

Messariá

Mehr als ein Zwischenstopp am Weg nach Kamári. Abseits vom hektischen Durchgangsverkehr liegen mehrere klassizistische Palazzi in unterschiedlichem Erhaltungszustand. Einer davon ist zur Besichtigung restauriert worden, aber leider seit einigen Jahren geschlossen. Etwas außerhalb gibt es eine größere Weinkellerei.

Auf den ersten Blick ist Messariá geprägt von der Hektik an der großen Straßenkreuzung, dem Supermarkt nebenan und ein paar Souvenirshops im Umfeld. Aber nur wenige Schritte oberhalb der Kreuzung liegt der historische Kern des Orts mit ein paar größeren Kirchen. Hier, im ehemaligen Domizil reicher Reeder und Kapitäne, geht es deutlich gemächlicher zu. Mehrere Herrenhäuser aus dem 19. Jh. sind erhalten, eines wurde Anfang der Neunziger vollständig restauriert (hinter dem Sportplatz unterhalb der Kirche), ansonsten sind bis auf die Fassaden und Treppen alle Palazzi ziemlich renovierungsbedürftig. Heute ist Messariá ein Handwerkerort mit zahlreichen Werkstätten und Wohndorf der Geschäftsleute von Firá und Kamári. Über hundert Jahre lang ist Messariá auch schon Standort einer Weinkellerei.

• *Verbindungen* Messariá liegt günstig an den drei viel befahrenen Busrouten Firá–Kamári, Firá–Paríssa und Firá–Akrotíri. Fahrzeit von Firá etwa 10 Min., Taxi kostet ca. 7 €. Zu Fuß läuft man von Firá aus etwa eine knappe Stunde.

• *Übernachten* **★★★★ Hotel Santoríni Image**, von Firá kommend direkt am Ortseingang. Komplexe Anlage im ägäischen Stil mit etwa 250 Betten in 122 Zimmern, 60 davon im Hauptgebäude, 56 in den Bungalows, dazu noch sechs Suiten. Alle Zimmer mit Balkon/Veranda, Klimaanlage, Kühlschrank, Radio und TV. Frühstücksbuffet im Hotelrestaurant, außerdem Swimmingpool, Pool-Bar, Kinderspielplatz, diverse Shops, Konferenzzimmer für bis zu 120 Pers. und ein Tennisplatz für die Hotelgäste. DZ mit Frühstück ca. 100–180 €, HP möglich. ✆ 22860-33400-5, ✆ 22860-31174, www.santorini-image.gr.

★★ Hotel Kalma, an der Durchgangsstraße von Firá kommend auf der linken Seite. 1992 erbaut im ägäischen Stil, Swimmingpool und Pool-Bar. Chef Maró Belónia vermietet 37 relativ großzügig gebaute DZ mit Balkon, Klimaanlage, TV und Mini-Kühlschrank. DZ ca. 40–75 €, Frühstück ca. 5 € pro Pers. ✆ 22860-31967, ✆ 22860-31607, www.hotelkalma.gr.

★★ Hotel Anny, an der Hauptstraße Richtung Vóthonas. In einer vierstöckigen Anlage befinden sich 60 schlichte Zimmer, teilweise Maisonette, mit Bad, Balkon, Telefon und Radio. Swimmingpool und Restaurant vorhanden. DZ ca. 35–65 €. ✆ 22860-31627, ✆ 22860-31626, www.santorinihotels.gr.

• *Essen & Trinken* **Natássa**, direkt an der großen Straßenkreuzung mitten im Ort. Sitzplätze hinter dem als Bogen gemauerten Eingang und im Innenraum. Gute Fleischgerichte und Vorspeisen, Spaghetti, Pizza, Frühstück und Snacks. Man ist auch nur zu einem Drink willkommen. Geöffnet 9 bis ca. 24 Uhr.

Eva, die kleine Taverne von Machmud aus Ägypten liegt etwa 20 m von der zentralen Kreuzung – hervorragende Hähnchen vom Holzkohlengrill mit leckerer Soße, Schweinefleisch vom Drehspieß und arabische Pitta, dazu leckerer Santoríni-Wein.

Dina, an der Durchgangsstraße, von Firá kommend kurz vor der großen Kreuzung auf der linken Seite (neben der Apotheke). Kleine Taverne mit einigen Sitzplätzen an der Straße und im Innenraum, griechische Küche und Gegrilltes zu inselüblichen Preisen.

Nio-Bar, ebenfalls an der großen Straßenkreuzung neben dem Dina. Frühstück, Crêpes, Sandwichs, Milchshakes, Kaffee und Cocktails.

Fengéra, von der Straßenkreuzung Richtung Kirche rechts, Café und Snack-Bar. Gemütliche Sitzplätze unter einem Sonnendach, Pizza, Snacks und kühle Drinks.

Sehenswertes

Kirche Ágios Dimítrios: mitten im Dorf. Mal keine schneeweiße Kirche, sondern aus schwarzer und brauner Lava errichtet. Auch der Glockenturm reiht sich nicht so ganz in die inseltypische Architektur ein. Das alljährliche Kirchweihfest findet am Namenstag des heiligen Dimítrios statt, dem 26. Oktober.

Kirche Agía Iríni: auch im Ort. Der Bau stammt aus dem ausgehenden 17. Jh. Wie bei fast allen Agía-Iríni-Kirchen auch hier großes Fest am 5. Mai.

Archontikó Argyroú: Herrenhaus in Messariá

In der zweiten Hälfte des 19. Jh. ließ sich der begüterte Weinhändler Geórgios Argyrós in Messariá ein komfortables Anwesen errichten: 1860 erbaute man zunächst einen eingeschossigen Bau in traditioneller santorinischer Art aus Lavagestein, 1888 wurde ein Stockwerk im prächtigen Stil des Klassizismus obenauf gesetzt. Das Untergeschoss nutzte man für Gesindewohnung, Stallungen und Lagerung der Weinvorräte, darüber richtete Argyrós die Privatwohnung für sich und seine Familie ein. Seine weitreichenden Handelsbeziehungen ermöglichten ihm die luxuriöse Ausstattung der Villa. Im Tausch gegen Wein erwarb er wertvolles Mobiliar aus Österreich, Deutschland, Frankreich und Russland. Farbige Gemälde und Ornamente zierten die Decken und Wände, Parkettböden sorgten für Behaglichkeit. Das heftige Erdbeben von 1956 beschädigte das Gebäude schwer, danach stand es über 30 Jahre lang leer. Unter Kulturministerin Melína Merkoúri wurde in den 1980er Jahren der Entschluss gefasst, das wertvolle Baudenkmal umfassend zu restaurieren. Die Arbeiten wurden 1992 abgeschlossen, seitdem stand es zur Besichtigung offen. Die weitgehend original ausgestatten Wohnräume vermitteln einen anschaulichen Eindruck vom Lebensstandard eines begüterten Landbesitzers im 19. Jh. 2005 wurde das Archontikó Argyroú geschlossen, um es teilweise zu einem historischen Hotel umzubauen, 2008 war es noch nicht wieder geöffnet.

Kontakt ☎ 210-3216284, 🖷 210-3211906, archontikoargyrou@hotmail.com.

SAWA: Santoríni Animal Welfare Association

Wenn im Spätherbst die letzten Touristen die Insel verlassen haben, kümmert sich kaum noch jemand um die streunenden Hunde und Katzen von Santoríni. Viele überleben den Winter nicht. Die Versorgung eines Großteils dieser Tiere hat der Tierschutzverein Santoríni e. V. mit Sitz in Mainz übernommen. Er wird vor Ort von der Tierärztin Frau Dr. Margaríta Válvis in Messariá

 geleitet. Die Organisation führt jedes Jahr umfangreiche Kastrationsaktionen durch, um die unkontrollierte Vermehrung der Tiere zu verhindern. Außerdem werden Impfungen und Notbehandlungen für verletzte Tiere durchgeführt. Gesucht werden Flugpaten für Hunde und Katzen. Das Tier wird untersucht und geimpft, bekommt die erforderlichen Papiere und sogar die Transportbox wird zur Verfügung gestellt, Kosten insgesamt ca. 50 € (Prozedur kann noch einen Tag vor Abflug erfolgen). Auch finanzielle Unterstützung ist jederzeit willkommen.

Informationen: Tierschutzverein Santoríni e. V. Mainz, Holunderweg 24, 55128 Mainz. ✆/✆ 06131-368831, www.tierschutzverein-santorini.de. Kontakt auf Santoríni: Dr. Marga-ríta Válvis in der Tierarztpraxis in Messariá, von Firá kommend am Ortseingang rechts abbiegen (ausgeschildert). ✆/✆ 22860-31482 (englisch).

Vóthonas

Der untere Ortsteil gehört zu den hübschesten Plätzchen der Insel. Eukalyptusbäume, eine Windmühle, zahlreiche Höhlenwohnungen in einer tiefen Schlucht und eine in den Bims gegrabene Kirche machen das Dorf sehenswert.

Von Messariá aus erreicht man Vóthonas über eine wunderschön mit Eukalyptusbäumen gesäumte Allee. Hier liegt der neuere, obere Teil des Ortes, durch den die Straße hinauf zum Kraterrand führt. Einige Hotels und Privatzimmervermieter finden sich rechts und links, allerdings ist Vóthonas nicht gerade ein bevorzugtes Dorf zum Übernachten. Vielmehr kommen die Besucher wegen des romantischen, älteren Teils des Ortes. Dort im weiter unten liegenden Kern sind noch zahlreiche Höhlenwohnungen erhalten, die teils als Wohnraum, teils als Viehställe genutzt werden.

Káto Vóthonas wurde – wie so viele andere Dörfer auf der Insel auch – in ein enges Erosionstal hineingebaut. Wer von Messariá kommt, steigt vorbei an einer noch in Gang gehaltenen *Windmühle* und der 1749 erbauten *Kapelle Ágios Tríphonas* hinunter in die Schlucht. Hier liegt der ehemalige Ortskern rund um die große *Hauptkirche Panagía*. Die alten Häuser und Höhlenwohnungen sind in die teils steilen Abhänge der Schlucht hineingegraben worden. Enge Gassen und Treppen verbinden die Ortsteile. Wer von unten, d. h. von der Straße nach Kamári, in die Schlucht hineinfährt oder -wandert, trifft vor dem eigentlichen Dorfeingang zunächst auf die in den Bimsstein gebaute *Kapelle Ágios Ioánnis Roússos*, an der das jährliche Weihfest am 27. Mai stattfindet.

● *Verbindungen* Die Busse der Routen Firá–Períssa und Firá–Akrotíri halten nach Messariá im oberen Teil von Vóthonas. Von hier aus kann man in wenigen Minuten in den Schluchtteil des Ortes laufen. Wer direkt in den unteren Teil von Vóthonas will, kann mit dem Bus in Richtung Kamári fahren. Auch hier gibt es eine Haltestelle. Fahrzeit etwa 15 Min. Taxi kostet ca. 9 €.

● *Übernachten* Einige Privatvermieter gibt es an der oberen Durchgangsstraße, die von Messariá über Vóthonas hinauf zum Kraterrand führt.

Hotel Kalispéris, an der Durchgangsstraße im oberen Ortsteil. Zu erkennen an den blauen Türen und Fensterläden. Vermietet werden etwa 20 Zimmer mit Bad, doch leider ist das Haus nur im Hochsommer geöffnet. Die Preise liegen um die 50–60 €. ✆/✉ 22860–31832.

● *Essen & Trinken* **Kritikós**, der Kreter. Wirt Michális stammt aus Kreta und kocht originale Küche, d. h. vorzügliche Fleischgerichte nach Rezepten aus seiner Heimat. Empfehlenswert sind gegrilltes Schweinefleisch, Beefsteak, Hühnchen und Lamm. Außerdem gute Salate, Kartoffeln und Pommes. Geöffnet ab 12 Uhr (Febr.–Nov.). Günstig. Liegt nicht im Ort, sondern an der Straße Messariá–Kamári direkt an der Bushaltestelle Vóthonas.

▶ **Kirche Panagía tis Sergeínas**: Diese Höhlenkirche wurde zur Zeit der Piratengefahr in der Ägäis errichtet und liegt etwas außerhalb von Vóthonas. Als Zufluchtsort hatte man eine Stelle ausgesucht, die sich von Vóthonas aus noch weiter die Schlucht hinauf befindet. Hier wurde die Kirche in eine Südwand des Bimssteins gegraben. Eine geweißelte Treppe führt hinauf zum leider stets verschlossenen Eingang. Der Innenraum reicht auf einer Breite von ca. 4 m etwa 14 m in den Fels hinein. Im Gegensatz zu ihrer historischen Bedeutung ist die Kirche aber nur spärlich mit Ikonen und sakralen Gegenständen ausgestattet. Zudem zeigt sich der Innenraum mangels großer Fenster feucht, kühl und dunkel.

● *Wegbeschreibung* Von der Hauptkirche Panagía im Dorfzentrum weiter Richtung Südwesten die Gasse entlang. Am Ende des befahrbaren Teils liegt links die Kirche Agía Ánna. Von hier aus führt ein schmaler Pfad zwischen den Mauern hindurch, die die Felder begrenzen. Der Pfad ist nicht zu verfehlen und läuft in den oberen und

Inselmitte

Typisches Anwesen im Inselinneren

engeren Teil der Schlucht hinein, vorbei an Kaktusfeigen und mehreren Feigenbäumen. Nach etwa 8–10 Min. ist die Panagía tís Sergeínas links in mehr als 10 m Höhe am steilen Bimssteinhang zu sehen. Zur Treppe geht es noch ein paar Meter über das Stoppelfeld.

Monólithos

Hübscher langer Sandstrand direkt hinter dem Flughafen. Ruinen alter Tomatenfabriken, das E-Werk von Santoríni und ein geologisch interessanter Kalksteinklotz bilden den Rahmen. Eine noch relativ ruhige Gegend, wenn man sich nicht am gelegentlichen Fluglärm stört.

In den alten Tomatenfabriken, von denen nur noch eine einzige saisonal geöffnet ist, wurden einst die kleinen, festen Inseltomaten zu Mark und Saft verarbeitet. Heute verschönern die Industrieruinen mit ihren hohen Schornsteinen nicht unbedingt das Landschaftsbild. Das tut schon eher der markante und mehr als 30 m hohe Kalksteinfelsen mit der weißen *Kapelle Ágios Ioánnis* direkt neben dem Ende der Landebahn, der dem gesamten Gebiet seinen Namen gegeben hat. Wie das Profítis-Ilías-Massiv besteht er aus nichtvulkanischem Gestein und gehört somit zu dem geologisch ältesten Teil der Insel. Die *alte Hafenanlage* am Strand, von der früher die fertigen Tomatenprodukte aufs Festland transportiert wurden, ist heute versandet. Reste einer Mole sind noch erhalten, in ihrem Schutz liegt der Strand und in der Nachbarschaft ein bescheidener *Fischerhafen*, der gelegentlich von Segelschiffen angelaufen wird.

Vor wenigen Jahren wurde die Straße hinter dem Flughafen bis Kamári durchgehend asphaltiert, was Hotel- und Tavernenansiedlungen am Strand ermöglicht hat. Gerade in diesem Gebiet wird daher noch immer viel gebaut. Der Strandabschnitt wird *Agía-Paraskeví* genannt, nach der Kirche, die sich dort umzäunt, aber zugänglich im Flughafengelände befindet. Richtung Norden führt eine zusehends schmäler werdende Piste vorbei an bizarren Bimssteinformationen bis zum Strand Éxo Gialós unterhalb von Karterádos.

Im Erosionstal von Vóthonas

● *Verbindungen* Von Firá per Bus nur über die Flughafen-Route, die je nach Bedarf, d. h. Starts und Landungen, befahren wird. Daher täglich wechselnde Abfahrtszeiten, die man unbedingt vorher am Busbahnhof in Firá checken muss. Fahrzeit etwa 30 Min. Taxi kostet ca. 10 €.

● *Übernachten* ** Memories Beach Hotel, direkt am Busstopp und unweit des Hauptstrands. Vermietet werden 27 Zimmer mit Klimaanlage, Kühlschrank, TV und Balkon. Pool und Hotelbar vorhanden. Einrichtung mit weißen Holzmöbeln und Marmorböden. DZ mit Frühstück ca. 60–100 €. ✆ 228 60–31918, ✆ 22860-33436, www.santonet.gr/hotels/memoriesbeachhotel.

**** Scorpios Apartments, am Nordende des Hauptstrands. Die Anlage rund um den Pool umfasst 14 Studios und neun Apart-

Der 30 m hohe Kalksteinfelsen mit der Kirche Ágios Ioánnis besteht aus nichtvulkanischem Gestein

ments. Alle verfügen über eigenes Bad, Balkon, Kuche mit Kaffeemaschine, Radio, Telefon und Safe. Außerdem gehören ein Restaurant und ein kleiner Supermarkt zum Komplex. Studio ca. 65–110 €, Apt. 75–125 €, jeweils mit Frühstück. ℘ 22860–33666, ℘ 22860-33866, www.scorpioshotel.gr.

**** Alafoúzos Studios, am Agía-Paraskeví-Beach. Die Anlage mit neun Studios gehört demselben Besitzer wie das Memories Beach Hotel. Zimmer mit hellen Kiefernholzmöbeln ausgestattet und teilweise im Maisonette-Stil errichtet. Vollständige Küchenausstattung, Bad und Balkon gehört zu jedem Studio. 100 m zum Strand, aber auch Pool vorhanden. Studio ca. 60–110 €. ℘ 22860–31369, ℘ 22860–33436.

***** Royal Mediterranean Hotel, besonders gute Adresse am Agía-Paraskeví-Beach (all inclusive), große, neue Anlage mit zahlreichen Einrichtungen, hauptsächlich über Reiseveranstalter. DZ ca. 130–220 €. ℘ 22860–27102, ℘ 22860–31402, www.santorini.com/hotels/medroyalhotel.

● *Essen & Trinken* **Scaramangás**, direkt hinter dem Strand und vor der großen, stillgelegten Tomatenfabrik. Das Lokal ist die beliebteste Fischtaverne am Ort. Kein Wunder, sie befindet sich noch in Familienhand. Vater Vangelis fischt, Mutter kocht und die gut Englisch sprechende Tochter Iríni bewirtet die Gäste. Spezialitäten sind die Fischsuppe Kakaviá, die Tomatokeftédes und Fáva, dazu werden Santoríni Weine vom Fass serviert. Man sitzt angenehm unter einem Schilfrohrdach, nur wenige Meter vom Strand entfernt. April bis Okt. geöffnet.

Kapetán Loízos, etwa auf Höhe der Bushaltestelle, Taverne mit Plätzen im Innenraum und an der Straße unter Sonnenschirmen. Schwerpunkt ist griechische Küche und natürlich, wie überall in Strandlokalen, frischer Fisch. Gute Vorspeisen, ordentliche Portionen, schneller und kompetenter Service. Günstig.

Mario Nr. 1, am Agía-Paraskeví-Beach. Ruhige Lage direkt am Meer, Plätze draußen und im windgeschützten Innenraum. Blickfang sind ein großes Aquarium im Restaurant und der begrünte Vorgarten. Griechische Küche, insbesondere Fischgerichte je nach Tagesfang. Ganzjährig geöffnet, im Sommer von 11 bis 1 Uhr nachts. Etwas teurer.

Galíni, ebenfalls am Agía-Paraskeví-Beach. Spezialität der Tavérna sind hervorragende Fischgerichte und liebevoll zubereitete Vorspeisenteller, von denen es eine reiche Auswahl gibt. Natürlich werden auch die Besonderheiten der santorinischen Küche angeboten. Hübsche, ruhige Lage direkt am Meer, Plätze draußen am Strand und im windgeschützten Innenraum. Freundlicher Service, Preise im Rahmen. Nur Hochsaison.

Baden in Monólithos

▶ **Hauptstrand**: direkt am Busstopp. Der dunkle Sandstrand ist nach dem markanten Felsklotz benannt. Rechts und links wird die kleine Badebucht von einer Mole und einem Fischerhafen eingerahmt. Ein kleines Tamariskenwäldchen hinter dem Sandabschnitt bietet Schatten. Nebenan beschallt eine Beach-Bar das gesamte Gelände mit internationaler Popmusik. Nur noch die Düsenjets haben einen höheren Lärmpegel. Läge der Flughafen nicht hier, wäre Monólithos sicherlich einer der Topstrände von Santoríni. Sonnenschirme und Liegestühle werden (zumindest im Hochsommer) verliehen, Duschen und Umkleidekabinen sind auch vorhanden, es gibt unweit des Strands einige Tavernen und Cafés.

▶ **Strand Agía Paraskeví**: Ein gut 5 km langer und bis zu 30 m breiter Strandabschnitt zieht sich hinter der gesamten Start- und Landepiste des Flugplatzes entlang. Noch vor ein paar Jahren schien das Gebiet durch den Fluglärm (etwa 10–25 Starts und Landungen an den Flugtagen) touristisch uninteressant. Nun hat man die östlich des Flughafens verlaufende Piste von Monólithos nach Kamári asphaltiert und es wird heftig gebaut. Die Grundstücke sind billiger als anderswo auf der Insel und den Gästen ist das offensichtlich zumutbar. Die Strandqualität zeigt sich ähnlich hervorragend wie am Hauptstrand von Monólithos, auch hier feiner Vulkansand und sauberes Wasser. Unterkünfte und Restaurants siehe oben.

Die *Weinkellerei Gaia* ist hier seit 1994 in einer stillgelegten Tomatenfabrik untergebracht. Yiannis Paraskevopoulos produziert den viel exportierten Wein "Thalassitis" sowie einen süßen Weinessig aus der Asýrtiko-Traube, der fünf Jahre in Holzfässern lagert und die Balsamicos von Modena "das Fürchten lehren soll" (Besuch nach Voranmeldung unter ☎ 6945777814).

Flughafen Santoríni („Aerodrómio")

Auf beschilderter Stichstraße zu erreichen. Großer Parkplatz und ein klimatisiertes Abfertigungsgebäude, in dem fast immer dichtes Gedränge herrscht. Es gibt ein paar Läden, eine Bank, einen Erfrischungsstand und draußen ein Café auf der gegenüberliegenden Seite der Straße.

● *Verbindungen* Von und nach Firá per Bus ca. 1-mal stündlich oder nach Bedarf, d. h. zu Starts und Landungen der Maschinen. In der Nebensaison täglich wechselnde Abfahrtszeiten, die man am Busbahnhof in Firá erfahren kann. Wer neu ankommt, hat immer Verbindung nach Firá, Fahrzeit etwa 30 Min. Ein Taxi von und nach Firá kostet ca. 12-15 €. Weitere Details siehe im Kapitel Anreise auf S. 65.

● *Flughafenauskunft* ☎ 22860-28405, ✆ 33349, kasrtl@otenet.gr, www.hcaa-eleng.gr/sandat.htm.

Zwischen Messariá und Éxo Goniá

▶ **Weinmuseum und Kellerei Koutsouyanópoulos**: knapp 1,5 km außerhalb von Messariá an der Straße Richtung Kamári auf der linken Seite kurz hinter der Tankstelle. Das *Wine Museum of Santoríni* zeigt in einem umgebauten Gewölbekeller von 1880 allerlei Gegenstände aus der Weinherstellung vom 17. Jh. bis zum Beginn des 20. Jh.: Körbe, Krüge, „römische" Waagen, Lampen, Analysegeräte, Fässer bis zu 3000 Ltr., Messbecher, Trichter, Schläuche aus Ziegenhaut, Abfülleinrichtungen, Werkzeuge für die Arbeit im Weinfeld, handbetriebene Weinpressen aus Holz und Metall sowie Walzen für die zu pressenden Trauben und einige Werkzeuge, die von santorinischen Böttchern ab ca. 1880 benutzt wurden. Besondere Exponate sind das Türschloss der ersten Weinkellerei der Familie, das 1880 in Russland angefertigt wurde, sowie eine mechanische Weinpresse aus Gusseisen. Sie stammt aus deutscher Produktion und ist eines der beiden Originale, die König Otto I. aus Bayern nach Griechenland bringen ließ. Älter ist allerdings eine handbetriebene Weinpresse von 1660, die katholische Mönche während der Türkenzeit nach Griechenland einführten. Rakitsío nennt man die Destillationsanlage zur Herstellung von Rakí und Tsípouro. Highlight der Ausstellung sind die lebensgroßen, in Trachten gekleideten, beweglichen Puppen, die in 24 kleinen Schauhöhlen alle Arbeiten rund um die Weinherstellung zeigen. Über dem Museum gibt es eine große Weinprobierstube und einen Außenbereich, wo man auch sitzen kann (Informationen zu den Weinen von Koutsouyanópoulos auf S. 86).

Öffnungszeiten von April bis Okt. tägl. von 10–20 Uhr. Das Weinmuseum kostet ca. 6 € Eintritt inklusive Führung per Kopfhörer (auch in Deutsch) und drei Weinproben. ✆ 22860-31322, www.volcanwines.gr.

Zwischen Juni und September findet einmal pro Woche in der Weinkellerei Koutsouyanopoulos das **Santoríni Festival** statt: Besuch des Weinmuseums, Weinproben, Dinnerbuffet inklusive Wein, Folklore- und Bauchtanzvorführung sowie Live-Musik 20–24 Uhr, Eintritt ca. 40 €. Erkundigungen bzw. Buchungen in der Weinkellerei und im Reisebüro „Water Blue" in Fíra, ✆ 22860-22266, www.waterblue.gr.

Éxo Goniá

Hübsches Dorf am Steilhang, jedoch ebenfalls beim Erdbeben schwer beschädigt. In der großen, weithin sichtbaren Kirche Ágios Charálambos Fresken von Christóforos Assimís. Außerdem gibt es eine große Weinkellerei und ein Weinfestival während der Hochsaison.

Vorbei an üppigen Weinfeldern, bunten Blumenwiesen und einem Bimssteinwerk führt die Straße von Pýrgos nach Éxo Goniá recht steil hangabwärts. Noch vor dem eigentlichen Ortseingang trifft man auf die imposante und scheinbar unkykladische *Kirche Ágios Charálambos* (Gottesdienste morgens um 8 Uhr), die nämlich keine strahlend blauen Rundkuppeln besitzt, sondern rote Ziegeldächer. Im Vorhof der Kirche befinden sich einige hübsche Bodenmosaike aus verschiedenen santorinischen Lavasteinen. Die Ágios-Charálambos-

Auch Palmen wachsen auf Santoríni

Blick auf Méssa Goniá

Kirche markiert das obere, westliche Ortsende. Wer will, kann sein Fahrzeug im großen Kirchhof parken und über die Treppen hinter der Kirche in den Ort von oben hineinlaufen. Als Alternative parkt man unten im Dorf an der Durchgangsstraße Messariá–Kamári.

Éxo Goniá ist ein hübsches kykladisches Bergdorf mit engen Gässchen, steilen Treppen, alten und neuen Häusern sowie einigen Kirchen entlang der Hauptgasse. 1956 wurden fast alle Häuser durch das Erdbeben zerstört, aber die Schäden sind heute nur noch an wenigen Stellen zu sehen. Die einst nach Kamári ans Meer abgewanderten Bewohner kehrten im Laufe der letzten Jahre verstärkt zurück in das Schluchtdorf. Dennoch zeigt sich Éxo Goniá um die Mittagszeit wie ausgestorben. Im unteren Dorfbereich liegt allerdings eine der größten *Weinkellereien* der Insel. Hier herrscht vor allem zur Erntesaison im Spätsommer Hochbetrieb.

● *Verbindungen* Alle Busse auf der viel befahrenen Route Firá–Kamári halten an der Hauptstraße. Fahrzeit von Firá etwa 15 Min. In den Ort hinein muss man dann zu Fuß gehen. Taxi kostet ca. 10 €.

● *Adressen* Ein sehr großer **Supermarkt** liegt direkt an der Durchgangsstraße, die von Messariá nach Kamári führt. Richtung Messariá befindet sich eine **Tankstelle**.

● *Essen & Trinken* **Goniá**, Ouzerí ziemlich weit oben in Éxo Goniá, von der markanten Kirche Ágios Charálambos nur ein paar Treppenstufen hinab. Man sitzt angenehm unterm Strohmattendach auf einer leicht begrünten Hochterrasse mit Blick auf Méssa Goniá, Kamári und auf den Profítis Ilías. Das ruhige Plätzchen ist noch eine Ouzerí

im alten Stil. Chef Ioánnis serviert leckeres Essen nach traditionellen Rezepten. Griechische Musik.

● *Kunst* **Art Space**, eines der exklusivsten Künstlerateliers auf der Insel. Von der Durchgangsstraße Messariá–Kamári rechts ab (beschildert). Das Atelier ist in dem größten Höhlenlagerraum von Santoríni untergebracht. In dem mehr als 6 m breiten und sehr langen Tonnengewölbe im Bimsstein befanden sich von 1830 bis etwa 1950 ein Tomaten- und ein Weinverarbeitungsbetrieb sowie eine Rakí-Brennerei. Der Besitzer hat das Ambiente mit Geräten aus der Tomatenindustrie und der Winzerei dekoriert. Insofern kommen nicht nur die Freunde moderner Kunst, sondern auch die

Liebhaber des alten traditionellen Handwerks auf ihre Kosten. Im Mittelpunkt stehen aber natürlich die Exponate moderner Kunst. Der Kunstexperte, Herr Argyrós, spricht vorzüglich Englisch und erklärt die Bilder, Keramiken und Skulpturen. Die Ausstellungsstücke stammen von mehr als 60 verschiedenen Künstlern, darunter auch von Heiner Meier, einem sehr bedeutenden deutschen Künstler. Die alten Weinpressen sind immer noch in Gebrauch: Herr Argyrós stellt hochwertigen Vinsánto und Nikterí her und brennt einen hervorragenden, milden Tsikoudiá, der an einen guten Grappa erinnert. Im Anschluss an die Führung kön-

nen seine Produkte verkostet werden. Geöffnet Mai bis Okt. tägl. von 10 Uhr bis Sonnenuntergang, Eintritt frei, ℡ 22860-32774 o. 6932-899509, www.artspace-santorini.com.

● *Sport* **Reitstall**, als „Horseriding" ausgeschildert, etwa 1,5 km südlich der Straße von Messariá nach Kamári. Brigitta aus Dänemark und ihr griechischer Mann besitzen ca. 15 Pferde. Sie machen vormittags oder nach 18 Uhr eine Standardtour entlang der Strände an der Ostküste. Angeboten werden English Riding und Western Riding, auch für Reitanfänger. Führungen in englischer Sprache. ℡ 6977-415775.

Wanderung 2: Rundweg von Éxo Goniá nach Vóthonas und zurück nach Éxo Goniá

Hübsche und relativ unproblematische Rundwanderung zwischen zwei der schönsten Inseldörfer und durch den grünsten Teil von Santoríni. Kombiniert mit der Besichtigung von Éxo Goniá und Vóthonas, sicherlich Programm für mehr als einen halben Tag.

Wegstrecke: Von der Kirche Ágios Charálambos im oberen Teil von Éxo Goniá hangabwärts quer durch mehrere Erosionstäler nach Vóthonas. Dann einen Teil der Route zurück und einen weiter westlich verlaufenden Weg wieder hinauf an den oberen Ortsrand von Éxo Goniá.

Dauer: Von der Kirche Ágios Charálambos bis Vóthonas nur etwas mehr als 30–35 Min. Der Rückweg über die breite Schotterstraße verläuft zwar steiler aufwärts, dauert aber nur eine knappe halbe Stunde.

Schwierigkeit und Ausrüstung: Nachdem man den etwas schwierigeren Einstieg gefunden hat, zunächst problemlose Wegführung. Dann schmale Pfade und ein Stück über wegloses Gebiet, dennoch kein Problem. Die letzten Meter nach Vóthonas hinein über einen Trampelpfad. Rückweg über eine breite Schotterpiste, zwar steiler, aber absolut ohne Schwierigkeit. Halbhohe Turnschuhe genügen, auch wenn es zwischenzeitlich durch kniehohe Phrygana geht. Sowohl in Éxo Goniá als auch in Vóthonas ausreichend Verpflegungsmöglichkeiten.

Etwas Wasser für unterwegs sollte also ausreichen.

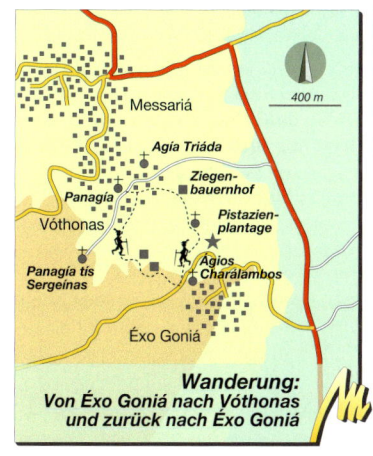

Wanderung:
Von Éxo Goniá nach Vóthonas und zurück nach Éxo Goniá

Inselmitte

Wegbeschreibung: Wir starten an der markanten *Kirche Ágios Charálambos* am oberen Ortsende von Éxo Goniá auf ca. 190 Höhenmetern. Achtung, der Einstieg ist schwer zu finden: An der Nordnordwestecke des Kirchhofs befindet sich ein kleines Eisentor zur Asphaltstraße hin. Dort überquert man die Straße und trifft auf ein etwa 20 cm hohes *Mäuerchen*. Hinter der Mauer zweigt in spitzem Winkel ein schon deutlich überwucherter Pfad nach Nordosten ab. Man wandert zunächst etwa 15 m durch eine schmale, betonierte Rinne unterhalb des Parkplatzes gegenüber der Charálambos-Kirche. Links der *Betonrinne* befindet sich eine kleine Plantage mit Pistazienbäumen.

Der eigentliche Wanderweg beginnt als schmaler *Eselspfad* am Ende der Betonrinne, die erst im Zuge des Straßenbaus errichtet wurde. Zwischen Felsen hindurch geht es auf natursteingepflastertem Weg hangabwärts vorbei an Feigenbäumen und -sträuchern, Weinfeldern sowie runden Dreschplätzen. Nach dem Ende der rechts verlaufenden Mauer folgen hier Pistazienbäume. Nach der nächsten Kurve ist die *kleine Schlucht* plötzlich zu stark überwuchert und wir wandern links der Schlucht am Rande des mit Gräsern und dorniger Phrygana bewachsenen Feldes entlang, bis nach wenigen Metern eine befahrbare *Schotterpiste* unseren Weg kreuzt.

Pistazienernte

Pistazien (Fistíkia) sind neben Wein und Tomaten ein weiteres traditionelles Anbau- und Ausfuhrprodukt der Insel. Vor allem rund um Pýrgos, Éxo und Méssa Goniá findet man zahlreiche Pistazienplantagen. Ende August werden die kleinen, mandelförmigen Früchte reif und sind dann leuchtend rot. Man pflückt sie im September, danach erfolgt die Weiterverarbeitung. An der Straße unterhalb von Éxo Goniá hatten wir Gelegenheit, eine Pistazienschäl- und Waschmaschine in Aktion zu sehen: Die festen Schalen der nussartigen Früchte sind nämlich noch mit einer zähen und dicken Haut umgeben, die zunächst entfernt werden muss. Dies geschieht in einer Art Drahttrommel, in der die Pistazien unter Zugabe von Wasser hin- und hergeschleudert werden, bis sich die Haut löst. Die Bauern der Umgebung bringen ihre Ernte zur Maschine und diese läuft über mehrere Tage hinweg unermüdlich. Danach werden die Pistazien in der Sonne getrocknet. Ihre weitere Verarbeitung geschieht folgendermaßen: In einen Liter Wasser zweieinhalb Suppenlöffel Salz geben, dazu einen Teelöffel Xinó, eine Art Aromastoff mit dem Geschmack von Zitrone. Die Mischung über ein Kilo sonnengeröstete Pistazien gießen, dann eine Viertelstunde im Ofen rösten, wobei eine Zeitung untergelegt wird, die das Wasser aufsaugt. Pistazien kann man zwar auch roh essen, der Geschmack ist dann aber lange nicht so aromatisch.

Wir biegen nach links, d. h. Westen auf diese Straße ein und wandern auf dem breiten Weg hangabwärts, wobei wir bereits 140 Höhenmeter erreicht haben. Der Blick zurück umfasst nun wieder fast vollständig die Kirche Ágios Charálambos. Nach nur wenigen Metern auf dem Schotterweg rückt halbrechts die *Kirche Panagía* ins Blickfeld. Der Pfad dorthin beschreibt eine Rechtskurve. Oberhalb und auch davor am Hang wachsen erneut zahlreiche Pistazienbäume. Die Kirche ist normalerweise verschlossen, aber durch das Fenster lässt sich die Oklad-Namensikone der Panagía rechts auf der Altarwand gut erkennen. Vor dem Eingangsbereich der Kirche liegt auch ein wunderschönes *Rastplätzchen* mit Bänken, die eigentlich für die Panigýria gedacht sind.

An der Nordwestecke des Kirchenvorplatzes beginnt ein kleiner *Trampelpfad*, der mitten durch die Pistazienplantage führt. Rechts folgt ein weiterer Dreschplatz, bevor der Weg über die Graslandschaft nach links abbiegt. Rechts liegt nun eine weitere Erosionsschlucht. Einige Meter weiter führt ein kleiner Pfad nach rechts ziemlich steil in die *Schlucht* hinab. An zwei großen Kaktusfeigen (Vorsicht Stacheln!) ist der tiefste Punkt der Schlucht auf etwa 100 Höhenmetern zu durchqueren. An der Westseite der Schlucht angekommen, hält man sich weiterhin westlich und den kleinen *Hang* hinauf. Nun bietet sich wieder ein fantastischer Blick auf die Charálambos-Kirche und es geht einige Meter über die flache Grasnarbe, auf der kein erkennbarer Weg existiert.

Man kreuzt eine *Stromleitung* und trifft dann an einem kleinen Mäuerchen auf einen quer verlaufenden Weg, den man südwestlich hinaufwandert. Zwischen der Mauer eines winzigen Weinfeldes links und einem Metalldrahtzaun für Ziegen und Esel rechts, geht es weiter Richtung Vóthonas. Unten im Tal liegt ein *Ziegenbauernhof*. Die nahe liegenden Häuser im Blickfeld gehören bereits zu Vóthonas, etwas weiter rechts auch zu Messariá. Bald folgt die Abzweigung, die zu dem rechts im Tal liegenden Bauernhof führt. Wir wandern nach links weiter, d. h. in südwestlicher Richtung, und biegen dann nach 10 m rechts nach Westen ab.

Der sandige Schotterpfad verläuft nun links von einem kleinen Mäuerchen leicht bergauf, bevor sogleich die runde, blaue Kuppel der *Kirche Agía Triáda* von Vóthonas ins Blickfeld gelangt und der Pfad nun in einen *Betonweg* übergeht. Nach der nächsten Linksbiegung öffnet sich der Blick auf den in der Schlucht liegenden Teil von Vóthonas mit der Windmühle und der dreischiffigen *Hauptkirche Panagía* in der Mitte (toller Fotografierstandort!). Auf dem Betonweg geht es weiter abwärts ins Dorf hinein. Vorbei an Höhlenhäusern und mitten durch die *Bimssteinwand* gelangt man direkt an die Platía mit der großen, auf ca. 90 Höhenmetern gelegenen Panagía-Kirche. Wer Vóthonas noch nicht gesehen hat, sollte nun eine ausgiebige *Besichtigungstour* durch die in dem Erosionstal gelegenen Gassen unternehmen.

Der deutlich weniger spektakuläre Rückweg beginnt wieder an der großen Hauptkirche Panagía. Von der Platía vor dem Eingang und dem Glockenturm wandern wir – zunächst auf demselben Weg – östlich in die schmale, leicht bergauf führende Gasse hinein. Es folgen ein paar Stufen, bevor es erneut durch die hohen *Bimssteinwände* des Erosionstales hindurchgeht. Ein prachtvoller Anblick! Die Gasse steigt an und vorbei an den Höhlenhäusern verlassen wir den Ort, nicht ohne zuvor nochmals den Blick zurück in die Schlucht zu genießen. Nachdem der Beton in Schotter übergeht, folgt an dem Hühnerhof ein kurzes Stück bergab. Auf dem Hinweg sind wir den von links kommenden Pfad hinaufgewandert, jetzt wenden wir uns aber an der *Kreuzung* rechts dem breiten *Schotterweg* zu.

Auf diesem befahrbaren Weg läuft man nun steil hangaufwärts, vorbei an Kaktusfeigen, Weinfeldern, Feigensträuchern

Kykladenidylle

und vereinzelten Pistazienbäumen. Der Blick zurück umfasst nur noch den höher gelegenen Teil von Vóthonas und die südwestlichen Randgebiete von Messariá. An einem Neubau gelangt, erstmals auf dem Rückweg, wieder die große Kirche Ágios Charálambos am oberen Ortsrand von Éxo Goniá ins Sichtfeld (am Hang halblinks). Bald geht der Schotter in Asphalt über. Stets hangaufwärts verläuft der Weg an Weinfeldern und Neubauten vorbei auf die Asphaltstraße zu, die von Pýrgos hinunter nach Éxo Goniá führt. An der Einmündung angekommen, hält man sich links, d. h. nördlich, und läuft in 2 Min. die Straße bergab zum *Ausgangspunkt*, der Kirche Ágios Charálambos.

Méssa Goniá (Episcopí Goniá)

Ein weiteres Zentrum des Weinanbaus auf Santoríni, zwei Weinkellereien arbeiten hier. Verfallene Häuser, Lagerhallen für Wein und Dutzende kleiner Kirchen prägen das Bild des 1956 vom Erdbeben fast völlig zerstörten Hangdorfs.

Wie Éxo Goniá wurde Méssa Goniá, das auch Episcopí Goniá genannt wird, beim Erdbeben 1956 ziemlich stark in Mitleidenschaft gezogen. Viele der Bewohner wanderten an die Küste ab und der ehemals winzige Fischerort Kamári wuchs stark an. Seitdem Kamári jedoch eine touristische „Karriere" begonnen hat, zogen immer mehr Leute wieder zurück in den alten Ort und restaurierten ihre Häuser und Höhlen.

• *Verbindungen* Alle Busse auf der viel befahrenen Route Firá–Kamári halten an der Hauptstraße. Fahrzeit von Firá etwa 15 Min. In den Ort hinein muss man dann zu Fuß gehen. Taxi kostet ca. 10 €.

• *Essen & Trinken* **Coach Stop**, nette, kleine Taverne, geführt von einem älteren Ehepaar. An der Wand eine Tafel als Speisekarte, kleine leckere Gerichte.

▸ **Weinkellerei Cánava Roússos**: sehenswerte Weinfabrik im Ort, gegründet 1836. Nachdem die Winzer in ein anderes Gebäude umgezogen waren, hat die Roússos-Familie eine große Kellerei zur Weinprobierstube umfunktioniert, die Cánava Roússos. Man kann die alten Räumlichkeiten mit großen Fässern und Gerätschaften für Anbau, Kelterei etc. besichtigen und danach für wenig Geld bis zu fünf verschiedene Weine zusammen mit Santoríni-Snacks kosten – im Garten sitzt man angenehm und schattig. Möglichkeit zum Weineinkauf.

Zufahrt von der Straße Messariá–Kamári hinter Éxo Goniá rechts ab und nach 100 m auf der rechten Seite (beschildert). Die gleiche Straße führt dann weiter zur Panagía Episcopí (Informationen zu den Weinen von Roússos siehe S. 87).

Öffnungszeiten tägl. von 11–19 Uhr. ☎ 22860-31349, 22860-31278, www.canavaroussos.gr.

▸ **Weinkellerei Ktíma Argyrós**: Die zweite Kellerei in Méssa Goniá liegt an der Straße von der Cánava Roússos zur Panagía Episcopí. Sie wurde 1903 gegründet und ist seitdem in Familienbesitz. Matthéos Argyrós ist der derzeitige junge und dynamische Besitzer. Spezialisiert ist die Kellerei auf Vinsanto – Yiánnis, der Vater von Mattheos, war in den achtziger Jahren der erste und einzige Winzer auf Santoríni, der seinen Wein für zwanzig Jahre und länger lagerte. Sein "Vinsanto 1987" gilt heute als der Beste von Santoríni und Argyrós gehört mittlerweile zu den angesehensten Weinproduzenten im Land. Ein neues leckeres Produkt von Argyrós ist schwarze Schokolade, gefüllt mit Vinsanto. (Informationen zu den Weinen von Roússos siehe S. 86).

Öffnungszeiten nur nach Vereinbarung, ☎ 22860-31489, www.estate-argyros.com.

Historische Räumlichkeiten in der Cánava Roússos

Panagía Episcopí

Die kleine Kreuzkuppelkirche aus dem 12. Jh. ist eine der bedeutendsten Kirchen der Insel aus byzantinischer Zeit. Sie steht zwischen Zypressen auf einer Anhöhe über dem Ort und ist von der Straße nach Kamári über eine breite Asphaltstraße zu erreichen.

Ihre Grundlegung im Jahre 1115 geht auf Kaiser Aléxios I. Komnenós (1081–1118) zurück, doch Teile der Anlage stammen von einer frühchristlichen Basilika, die bereits im 6. Jh. hier stand. Nachdem die Kirche dem orthodoxen Bischof von Santoríni als Sitz gedient hatte, wurde sie von den Venezianern während der Frankenzeit zum katholischen Bischofssitz umfunktioniert. Erst unter türkischer Besatzung (ab 1537) gelangte sie wieder in den Besitz der griechisch-orthodoxen Kirche, war aber dann über Jahrhunderte ein Zankapfel zwischen katholischem und orthodoxem Bistum. 1915 wurde ein Teil der sakralen Gegenstände und Gewänder sowie die Bibliothek durch ein Feuer zerstört. Das Erdbeben von 1956 beschädigte dann die Fassade und den Innenraum stark. Erst 1986 konnten die Restaurierungsarbeiten abgeschlossen werden, obwohl die Kirche schon 1962 unter Denkmalschutz gestellt wurde. Die Verwendung von unschönem Beton außen und innen wurde dadurch leider nicht verhindert.

Der Boden und die beiden Säulen im Innenraum bestehen aus Marmor. Die alten Fresken sind weitgehend Opfer der Feuchtigkeit geworden und nur noch an wenigen Stellen zu sehen. Zu den Themen zählten Salome mit dem abgeschlagenen Kopf Johannes des Täufers, verschiedene Heilige, Heilung der Blinden, Christi Auferstehung u. Ä. m. Die altehrwürdige Ikone der *Panagía Glykofiloúsa* (Zärtlichkeit) aus dem 12. Jh. ist nach einer Restaurierung seit 2006 wieder an Ort und Stelle hinter Glas zu betrachten. Am 15. August findet das große Kirchenfest zu Ehren der Panagía statt (Kasten).

Öffnungszeiten tägl. 9–17 Uhr, eine Aufseherin wohnt gleich bei der Kirche. Kleine Spende wird erwartet.

Inselmitte

Kirche Panagía Episcopí in Méssa Goniá

Das Fest der Panagía

Das am 15. August gefeierte Fest „Mariä Entschlafung" (bei den Katholiken Mariä Himmelfahrt) ist eines der größten Feste der griechisch-orthodoxen Kirche. Nach orthodoxem Glauben ist die Mutter von Jesus nicht leiblich gen Himmel gestiegen, sondern ihre Seele wurde von einem Engel geholt. Schon das Wort Panagía, wörtlich aus dem Griechischen übersetzt die „ganz Heilige", zeigt die Wertschätzung, die der Mutter Gottes entgegengebracht wird. Auf Santoríni finden die größten Festlichkeiten in der Kirche „Panagía Episcopí" in Méssa Goniá" statt.

Bereits am 14. August wird ein Gottesdienst vom Metropoliten von Thíra zelebriert. Da nicht alle Gläubigen in der Kirche Platz haben, wird die Liturgie per Lautsprecher auf den Vorplatz übertragen. Vor dem Eingang zur Kirche bilden sich lange Schlangen, denn jeder will vor der Ikone, die wundertätig sein soll, seinen Dank oder seine Fürbitte aussprechen. Im Anschluss an den Gottesdienst werden an die Anwesenden Wein und ein Gericht aus Fáva-Erbsen verteilt, das vorher in riesigen Töpfen gekocht und mit ruderähnlichen Holzspaten umgerührt wurde. Am folgenden Tag beginnt der Gottesdienst um sieben Uhr morgens. Nach etwa drei Stunden liturgischer Gesänge, Gebete und der Predigt werden die blumengeschmückten Marienikonen und der Epitaph der Maria in einer feierlichen Prozession um die Kirche getragen. Anschließend haben die Gläubigen noch einmal Gelegenheit, vor den Ikonen zu knien. Auch an diesem Tag wird an alle das *Panigýri*, dieses Mal Trauben und Käse, verteilt. Das Panigýri geht auf die mittelalterliche Tradition der Pilgerspeisung zurück. Die Speisen haben ebenfalls eine symbolische Bedeutung: Fáva war eines der ersten Erzeugnisse von kirchlichen Ländereien, Wein und Käse folgten später. Ursprünglich wurden die Speisen von den Pächtern der ehemaligen Kirchenländereien gespendet.

Besucher sind bei den Gottesdiensten willkommen und werden herzlich bewirtet. Man sollte auf angemessene Kleidung achten und mit dem Fotografieren nicht zu aufdringlich sein.

Kamári

Wichtigster Badeort der Insel und Standbein des internationalen Pauschal-tourismus. Schöner, kilometerlanger Strand aus dunklem Kies am Fuß des mächtigen Felskaps Méssa Vounó. Alles ist auf Badetouristen ausgelegt, relaxen, genießen und bummeln ist angesagt. Allenfalls ein Ausflug hinauf nach Alt-Thíra unterbricht das bunte Strandleben.

1856 gefundene Inschriften aus römischer Zeit belegen, dass an der Stelle des heutigen Kamári der Hafen von Alt-Thíra lag. Auch der Begriff Kamári stammt noch aus dieser Zeit (kamara = Gewölbe). Das heutige Dorf ist eine Neugründung der Bewohner von Éxo und Méssa Goniá, die 1956 ihre vom Erdbeben zerstörten Orte verließen und hinunter an die Küste zogen. Der ruhige, alte Dorfkern von Kamári liegt ein Stück zurück vom Meer. An den Stichstraßen zum Strand und unten an der über 1 km langen Promenade breitet sich dagegen ein wild wucherndes Hotel- und Tavernenangebot aus. Kamári verändert ständig sein Gesicht. An den Rändern wird nach wie vor gebaut und gebaut, halbfertige Betongerippe überall. Immer weiter wird die Uferpromenade Richtung Norden verlängert. Insgesamt sicher nicht gerade schön, aber der Strand und der benachbarte Felsblock entschädigen für vieles. Erfreulicherweise findet man noch einige Gärten mit schwer beladenen Pistazienbäumen zwischen den Neubauten und auch die angepflanzten Tamarisken geben der Uferpromenade mittlerweile ein freundliches Gesicht.

Unmittelbar südlich des Ortes liegt das schroffe, steil aufragende *Kávos Méssa Vounó*, ein Ausläufer des Profítis Ilías, das vom Strand aus einen atemberaubenden Anblick bietet. Südlich davon befindet sich Períssa, der zweite große Badeort von Santoríni. Ein Kaíki setzt Neugierige im Sommer mehrmals täglich dorthin über. Der dunkle Lavastrand ist teilweise feinsandig, teilweise steinig und man findet sicherlich ein Plätzchen nach seinem Geschmack. Im sauberen und meist ruhigen Wasser wurden mehrere Steinaufschüttungen als Wellenbrecher vorgenommen, um ein Abtragen des Sandes im Winter zu verhindern. Richtung Norden wird es deutlich stiller, allerdings wird der Strand hier nicht mehr gereinigt.

Hübsch anzusehen ist am Fuß des Méssa-Vounó-Felsens die weiß gekalkte Kapelle *Ágios Nikólaos* (meist geschlossen) auf einer Aussichtsterrasse, daneben liegt eine offene Höhlenkapelle. Bei gutem Wetter bietet sich auch ein schöner Blick hinüber bis zur Insel Anáfi, wo man an klaren Tagen das hoch aufragende *Kávos Kálamos* erkennen kann. Wer will, kann von Kamári aus in etwa einer Stunde hinauf nach *Alt-Thíra* wandern, wobei wir natürlich den Wanderweg (→ S. 191) und nicht die viel befahrene Straße empfehlen.

Nicht verschweigen darf man, dass Kamári in der Einflugschneise zum Flughafen bei Monólithos liegt und es daher gelegentlich zu kurzzeitigen Lärmbelästigungen kommt – andererseits geben die einfliegenden Düsenjets ein durchaus eindrucksvolles Bild ab.

*V*erbindungen

• **Bus** Kamári ist Endstation der Linie Firá–Kamári mit der höchsten Frequenz der Insel. Selbst in der Nebensaison hat man praktisch alle 30 Min. eine Verbindung, im Hochsommer oft alle 15 Min. Es gibt drei Haltestellen – eine am Ortseingang Richtung Firá (Nähe Campingplatz), eine an der Seitenstraße hinter dem Fußballfeld und eine

Inselmitte

Relaxen am Lavastrand von Kamári

kurz hinter dem Südende der Paralía. Die Fahrt nach Firá dauert etwa 20 Min. und kostet ca. 1,40 €.

• *Taxi*   Standplätze an der Ortseingangsstraße und in Strandnähe. Die Fahrt nach Firá kostet etwa 18 €.

• *Schiff*   Mehrmals tägl. fährt ein Boot für ca. 7 € die Tour um das Kávos Méssa Vounó nach Aeríssa. Während der Saison gibt es auch Badeboote zum Red Beach bei Akrotíri, Abfahrten am südlichen Strandabschnitt (beschildert).

Adressen

• *Arzt und Apotheke*   kleine **Erste-Hilfe-Station** in der Verlängerung der Ortseingangsstraße hinter der Kirche Panagía Myrtidiótissa auf der linken Seite. ℡ 22860-31175. Eine **Apotheke** liegt an der Stichstraße zum Strand, ℡ 22860-32440.

• *Ausflüge*   **Ancient Thira Tours**, an der Kreuzung Odós Hiller von Gaertringen und der Straße nach Alt-Thíra, Minibus nach Alt-Thíra stündlich von 9–13 Uhr (Di–So) April bis Ende Okt., letzte Rückfahrt 14.30 Uhr, Tickets 7 € einfach bzw. 9 € hin und zurück. Der gleiche Trip auf dem Maultierrücken kostet 16 € (hin und zurück) und dauert ca. 2,5 Std. ℡ 22860-23915

• *Auto-/Zweiradvermietung*   konzentriert an der Stichstraße hinunter zum Strand und entlang der Ortseingangsstraße.

Vitánis, an der Verlängerung der Ortseingangsstraße auf der rechten Seite. Der freundliche Vitánis vermietet zuverlässige Motorräder (Peugeot, Honda, Yamaha) und

Autos (FIAT, Suzuki) aller Klassen. Jedes Jahr neue Modelle. 24-Std.-Straßenservice überall auf der Insel. Günstige Preise. Wer mit diesem Buch kommt, erhält 5 % Rabatt. ℡/℡ 22860-32010.

• *Einkaufen*   diverse **Supermärkte** und **Touristenshops** an der Paralía. Strandmode und Andenken verkauft **En Plo** am Nordende der Paralía. **The Wine Garden** im Odós Panagía Mirtidiótissas bietet eine gute Auswahl von Santoríni-Weinen der verschiedenen Kellereien, dazu Honig, Gewürze, Kräuter und Souvenirs. Im **Kivotós** gibt es ebenfalls Strandmode, Andenken und Modeschmuck. Gegenüber liegt das **Book Center**, das u. a. dieses Buch verkauft.

• *Geldautomat*   neben dem Book Center und an der Paralía sowie vor dem Kamári Tours Information Center.

• *Information*   **Kamári Tours Information Center**, an der Strandpromenade, hier sind alle Reiseveranstalter, die in Kamári tätig

Ágios
Nektários

Panagía
Myrtidiótissa

Spiel-
platz

Schule

Lísos
Tours

Alt-Thíra

Ágios
Nikólaos

Kamári

25 m

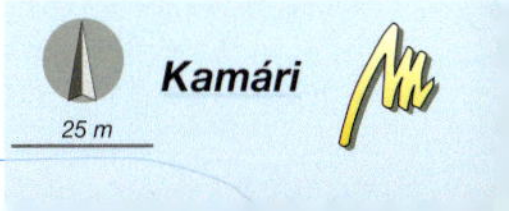

sind, unter einem Dach versammelt. ☏ 228 60-31390, 22860-31455, 🖷 22860-31497, www.kamaritours.com.

● *Internationale Presse* mehrere Läden an der Uferfront.

● *Internet* **Lísos Tours**, drei Internetplätze, ca. 4,50 € pro Std. mit Rabatt für Dauer-Surfer. ☏ 22860-33765, 🖷 22860-33661, lisostours@san.forthnet.gr.
Außerdem in diversen Cafés an der Paralía, z. B. **Votsalo Internet Corner (11)** und **Oxygen Internet (19)**, aber auch bei **Kamári Tours (31)**.

● *Reisebüro* **Kamári Tours**, unbestrittener Marktführer auf der Insel mit Filialen in fast allen Orten. Dementsprechend sind die Preise für Ausflüge oft ziemlich hoch, auch Leserkritik wegen der Qualität der Führungen erreichte uns. Vergleiche mit kleineren Anbietern sind zu empfehlen. ☏ 22860-31390, 32758, www.kamaritours.com.
Lísos Tours, geführt vom freundlichen Lísos Zilelídes aus Zypern und seiner deutschen Frau Wiebke Godau aus Hamburg. Zimmervermittlung, Transfer zu Hafen und Flughafen, Geldwechsel, Autovermietung, Ausflüge zu den Nachbarinseln per Boot oder mit einer privaten Cessna, Rundflüge über Santoríni, Spezial-Arrangements fürs Heiraten auf Santoríni und Flitterwochen sowie Organisation von Konferenzräumen. ☏ 22860-33765, 🖷 22860-33661, lisostours@san.forthnet.gr.

● *Tankstelle* etwas außerhalb an der Hauptstraße Richtung Firá.

● *Wassersport* **Waterski-Windsurf**, etwa im mittleren Strandabschnitt. Neben Surfbrettern werden auch Banana, Ringos, Kneeboards und Segelschiffe vermietet. Wasserski- und Jetski-Möglichkeiten vorhanden. ☏ 6932-780852.
Diving Center Volcano, am Strand. Kurse in Scuba für jeden Kenntnisstand für 260–360 €, Tauchexkursionen 55–90 €, Tagestrips 20–120 €. Im Angebot auch Nacht-, Höhlen-, Vulkan-, Wrack-, Riff- und Tieftauchen. ☏ 22860-33177, 🖷 22860-33687, www.scubagreece.com.

Übernachten (s. Karte S. 181)

Aufgrund des intensiven Pauschaltourismus besteht kein Mangel an Unterkünften. Vor allem an der Uferpromenade längs des langen Sandstrands reiht sich ein Hotel ans andere. Da die meisten Häuser ihre Zimmer saisonweise an Reiseveranstalter vergeben, kann sich die Unterkunftssuche für Individualreisende im Juli und August schwierig gestalten. Ansonsten wird so ziemlich die gesamte Bandbreite angeboten: von der billigen Absteige bis zum teuren Oberklasse-Hotel. Der Campingplatz am Ortseingang steht allerdings schon seit über zehn Jahren nicht mehr zur Verfügung.

● *An der Uferpromenade* Alle Preisklassen vorhanden, das meiste aber eher mittel bis teuer, dafür nur durch eine Weg vom Strand getrennt und viele Zimmer mit prima Meerblick. Private „Rooms" und Pensionen in den Seitengassen.
**** Afroditi-Venus Beach Hotel & Spa (26), Großanlage, die in erster Linie über Reiseveranstalter gebucht wird. Insgesamt 78 Zimmer und 50 Suiten in vier Häusern, teils um einen großen Pool herumgebaut. Zimmer komfortabel ausgestattet, mit Balkon, Kühlschrank, Klimaanlage oder Ventilator, Sat-TV, Radio und Safe. Angeschlossen sind ein Restaurant, eine Snack- und eine Pool-Bar, außerdem ein Wellnesscenter mit Sauna und Dampfbad. Je nach Haus, Zimmer und Saison ca. 90–190 €, Junior Suite ca. 120–220 €, jeweils mit Frühstück. ☏ 228 60-32760, 🖷 22860-32764, www.afroditivenushotel.gr.

**** Hotel Roússos Beach (25), großzügige zweistöckige Anlage im Inselstil, direkt an der Paralía gelegen. Vermietet werden 40 Zimmer mit Balkon, Klimaanlage und Sat-TV. Ein besonderer Pluspunkt ist der große Pool. DZ mit Frühstück ca. 53–125 €. ☏ 22860-31590, 🖷 22860-31619, www.sunresorts.gr.

*** Hotel Kamári Beach (30), große Anlage mit über 100 Zimmern, eine der ersten in Kamári, jeweils Klimaanlage, Kühlschrank, TV und Balkon, von den meisten schöner Meerblick. Vor dem Haus großer Salzwasserpool, durch einen Zaun vom draußen vorbeilaufenden Weg getrennt, Sonnenschirme, Poolbar. Kann über viele Reiseveranstalter gebucht werden. DZ mit Frühstück ca. 80–160 €. ☏ 22860-31216, 🖷 22860-32 120, www.kamaribeach.gr.

**** Bellónias Villas (28), ansprechende, zweistöckige Anlage mit großem Pool und Wellnesscenter. Vermietet werden gut

Blick von der Kapelle Ágios Nikólaos über den Strand

11 eingerichtete Studios und Apartments Studio mit Frühstück ca. 113–164 €, Apt. ca. 130–190 €. ☎ 22860-31138, ℡ 22860-32593, www.belloniasvillas.com.

** Hotel Tropical Beach (20), 25 neu renovierte Zimmer mit Balkon, im Hinterhof kleiner Pool mit Palmen. Der Besitzer hat mehrere Jahre in Deutschland gearbeitet und spricht gut Deutsch. Buchung hauptsächlich über Reiseagenturen (auch im Internet). DZ mit Frühstück ca. 50–90 €. ☎ 22860-32222, ℡ 22860-31998, tropical@sanforthnet.gr.

** Hotel Sunshine (35), 1983 erbaut, langer Schlauch nach hinten, vorne großer Frühstücksraum, dahinter 35 Zimmer mit Marmorboden und sehr schmalen Balkonen. Insgesamt Atmosphäre ganz okay, hübsch die Terrasse mit der Bar vor dem Haus. DZ mit Frühstück ca. 40–80 €. ☎ 22860-31394, ℡ 22860-32240, www.hotelsunshine.gr.

* Hotel Nicolína (37), geschmackvoll und gepflegt, blaue Fenster und Türen, 18 Zimmer, neues Holzmobiliar, z. T. Balkone mit Blick aufs Meer. Geführt von einem freundlichen Ehepaar, Nicolina spricht Deutsch. Die Taverne Saliveros gehört zum Hotel. DZ ca. 40–70 €, Frühstück extra. ☎ 22860-31702, ℡ 22860-32664.

George's Beach Studios (16), 14 Studios an der Paralía, seit 2007 mit modernem Pool, Jacuzzi und Bar. Gehört zum beliebten Hotel Zephyros (siehe unten). Studio ca. 60–90 €. ☎ 22860-31108, ℡ 22860-31200, www.georgesstudios.com.

* Hotel White House (7), ziemlich am Ende der Promenade, einfache Bleibe ohne großen Komfort, jedoch mit kleinem Pool. Vorne Cafébar, ruhig. Günstige Preise. DZ mit Frühstück ca. 30–60 €. ☎ 22860-31819.

Seaside Beach Hotel (4), von George und Familie gut geführtes Strandhotel, 17 saubere Zimmer, kleiner Pool, vorne Restaurant/ Bar. DZ mit Frühstück ca. 45–80 €. ☎ 22860-33403, ℡ 22860-33614, www.seaside.gr.

Oceanis Bay (3), Tipp! Sehr gute und ruhige Lage direkt am Strand, allein stehendes Haus mit sechs Studios für 2–3 Pers., schön begrünter Vorgarten. Sehr aufmerksame Vermieter, alles gut in Schuss. Studio ca. 50–75 €, Frühstück 5 € pro Pers. ☎ 22860-22861, www.studiosoceanis.gr.

** Hotel Sigálas (1), nördlich vom Nordende der Promenade, hübsche Lage direkt am Strand, kleiner Pool, geführt vom gutmütigen Lefteris und seiner deutschen Frau Michaela. Zimmer, Studios, Apartments und Suiten im Inselstil, Tipp sind die drei Suiten mit direktem Zugang zum Strand. Alle Einheiten mit Klimaanlage, tägliche Reinigung. Nette Beach-/Snack-Bar an der Anlage. DZ mit Frühstück ca. 50–95 €, Studio derselbe Preis ohne Frühstück, Apt. 65–

Blick vom Steilfels Messá Vounó hinunter auf Kamári

120 €, Suite 80–135 €. ☎ 22860-31260, ✆ 22860-31480, www.hotelsigalas.com.

● *Hinter der Promenade*   ***** **Santorini Kastélli Resort (17)**, luxuriöse Anlage mit eleganten Zimmern und Suiten, "Member of the Small Luxury Hotels of the World". Schöner Pistazienbaumgarten, zwei Pools mit Poolbar und -restaurant, Wellnesscenter und Tennisplatz. DZ mit Frühstück ca. 123–260 €. ☎/✆ 22860-32530, www.kastelliresort.com.

**** **Hotel Hermes (6)**, gemütliches Großhotel mit geräumigem Pool, Kinderbecken und Poolbar, Jacuzzi, Restaurant und Fitnessraum. Zimmer gut eingerichtet, jeweils Klimaanlage, Kühlschrank, TV und Balkon mit Meerblick. Zum Strand sind es 200 m. Hauptsächlich über Reiseveranstalter. DZ mit Frühstück ca. 90–180 €. ☎ 22860-31664, ✆ 22860-33240, www.hermes-santorini.com.

*** **Hotel Zéphyros (18)**, recht weit oben, Nähe alter Ortskern, etwa 250 m zum Strand. Angenehm eingerichteter Aufenthaltsraum mit Grünpflanzen, Bar und TV, hinter dem Haus ein schöner Süßwasserpool. 42 gut ausgestattete Zimmer mit Balkon bzw. Terrasse, Busstopp in der Nähe. Freundliche Betreuung durch Frau Evangelia. Pauschal über Attika. DZ mit Frühstück ca. 70–120 €. ☎ 22860-31108, ✆ 22860-31200, www.zephyroshotel.com.

** **Hotel Andréas (27)**, von Familie Karamoléngos freundlich geführtes Hotel ein Stück zurück vom Strand. Schöner Süßwasserpool, idyllischer Gastgarten mit vielen Blumen und sogar Zitronenbäumen, Terrasse und Bar, Geórgos serviert Wein aus eigenem Anbau. Helle Zimmer, Blick hinauf nach Alt-Thíra. DZ ca. 55–85 €. ☎ 22860-31692, ✆ 22860-31314.

** **Hotel Matína (38)**, gepflegtes Haus mit hübscher Poolanlage linker Hand, etwas zurück von der Durchgangsstraße. 27 freundliche Zimmer, gutes Mobiliar, alle mit Klimaanlage und TV, im ersten Stock etwas Meerblick. DZ mit Frühstück ca. 70–100 €. ☎ 22860-31491, ✆ 22860-31860, www.hotel-matina.com.

** **Hotel Ákis (40)**, an der Stichstraße rechts, 26 saubere, moderne Zimmer, dazu acht Studios und zwei Apartments. Unten luftiger Aufenthaltsraum und Terrasse mit Cafeteria. DZ ca. 40–80 €. ☎ 22860-31670, ✆ 22860-32423, www.akishotel.gr.

** **Hotel Argó (44)**, am Beginn des Wanderwegs hinauf nach Alt-Thíra. Anlage aus mehreren Bungalows mit Pool und Poolbar. Große Zimmer mit Balkon, Klimaanlage, Sat-TV und Kühlschrank. Bäder ebenfalls geräumig und mit Wanne. Sauna und Fitnessraum vorhanden. Ordentliches Frühstücksbuffet. Hauptsächlich über Reiseveranstalter gebucht. DZ mit Frühstück ca.

50–90 €. ℡ 22860-31885, 📠 22860-34011, www.argo-santorini.com.

Black Sand (22), gepflegte Studio-/Apartmentanlage mit Pool, ein wenig zurück vom Strand (an der Straße hinter dem Großhotel Aphrodite). Studio ca. 55–90 €, Apt. ca. 66–107 €, jeweils mit Frühstück. ℡ 22860-33871, 📠 22860-31628, www.apartmentblacksand.com.

Marios Studios (43), ruhig gelegen, etwas abseits der Stichstraße zum Strand, 1997 erbaut, hübsche Anlage mit großen 2- bzw. 4-Bett-Zimmern, jeweils mit Küchenecke und Terrasse/Balkon, z. T. Meerblick, gemütlich liegen kann man am kleinen Pool mit Poolbar. Für 2 Pers. ca. 40–70 €. ℡ 22860-33727, www.studiosmarios.com.

Essen & Trinken (s. Karte S. 181)

Die meisten Restaurants und Bars ballen sich an der Strandpromenade. Ihr Angebot ist im Allgemeinen durchschnittlich und wenig originell. Es gibt aber auch speziell in Kamári einige rühmliche Ausnahmen. Besser, authentischer und meist günstiger speist man in den Tavernen an der Durchgangsstraße im alten Ort.

● *An der Uferpromenade* **Almíra (2)**, fast am Nordende der Paralía, mit einer großen Tamariske und einigen kleinen Palmen im Vorgarten. Solide griechische Küche, Muscheln in Ouzo-Soße, Lammkoteletts und Fischspezialitäten. Außerdem italienische Spaghetti- und Ravioli-Gerichte sowie Risotto und Bruschetta (geröstetes Brot mit Tomaten und Basilikum).

The Boat House (5), Terrasse unter Tamarisken am Strand, vorwiegend Inselkuche. Spezialität ist *gástra*, mit Gemüse im Topf geschmortes Rindfleisch, das mit einer Blätterteigkruste überbacken ist. Freundlicher und schneller Service, Preise im Rahmen.

Nichtéri (9), die neue edle Taverne von Vassílis Zacharákis präsentiert die moderne griechische Küche. Kleine, aber feine Speisekarte, z. B. Hühnchen mit Ingwer oder Schwein in Mavrodáfni-Wein, dazu Traditionelles neu interpretiert. Etwas teurer.

Atmosphere (33), gilt als eine der besten Adressen in Kamári, serviert wird neben griechischer auch internationale Küche der kreativen Art: Filet in Parmesansoße mit Spinat und Gemüse, Tacos, auch Exotisches wie Krokodilfilet. Große Weinkarte, auch international. Freundliche, gut Deutsch sprechende Bedienung. Das Atmosphere liegt als einziges Paralía-Lokal im ersten Stock, daher kann man der leichten Rockmusik ohne Mofagasknatter lauschen.

Salíveros (39), nahe am Südende der Paralía, unter einem blauen Sonnendach. Macht mit den alten, handgeflochtenen Holzstühlen, die so herrlich unbequem sind, noch einen echt griechischen Eindruck. Saliveros und seine freundliche Tochter Maroúlia servieren einheimische Spezialitäten: *tomatokeftédes*, *fáva*, *tirópita*, Oktopus, Kalamari

und die weißen Santoríni-Auberginen. Tipp ist Stifádo und im Ofen gebackener Fisch mit Santoríni-Tomaten. Preise im Rahmen.

Iríni's (42), große, alteingesessene Taverne mit Cafeteria/Snackbar am Südende der Promenade, seit 1965 von Iríni persönlich und aufmerksam geführt, gute Qualität zu normalen Preisen.

Von Lesern empfohlen: **Syrtáki**, sehr lecker und für die erste Reihe relativ günstig, außerdem das **La Plaza** von George und Margaritha.

● _Hinter der Promenade und im Ortskern_
Byzantio (34), etwa in der Mitte der alten Stichstraße zum Strand, beliebte Taverne mit gutem _kléftiko_ und _stifádo_.

Selláda (36) seit 1991 an der alten Stichstraße zum Strand, von der Promenade kommend ganz oben auf der rechten Seite. Echt griechisch gebliebene Taverne, die auch viele Einheimische empfehlen. Hübscher, überdachter Hof mit Zisterne, Santoríni-Wein vom Fass, relativ günstig und leider immer voll – frühzeitig kommen.

Taj Mahal (32), indisches Restaurant an der langen Durchgangsstraße, große, schattige Terrasse, authentische Küche, auch chinesisch.

Juttas Biergarten (29), etwas erhöht an der Ortseingangsstraße, geführt von Jutta aus Berlin, die schon mehr als 30 Jahre auf Santoríni lebt. Hübscher, kleiner Garten mit ruhiger Musik und bequemer Bestuhlung. Eine deutsche Oase in Kamári: Es gibt nur deutsches Bier (knapp ein Dutzend Sorten), deutsche Brat- und Currywurst, deutschen Kartoffel- und Wurstsalat, Kartoffelsuppe Berliner Art mit Speck, deutsche Würstchen, Toasts, selbst gebackenen Kuchen, natürlich deutscher Art, d. h. weniger süß als die griechischen Kuchen. Lockerer Umgangston.

Vácchous (Bacchus) (13), 130 Sitzplätze neben dem Gemeindezentrum, empfehlenswerte Taverne mit gutem griechischen Essen: leckere Mezédes, Lamm _kléftiko_, Rindfleisch-Stifádo und Gegrilltes. Ganzjährig geöffnet, gutes Preis-Leistungs-Verhältnis, freundlicher Wirt.

Alexander (24), an der Ortseingangsstraße zunächst geradeaus, dann vor der Agentur Lisos Tours links ab. Eines der gehobenen Lokale von Kamári, gute griechische Küche mit kreativen Verfremdungen. Man sitzt auf einer gepflegten Terrasse unter dem Sonnendach, bequeme, mit rotem Stoff bezogene Stühle, Teppiche auf dem Boden. Preise etwas höher.

To Katí Állo (15), beliebte Grilltaverne, etwas zurück von der Promenade, schön illuminierter Gastgarten.

● _Snacks/Cafés_   **Kamara Beach Bar (45)**, schön gelegene Strandbar kurz vor dem Méssa Vounó-Fels, Tische im Sand.

Kantina, Bude mit Stühlen und Tischen in der Nähe vom Fußballplatz, prima Souvláki und Gíros.

Feste in Kamári

Am 9. Juli feiern die Bewohner die Gründung Kamáris mit einem großen Volksfest, denn an diesem Tag jährt sich das Erdbeben von 1956. Das größte Kirchweihfest in Kamári findet am 24. September zu Ehren der _Panagía Myrtidiótissa_ statt. Die gleichnamige Kirche, die Mitrópolis, steht im alten Ortskern an der Durchgangsstraße, im Gemeindezentrum gegenüber wird dann ausgelassen musiziert und getanzt.

Beach-Bars/Cafés/Unterhaltung/Nachtleben (s. Karte S. 181)

Kamáris Nachtleben ist mittlerweile stark im Kommen. Zwar wurde die alte Kult-Disko „The Yellow Donkey" schon vor Jahren geschlossen, es gibt aber eine gute Auswahl neu eröffneter Bars und Musik-Clubs sowie eine neue Disko.

Mango (14), etwa in der Mitte der Paralía. Man sitzt gemütlich unter Strohmattenschirmen in einem tropisch anmutenden Palmengarten. Schon zur Frühstückszeit geöffnet, die meisten Gäste kommen aber abends. Im Angebot befinden sich 65 verschiedene Cocktails, vielleicht der Rekord in Kamári. Deutschsprachige Bedienung.

Dolphins (21), ebenfalls an der Paralía. Eine von mittlerweile zahllosen Café-Bars, die aber ein sehr ordentliches Frühstück bietet. Beliebt sind auch die guten Crêpes. Tische im Vorgarten oder unter den Tamarisken direkt auf dem Strand.

Club Albatros (23), an der Paralía. Gemütlicher Außenbereich mit Palmen und einer Bar in der Mitte. Öffnet erst ab 21 Uhr im Außenbereich. Farbenfrohes Ambiente mit bunten Stühlen. Später am Abend geht man in den Innenraum (Naturstein und viel Holz) und tanzt zwischen der Bar und den Stehtischen weiter. Gute Lichteffekte. Ausgelassene Stimmung bis 4 Uhr morgens.

Hook Bar (41), im Süden der Paralía. Spielt oft Musik der 60er und 70er Jahre. Gemischtes Publikum, gute Stimmung, Internetzugang. Auch tagsüber geöffnet.

Aigaío (12), Irish Pub in der Nähe der Bushaltestelle beim Sportplatz, dicht beschatteter Vorgarten, nett und gemütlich. 15 Minuten freier Internet-Zugang, dafür sind die Getränke etwas teurer.

● *Diskotheken* **Dom Club (8)**, etwas zurückgezogen hinter dem Mango (→ oben), in der Mitte der Paralía. Eine der größten Diskos der Insel. Viel Holz und glänzendes Metallambiente, kombiniert mit freundlichen,

warmen Farben, dazu passende Lichteffekte. Auch in der Nebensaison tägl. ab 22 Uhr bis ca. 4 Uhr früh geöffnet. Eintritt frei.

● *Kinos* **Cinema Kamári,** Freilichtkino am Ortseingang neben dem ehemaligen Campingplatz, während der Hauptsaison fast tägl. Vorstellungen, meist um 21 und 23.15 Uhr. Zumeist US-Spielfilme mit griechischen Untertiteln. ✆ 22860-31974, www.cinekamari.gr.

Cine Villaggio (10), weiteres Kino an der kleinen Piazza im Ortskern, Nähe Busstopp.

Baden im Ortsbereich

Der dunkle Strand aus Lavasand und feinem Kies unmittelbar vor dem Ort ist gepflegt und sauber. Alle paar Meter werden Sonnenschirme und Liegestühle, etwa in der Mitte auch Tretboote und Surfbretter verliehen. Im Wasser gibt es leider zahlreiche Felsplatten, die das Baden erschweren. Weiter nördlich wird der Strand schnell unansehnlich, z. T. schmal und verwildert. Achtung – der dunkle Lavakies heizt sich im Sommer unglaublich auf und kann dann mit bloßen Füßen nur im Laufschritt durchquert werden!

Bootsfahrt gefällig? Eine wirklich feine Sache: per Boot von Kamári um den Steilfels Méssa Vounó herum nach Períssa tuckern bzw. umgekehrt. Die kurze

Ruhiges Plätzchen am Fuß des Méssa Vounó-Kaps

Fahrt kostet ca. 7 € und spart viel Zeit – ansonsten müsste man mit dem Bus zurück nach Firá und dort in einen anderen Bus umsteigen. Die „Eléni" pendelt mehrmals tägl. von vormittags 9 bis etwa 17 Uhr zwischen Kamári und Períssa, bei hohem Seegang fallen die Fahrten aus.

Antikes Ruinenfeld auf gut 300 Höhenmetern: die alte Stadt Thíra

Alt-Thíra

Weit gestreutes Ruinenfeld einer antiken Stadt hoch über Kamári. Großartige und strategisch einzigartige Lage auf dem Méssa Vounó oberhalb des Selláda-Sattels: drei steil abfallende Felswände und nur ein gut überschaubarer Zugang von der Landseite her – praktisch uneinnehmbar. Zudem war das Kalkgebirge des Profítis Ilías von jeher deutlich weniger gegen Erdbeben anfällig als die vulkanischen Schichten auf dem Rest der Insel. Trotzdem kaum zu glauben, dass sich hier oben eine komplette Stadt entwickeln konnte.

Gegründet wurde Alt-Thíra etwa um 1000 v. Chr. von dorischen Einwanderern aus Spárta. Seit dem 3. Jh. v. Chr. errichteten die ägyptischen Ptolemäer eine starke Garnison, um den großen Flottenhafen am Fuß des Felsens (heutiges Kamári) zu schützen, denn von hier aus kontrollierten sie ihren Herrschaftsbereich in der südlichen Ägäis. Auch die Römer bewohnten die Stadt noch, bis sie in byzantinischer Zeit dann aufgegeben wurde. Erhalten sind heute hauptsächlich Überreste aus hellenistischer und römischer Zeit, Grundmauern und Säulenstümpfe liegen weit verstreut auf den Felsterrassen.

Ausgegraben wurde Alt-Thíra 1896–1902 vom deutschen Baron Hiller von Gaertringen (1864–1947). Eigentlich war er Graphologe, interessierte sich für das phönizische Alphabet und arbeitete an einem Inschriftenwerk der griechischen Antike. Doch hier fand er sein Lebenswerk und bezahlte sämtliche Kosten aus eigenen Mitteln – damals übrigens gängige Praxis, denn Archäologie war ein Hobby vermögender Privatleute.

● *Öffnungszeiten* Di–So 8–15 Uhr, Einlass nur bis 14 Uhr, Mo geschl., Eintritt frei.

● *Einrichtungen* Ein **Kioskwagen** bietet Erfrischungen und Snacks.

● *Anfahrt* Vom Südwestrand **Kamáris** führt eine holprig gepflasterte Piste in vielen Serpentinen hinauf auf den Sattel. Dieser so genannte „Odós Adenauer" (der deutsche Bundeskanzler kam im März 1954 als erster Prominenter herauf) ist in langsamer Geschwindigkeit zu befahren. Auch Ritte auf dem Maulesel werden angeboten. Zu Fuß empfehlen wir unseren Wanderweg über die Kirche Zoodóchos Pigí, siehe S. 191. Von **Veríssa** aus verläuft ebenso ein Wanderweg hinauf nach Alt-Thíra, jedoch keine befahrbare Straße. Wer in Veríssa startet, sollte sich an die Beschreibung unseres Wanderweges Veríssa – Alt-Thíra – Profítis Ilías – Pýrgos (S. 195) halten. Vorsicht: Der Sattel ist sehr windig. Man wird geradezu weggeblasen!

▸ **Rundgang**: Der Eingang am Selláda-Sattel liegt auf ca. 300 Höhenmetern, danach geht es noch etwa 50 Höhenmeter hinauf bis zum höchsten Punkt der Siedlung. Das gesamte Gelände ist mit englisch- und deutschsprachigen Erklärungstafeln versehen. Überall stehen Wärter, die scharf darauf achten, dass man die zugänglichen Wege nicht verlässt, die vielen losen Absperrungen nicht übersieht und über die antiken Steine klettert. Achtung: Derzeit wird wieder gegraben, Teile des Geländes können deshalb nicht zugänglich sein.

Vom Sattel steigt man zunächst ein paar Meter den Hang hinauf zur verschlossenen Doppelkapelle *Ágios Stéfanos/Ágios Theódoros (1)*, einem gedrungenen zweischiffigen Kirchlein mit Tonnengewölben und einer kleinen Altarwand. Der dem heiligen Stefan geweihte Teil gilt als eine der ältesten Kirchen der Insel. Dahinter befindet sich ein antiker Marmoraltar. Ruinen einer frühchristlichen Basilika aus dem 4. Jh., die dem Erzengel Michael geweiht war, liegen davor. 200 m weiter, am Beginn der dorischen Stadt, trifft man auf das etwa 23 m lange *Heiligtum des Artemidóros (2)*. Es wurde von einem Admiral der Ptolemäer (Ägypter) zur dritten Jahrhundertwende v. Chr. errichtet und ist gleich mehreren Gottheiten geweiht. Die in den Fels geschnittenen Reliefabbildungen eines Delphins, eines Löwen und eines Adlers symbolisieren die Götter Poseidon, Apóllon und Zeus. Daneben steht ein Porträt des Artemidóros.

Etwa 100 m nach dem Artemidóros-Tempel trifft man auf die große *Agorá* der Stadt *(3)*, die sich in einen nördlichen und südlichen Bezirk unterteilt. Auf dem mehr als 110 m langen Marktplatz liegen Kapitelle und Säulenteile mit Inschriften verstreut. Mehr als die Grundmauern der ehemaligen Ladengeschäfte und öffentlichen Gebäude sind aber nicht mehr zu sehen. Gleich danach trifft man rechter Hand auf eine lang gestreckte *Stoá* (Säulenhalle) mit den Resten einer zentralen Säulenreihe *(4)*. Sie stammt aus der Regierungszeit des römischen Kaisers Augustus und ist fast 45 m lang. Zehn Stümpfe von dorischen Säulen sind noch vorhanden. Sie stützten einst das Dach, welches mehrmals (verursacht wahrscheinlich durch Baumängel oder Erdbeben) einstürzte und wieder aufgebaut wurde.

Alt-Thíra: in den Fels geschnittene Reliefs

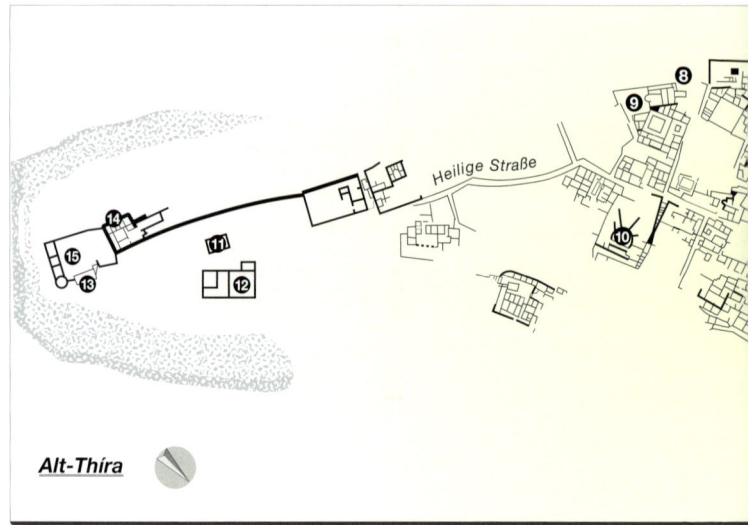

Unmittelbar oberhalb der Stoá, am Beginn einer Gasse den Hang hinauf, befindet sich ein Haus mit erstaunlich gut erhaltenem Phallus-Symbol, wahrscheinlich ein Wegweiser zu einem „Haus der Freuden" (5). Vom Tempel des Diónysos (6) schräg gegenüber ist dagegen kaum noch etwas zu sehen. In die etwa 10 x 6 m große heilige Stätte des Weingottes gelangt man über eine Treppe. Die vier dorischen Säulen stammen wie der gesamte Tempel aus der Zeit des Hellenismus. Oberhalb der Stoá führt die Gasse hinauf in das Zentrum der Stadt mit Grundmauern vieler Wohnhäuser und dem ptolemäischen Statthalterpalast (7), der aber sehr schlecht erhalten ist.

Südöstlich dieses Ruinenfeldes trifft man auf eine heilige Stätte der ägyptischen Götter Isis, Sarapis und Anubis (8). Unmittelbar dahinter steht eine byzantinische Kirche (9) am Südwestrand der alten Stadt. Von ihr sind ebenfalls nur noch die Fundamente erhalten. Früher soll hier ein Apóllon-Tempel gestanden haben. Den Hang nordöstlich hinab stößt man wieder auf den Hauptweg, der ab der Agorá zur Heiligen Straße wird. Nach dem Ende der Stoá folgt eine beschilderte Brunnenanlage, dann Häuserruinen am Hang. Rechter Hand kommt man an einem großen freien Platz vorbei, kurz danach sieht man links am Hang die zerstörten Sitzreihen eines ägyptisch-römischen Theaters (10), von dem die 1500 Zuschauer einst einen wunderschönen Ausblick aufs Meer hatten.

Die Heilige Straße verläuft südöstlich weiter und endet auf einer lang gestreckten, windigen Felsnase. Dabei passiert man zunächst die aus dorischer Zeit stammende Götter-Agorá (11) mitsamt einer kleinen, der Ártemis geweihten Säule auf der linken Seite. Sie gilt als der älteste und heiligste Platz der alten Stadt. Dahinter liegt ein anderer Apóllon-Tempel (12) aus dem 6. Jh. v. Chr. Zu sehen sind ein Hof mit Zisterne und eine weiter südlich liegende Terrasse für Wettkämpfe. Hier hat man zahlreiche erotische Felsinschriften entdeckt, in denen angeblich Männer ihre Lieblingsknaben gepriesen haben – die „ältesten und wüstesten" Schriftzeugnisse der Dorer sind sie genannt worden.

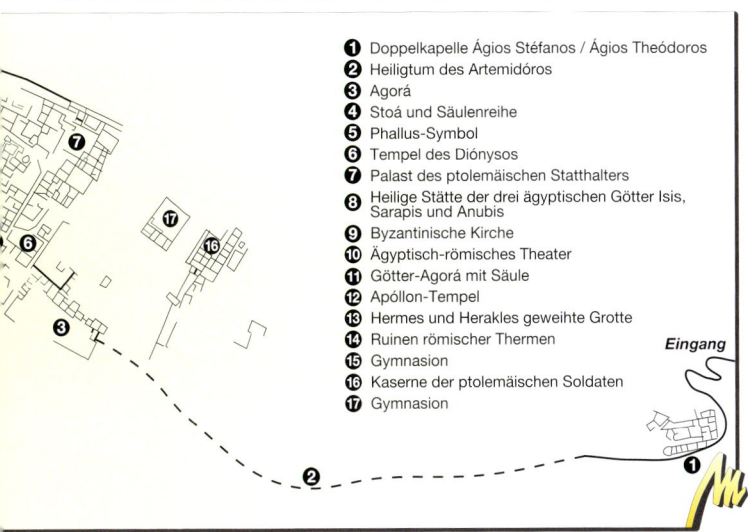

❶ Doppelkapelle Ágios Stéfanos / Ágios Theódoros
❷ Heiligtum des Artemidóros
❸ Agorá
❹ Stoá und Säulenreihe
❺ Phallus-Symbol
❻ Tempel des Diónysos
❼ Palast des ptolemäischen Statthalters
❽ Heilige Stätte der drei ägyptischen Götter Isis, Sarapis und Anubis
❾ Byzantinische Kirche
❿ Ägyptisch-römisches Theater
⓫ Götter-Agorá mit Säule
⓬ Apóllon-Tempel
⓭ Hermes und Herakles geweihte Grotte
⓮ Ruinen römischer Thermen
⓯ Gymnasion
⓰ Kaserne der ptolemäischen Soldaten
⓱ Gymnasion

Eingang

Schließlich befindet sich am Ende der Heiligen Straße links eine (nicht zugängliche) *Grotte (13)*, die Hermés und Heraklés geweiht war. Gegenüber sind die Ruinen *römischer Thermen (14)* erhalten. Dazwischen liegt ein *Gymnásion (15)* aus dem 2. Jh. v. Chr. Das Panorama von hier oben ist wunderschön – man kann den nach Monólithos einschwebenden Flugzeugen zusehen, die in der Ferne sich dunkel erhebende Insel Anáfi wahrnehmen und den Schatten von Kreta erahnen. Ebenfalls herrlich ist der Blick über den ganzen Südteil Santorínis, vor allem auf Aríssa mit seiner markanten Kirche.

Auf dem Rückweg kann man nach der Agorá links den gut erhaltenen Stufenweg hinauf zur *Kaserne der ptolemäischen Soldaten (16)* gehen. Hier ist die höchstgelegene Stelle von Alt-Thíra erreicht. Benachbart liegt ein weiteres *Gymnásion (17)*, ein mehr als 200 qm großer militärischer Übungsplatz.

Wanderung 3: Von Kamári über die Kapelle Zoodóchos Pigí und Alt-Thíra nach Aríssa

Von Kamári auf schmalem Serpentinenpfad steil hinauf. Eine Höhlenkirche mitsamt Quelle bietet einen guten Rastplatz. Weiter auf steinigem Fußpfad zum Selláda-Sattel, von dem ein schöner Panoramaweg mit Blick auf Aríssa auf der anderen Seite hinunterführt.

Wegstrecke: Von Kamári über einen gepflasterten Treppenweg hinauf zur Kapelle Zoodóchos Pigí, dann auf Schotter zum Sattel des Selláda. Hier Besichtigungsmöglichkeit des alten Thíra. Auf der gegenüberliegenden Seite des Sattels wieder auf einem breit ausgetretenen Schotterweg hinunter nach Aríssa.

Dauer: Von Kamári zur Kapelle Zoodóchos

Pigí etwa 30–35 Min., dann ca. 15 Min. bis zum Selláda-Sattel. Hinunter nach Aríssa dauert es ca. 35–45 Min. bis zum Busstopp. Für die Besichtigung von Alt-Thíra sollte man je nach Interesse 1,5 bis 2,5 Std. einkalkulieren.

Schwierigkeit und Ausrüstung: Die Wege sind zwar bisweilen recht steil, aber stets gut erkennbar bzw. breit ausgetreten. In Anbetracht der Tatsache, dass oft schlecht

Inselmitte

ausgerüstete Badetouristen aus Kamári und Veríssa mit Sandalen die Wege hinaufschlappen, wäre die Empfehlung für feste Bergwanderschuhe sicherlich übertrieben. Turnschuhe sollten ausreichen, außerdem Pullover mitnehmen, oben ist es enorm windig. Auf dem Selláda-Sattel befindet sich während der Öffnungszeiten der Ausgrabung ein fahrbarer Kioskwagen. Hier kann man eine Kleinigkeit essen und Wasser kaufen.

▶ **Wegbeschreibung**: Unser Weg beginnt exakt auf 60 Höhenmetern an der *Kreuzung*, an der die Zufahrtsstraße nach Alt-Thíra von der verlängerten Ortseingangsstraße von Kamári abzweigt (beschildert). Man folgt zunächst der breiten betonierten Straße ca. 300–350 m bergauf und biegt direkt hinter dem *Hotel Argó* an einem kleinen *Platz* mit verkrüppeltem Baum und einem Supermarkt rechts von der Straße ab. Der auf einer Breite von etwa 2,5 m betonierte Weg führt hier von 90 Höhenmetern sofort kräftig bergauf. Nach knapp 80 m endet der Beton und es beginnt links ein steiler, mit Natursteinen angelegter *Treppenweg*, der sich den Westhang hinaufzieht. Das erste Etappenziel, die Kapelle Zoodóchos Pigí, ist schon als weißer Fleck in der Felswand zu sehen. Auf

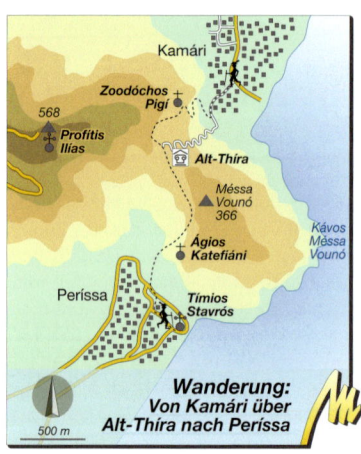

Schotter und ordentlich gepflastertem Untergrund geht es in vielen Serpentinen sehr steil hinauf. Meist sorgt der Wind während des beschwerlichen Aufstiegs für etwas Erfrischung. Am Wegrand zeigt sich nur spärlicher Phryganabewuchs: Thymian, Salbei, Oregano usw., ansonsten dominiert die karge Berglandschaft. Hübsch sind immer wieder die Blicke hinunter auf Kamári und den herrlich dunklen Sandstrand. Man steigt weiter steil aufwärts und erreicht etwa 30 Min. ab Beginn des Pfades die winzige, weiß gekalkte *Kapelle Zoodóchos Pigí* unter einer überhängenden Felswand auf immerhin schon 220 Höhenmetern.

Wanderung: Von Kamári über Alt-Thíra nach Veríssa

An der Südseite der Kapelle steigt der weitere Pfad wieder massiv an, zunächst auf Treppenstufen, dann nur noch auf Schotter. Nach einigen Kurven rückt in der geraden Verlängerung des Weges die *Doppelkapelle Ágios Stéfanos/Ágios Theódoros* ins Blickfeld. Hier liegt auch der Eingangsbereich zum antiken Thíra. Bald ist die Sicht wieder frei auf die in Serpentinen angelegte Zufahrtsstraße zum Selláda-Sattel. Weiterhin über Schotter, Fels und loses Geröll zieht sich der Weg westlich in Richtung Straße und in die reicher bewachsene Schlucht hinein.

Kurz bevor man auf die Straße trifft, biegt der Pfad nach rechts ab, den Hang hinauf. Hier auf nun 270 Höhenmetern bestimmen Schotter und loses Geröll den Wegverlauf. Nochmals umkurvt der Pfad nördlich einer Serpentine die Straße, bevor sie tatsächlich überquert wird. Schräg südlich setzt sich der Pfad auf der gegenüberliegenden Seite der Straße direkt in Richtung Eingangspforte von *Alt-Thíra* fort. Halblinks über den steilen Hang hinweg trifft man unmittelbar oberhalb des Parkplatzes auf den Zuweg zur antiken Stätte.

Nach einer eventuellen Besichtigung von Alt-Thíra setzt sich der Weg nach Veríssa an der Westseite des Parkplatzes fort. Gut erkennbar geht es an einer Steinmauer auf einem breit ausgetretenen Schotterpfad mit Blick auf *Períssa* hinunter. Der weitere Weg, teilweise über einige Treppenstufen, ist nun nicht mehr zu verfehlen. Stets unterhalb der steilen und kahlen Felswand verläuft der Weg bergab, wobei die Schlucht immer rechts des Pfades bleibt. Je nach Wandergeschwindigkeit erreicht man in 35–45 Min. die Ebene hinter Períssa an der Asphaltstraße, die in Richtung Osten auf die *Uferpromenade* zuläuft. An der großen *Kirche Tímios Stavrós* Richtung Meer halten, dann links abbiegen, dort liegt die *Bushaltestelle*.

Kapelle Zoodóchos Pigí: Der Vorhof des einsamen Kirchleins ist ein wunderschönes Ruheplätzchen mit weitem Blick, darüber ragt ein prächtiger Johannisbrotbaum. Die Kapelle selber kann nicht betreten werden. Die Überraschung liegt dahinter: Vorbei an einem betonierten Panigýri-Tisch gelangt man durch ein meist offen stehendes Eisentor in eine gut 10 m tiefe *Grotte*. Hier entspringt eine erfrischende Quelle, die der Kirche („Lebensspendender Quell") ihren Namen gegeben hat. Vom ständigen Herabtropfen des Wassers haben sich große Kalkterrassen gebildet, die sich vom dunklen Fels selbst ohne Licht abheben – eine Tropfsteinhöhle en miniature. Im Frühjahr ist die Quelle oft randvoll, im Hochsommer reicht das Wasser aber kaum aus, um die Flasche aufzufüllen. Die Höhle ist hinter der Quelle noch ein Stück weit begehbar. Vorsicht jedoch auf dem glitschigen Untergrund und nur mit Taschenlampe!

Die Legende berichtet von einer Frau, die ihren Sohn durch einen Unfall verloren hatte. Sie stieg zur Kapelle hinauf, um ein Opfer zu bringen, wurde hier oben aber von einem Dämon vergewaltigt. Das Bildnis der Frau wurde später von der Familie in die Felsen geritzt. Seither ziehen am Jahrestag dieser Tat, dem 5. Mai, jedes Jahr die Einwohner Kamáris unter großem Lärm und Krach hinauf, um die bösen Geister zu vertreiben.

Inselmitte

Profítis Ilías

Geologisch der älteste Teil der Insel. Der höchste Berg (568 m) mit dem gleichnamigen Kloster an der Spitze präsentiert sich optisch etwas verunstaltet durch eine militärische Radaranlage samt „Greek Radio Television Transmitter Centre", bietet aber gute Wandermöglichkeiten.

Das gesamte Massiv des Profítis Ilías – dazu gehören noch der Méssa Vounó, der Gavrílos und der auffällige Felsen bei Monólithos – umfasst den nichtvulkanischen Teil der Insel. Es ist deutlich älter als die Vulkangesteine. Der teils marmorisierte Kalkstein unterscheidet sich insbesondere durch seine helle Farbe und das spezifische Gewicht des Kalks von den schwereren oder sehr viel leichteren vulkanischen Gesteinen. Allerdings finden sich auch an einigen Stellen des Profítis Ilías Schichten von leichtem Auswurfmaterial aus Bims.

Wer will, kann über Pýrgos mit dem Fahrzeug bis auf den Gipfel des Profítis Ilías hinauffahren, dort das Kloster besuchen und den gigantischen Blick über die gesamte Insel genießen. Wir empfehlen jedoch, mit Hilfe unserer beiden Wanderungen 3 und 4 (→ S. 191 und 195) das gesamte Bergmassiv zu Fuß zu erkunden. Dabei lässt sich der Besuch von Alt-Thíra wunderbar mit einbeziehen.

Der Blick vom Profítis Ilías reicht über die ganze Insel

Kloster Profítis Ilías

Das einst bedeutende Kloster ist heute nicht mehr ständig bewohnt. Mit Ausnahme von Aussichtsterrasse und Klosterkirche bekommt man nichts zu sehen.

Besonders enttäuschend ist, dass das früher viel gerühmte *Volkskundemuseum* im Inneren seit vielen Jahren geschlossen ist. Die beiden Mönche, die hier gelebt haben, sind auf den Berg Áthos gezogen, die grünen verrosteten Eingangstore sind verriegelt. Schade darum, denn so viel Einblick in das ursprüngliche Inselleben bekommt man selten in einem Museum. Unter anderem gab es eine Weinpresse, eine Schnapsdestillerie, eine Buchbinderei und eine Kerzenmacherwerkstatt zu sehen. Die Bibliothek umfasste mehr als 1000 Bücher und zahlreiche kirchliche Dokumente.

Der Eingang zur Klosteranlage wird durch den imposanten *Glockenträger* überragt. Gleich dahinter liegt die große, sonnenüberflutete *Klosterterrasse*, von der man einen herrlichen Blick über ganz Santoríni hat. Die Dörfer sind wie im Bilderbuch ausgebreitet, man sieht bis Oía an der Nordspitze. Gleich südlich unterhalb des Felsens liegt Períssa mit seiner mächtigen Kreuzkirche. Bemerkenswert ist das marmorne *Weihwasserbecken* auf der Terrasse. Es stammt aus Lésbos und wurde im Jahr 1742 gemeißelt. Unter dem Hof befindet sich eine große *Zisterne* aus venezianischer Zeit, in der noch heute Wasser gesammelt wird. Die *Klosterkirche* selbst ist nicht so groß, wie man vielleicht erwartet hat. Immerhin besitzt sie eine imposante Altarwand von 1836, bedeutende Ikonen sowie zahlreiche Sakralgegenstände. Aus dem 15. Jh. stammt die Hauptikone des Propheten Elías, auch die Entstehungszeit der anderen Ikonen reicht z. T. bis ins 14. Jh. zurück. Die südliche Nebenkapelle ist Ypapánti (Maria Lichtmess), die nördliche der Agía Triáda geweiht.

Ursprünglich wurde das Kloster 1711 von zwei Mönchen aus dem nahen Pýrgos gegründet. Von 1852 bis 1857 folgte eine Erweiterung. Zu Zeiten der Türkenherr-

schaft unterhielten die Mönche – wie in vielen anderen Klöstern auch – eine griechisch-orthodoxe Geheimschule. Das Erdbeben von 1956 ging zwar auch am Kloster Profítis Ilías nicht spurlos vorbei, doch verhinderte die geologische Formation
des Berges größere Schäden. Anfang der neunziger Jahre verließ der letzte Mönch
das Kloster. Seither wird die Pforte nur zu den angegebenen Zeiten von einem jüngeren Mönch aus einem anderen Kloster geöffnet.

● *Anfahrt* nur über Pýrgos möglich. In Pýrgos am Kreisverkehr rechts, etwa 3 km in
steilen Serpentinen hinauf, dann vor der
Militäranlage unterhalb des Gipfels auf die
schmalere Straße rechts einbiegen und
noch ein paar Kurven hinauf.

● *Besichtigungszeiten des Klosters* im
Sommer 5–9 und 16–18 Uhr, im Winter 5–10
und 17–19 Uhr. Mo und Di ist immer geschlossen. Der jüngere Mönch, der die
Touristen einlässt, achtet ebenso streng
auf die passende Kleidung wie seine älteren Glaubensbrüder.

Wanderung 4: Von Veríssa über den Selláda-Sattel und den Profítis Ilías nach Pýrgos

Vielleicht die anstrengendste Wanderung auf der Insel. Von Meereshöhe in Veríssa
geht es 568 Höhenmeter hinauf. Zuvor bietet sich auf dem Selláda-Sattel die Möglichkeit, einen Abstecher zu den Ausgrabungen von Alt-Thíra zu unternehmen. Die
Endstation Pýrgos ist eines der schönsten Dörfchen der Insel.

Wegstrecke: Von Veríssa auf breiten Pfaden hinauf zum Selláda. Dann über deutlich
weniger begangene Wege auf den höchsten Berg von Santoríni, den Profítis Ilías.
Oben angekommen, hat man den größt-
möglichen Höhenunterschied der Insel auf
einem windanfälligen und stets der prallen
Sonneneinstrahlung ausgesetzten Weg be-
wältigt. Der Abstieg hinunter nach Pýrgos
verläuft zum Teil über Asphaltstraßen und
ist wenig spektakulär.

Dauer: Ist sehr abhängig von der persönlichen Kondition. Von Veríssa hinauf zum
Selláda muss man etwa 60–70 Min. kalkulie-
ren, weiter auf den Gipfel des Profítis Ilías
nochmals mindestens 70–85 Min. Der Abstieg nach Pýrgos ist in einer knappen
Stunde möglich. Wer also noch Alt-Thíra

sehen will (etwa 1,5 Std. einplanen), sollte
schon recht früh am Vormittag seine Tour
starten. Pausen kommen zur reinen Wanderzeit noch hinzu.

Schwierigkeit und Ausrüstung: Von Veríss-
sa auf breit ausgetretenem Weg hinauf
zum Selláda stellt kein großes Problem dar.
Oben auf dem Selláda-Sattel befindet sich
zu den Öffnungszeiten von Alt-Thíra immer
ein fahrbarer Kioskwagen. Hier kann man
eine Kleinigkeit essen und Wasser kaufen.
Weiter zum Profítis-Ilías-Gipfel auf schmalen, steinigen, staubigen und anstrengen-
den Pfaden. Oben keinerlei Versorgungs-
möglichkeiten. Wasser und Proviant muss
also ab dem Selláda bis Pýrgos reichen.
Vor allem für den Mittelteil des Weges
empfehlen sich feste Bergwanderschuhe.

▶ **Wegbeschreibung**: Die Wanderung beginnt am *Nordende der Uferpromenade* in
Veríssa. Von hier aus eine asphaltierte Straße westlich auf den Gipfel des
Profítis Ilías zu. Etwa 700–800 m außerhalb des Orts zeigt ein Wegweiser „Ancient
Thíra" den Beginn des Pfades hinauf auf den Sattel Selláda an. Nach ca. 30 m biegt
man an einer Schranke rechts in den eigentlichen Wanderweg ein, der ab jetzt
deutlich ansteigt. In steilen Serpentinen und auf einem breit ausgetretenen Schotterweg mit Treppenstufen geht es weiter strikt bergauf.

Nach etwa 25–30 Min. Wanderzeit passiert man auf ca. 170 Höhenmeter einen
großen *Steilfelsen*. Hier verläuft der Weg ein Stück eben, bevor er wieder heftig ansteigt und an Sträuchern von Thymian, Salbei, Kamille und falschem Oregano vorbeiführt. Schöne Blicke hinunter in die Ebene von Veríssa und hinüber zum Profítis
Ilías mit der OTE-Sendestation auf dem Gipfel. Nach einer guten Stunde trifft man
auf den breiten *Parkplatz am Selláda-Sattel*.

Inselmitte

Am Parkplatz fällt die Orientierung etwas schwerer. Während die meisten Wanderer nach rechts zum Eingang nach Alt-Thíra abbiegen, halten wir uns links. Ziemlich genau gegenüber vom Zuweg hinauf auf den Méssa Vounó zweigt in nordnordwestlicher Richtung ein schmaler Pfad Richtung Profítis Ilías ab. Der Weg verläuft zunächst nur schwach ansteigend und recht breit auf Schotter und Geröll gen Nordnordwesten. Man überschreitet die 300-m-Höhenlinie etwa im Bereich des leichten, hellen *Bimssteines*, der sogleich folgt. Rechts und links des Weges befinden sich dunkle, schwarze, rötliche und grünliche Lavabrocken.

Der lose liegende Bims bietet zwar einerseits eine angenehmere, weil deutlich weichere Wanderunterlage, andererseits sinkt man aber kräftig in den Staub ein. Unser Pfad lässt am Ende des Bimssteinfeldes eine betonierte *Säule* mit Steinen links liegen, führt ein Stück auf Treppen aufwärts, um sich dann als schmaler Pfad durch die Phrygana zu schlängeln. Über nackten Fels und Geröll geht es weiter hinauf, wobei der Wegverlauf immer gut erkennbar bleibt. Gelegentlich markiert auch ein mittlerweile verwaschener roter Punkt den Pfad.

An zwei, drei Weggabelungen wählt man stets den breiteren Pfad, der bald wieder über ein *Bimssteinfeld* auf die steile Felswand zuführt, um unmittelbar unterhalb der Steilwand nach links, d. h. Südsüdwesten abzuknicken. Hier fallen die vulkanischen Bimssteinschichten wirklich hervorragend ins Auge und der Weg verläuft direkt zwischen den Bimsmauern hindurch. Es folgt ein Abschnitt über Schotter und Felsblöcke noch immer unterhalb der Steilwand. Wenn man die Wand auf etwa 420 Höhenmetern hinter sich gelassen hat, führt der Pfad auf angelegten Steinserpentinen weiter stets bergauf. Der Blick reicht nun wieder bis hinunter nach Períssa.

Über Steinplatten, Stufen und Geröll erreicht man bei ca. 490 Höhenmetern einen *Grat*, an dem eine *Steinpyramide* den weiteren Weg markiert. Von dieser Stelle bietet sich ein genialer Rundblick: Períssa, Kamári und erstmals auf unserer Wanderroute reicht die Sicht auch bis auf Firá, Imerovígli, Oía und in die Caldéra. Es folgt ein für die Füße erholsames Wegstück über weichen Bims, bevor sich der Weg über die mit Thymian bewachsenen Felsen fortsetzt. Der herrliche Pfad ist hier oben stets dem strengen Wind und der erbarmungslosen Sonneneinstrahlung ausgesetzt.

Unser schmaler Weg verliert sich nun gelegentlich in der Phrygana und führt scheinbar nordwestlich am Hang entlang. Wichtig ist aber, dass man sich am höchsten Punkt des Berges orientiert und immer darauf zuwandert. Bei exakt 550 Höhenmetern erreicht man einen Vorgipfel, der sich wunderbar eignet, die gesamte Nordhälfte der Insel, die Küste bei Vlicháda und Alt-Thíra aus der Vogelperspektive wahrzunehmen. Auf dem schmalen Grat hält man nun stets direkt auf die *OTE-Station* zu und umkurvt ein kleines Kiefernwäldchen auf der linken Seite. Bald danach verlässt man den Grat nach rechts, d. h. nördlich, und wandert rechts unterhalb der *Militäranlage* auf die Zufahrtsstraße zum Gipfel und zum *Kloster Profítis Ilías* zu.

Kloster Profítis Ilías: Besichtigung siehe S. 194.
Wer den Weg in umgekehrter Richtung wandert, findet den Einstieg unmittelbar links gegenüber der Klosterpforte an einem Schild „Ancient Thíra by Foot".

Wir wandern nun auf der betonierten Zufahrtsstraße zum Kloster bergab an der Natursteinmauer entlang mit Blickrichtung auf die Kaméni-Inseln und Thirassía.

Die höchste Stelle unserer Wanderung liegt mit ca. 600 Höhenmetern nahe am Kloster. Rechts unten am Nordhang des Profítis Ilías sind die noch immer in Betrieb befindlichen Bimssteinbrüche und die Zerkleinerungsanlagen zu sehen. Nach etwa 120 m auf der Betonstraße lässt sich eine weite *Serpentine* rechts hinunter abkürzen. Die Straße setzt sich dann geradeaus fort, auf das militärische Gebiet zu.

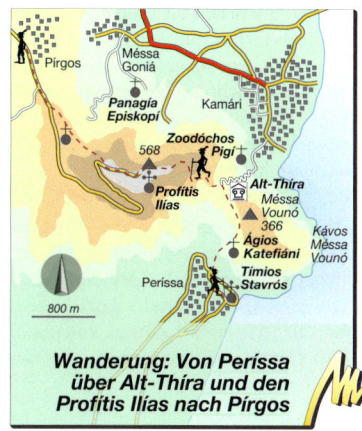

Wanderung: Von Períssa über Alt-Thíra und den Profítis Ilías nach Pírgos

Man folgt der scharfen Linkskurve der Straße und läuft unter der Stromleitung hindurch auf der Straße weiter bergab. Nach mehreren Unterquerungen der Stromleitung kommt eine scharfe Kehre mit schönem Blick hinunter auf Pýrgos.

Etwa einen halben Kilometer ab dem Kloster Profítis Ilías trifft man auf der Straße bei ca. 530 Höhenmetern recht auf einen sehr schmalen *Ziegenpfad*. „Pýrgos by Foot" steht auf dem kleinen Schild und man biegt rechts ein. Nach einigen Feigenbäumen verbreitert sich der Weg zusehends.

Auf einem breiten Schotterbett geht es links einer Natursteinmauer bergab Richtung Westen. Sogleich zeigt sich der *alte Fußweg* zum Kloster mit Natursteinen gepflastert und führt weiter zwischen Mauern hindurch hangabwärts. In unregelmäßigen Abständen folgen einzelne Treppenstufen und parallel zieht sich die Stromleitung entlang. Hübscher Blick auf das Südende von Santoríni und die kleine Insel Aspronísi. Der Weg bleibt längere Zeit gut gepflastert, führt aber teilweise heftig bergab, man verliert recht schnell an Höhe.

Links des Weges rücken bald einige betonierte und ummauerte „Kreise" ins Blickfeld. Dies sind *Dreschplätze*, auf denen im Sommer die Körner von den Ähren getrennt werden. Der Weg führt weiter bergab und trifft sogleich auf eine leider verschlossene *Kirche*, die schon im Ortsbereich von Pýrgos liegt. Man passiert die Kirche rechts, bevor der Pfad nach links Richtung Straße abknickt. An der Straße angekommen, geht es weiter bergab Richtung Nordwesten auf Pýrgos zu. Vorbei an einem Parkplatz erreicht man auf der nun wieder leicht aufwärts führenden Straße die zentrale Platía des Ortes. Am *Kreisverkehr* in Pýrgos liegen einige Tavernen, in denen man bequem bei einem kühlen Drink auf den nächsten Bus Richtung Firá oder Períssa warten kann.

Pýrgos

Ehemalige Inselhauptstadt zur Zeit der Piratengefahr. Extrem verwinkeltes Hangdorf mit Treppen, Gassen und Kirchen. Im oberen Bereich Reste einer Befestigungsanlage. Höchstgelegener Ort im Zentrum des Eilands. Absolut sehenswert und vom großen Tourismus noch nicht entdeckt.

Als die Bewohner des nahen Alt-Thíra wegen eines Erdbebens in der Antike ihre Stadt verlassen mussten, siedelten sie sich hier an. Pýrgos ist damit der älteste noch bewohnte Ort der Insel. Er liegt auf dem nordwestlichen Arm des Profítis-Ilías-

Inselmitte

Pýrgos: enge Gassen und ein venezianisches Kástro

Massivs und kann noch mit weiteren Superlativen glänzen: Mit etwa 360 Höhenmetern ist Pýrgos das „Penthouse" von Santoríni – kein Ort der Insel liegt höher.
Und so wundert es auch nicht, dass in der Zeit verheerender Piratenüberfälle hier
die Inselhauptstadt entstand. Als nach dem Vierten Kreuzzug die Kykladen von
den Venezianern erobert wurden, errichteten die neuen Herren – in Pýrgos war es
die Familie Aquila – die ersten Befestigungsmauern des Kastells. Auch unter türkischer Besatzung (1537–1821) hielt man an Pýrgos als Hauptort von Santoríni fest.
Leider blieb auch dieses Dorf vom katastrophalen Erdbeben 1956 nicht verschont.
Teile des Kástros und seiner Kirchen wurden fast vollständig zerstört.

Von der zentralen Platía, an der auch die Bushaltestelle liegt, führt eine Gasse geradewegs hinauf in das Gewirr von schmalen Gässchen, Bogendurchgängen, Treppchen, Würfelhäusern und tiefblauen Kirchenkuppeln. Am höchsten Punkt inmitten
dieses typischen Kykladenambientes finden sich zahlreiche (mit Beton restaurierte)
Mauern, die den Standort des mittelalterlichen Kástros andeuten. Heute nennen es
die Einheimischen „Kastélli". Von hier oben genießt man einen fantastischen, kaum
zu überbietenden Rundblick – nur der Profítis Ilías ragt noch höher hinauf.

• *Verbindungen*   Alle Busse der Routen
Firá – Teríssa und Firá – Akrotíri stoppen an
der runden Platía in Pýrgos. Insofern bestehen immer gute Verbindungen. Fahrzeit
von Firá etwa 25 Min. Taxi kostet von Firá
ca. 12 €.

• *Adressen*   **Erste-Hilfe-Station** an der
Hauptstraße, ✆ 22860-32479. **Post** ebenfalls
an der Hauptstraße.

• *Übernachten*   **★★★★ Hotel Zánnos Mela-
thrón**, hinter einem Bogendurchgang im
oberen Teil des Ortes. Das 1870 mit Mosa-
iken, Wandmalereien und Stuckdecken errichtete Herrenhaus steht unter Denkmalschutz. Chef Chrístos Poulákis hat es im
Jahr 2000 vollständig saniert und zu einem
luxuriösen Hotel umgebaut. Fast alle der
zehn Suiten von 45–95 qm sind im Höhlenstil errichtet. Sie besitzen Marmorküchen
und -bäder, Sat-TV und Telefon. Im Hotelsa-
lon antike Möbel und museumsreife Ausstellungsstücke, weiterhin gibt es eine
Wein-Bar und einen super Aussichtsbalkon.
Technische Ausstattung für Konferenzen

vorhanden. Suite mit Frühstück und Miet-auto ca. 360–420 €. ✆ 22860-28220, ✎ 22860-28229, www.zannos.gr.

Donna's House, entspanntes Wohnen mit exklusivem Touch in Pýrgos. Die freundli-che Athína und ihr Mann haben ein altes Herrenhaus von 1850 originalgetreu nachge-baut. Vermietet werden acht Zimmer, da-von ein Drei- und ein Vierbettzimmer, jedes im eigenen Stil, mit Marmorbädern, schmiedeeisernen Betten, Klimaanlage und Föhn. Von den Balkonen der oberen Zim-mer hat man eine grandiose Aussicht. Das reichhaltige Frühstück gibt es im gepflas-terten Innenhof, in dem um einen Spring-brunnen ein Blumenparadies angelegt ist, das Athína mit Hingabe pflegt. Freundliche und ruhige, sehr entspannende Atmosphä-re. DZ mit Frühstück ca. 45–80 €, Familien-zimmer (2–4 Betten) ca. 65–100 €, bei länge-rem Aufenthalt Rabatt möglich. ✆ 22860-31873, ✎ 22860-34253, www.donnashouse.gr.

Rooms Margaríta, direkt an der Zufahrts-straße, kurz vor der Platía auf der rechten Seite. Der Straßenlärm hält sich aber in Grenzen. Wirtin Theóni spricht nur ein paar Brocken Englisch. Sie vermietet in dem zweistöckigen Haus mit braunen Fensterlä-den neun relativ kleine DZ mit Bad und Bal-kon, nach hinten schöner Blick. DZ je nach Saison ca. 35–60 €. ✆ 22860-31866.

● *Essen & Trinken* **Kallísti**, unser Tipp in Pýrgos. Auf einer Hochterrasse direkt an der Platía, wo der Bus hält. Nektários Fít-ros serviert hier zahlreiche Spezialitäten und hervorragende Eigenkreationen, z. B. *maroúlikeftédes*, gebackener Teig mit Kopfsalat, Zwiebeln und Dill (nur bis ca. Mitte Juni), *kondosoúvli* (mit Zwiebeln, grünem Pfeffer und Käse gefülltes Schweinefleisch, am Drehspieß gegrillt) und *chloró-Käse* oder alternativ Käse aus Íos, als Vorspeise gefüllte Santoríni-Toma-ten. Außerdem gibt es Nachspeisen, wie die Griechen sie lieben: Orangen, Manda-rinen, Pfirsiche, Trauben, Kirschen, Grape-fruits, Pistazien, Nüsse, Karotten und Au-berginen, jeweils in einem süßen, klebrigen Sirup eingelegt. Gelegentlich spielt Ma-nólis, der Sohn des Hauses, auf seiner Bouzoúki. Ganzjährig und ab 9 Uhr zur Frühstückszeit bis spät am Abend geöff-net. Preise fürs Gebotene absolut okay.

Pýrgos, hübsche Lage an einem Weingar-ten vor dem Ortseingang auf der linken Sei-te. Ein weinüberrankter Holzsteg führt zum Speisepavillon mit Superblick über den ge-samten Mittelteil des Insel. Küche im Rah-men, Preise gehoben.

● *Cafés* **Kadoúni**, Kafeníon direkt an der zentralen Platía am Dorfeingang, wo auch der Bus hält. Man sitzt unter Pinien, wartet

Panoramablick vom venezianischen Kástro über Thíra

auf den Bus und sieht den alten Männern zu, die hier genüsslich ihren Kaffee schlürfen und debattieren. Idealer Warteplatz auf den Bus. Guter Frappé, Oúzo, Mézedes.

Mýlos, kleine Café-Bar und Pizzeria direkt am ersten Platz nach dem Ortseingang auf der linken Seite. Bequeme Korbsessel im Innenraum, abendlicher Treffpunkt der Jugend, griechische Popmusik.

Penelope's, etwas verstecktes Café auf halber Hügelhöhe im weißen Säulengang, meist sehr ruhig.

Franco's Café, das kleine Café am höchsten Punkt von Pírgos direkt unterhalb vom

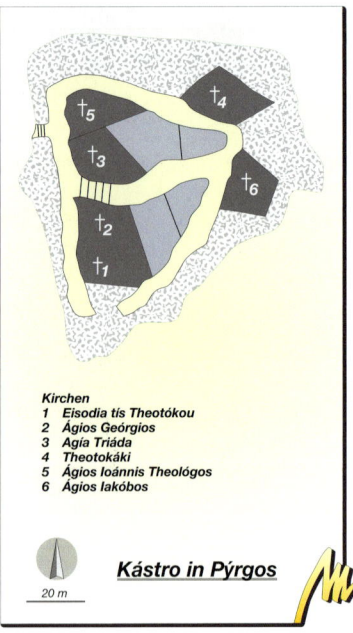

Kirchen
1 Eisodia tís Theotókou
2 Ágios Geórgios
3 Agía Triáda
4 Theotokáki
5 Ágios Ioánnis Theológos
6 Ágios Iakóbos

Kástro in Pýrgos

20 m

einstigen Kastell wurde vom bekannten Gastronomen Franco (→ Franco's Bar, S. 115) 2007 übernommen. Ein Tisch an der Gasse, zwei, drei im Innenraum und weitere auf der Dachterrasse. Innen hübsch dekoriert mit einem alten Küchenschrank, Sofa und Bildern von früher. Es gibt Kaffee, Oúzo, Wein, Eis und Vorspeisen-Snacks, z. B. italienische "Crostoni", alles zu stolzen Preisen.

● *Shopping* **Evangelía**, am Weg zur Hügelspitze kommt man am Atelier von Evangelia Papanastassiou vorbei. Die in Buenos Aires aufgewachsene Deutsch-Griechin fertigt schöne, dekorative Bilder aus verschiedensten Materialien, die vielseitig einsetzbar sind, z. B. als Tischeinsätze (http://evangelia-arts.over-blog.com).

Fívos Déndris, ein paar Schritte weiter auf der linken Seite. Zwei Hanseaten haben das ehemalige Pantopoleíon, das früher der Treffpunkt des Dorfes (Apotheke, Kafénion etc.) war, stilgerecht und weitgehend unter Verwendung der Originalmaterialien renoviert. Sie verkaufen u. a. hochwertige Keramik, Mastixprodukte aus Chíos, Bilder deutscher Künstler, die auf Santoríni entstanden sind, CDs mit griechischer Musik aus den 60ern und 70ern, Kunstbücher und Postkarten. Die beiden kennen jede Ecke der Insel und geben gerne Tipps. Denis ist Heilpraktiker und bietet Therapie mit Bachblüten an. ✆ 22860-33485, denisglavas@web.de.

Gallery Kastelli, neben der Post. Moderne Malerei unter Einsatz von Sand, Bims und Papier, Arbeiten der Künstlerin Michele Meister aus Deutschland. Die Galerie wird geführt von der freundlichen Schweizerin Barbara Zähnler, bei der man, wenn ihre Arbeit es zulässt, auch zu einem Plausch willkommen ist. Geöffnet tägl. 10–14 und 17.30–20 Uhr. ✆ 22860-34067, www.michelemeister.com.

Sehenswertes

Kástro: Das historische Pýrgos bestand nur aus dem Kástrobezirk. Der Ort zählt zu den fünf Kastellen auf Santoríni, die in Folge des Vierten Kreuzzugs nach 1207 errichtet wurden. Damals fielen die Kykladen gerade an die Venezianer (→ Kapitel „Geschichte"). Sowohl das Wort „Pýrgos" als auch der aus dem Italienischen abgeleitete Begriff „Kástro" können synonym für das deutsche „Burg" gebraucht werden. Pýrgos lag zu Verteidigungszwecken strategisch günstig in der Inselmitte. Innerhalb des Kástros existierten einst sechs Kirchen: Eisódia tis Theotókou (1), Ágios Geórgios (2), Agía Triáda (3), Theotokáki (älteste Kirche aus dem 10. Jh.) (4), Ágios Ioánnis Theológos (5) und Ágios Iákobos (6). Die wichtigste Kirche, *Agía Triáda*,

Kykladische Architektur in Pýrgos

gehörte früher zum Kloster Profítis Ilías und wurde beim Erdbeben von 1956 fast völlig zerstört. Eine private Gesellschaft hat sie später wieder aufgebaut. Die Kirche *Theotokáki* besitzt eine wertvolle, holzgeschnitzte Altarwand und Fresken aus dem 14. Jh. sowie alte Inschriften.

Zugang am oberen Ende der Hauptgasse.

Ikonenmuseum: im Kástrobezirk, in der ehemaligen Kirche Agía Triáda. Das offiziell „Sammlung von Ikonen und liturgischen Objekten" genannte kleine Einraum-Museum zeigt wenige, aber wertvolle Objekte, u. a.: Christós-Ikone aus der zweiten Hälfte des 17. Jh.; Artophoríon aus der Agía-Triáda-Kirche; Artophoríon von 1749: Ikonostase mit Kreuz; Marienikone von 1676; Kímissi-tis-Theotókou-Ikone aus der zweiten Hälfte des 17. Jh.; Agía-Katarína-Ikone, Marmor- und Tonschalen für Weihwasser; antike Säulenreste und Kapitelle; Ágios-Ioánnis-Theológos-Ikone, Ágios-Geórgios-Ikone aus dem ausgehenden 15. Jh.; Darstellung der göttlichen Liturgie von 1671; Propheten-Ikone aus kretischer Schule des frühen 17. Jh.; Epitáphios aus der Metamórphosis-Kirche; diverse Priestergewänder, Weihrauchgefäße und sakrale Gegenstände aus Silber.

Öffnungszeiten Nebensaison Mi, Sa, So 10–14 Uhr. Hauptsaison Mo, Mi, Fr, Sa, So 10–14 Uhr. Eintritt frei.

Außerhalb von Pýrgos

▶ **Weinkellerei Hatzidákis**: Am Weg zum Profítis Ilías liegt linker Hand das Weingut von Haridimos und Konstantina Hatzidakis. Seit 1997 bewirtschaften sie hier etwa zehn Hektar Rebfläche im biologischen Anbau und produzieren sechs Rot- und Weißweine in einer kleinen Cánava (Gewölbekeller), die in den Hang gebaut ist. Auch die Lagerung der Weine findet im Berg statt, z.T. werden sie in Holzfässern ausgebaut (Informationen zu den Weinen von Hatzidákis auf S. 86).

Öffnungszeiten tägl. 10.30–16.30 Uhr, nur nach Verabredung unter ✆ 22860-32552 o. 6973-989158, www.hatzidakiswines.gr.

Inselmitte

▶ **Weinkellerei Santo**: Die große Genossenschaftskellerei der "Association Cooperatives of Santoríni Products" liegt oberhalb der Kreuzung Richtung Firá bzw. Akrotíri am Kraterrand – nicht zu übersehen. Sie wurde 1947 gegründet und ist mit fast tausend Mitgliedern der größte Weinproduzent der Insel. Da das weitläufige Terrassenrestaurant ausgesprochen schön liegt, kommen täglich Dutzende Touristenbusse herauf. Vor allem gegen Abend findet man hier aber einen wunderbar entspannenden Platz, um bei einem Glas Santoríni-Wein den Sonnenuntergang über der Caldéra zu genießen. Im sehr gut sortierten Verkaufsraum gibt es ein weit gefächertes Angebot an Santoríni-Weinen und anderen kulinarischen Produkten, z. B. eingelegte Früchte, Santoríni-Tomaten, Kapern, Süßes u. v. m., darunter auch kretisches Olivenöl sowie hübsche Utensilien zum gepflegten Weingenuss. Ein Glas Wein kostet ca. 2 €, sechs Weine mit Käse gibt es für ca. 10 €. Zudem kann man für je 2 € einen Film ansehen und die Kellerei besichtigen (Informationen zu den Weinen von Sánto auf S. 87).

Öffnungszeiten April bis Okt. tägl. 10 Uhr bis Sonnenuntergang. ☎ 22860-22596, www.santowines.gr.

• *Essen & Trinken* **Señor Zórba**, Tipp an der Caldéra, unterhalb von Sánto. Ein griechisch-amerikanisches Ehepaar bietet hier in schöner Aussichtslage mexikanische und griechische Küche. Gut sind auch die exotischen Cocktails.

Hafen Athiniós

Endstation der Kykladenfähren und fast schon so etwas wie ein kleines Dorf. Wenn eine Fähre ankommt, heftiger Trubel und Spießrutenlaufen durch die Reihen der Zimmeranbieter.

Athiniós, der ehemalige Hafen von Pýrgos ist heute Hauptverkehrshafen von Santoríni. Nach dem Bau der auf den ersten Blick ziemlich abenteuerlich wirkenden Serpentinenstraße über fast 300 Höhenmeter hat er den alten Hafen Skála in seiner Funktion abgelöst. Mit Ausnahme des Kreuzfahrttourismus wird heute praktisch der gesamte Seeverkehr über den Hafen Athiniós abgewickelt. Hier ist die Endstation der Kykladenfähren, weiter südlich folgt dann nur noch Kreta.

Athiniós ist die Bezeichnung für die Hafenanlage und kein Dorf im eigentlichen Sinne. Doch haben sich zahlreiche Restaurants und Cafés angesiedelt, deren Besitzer in zweiter Reihe weitere Häuser für eigene Wohnzwecke errichteten. So ist die Pier zu einem dauerhaft bewohnten Ort geworden. Wer griechische Hafenromantik mit Ankunft und Abfahrt der großen Pötte mag, findet hier sicherlich das für ihn passende Plätzchen in einem der Cafés. Trubel, Geschrei, Gehupe und Marktplatzatmosphäre – leider aber auch überhöhte Preise und Nepp – gehören allerdings zum täglichen Leben in Athiniós dazu.

Blick auf Athiniós

• *Verbindungen* Jeweils ca. 15 Min. nach Ankunft einer Fähre oder eines Schnellboots startet der grüne **Direktbus** vom Hafen hinauf nach Firá. Wer gerade ankommt, sollte aufpassen, nicht in einen der für Tagesausflügler bereit stehenden Busse zu steigen.

Umgekehrt startet der Direktbus vom Busbahnhof in Firá jeweils 60–90 Min. vor Ablegen eines Schiffs. Fahrzeit etwa 20 Min. Taxi Athiniós–Firá kostet ca. 17-20 €

• *Adressen* Alle bedeutenden **Reisebüros** der Insel sind mit einer Filiale am Haupthafen vertreten. Hier bekommt man **Fährtickets** für alle Schiffe und Speedboats. Außerdem werden in den **Agenturen** auch die Arrangements für die **Ausflugs-Tagesfahrten** verkauft und **Zimmervermittlung** für praktisch alle Orte der Insel angeboten. Es gibt eine große **Wartehalle** und auch Ge-

päck kann man aufbewahren lassen.

Inmitten der Agenturen haben sich zwei **Souvenirshops** niedergelassen, wo man touristischen Bedarf und jede Menge **Postkarten** sowie **internationale Presse** kaufen kann. Gleich in der Nachbarschaft befindet sich ein **Briefkasten**. **Kartentelefone** gibt es mehrere im Hafen.

Auch einige **Autovermietungen** haben hier Zweigstellen, sind aber nur sporadisch besetzt.

Außer Tavernen und Cafés gibt es auch einige **Fastfood-Läden**, die Gýros und Pítta anbieten.

Der Untergang der Sea Diamond

Der schreckliche Untergang der "Express Samina" im Jahr 2000 vor der Insel Páros war noch nicht vergessen, als am 5. April 2007 gegen 16 Uhr das Kreuzfahrtschiff "Sea Diamond" mit 1600 Menschen an Bord in der Caldéra von Santoríni auf ein in den Seekarten eingezeichnetes Unterwasserriff lief. Im Verlauf der nächsten Stunden konnten Fischer- und Ausflugsboote fast alle Passagiere retten, jedoch blieben zwei Franzosen (Vater und Tochter) bis heute vermisst. 15 Stunden nach der Havarie sank die Sea Diamond. Seitdem hängt das Wrack in einer Tiefe von 90 m (Bug) bis 170 m (Heck) an einem Steilhang. Etwa 120 Tonnen Treibstoff sind bereits aus dem Wrack ausgelaufen, 350 bis 400 Tonnen werden noch darin vermutet – eine tickende Zeitbombe für das Ökosystems Santorínis. Nach dem Desaster kam es zu einem heftigen Streit über Verantwortlichkeiten und Kosten – die Inselverwaltung wies sämtliche Forderungen von sich, die Regierung schob alle Schuld auf die zypriotische Reederei. Doch diese konnte mittlerweile nachweisen, dass die von der griechischen Marine erstellte Seekarte des Gebiets falsch ist und sich das Riff viel weiter vor der Küste der Insel erstreckte und auch die Tiefenangaben nicht stimmten. Fast zwei Jahre verstrichen über diesem Gerangel, bis das griechische Schifffahrtsministerium im Januar 2009 bekannt gab, dass endlich eine Machbarkeitsstudie zur Absaugung des Treibstoffs erstellt und genehmigt worden sei. Die Absaugarbeiten begannen Mitte Mai und sollten zwei Wochen später beendet sein.

Die Unglücksstelle liegt ein wenig nördlich vom Hafen Athiniós und ist deutlich markiert (Stand Ende 2008).

Inselmitte

Megalochóri

Zwei prächtige Glockentürme überspannen die Hauptgasse, einzigartig auf der Insel. Dazu gibt es eine idyllische Platía mit guten Tavernen und eine alt eingesessene Weinkellerei. Trotzdem ist Megalochóri ein touristisch kaum berührter Ort geblieben.

Das kleine, verwinkelte Dorf liegt seitlich der Straße von Firá nach Períssa bzw. Akrotíri kurz hinter der Abzweigung zum Athiniós-Hafen. Megalochóri wurde –

wie die meisten Orte der Insel – ebenfalls in eines der vulkanischen Erosionstäler hineingebaut. Eine lange, gewundene Straße durchquert den Ortskern. Rechts und links zweigen ein gutes Dutzend kleine und kleinste Gässchen ab, die zu den Häusern und ihren freundlichen Bewohnern führen. Auf der zentralen *Platía Nikoláou Giannakopoúlou* sitzt man sehr idyllisch unter einem uralten Baum.

Optischer Höhepunkt von Megalochóri sind zwei Kirchen, deren Glockentürme jeweils die Hauptgasse überspannen. An der Platía steht der imposante Kreuzkuppelbau der *Kirche Panagía.* Ihr zweistufiger Glockenturm mit Kuppel und Uhr befindet sich auf dem langen Durchgang mit dem blauen Geländer, der Kircheneingang links an der Häuserzeile. Die hölzerne Altarwand mit zahlreichen Oklad-Ikonen ist immer mit Blumen geschmückt. Im Mittelschiff sind Kuppel und Bogendurchgänge reich mit neueren Fresken bemalt. Gleich rechts am Eingang kann man die Panagía-Ikone bewundern.

Weiter oben im Dorf überragt ein weiterer Glockenträger malerisch die Hauptgasse. Er gehört zur *Kirche Ágii Anárgiri.* Mit seinen drei Stockwerken und insgesamt sechs Glocken ähnelt er verblüffend dem Glockenträger der Panagía-Kirche an der zentralen Platía in Oía. Allerdings sind die Stufen des Spitzbogens von Megalochóri sehr viel filigraner ausgearbeitet worden.

● *Verbindungen* Alle **Busse** der Routen Firá – Períssa und Firá – Akrotíri stoppen an der Umgehungsstraße, jeweils am nördlichen und am südlichen Ortseingang von Megalochóri. Fahrzeit von Firá etwa 35 Min. Achtung **Selbstfahrer:** Die Hauptgasse durch den Ort ist eine Einbahnstraße, die nur von Nord nach Süd befahren werden darf. Ein **Taxi** kostet von Firá ca. 15 €.

● *Übernachten* **** **Hotel Védema,** komfortable Anlage wenige Schritte unterhalb der zentralen Platia, Mitglied der Kette „The Luxury Collection" von Starwood Hotels. 45 geschmackvolle Suiten und Villen mit TV und Klimaanlage. Es gibt einen Swimmingpool und ein Spa, ein eigener kleiner Strand liegt in 3 km Entfernung (Busservice). Restaurant und Weinbar sind in den Gemäuern einer 200 Jahre alten Weinkellerei untergebracht, serviert wird griechische Gourmet-Küche. Über Geld spricht man hier nicht – die Suite kostet je nach Saison und Größe ab 355–850 € am Tag, eine Villa 900–3850 € (!). ✆ 22860-81796-7, ✆ 22860-81798, www.vedema.gr.

**** **Hotel Santoríni Star,** an der Ortsumgehungsstraße. Zweistöckiges Gebäude mit blauen Türen und Fensterläden. Swimmingpool und Pool-Bar hinter dem Haus im ruhigen Garten. ✆ 22860-81870, ✆ 22860-81198.

**** **Hotel Villa Aegeon,** an der Ortsumgehungsstraße. Zehn einfach möblierte, aber saubere und relativ geräumige Zimmer mit Kühlschrank, Fernseher und Klimaanlage. Hübscher, mit Bougainvillea überwachse-

ner Innenhof mit kleinem Swimmingpool. DZ ca. 45–80 €. ✆ 22860-81579, ✆ 22860-81044, www.santoriniweb.com/villa_aegeon.htm.

Artemis, freundlich geführte Studioanlage mit Pool etwas außerhalb am Kraterrand. Studio mit Frühstück ca. 100–140 €. ✆ 22860-81922, ✆ 22860-82122, www.artemistudio.com.

Caldera's Dolphin, gleich bei der Weinkellerei Boutári (siehe unten), moderne Studios und Suiten mit Pool am Kraterrand, ruhige Lage und herrlicher Blick. Studio ca. 120–220 €. ✆ 22860-81777, ✆ 22860-81442, www.calderasdolphin-santorini.gr.

● *Essen & Trinken* **Marmita,** neue, edle Taverne an der zentralen Platía, gut zubereitete Gerichte, z. B. stuffed lamb oder steamed code fish, gehobenes Preisniveau.

Mezédopoleío Rakí, ebenfalls an der Platia, idyllische Lage mit Tischen unter einem riesigen Baum. Verschiedene Mezédes und Salate zum Rakí, den es hier mit Zimt- oder Zitronenaroma gibt (Rakómelo). Nur abends geöffnet. Service könnte etwas freundlicher sein.

Géro Manóli, etwa 200 m hinter dem Durchgang des Glockenturmes die Straße hinauf, inmitten des Ortes. Traditioneller, einfach gebliebener Stil. Man sitzt unter Schilfmatten in einem netten, mit vielen Blumenkübeln geschmückten Innenhof. Einfache, leckere Inselküche ohne viel Schnickschnack. Geöffnet am Mittag und abends ab 18 Uhr. Sehr freundlicher Wirt.

O Tsanákis, an einer Verbindungsstraße zwischen Ortsumgehung und Ortskern, einige Sitzplätze auf einer hübschen, weinüberwachsenen Terrasse, Glasfenster schützen vor Straßenstaub. Viele einheimische Gäste, empfehlenswerte Lammgerichte und guter, hausgemachter Wein. Preise im Rahmen, freundlicher, familiärer Service.

● *Shopping* **Art Studio Michalis K.**, südlich außerhalb von Megalochóri, 100 m nach der Abzweigung nach Akrotíri. Aquarelle und andere Kunstwerke mit Santoríni-Motiven zu erschwinglichen Preisen, freundliche Beratung.

Sehenswertes: Besichtigen kann man in Megalochóri die alt eingesessene *Weinkellerei Gaválas*, die seit über hundert Jahren mitten im Ort ansässig ist. Man erreicht sie von der Platia aus durch einen kleinen tunnelartigen Gang. Eine kurze Führung wird dort gerne veranstaltet und man kann die Weine natürlich auch erwerben (Informationen zu den Weinen von Gaválas auf S. 86).

Ein prächtiger Glockenturm überspannt die Straße

Eine zweite kleinere Weinkellerei ist die *Cánava Antónis Arvanítis* (im südlichen Ortsbereich an der Durchgangsstraße beschildert). Im netten familiären Rahmen darf man die Weine probieren und gegebenenfalls auch kaufen. Hergestellt wird hauptsächlich der aromatische Weißwein Nichtéri.

Öffnungszeiten **Weinkellerei Gaválas**, April bis Okt. tägl. 10–20 Uhr. ✆ 22860-82552, www.gavalaswines.gr.

Außerhalb von Megalochóri

▶ **Weinkellerei Boutári:** Am Abzweig nach Períssa bietet die große Kellerei eine Werksführung in deutscher Sprache mit Multimedia-Show zu Santoríni und anschließender Weinprobe der drei Sorten "Boutári Santoríni", "Kallísti" und "Vinsanto". Boutari ist eine der größten Weinkellereien Griechenlands (Informationen zu den Weinen von Boutári auf S. 86).

● *Öffnungszeiten* März, Nov. und Dez. Mo–Fr 10–16 Uhr, April bis Sept. Mo–Fr 10–18, Sa 11–18 Uhr, Mai bis Sept. auch So 11– 18 Uhr, Okt. Mo–Fr 10–17, Sa 11–17 Uhr. ✆ 22860-81011, ✉ 81606, www.boutari-wines. com/Boutari-Santorini-winery.html.

▶ **Weinkellerei Antoníou:** Die erst in den neunziger Jahren eröffnete Kellerei liegt südlich von Megalochóri. Sie ist mit mehreren Stockwerken tief in den Bims am Kraterhang gegraben. Oben gibt es eine kleine Weinprobier- und Verkaufsstube (ein Glas 3 €, drei Weine 5 €), davor liegt eine Terrasse mit wunderbarem Calderablick. Anschließend kann man auf enger Wendeltreppe tief in die kühlen Räume der Kellerei hinuntersteigen, dort sind traditionelle Utensilien des Weinbaus ausgestellt. Bei Antoníou ist es meist deutlich ruhiger als in den anderen Kellereien (Informationen zu den Weinen von Antoníou auf S. 86).

Öffnungszeiten April bis Okt. tägl. 9–21 Uhr. ✆ 22860-23557, http://antoniou.santorini.net.

Inselmitte

Der feine, dunkle Lavastrand von Veríssa liegt unterhalb einer mächtigen Felswar

Inselsüden

Der längste Strand der Insel, ein sehr beliebter Badeort, eine große, neue Marína und ein noch weitgehend griechisch gebliebenes Städtchen prägen die klimatisch gesehen wärmste Gegend von Santoríni. Die freien Quadratmeter werden überall intensiv landwirtschaftlich genutzt.

Die Inselhauptstraße entlang der Caldéra verläuft von Firá über Megalochóri gen Süden und knickt dann nach Südosten hin ab. An der großen Kreuzung geht es rechts nach Akrotíri (Südwesten der Insel). Geradeaus auf der Hauptstraße gelangt man zunächst nach *Emborío*. Der größte Ort im Inselsüden wird oft verkannt, da man die sehenswerten Stellen nicht auf den ersten Blick findet und ein bisschen auf Entdeckungsreise gehen muss. Den meisten Besuchern ist das zu viel und man begibt sich geradewegs zur Küste. Dort beginnt südlich der Steilwand des Méssa-Vounó-Felsens ein Strand, der sich über Veríssa, Límnes, Perívolos und Exomítis bis westlich von Vlicháda zieht – kein anderer Strand der Insel erreicht diese Länge und Qualität. *Veríssa* am Fuß des Méssa Vounó hat sich im Laufe der Jahre zum Anziehungspunkt der Jugend entwickelt. Das Gerücht, der Ort sei billiger als die anderen Stranddörfer der Insel, stimmt zwar im Allgemeinen nicht mehr, doch einige Tavernen an der Zufahrtsstraße bilden löbliche Ausnahmen. Parallel zum Strand verläuft von Veríssa über Límnes und Perívolos in Küstennähe eine neue Asphaltstraße nach *Vlicháda*, auch Busse befahren diese Strecke. Dort hat man in den letzten Jahren einen riesigen Kaíki-Hafen mitten auf den ehemaligen Strand gebaut und auch die Verbindungsstraße hinauf in Richtung Megalochóri asphaltiert.

Die Gegend rund um Emborío wird intensiv landwirtschaftlich genutzt. Wo keine Weinsträucher oder Feigenbäume stehen, werden Weizen und Gerste oder Linsen,

Erbsen, Fáva (Kichererbsen) und sogar Melonen angebaut. Im Frühsommer kann man die Bauern bei der Getreideernte beobachten. Das nach wie vor von Hand geschnittene Korn wird mit Eseln zu den runden Dreschplätzen transportiert, die es praktisch überall in der Mitte und im Süden der Insel gibt. Dort werden ebenfalls per Maultier die Körner aus den Ähren herausgetreten.

Emborío

Größter Ort im Süden der Insel. Ehemals bedeutendes Zentrum mit einem Befestigungswall aus dem Mittelalter und dem mächtigsten Pýrgos der Insel, der fast mitten im Dorf steht. Hübsche kykladische Architektur im alten Teil und acht Windmühlen etwas außerhalb. Ansonsten kaum touristische Bedeutung, sondern vielmehr Wohnstadt der Einheimischen.

Emborío verdient eigentlich mehr Besucher. Doch der Ort mit seinen mehr als 1500 Einwohnern sieht von der Durchgangsstraße her betrachtet nicht gerade attraktiv aus. Aber auch wenn der Strand von Períssa lockt, sollte man sich etwas Zeit für Emborío nehmen. Wer den wunderschönen Wanderweg von Pýrgos nach Emborío gelaufen ist (→ S. 209), wird dem sicher zustimmen – von Norden kommend blickt man nämlich direkt auf die *mittelalterliche Befestigungsanlage* des historischen Ortskernes, die von der Straße her kaum auszumachen ist.

Die Busse von Firá und Períssa halten an der zentralen Platía mit Kiosk und kleinem Kinderspielplatz sowie der *Kirche Panagía* dahinter. Von hier aus führt eine Gasse links, d. h. nördlich den Hang hinauf in den älteren und wirklich sehenswerten Teil von Emboío. Hier findet man das typische Kykladenambiente von schmalen Gassen, Bogendurchgängen, Treppchen, Würfelhäusern und tiefblauen Kirchenkuppeln – im Grunde so eindrucksvoll wie in Pýrgos. Die mittelalterlichen Strukturen sind im höher gelegenen Ortskern noch erhalten, weiter östlich auch Teile der Befestigungsmauern.

Wer jedoch nicht von der Platía direkt die Gasse hinaufsteigt, sondern westlich des Kiosks in die Straße einbiegt, trifft auf den besterhaltenen Pýrgos von Santoríni. Der bullige *Wohnturm Goúlas Froúrio* aus byzantinischer Zeit diente bei Belagerungen als Fluchtburg. In venezianischer Zeit wurde er nach der Herrscherfamilie d'Argenta benannt. Im

Der gut erhaltene Pýrgos Goúlas in Emboío

Innenraum der heutigen, markant am Hang gelegenen Ruine befanden sich einst eine Zisterne und eine Kapelle.

● *Verbindungen* gute Busverbindungen auf der Route Firá–Períssa (Firá–Karterádos–Messariá–Vóthonas–Pýrgos–Megalochóri–Emborío–Períssa). Fahrzeit etwa 40 Min. Ein Taxi kostet von Firá ca. 14 €.

● *Essen & Trinken* **Stavrós**, an der Durchgangsstraße, etwa in der Mitte des Ortes. Schwerpunkt der Karte sind Fischgerichte. Essen okay, aber Staub und Lärm müssen

Windmühle südlich von Emborío

in Kauf genommen werden, denn die Terrasse liegt direkt an der Straße. Nur abends geöffnet.

Platís, unterhalb des Supermarkts, etwas zurück von der Straße. Ordentliche Fleischgerichte vom Grill, vor allem Lamm. Außerdem gute Moussaká, Spaghettigerichte und Salate, vorzügliche Skordaliá, dazu offener Wein vom Fass.

To Loúki, Mezédopoleío an der Hauptstraße am westlichen Ortsausgang kurz vor der Abzweigung zu den Windmühlen. Vorspeisen aus allen Gegenden Griechenlands mit den dazu passenden Weinen, empfehlenswert auch das Tomatenhähnchen oder die Schinken-Pie. Jeden Abend Live-Musik (Rembétiko), zu der ausgelassen getanzt wird. Geöffnet ganzjährig 16.30–1 Uhr, manchmal für Familienfeiern oder Veranstaltungen ausgebucht. ✆ 22860-81159.

● *Nachtleben* **Kosmikí Tavérna To Aidóni**, hinter der Tankstelle kurz vor dem Ortsausgang Richtung Períssa. Bei den Einheimischen sehr beliebter Tanzclub. Im Winter nur an den Wochenenden, im Sommer tgl. Bouzoúki-Livemusik. Tischreservierung anzuraten. ✆ 22860-82458.

Sehenswertes im Umfeld von Emborío

Die Kirche *Ágios Nikólaos Marmarítis* steht an der Durchgangsstraße kurz vor dem Ortseingang von Westen her. An der Stelle der heutigen kleinen, dem heiligen Nikolaus geweihten Kirche aus naxiotischem Marmor (daher der Beiname) gab es hier früher einen Tempel aus dorischer Zeit (3. Jh. v. Chr.). Die Ikonostase mit dem Ágios Nikólaos ist zwischen zwei Säulen ionischen Stils eingepasst, oben erkennt man ein Gesims dorischen Ursprungs. Ebenfalls aus Náxos stammt der Marmor für die weiteren Pfeiler im Innenraum.

▸ **Windmühlen**: Am Hügelkamm *Gavrílos* südlich von Emborió stehen acht alte *Windmühlen*, die wahrscheinlich einst von den Fallwinden vom Profítis Ilías profitierten. Sie sind auf einem asphaltierten Fahrweg am westlichen Ortsausgang zu erreichen (von der Kreuzung, wo die Straße nach Perívolos abgeht, scharf rechts bis zum Ende der Straße, dann links hinauf). Leider sind sie nur noch Ruinen, denn die Mühlenflügel fehlen bei allen und auch die Dächer sind schon weitgehend Opfer von Wind und Wetter geworden. Die meisten sind verschlossen, in einer wurde eine Nachtbar eingerichtet, doch die eine oder andere ist offen (erhöhte Vorsicht: Das alte Holz ist ziemlich morsch und die Steine halten auch nicht mehr fest).

Wanderung 5: Von Pýrgos nach Emborío

Zweifellos einer der schönsten und ruhigsten Wanderwege der Insel. Auf einem alten Eselspfad geht es durch die Weinfelder praktisch immer bergab nach Emborío. Bemerkenswert sind vor allem die bunten Farben des Gesteins in der zweiten Weghälfte. In den Erosionstälern lässt sich die geologische Struktur der Insel wunderbar beobachten.

Wegstrecke: Von Pýrgos wenige Meter über die Straße hinauf zum Profítis Ilías, dann über einen alten, oftmals natursteingepflasterten Eselspfad praktisch immer bergab nach Emborío. Unterwegs teils üppiger Bewuchs durch Pistazien, Kaktusfeigen und vor allem Weinfelder.

Dauer: Je nach Wanderschritt in 60–75 Min. problemlos zu bewältigen. Für eine ausgiebige Besichtigung von Pýrgos und Emborío (beide Dörfer lohnen) bleibt genügend Zeit.

Schwierigkeit und Ausrüstung: Der Eselspfad führt gut erkennbar stetig bergab. Problematische Abschnitte gibt es auf dieser Tour nicht. Für den teils sandigen, teils steinigen Untergrund reichen Turnschuhe völlig aus. Größere Mengen an Wasser und Proviant benötigt man nicht. Sowohl in Pýrgos als auch in Emborío gibt es reichlich Verpflegungsmöglichkeiten und Einkaufsgelegenheiten.

▸ **Wegbeschreibung**: Der Wanderweg beginnt am *Kreisverkehr* in Pýrgos, der zentralen Platía, an der auch die Busse aus Firá und Períssa halten. Von hier aus gehen wir zunächst auf der südlich abzweigenden Asphaltstraße, die hinauf zum Kloster Profítis Ilías führt. Vorbei an einem großen *Parkplatz* unterhalb der Platía laufen wir ein Stück weit durch die neu errichteten Außenbezirke des Ortes. Nach ca. 300 m steht rechts der Straße eine kleine Kirche im Miniaturformat als *Gebetsstock*. Ein

paar Meter weiter folgen rechts ein runder *Dreschplatz* und eine große Kirche, die sich zum Zeitpunkt der Recherche gerade im Rohbau befand. Dahinter biegt eine Straße nach rechts ab und sogleich nach links der gut erkennbare, teils natursteingepflasterte *Wanderweg auf den Profítis Ilías*. Ein kleines, blaues Schild „Profítis Ilías by Foot" und eine Tafel mit den Öffnungszeiten des Klosters markieren diesen Pfad.

Wir bleiben auf der Straße zum Profítis Ilías. Etwa 200 m weiter folgt eine Kanalisierung des abgeschrägten Wasserablaufes, rechts abwärts wurde hier ein neuer Feldweg angelegt. Diesem folgt man nach Süden – der Mühlenrücken hinter Emborío taugt als Wegweiser –, bis er in einer scharfen Rechtskurve abzweigt, um eine Schlucht nach Westen zu überqueren. Genau im Scheitelpunkt der Kurve beginnt hangabwärts ein mit

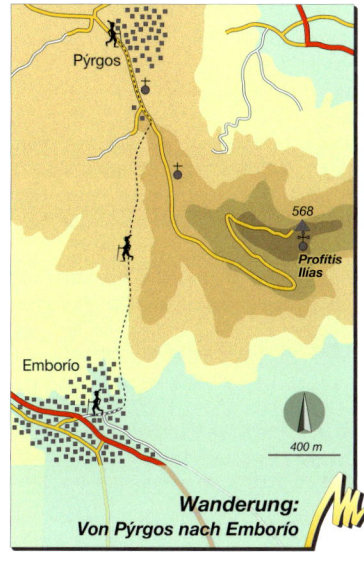

Wanderung:
Von Pýrgos nach Emborío

Inselsüden

Eindrücke am Wanderweg von Pýrgos nach Emborío

Natursteinen gepflasterter Eselspfad, dem man nach Süden folgt, wobei man in ein *Erosionstal* hinunterwandert, das Richtung Emborío immer enger und tiefer wird. Auf Santoríni gibt es Dutzende solcher Täler. In diesem Abschnitt des Wegs ist auch das *Gestein*, aus dem die Mauern errichtet wurden, einen Blick wert: schwarze, rote und gelbliche sowie gemischtfarbige Lavabomben, dazu Tuff, Bims und ausgewaschene Steine aus dem Meer.

Kurz darauf öffnet sich nach links der wunderschöne Blick in ein hübsches *Tal* mit zwei Kirchlein und einem halb verfallenen Natursteingebäude. Es sieht fast aus wie ein alter Klosterbau, war aber wohl einst ein einfaches Bauernhaus. Der Weg ist hier wieder deutlich breiter und verläuft entlang einiger privater Nutzgärten, Kaktusfeigen, Feigen- und Zitronenbäume. Emborío rückt immer näher und nach rechts bietet sich der einmalige Blick auf die acht *Windmühlen* am Gavrílos-Hang südlich des Ortes. In einer weiten Kurve mit Stufen erreicht man das Tal mit den beiden Kirchen. Nun verläuft der Pfad ein Stück als *Hohlweg* zwischen zwei Mauern hindurch.

Sogleich erreicht man den ersten kleinen *Bauernhof* in einer Wegkurve. Danach bietet sich nochmals ein Blick in das Tal mit den beiden Kirchen, nun aber von unten. An den Hängen liegen Höhlenwohnungen und Neubauten. Prächtige *Kaktusfeigen*, so groß, als seien es Plantagenpflanzen, fallen mit ihren bunten Früchten ins Auge. Über ein Stück Beton und mehrere Stufen gelangt man in das Erosionstal hinein und wendet sich auf dem natursteingepflasterten Weg nach rechts, d. h. nach Süden. Durch einen Hohlweg geht es zwischen Mauern, Häusern und Kaktusfeigen weiter talabwärts. Es folgen zwei *Bogendurchgänge*, bevor man die nördlichen Bezirke von Emborío betritt.

In diesem Teil des Ortes liegen vor allem Bauernhäuser und durch die Gassen gelangt man weiter nach Emborío hinein. Bald reicht der Blick auf die nordöstliche

Außenwand der *Kástroanlage*, darüber die blauen Kuppeln der Kirche und ein sehenswerter Glockenturm. An diversen Einbiegungen wählt man in der Folge immer den breiteren Weg. In Kürze ist die durch Emborío führende Hauptstraße bei der *Taverne Stavrós* erreicht. Hier hält man sich rechts und läuft auf der Straße etwa 250 m leicht bergauf zur Platía, wo die Busse auf der Route Firá–Períssa halten. Abfahrtszeiten finden sich auf einem Plan am Kiosk.

Períssa

Neben Kamári das zweite Badeparadies von Santoríni, direkt unterhalb der gigantischen Kulisse des Méssa Vounó. Die weit auseinander gezogene Sommersiedlung wächst nach Südwesten weiterhin kräftig. Ein 4 km langer, schwarzer Lavastrand bester Qualität zieht sich bis zum Kávos Exomítis.

In Goldgräberstimmung haben sich in Períssa in den letzten Jahren zahllose touristische Unternehmer entlang der langen Zufahrtsstraße zum Strand niedergelassen. Hotels, Bars, Fahrzeugverleiher, Reisebüros und Wäschereien gibt es zuhauf in „Boomtown City", doch noch immer sind viele Lücken zu schließen. Ansonsten ist hier vieles ähnlich wie in Kamári: die atemberaubende Lage neben dem steilen Fels Méssa Vounó und der schwarze Lavastrand, der jedoch noch länger ist als bei Kamári und aus feinerem Sand besteht. Platzprobleme gibt es nicht: Auf einer neu asphaltierten Straße kann man kilometerweit am Meer entlang Richtung Süden laufen oder fahren, Tavernen und Bars reihen sich wie an einer Perlenkette aneinander.

Während Kamári fast völlig von Pauschaltouristen in Beschlag genommen wird, ist Períssa der jugendlichste Ort auf Santoríni und im Juli und August bevorzugter Anlaufpunkt für Inselhüpfer und Traveller, aber auch für die Athener Jugend. Einige Diskos, eine Jugendherberge und ein gut besuchter Campingplatz direkt am Strand zeigen, wo es dann hier lang geht. In Vollmondnächten wird oft ein Strandfest mit großem Lagerfeuer gefeiert. Doch im Frühling und schon wieder ab September ist es ruhig in Períssa, die Stimmung ist beschaulich, viel Luft und Platz ...

Südwestlich von Períssa schließen sich die ebenfalls weit ausladenden Strandgebiete von *Límnes* und *Perívolos* an. In den letzten Jahren ist hier eine riesige, weit ausufernde Ferienstadt entstanden,

Spaziergang am langen Sandstrand

die sich in schnellem Tempo weiterentwickelt. Irgendwann in nicht allzu ferner Zukunft wird das gesamte Hinterland von Períssa über Perívolos bis *Vlicháda* bebaut sein. Die Asphaltstraßen sind bereits gezogen, auch Linienbusse kurven schon durch das Gelände. Doch bisher wirkt das staubige Ambiente mit seinen nur vereinzelt bezugsfertigen Hotels und zahlreichen Rohbauten noch nicht sehr einladend.

Caretta caretta auf Santoríni angekommen!

Anfang Juni 2002 gab es eine große Überraschung am Strand von Períssa. Nachts um etwa 1 Uhr beobachtete Dimítris Sigálas, Eigentümer der empfehlenswerten Tavérna Forum, wie eine Schildkröte der unter Artenschutz stehenden Gattung Caretta caretta aus dem Meer stieg und begann, ihre Eier im Sand vor der Tavérna in Límnes zu vergraben. Bisher war diese Art der Mittelmeerschildkröten auf Santoríni unbekannt. Man führte dies auf den ungewöhnlichen schwarzen Lavasand zurück, der andere Temperatureigenschaften als der „normale" Sand aufweist. Als Hauptablageplätze dieser Schildkröten sind Zákynthos, die peloponnesische Westküste und Kreta bekannt. Dimítris, selbst ausgebildeter Tierarzt, beobachtete und fotografierte das Ereignis bis etwa 4.30 Uhr in der Nacht und informierte Behörden und die griechische Tierschutzorganisation am nächsten Tag. Das nur etwa 2 qm große Brutgelände am Strand wurde, ohne Aufsehen zu erregen, mit einer unauffälligen Holzkonstruktion für Badetouristen gesperrt.

Verbindungen

• *Bus* Endstation der direkten Bus-Linie Firá–Períssa ("Expressbus" genannt) direkt an der **Hafenfront**. Fahrzeit auf der Route Firá–Karterádos–Messariá–Vóthonas–Pýrgos–Megalochóri–Emborío–Períssa etwa 45 Min. Achtung: Mehrmals tägl. fahren die Busse den Umweg über Perívolos und Vlicháda, das dauert dann gut 60 Min., ca. 2 €.
• *Taxi* Standplätze an der Kirche **Tímios Stavrós** und einigen Stellen entlang der Ortseingangsstraße. Taxi kostet von Firá ca. 20 €.
• *Schiff* Mehrmals tägl. fährt ein Boot für ca. 7 € die Tour um das Kávos Méssa Vounó nach **Kamári**. Während der Saison fährt außerdem die „Períssa Express" tägl. um 11 und 12.30 Uhr zum **Red Beach**, Rückkehr um 15 Uhr. Preis ca. 6 € einfach. ☎ 22860-82093. Abfahrten am nördlichen Strandabschnitt, unterhalb vom Méssa Vounó (beschildert).

Adressen

• *Auto-/Zweiradvermietung* diverse Anbieter. Sie konzentrieren sich fast ausschließlich entlang der Ortseingangsstraße.
• *Einkaufen* diverse **Supermärkte** und **Touristenshops** an der Ortseingangsstraße.
• *Information* kein offizielles Büro. Infos daher nur von den privaten „Travel Agencies".
• *Internationale Presse* mehrere Läden an der Ortseingangsstraße.
• *Internet* Im Büro des **Campingplatzes** befinden sich Internet-Arbeitsplätze für ca. 5 € pro Std. ☎ 22860-81343, ℡ 22860-81604, außerdem in mehreren Bars und Cafés (ca. 1,50–2 € für 15 Min.), z. B. bei **Pleasure Internet (32)** im südlichen Strandbereich, wo man auf elegant-gemütlichen Strandsofas liegen kann.
• *Reisebüro* alle an der Ortseingangsstraße.
• *Sport* **Water Park**, südlich vom Ortskern, ein Stück weit hinter dem Strand. Drei Rutschen und drei Swimmingpools, Kinderspielplatz, Restaurant, Snackbar, Sonnenschirme und Liegestühle. Dazu internationale Popmusik und entsprechend vorwiegend junges Publikum. In der Saison tägl. 10–23 Uhr. ☎ 22860-81118, ℡ 81139, www.santoriniwaterpark.gr.
Mediterranean Dive Club, etwa in der Mit-

te der Paralía. Entdeckungstauchen zu versunkenen Schiffswracks, Vulkan-, Riff- und Höhlentauchen ab ca. 55 € pro Tauchgang, 80 € für zwei Tauchgänge. Tauchkurse mit Zertifikat unterschiedlicher Klassen für 380 € inkl. Abholung vom Hotel, Snacks und Getränken. Alle Preise inkl. Lehrer, Ausstattung, Boot und Versicherung. März–Okt. ☎ 22860-83080, ✆ 83397, www.santorinidiving.com.

*Ü*bernachten (s. *K*arte *S*. *215*)

Zahllose, moderne Hotels, die noch keine Patina angesetzt haben, dazu ein Riesenangebot an Privatzimmern. Einige gepflegte Adressen in Strandnähe werden auch pauschal angeboten. Die Übernachtungspreise sind geringfügig günstiger als in Kamári und es ist einfacher, eine Unterkunft zu finden. Vor allem in der Nebensaison kommen nur wenig Gäste, dann gibt es erhebliche Preisnachlässe.

**** Hotel Vengéra (18), ausnehmend geschmackvolle Anlage am Strand, sehr großzügig und schön begrünt, Haupthaus klassisch angehaucht, zwei Pools mit Kinderbecken, gutes Restaurant. In den 40 Zimmern und Suiten Klimaanlage, TV und Kühlschrank. Waschmaschine verfügbar, Frühstücksbuffet. Der freundliche Besitzer spricht auch gut Deutsch. Pauschal über TUI. DZ mit Frühstück ca. 80–180 €. ☎ 22860-82060, ✆ 22860-82608, www.veggerahotel-santorini.com.

**** Hotel Koúros Village (21), weitere neu erbaute Anlage, etwa 100 m vom Meer. Besonders hübsch ist hier der geschwungene Pool mit Bar, auch ein Kinderbecken ist vorhanden. Insgesamt 35 Zimmer mit Balkon, Kühlschrank, Klimaanlage und TV. DZ mit Frühstück ca. 75–150 €. ☎ 22860-81972, ✆ 22860-81973, www.kourosvillage.gr.

**** Hotel Meltémi (23), größere, durch Tamarisken stark beschattete Anlage an der Zufahrtsstraße, 56 DZ und Studios, teils Maisonette. Moderne Einrichtung mit Balkon, Steinfundamentbetten, Klimaanlage, Kühlschrank, TV und Föhn. Großer Poolbereich mit Palmen und Poolbar, Kinderspielplatz vor dem Haus. Einmal wöch. griechischer Abend. Pauschal über Jahn Reisen und TUI. DZ mit Frühstück ca. 65–140 €. ☎ 22860-81118, ✆ 22860-81139, www.meltemivillage.gr.

**** Hotel Santo Miramare (40), einladendes Badehotel an der Strandstraße in Richtung Perívolos, alles in freundlichen Farben gehalten, großzügige Poolanlage, geschmackvolle Räumlichkeiten, Beach Volley am Strand, Restaurants und Bars im Umkreis. Wird hauptsächlich über Reiseveranstalter gebucht. DZ mit Frühstück ca.

Inselsüden

Strandhotel bei Períssa

110–220 €. ☎ 22860-83440, 📠 22860-83445, www.santomiramare.com.

**** Hotel Nine Muses (30), in Perívolos, 2 km südlich von Períssa. Geräumige Anlage mit 52 gut eingerichteten Zimmern in kleinen Wohneinheiten. Alle Zimmer mit Balkon, Kühlschrank, Klimaanlage und Radio, Bäder mit Wannen, in den Suiten auch Sat-TV. Großer Pool mit Kinderbecken, zum Strand 200 m. Hotelrestaurant vorhanden. Je nach Saison ca. 180–200 €. ☎ 2860-81781-4, 📠 22860-81790, www.santorini9muses.gr.

** Hotel Zórzis (20), an der Zufahrtsstraße, etwa 200 m vom Strand, sehr nett und herzlich geführt von Spiros, kürzlich mit Hilfe eines Innenarchitekten neu renoviert, geschmackvoll, hell und sehr sauber. Zimmer mit Klimaanlage, Ventilator, Kühlschrank, LCD-TV und Föhn. Hinter dem Haus schöner Pool mit Jacuzzi. Viele zufriedene Gäste. Preise auf Anfrage. ☎ 22860-81104, 📠 228 60-81107, www.santorinizorzis.com.

** Hotel Black Sandy Beach (22), gepflegte Anlage mit acht Zimmern, etwas zurück vom Strand, hübscher Pool, Jacuzzi und Fitnessraum. Bei Herrn Vassalos und seiner Frau herrscht familiäre Stimmung. DZ mit Frühstück ca. 70–100 €. ☎ 22860-82474, 📠 228 60-81773, www.blacksandybeach.gr.

* Hotel Mariánna (3), am Fuß des Méssa-Vounó-Felsens, für den zehnminütigen Fußmarsch zum Strand entschädigt die hinter dem Hotel prächtig aufragende Bergkulisse. Frühstücksraum, 28 Zimmer mit Steinfußboden und teils älterem Mobiliar, aber alles ganz ordentlich. Zimmer vorher ansehen, nicht alle haben gute Lage/Blick. Schöne Poolanlage. Wird viel über Online-Anbieter vermittelt. DZ mit Frühstück 40–80 €. ☎ 22860-81286, 📠 22860-81737.

* Hotel Mark & Ioánna (4), kurz vor Marianna. Schöne Studioanlage mit Garten, alles in Topzustand. Vom liebenswürdigen Adonis und seiner Frau Anastassia aufmerksam geführt. Das sehr nette und gastfreundliche Paar vermietet 20 Studios mit jeweils voll ausgestatteter Küche, Klimaanlage, TV und Balkon. Süßer, badewannengroßer Pool, 300 m zum Strand. Preis ca. 40–70 €, bei längerem Aufenthalt Preisnachlass möglich. ☎ 22860-82018, 📠 22860-81053.

Phévos (6), drei Fußminuten hinter der großen Kirche, moderne und ansprechende Anlage mit schönem, großem Pool, 18 Studios und Apartments. Studio ca. 35–75 €. ☎/📠 22860-27024, www.phevosvilla.gr.

Aroma Santorinio (9), neben dem Phevos,

nett geführte Anlage mit Pool und Poolbar, Besitzer spricht gut Englisch, von Lesern empfohlen. DZ ca. 30–70 €. ☎/📠 22860-82040, www.aromasantorinio.gr.

Stélios Place (13), gemütliche Anlage mit Pool und Poolbar, ein wenig zurück vom Strand, wird in internationalen Führern wie "Let's Go" empfohlen, entsprechendes Traveller-Publikum. DZ ca. 30–70 €, auch Mehrbettzimmer. ☎ 22860-81860, 📠 22860-81707, www.steliosplace.com.

Sea View (34), einfache, ruhig gelegene Studioanlage mit Pool im südlichen Strandbereich, ca. 1,5 km vom Ortskern, direkt an der Strandstraße, daneben die freundliche Taverne Meteora. Studio ca. 40–70 €. ☎ 22860-81891.

Lesertipp: **The Best**, an der Zufahrtsstraße, 5 Min. zum Strand. Schöne, blitzblanke Zimmer und Studios mit Klimaanlage, Kühlschrank, TV und Föhn. Kleiner, aber feiner Pool. Inhaber Vassilis ist mit einer netten Belgierin verheiratet, die schon 20 Jahre auf Santoríni lebt. DZ ca. 30–120 €. ☎ 22860-81739, 📠 82070, www.thebest-santorini.gr.

● *Jugendherberge* **Youth Hostel Ánna (26)**, an der Zufahrtsstraße, 2006 komplett renoviert und seitdem geführt vom umgänglichen Kostas mit freundlichem Personal. Die modernen Schlafräume sind klimatisiert und haben Schließfächer, außerdem gibt es Doppel- und Mehrbettzimmer und einen 20-Betten-Saal ohne Klimaanlage. Nur wenige Bäder vorhanden. Gegenüber liegt das gute Restaurant Atlas, wo man den ganzen Tag Essen zu günstigen Preisen bekommt (Rabatt für JH-Gäste). Großer Patio, wo man sich trifft (ziemlich laut). Freier Transport vom Hafen. Pro Bett je nach Saison ca. 8–12 €, im großen Schlafsaal nur 5–6 €. ☎ 22860-82182, 📠 22860-81943, annayh@otenet.gr.

● *Camping* **Períssa (10)**, direkt am Strand. Ebenes Gelände aus dunklem Lavasand, nur wenige Kieselsteine und geringe Grasnarbe. Tief hängende Tamarisken und Schilf bieten reichlich Schatten. Es gibt aber auch Plätze unter Schilfbahnen. Sanitäre Anlagen waren beim Check sauber, reichen jedoch in der Hochsaison bei voll belegtem Platz nicht ganz aus. Es gibt einige Waschplätze, eine Selbstkocherküche, einen kleinen Laden und ein Self-Service-Restaurant, Internetzugang in der Rezeption. Lockerer Umgangston. Achtung: Der Platz ist umzingelt von Open-Air-Clubs, die im Hochsommer Techno-Musik bis 5 Uhr

Archéa Elefsína

Kamári

1
2
BUS

Tímios
Stavrós

3

4

5

6

7

9

Períssa

10

8

11

12

13

P
BUS
14
15

16

17

18

19

20

23

22

21

24

Mediterranean
Dive Club

Water
Park

25

26

27 *Límnes*

*Ágios
Antónios*

BUS

28

29

30

31

Platía

32

33

34 **35**

Perívolos

36

37

Emborío,
Firá, Athiniós

39 **40**

38 Vlicháda

*Períssa/
Límnes/
Perívolos*

100 m

früh spielen. Kostenloser Hafentransfer. Preise in der Nebensaison: ca. 5 € pro Pers., Kinder 2,50 €, eigenes Zelt frei, Caravan/Wohnmobil ca. 5 €, Auto und Motorrad frei, Stromanschluss ca. 2 €. Preise in der Hauptsaison: pro Pers. ca. 7 €, Kinder 3,50 €, eigenes Zelt 3 €, Caravan/Wohnmobil ca. 5 €, Auto 2 €, Motorrad 1 €, Stromanschluss 2 €. ℡ 22860-81343, ℡ 22860-81604.

Essen (s. *Karte S. 215*)

Einige Tavernen liegen dicht nebeneinander am Ende der Zufahrtsstraße zum Strand von Eríssa (Busendhaltestelle), weitere findet man an der Strandstraße über Límnes Richtung Perívolos, Qualität und Preise weitgehend im üblichen Rahmen. An der Zufahrtsstraße isst man allerdings ein ganzes Stück günstiger.

● *Strandstraße* **Meltémi (5)**, direkt an der kurzen Straße von der Platía an der Stavrós-Kirche zum Strand. Gepflegtes Ambiente in einem kolonnadenähnlichen Gang, Tische aber auch vorne an der Paralía. Spezialität des Hauses sind Fischgerichte, Pizzen und Spaghetti, gut sind die gefüllten Kalamari. Normale Preise.

The Volcano (16), beliebtes Restaurant an der Paralía, gute Küche, auch von Lesern empfohlen.

Charlína (17), große Auswahl an griechischen und internationalen Gerichten, etwas höhere Preise, aber noch im Rahmen. Ein weiteres **Charlina (29)** liegt an der Strandstraße bei Perívolos auf einer Hochterrasse.

Vengéra (18), gepflegtes Restaurant an der Paralía, gehört zum gleichnamigen Hotel und ist im gleichen klassischen Stil gehalten, gute griechische Küche, beliebt.

Forum (24), der freundliche Dímitris Sigálas führt das gemütliche Restaurant im Stil einer Café-Bar schon seit gut 20 Jahren. Damals war es die erste Kneipe am Strand. Es gibt Hühner und Kaninchen vom eigenen Bauernhof der Familie, außerdem Fisch und zahlreiche vegetarische Gerichte, Fava, Gemüse, Tomaten und Wein stammen aus eigenem Anbau. In der Saison spielt Dímitris mit seiner Band Nissiotika-Musik.

Lava (25), an der Strandpromenade, keine Speisekarte und eins der wenigen Lokale, wo man noch in der Küche das Essen aussuchen kann. Nicht mehr ganz günstig, aber für Santoríni ok. Mehrere Leserempfehlungen.

Ámmos (33), im traditionellen Tavernenstil, dunkelblaue Stühle und Tische mit Marmorplatten. Schwerpunkt sind Fischgerichte, günstige Weinkarte, freundlicher Service.

Tavernenleben am Strand von Eríssa

Herrlicher Blick von Alt-Thíra hinunter auf Períssa

Meteora (35), hübsche traditionelle Taverne/Bar, geführt von der temperamentvollen Wirtin Irini. Seit 1996 gibt es hier in der Saison mittwochs griechische Musik live, natürlich kann dann auch getanzt werden.

O Perívolos (36), ziemlich weit südlich, schöne Taverne unter Tamarisken, gute Fischgerichte zu mittleren Preisen.

I Ávli (39), nette Ouzerie, viele leckere Mezédes, dazu eine gute Weinauswahl, Preise okay.

● *Zufahrtsstraße* **Atlas (27)**, gegenüber der Jugendherberge, lockere Atmosphäre, Rockmusik und sehr günstige Preise.

Hellas (19), schräg gegenüber vom Hotel Zórzis, leckeres Essen zu erfreulichen Preisen und sehr nette Besitzer, die immer zu Späßchen aufgelegt sind.

Cycládes (14), ein Stück weiter in Richtung Kirche/Busstopp, gemütliche, kleine Taverne, hübsch begrünt, nett zum Sitzen und ebenfalls preiswert.

Strandbars/Cafés/Nachtleben (s. Karte S. 215)

Unzählige Cafés und Musik-Bars haben sich entlang der langen Paralía von Períssa über Límnes bis nach Perívolos niedergelassen. Die Auswahl ist nahezu unbegrenzt, die Fluktuation allerdings groß. Wer will, kann am Strand tanzen, und dies während der Saison 24 Stunden am Tag.

The Magic Bus (1), beim Busstopp am Nordende der Paralía, große, einladende Kneipe ganz aus Holz, guter Jazz und Rhythm'n'Blues.

Corner (2), Snackbar am Nordende der Paralía, die Musik beschallt den davor liegenden Strandabschnitt gleich mit. Vorwiegend junges Publikum, Internet-Zugang.

Yazz (12), Strandbar neben dem Campingplatz. Fantasievoll errichtetes Café mit Plätzen an der Straße und unter den Tamarisken. Schon zur Frühstückszeit geöffnet, aber auch abends beliebt. Natürlich Jazzmusik.

The Beach Bar (11), ebenfalls in der Nähe des Campingplatzes. Kühle Drinks bei angenehmer Musik unter Schatten spendendem Schilfdach, abends geht auf der Tanzfläche oft die Post ab. Freundliche Bedienung.

Full Moon Bar (7), beliebter Szenetreff, 100 m vom Campingplatz an der Kreuzung. Klein, aber freier Eintritt und Tanzparty bis 3 Uhr morgens, gelegentlich Livemusik.

Wet (28), angesagter Beach-Club, alles in blendendem Weiß gehalten, Clou sind die Betten und Récamieren, auf denen man relaxt kühle Drinks schlürfen und sich von der

Inselsüden

sehr lauten Popmusik berieseln lassen kann. Neben Drinks und Snacks auch Salate und Pasta. Gehobene Preise.

Merá (31), nett eingerichtete Café-Bar an der Hauptzufahrtsstraße zum Perívolos-Strand. Unter Tamarisken und Schilfrohrschirmen sitzt man bequem mit Meerblick beim Drink. Stehbar und Open-Air-Tanzfläche nebenan.

The Hot Spot Chilli (37), in Perívolos, 2 km südlich vom Ort Períssa. Lautstarkes Vergnügen direkt an der Strandpiste, Athener Wochenendtreff, Beach Volley und gemütli-

che Strandbetten.

Yaya Club (38), interessantes Ambiente in einer ehemaligen Tomatenfabrik. Drinks und warme Nudelgerichte, man bestellt und bezahlt nur die Saucen und bekommt dazu so viel Pasta, wie man will. Draußen vor dem Eingang rosten zwei alte Tomatenmischer als Blickfang vor sich hin. Im Innenhof noch weitere Utensilien aus der Tomatenverarbeitung. Gelegentlich finden auch Live-Konzerte im Hof der Fabrik statt.

Sehenswertes

Kirche Tímios Stavrós: optisch imposant und hier gänzlich unerwartet. Die beherrschende Kirche mit dem mächtigem Glockenturm und fünf Kuppeln ist nach der Mitrópolis in Firá der größte Sakralbau der Insel. Sie wurde vor etwa 150 Jahren an der Stelle eines ehemaligen Klosters aus byzantinischer Zeit errichtet. Zuvor soll hier schon in der Spätantike ein frühchristlicher Tempel aus dem 1. Jh. n. Chr. gestanden haben. Beim Erdbeben von 1956 wurde dann der orthodoxe Kirchenbau erneut zerstört.

Durch den weit ausladenden Innenhof betritt man den großen Innenraum mit hohen Säulen, einem mächtigen Kronleuchter und viel Marmorausstattung. Die Ikonostase an der Vorderfront misst gut 20 m in der Breite und ist wahrhaft übersät mit Heiligenbildern. Besonders bedeutend ist die etwa 300 Jahre alte Ikone russischen Ursprungs, die links vorne vor der Altarwand steht. Ihr gegenüber befindet sich eine auf Leinwand gemalte Darstellung der gesamten biblischen Geschichte in Form von Dutzenden von einzelnen Bildern. Zwei Kirchweihfeste finden jedes Jahr am 29. August und 14. September statt.

Das Wasserwunder der Zoodóchou Pigí

Philíppios, der ehemalige Papás von Períssa (jetzt in Emborío tätig), erzählt gerne vom Wunder des Wiederaufbaus: Zunächst hatte man nämlich kein Süßwasser, weil die ehemalige Dorfquelle beim Erdbeben versiegt war. Alle Einwohner Períssas kamen zur Kirchenruine und beteten. Da entsprang unter der jetzigen Kirche eine Quelle, die selbstverständlich den Namen *Zoodóchou Pigí* (Leben spendender Quell) bekam. Das Wasser für den Wiederaufbau war nun vorhanden und wer will, kann die wundersame Quelle sogar besichtigen. Der Zugang zur Quelle befindet sich hinter der Nordwestecke der Stavrós-Kirche im großen Innenhof. Ein paar Stufen führen hinunter in den tiefer liegenden kleinen Hof. Die braune Tür hinten links in der Ecke führt in einen winzigen Raum unter der Kirche, in dem die Quelle einst entsprang. Von Wasser ist jedoch heute keine Spur mehr vorhanden.

Sehenswert ist auch einer der Säulenstümpfe, die in dem kleinen Hof liegen. Er stammt aus minoischer Zeit, was an dem eingemeißelten Stierkopf als Zeichen der kretischen Minoer gut zu erkennen ist. Gegenüber, an der Nordostecke des großen Innenhofs, befinden sich – ebenfalls auf tieferem Niveau – Reste einer heiligen Stätte aus römischer Zeit.

Archéa Elefsína: Am Fuß des Kaps Més- sa Vounó stößt man nicht weit entfernt vom Buswendeplatz auf eine umzäunte Ausgrabung, in der einige Säulenstümp- fe auffallen. Lange Zeit war man sich der Bedeutung des Fundes nicht bewusst, doch vermuteten einige Archäologen schon länger, dass die antike Totenstadt Elefsína nicht – wie bisher vermutet – vor dem Kap Exomítis in den Fluten des Meeres versunken ist, sondern hier in Períssa unter dem Ort liegt. Dafür sprachen auch einige Funde bei der Mitrópolis. Im Jahr 2002 kam dann der Durchbruch für die Forschung. Nun ist man sich sicher, dass in oder unter Pe- ríssa das Zentrum von Elefsína lag und dieser Teil der Inselgeschichte nun neu geschrieben werden muss. Der Grund: Ein Fund konnte eindeutig als Überrest eines Dímitra-Heiligtums (Göttin der Erde) identifiziert werden.

Hoch oben in der Felswand:
Kapelle Ágios Katefianí

Kirche Aqía Iríni: In der Ausgrabung von Archéa Elefsína hat man auch die Über- reste einer frühchristlichen Basilika ent- deckt. Sie stammt aus dem 4. Jh. und ist damit eine der ältesten Kirchen der Insel.

Kapelle Ágios Katefianí: hoch oben im Bergmassiv des Méssa Vounó. Die kleine Kapelle ist nur mit Genehmigung des Bischofs zu besichtigen.

Baden in Períssa

Der Strand beginnt direkt am südlichen Steilhang des Kaps Méssa Vounó und zieht sich etwa 4 km südwestlich hinunter bis zum Kávos Exomítis. Richtung Süden wird er immer leerer, doch überall wird gebaut. Der erste und beliebteste Strandab- schnitt gehört zum Ort Períssa, danach schließen sich die Siedlungen Límnes und Perívolos an. Der letzte Kilometer bis Exomítis zeigt sich fast menschenleer. Das Befahren der Uferpiste ist zwar theoretisch untersagt, doch kümmert sich (zumin- dest in der Nebensaison) niemand um das Verbot.

Der dunkle Strand aus Lavasand und feinem Kies ist zumindest unmittelbar in *Pe- ríssa* während der Hochsaison gepflegt und sauber. Alle paar Meter werden Son- nenschirme und Liegestühle verliehen, bei manchen Strandcafés auch komfortable Strandbetten und -sofas. Im nördlichen Strandbereich gibt es Felsplatten und Steinansammlungen im Wasser. Weiter nach Süden zeigt sich der Strand genauso breit, dafür aber verwilderter. Im Bereich von Límnes hat sich die einheimische Ju- gend ein Fußballfeld und mehrere Beachvolleyball-Felder angelegt.

> **Achtung**: Der dunkle Lavakies heizt sich im Sommer unglaublich auf und kann dann mit bloßen Füßen nur im Laufschritt überquert werden!

Inselsüden

Fischerbootromantik im neuen Kaíki-Hafen Vlicháda

Órmos Vlicháda

Hübsche Szenerie eines erstaunlich großen Jachthafens vor einem fahlgelben Sandsteinriff. Dazu ein schöner und noch weitgehend ruhig gebliebener Strand, klares Wasser und Fischerbootromantik.

Am Ende der asphaltierten Zufahrtsstraße kommen – noch bevor man die Bucht erreicht – zunächst die Schornsteine und Hallen von zwei längst stillgelegten Tomatenfabriken ins Blickfeld. Gleich oberhalb der Bucht zweigt die neue Straße über Perívolos nach Veríssa ab, danach folgt ein breiter Parkplatz direkt am Wasser. Westlich davon liegt unter dem Sandsteinriff ein ruhiger, ca. 500 m langer, schwarzer Kiesstrand. Östlich des Strandes hat man 1997 eine große Marína errichtet. Hier liegen die Ausflugsschiffe, Fischerkähne und Kaíkis vor Anker, aber auch die Schnellboote der reicheren Santoriner. Hinter der Marína ragt die gelbe Bimssteinwand einige Meter hoch empor. Bei starkem Wind löst sich der Bims und bedeckt im Nu alles mit Staub. Die Fischer wissen ein Lied davon zu singen. Wer ihnen bei der täglichen Arbeit an Land (Netze flicken, Boot reparieren usw.) zusehen will, kann dies hier in aller Ruhe tun.

Oberhalb der erwähnten Bimssteinwand an der Straße nach Veríssa befinden sich einige Tavernen und Übernachtungsmöglichkeiten.

• *Verbindungen* Vlicháda wird von Firá aus etwa 2- bis 6-mal tägl. auf der Veríssa-Route (Karterádos–Messariá–Vóthonas–Pýrgos–Megalochóri) angefahren. Fahrzeit etwa 60 Min. Vorsicht, in der Nebensaison kann man dort leicht hängen bleiben.

• *Adressen* Ein **Mini-Markt** befindet sich an der Straße vom Hafen Richtung Veríssa.

• *Übernachten* Es gibt ein Hotel und zahlreiche Pensionen, die aber teils nur im Hochsommer geöffnet sind.

**** Hotel Nótos Therme & Spa, geschmackvolles Hotel direkt oberhalb des Hafens, vermietet werden 23 Zimmer und fünf Suiten mit Steinfundamentbetten, Meerblickbalkonen, Klimaanlage, Minibar, Föhn und TV. Swimmingpool und Jacuzzi mit Quellwasser, Pool-Restaurant und -Bar,

Health & Energy-Drink Bar. Das angeschlossene Spa-Center bietet von Aroma-Therapie-Massage bis Yoga und Gesichtsgymnastik alle möglichen Schönheits- und Wellness-Behandlungen an. Pauschal über Attika. DZ mit Frühstück ca. 150–215 €. ✆ 22860-81115, ✆ 22860-81266, www.snotos.com.

Rooms Stélla, gehört zur Taverna Vlichada Dimitris. Die Wirtsfamilie vermietet im ersten Stock der Taverne und in einem Gebäude dahinter insgesamt 16 Zimmer. Funktionale Ausstattung ohne viel Schnickschnack, jedoch jeweils mit Klimaanlage und TV. Neuerdings gibt es sogar einen Pool. DZ ca. 35–70 €. ✆ 22860-82532, ✆ 22860-82531, www.vlichada-dimitris.gr.

● *Essen & Trinken* Nirgendwo sind die Fische so frisch wie hier direkt am Hafen.

Limanáki, auf einer Hochterrasse direkt am Busstopp bzw. am Ende der Zufahrtsstraße. Strohschirme und ein Holzdach bieten Sonnenschutz. Schöner Blick aufs Meer und die Marina. Gäste, die auf den Bus warten und nur einen Drink möchten, werden gebeten, wieder aufzustehen.

Vlicháda Dímitris, oberhalb des Fischerhafens an der Straße nach Períssa. Zugang vom Hafen über ein paar Stufen in der Bimssteinwand. Terrasse mit schönem Hafenblick direkt an der Steilwand, Dímitris bietet natürlich frischen Fisch, aber auch die Fleischgerichte sind okay. Angenehme Atmosphäre.

Parádisos, östlich der Marina, oberhalb der Betonwand. Eine Treppe führt vom Strand hinauf, aber die Fischtaverne ist auch über die Straße Richtung Períssa zu erreichen. Die freundliche Wirtsfamilie, der Chef natürlich Fischer im Hauptberuf, serviert im Innenraum. Griechische Musik. Etwas günstigere Preise.

Meroúla, Großraumtaverne an der nach Períssa führenden Straße, Platz für annähernd 500 Gäste. Verglaster Innenraum und überdachte Terrasse. Es gibt Fisch und einige typische Santoríni-Gerichte. Schneller Service.

Theros Wave Bar, coole Lounge-Bar am Strand, im Sand stehen Liegen, auf der Terrasse Daybeds.

Baden und Wandern um Vlicháda

Der gut 500 m lange, schwarze Lavastrand zeigt sich vergleichsweise sauber, obwohl auch er windanfällig ist. Bei Wind nimmt auch die Brandung sofort zu. Im recht schnell tief werdenden Wasser liegen einige unangenehme Felsblöcke. Auf den ersten Metern neben dem Parkplatz stehen Schilfmattenschirme, ansonsten ist man hier gnadenlos der Sonne ausgesetzt. Vor allem die noch immer herrschende Ruhe und die prächtige Szenerie der steil abfallenden Bimssteinwand lassen immer mehr Besucher hierher kommen.

Östlich der Marína Vlicháda schließt sich wieder ein Strandteil in ebensolcher Qualität wie auf der Westseite an. Er zieht sich über Perívolos und Límnes entlang bis Períssa und wer will, kann im Sand bis zum Méssa-Vounó-Fels wandern. Unterwegs überall hervorragende Bademöglichkeiten.

Richtung Westen kann man ca. 5 km bis zum Strand von Akrotíri direkt oder nahe am Wasser entlanglaufen. Zum Teil geht es dort allerdings durch wegloses Gebiet und einige Male muss man nach oben über die Bimssteinhänge ausweichen. Am Strandabschnitt *Almíra* liegt die einsame und hübsch aufgemachte Taverne von "Kapetan Markos", wo man sich allerdings vor dem Essen besser nach den genauen Preisen erkundigen sollte (Monopolstellung, keine Speisekarte, kritische Leserzuschriften). Mit dem Fahrzeug erreicht man Almíra auf einer holprigen Staubpiste von der Straße nach Akrotíri.

Spaziergang von Emborío nach Vlicháda

Hinter einer kleinen *Betonbrücke* an der Durchgangsstraße von Fíra zweigt etwa 200 m vor dem Ortskern Emboríos eine asphaltierte Straße mit der Beschilderung „Traditional Area Old Mills" nach rechts ab. Auf dieser Straße der nächsten

Inselsüden

Die Tomatenfabriken von Santoríni

Die Herstellung von Tomatenmark und der Weinanbau bildeten die Grundlage für den wirtschaftlichen Aufschwung der Insel im 19. Jh. Die kleinen, festen und aromatischen Tomaten, die wohl von den Venezianern nach Santoríni gebracht wurden, liefern aufgrund ihres niedrigen Wassergehalts einen besonders hohen Ertrag an Mark.

In vorindustriellen Zeiten war die Produktion großteils in der Hand von Familienbetrieben, z. B. auf dem Gelände, wo sich heute die Galerie „Art Space" in Exo Gonía befindet, oder hier bei Vlicháda. Bei dieser traditionellen Verarbeitungsmethode wurden die Tomaten gewaschen, zerkleinert, dann durch eine handbetriebene Presse mit Sieb entsaftet. Anschließend wurde der Saft gesalzen, erhitzt und zum Kochen gebracht, bis er leicht eindickte. Dieser kam dann in Holzbottiche, die offen in die Sonne gestellt wurden. Das Mark wurde ab und zu umgerührt, bis es die gewünschte Konsistenz erreicht hatte. Dann wurde es in Fässer umgefüllt und gelagert.

Ab 1925/26, als Dimítrios Nomikós die erste Tomatenfabrik in Monólithos gründete, änderte sich auch der Produktionsprozess. Erst wurden die Tomaten, die von den Bauern ab Ende Juni in Kisten angeliefert wurden, am Förderband sortiert und fielen in einen Behälter, in dem sie gewaschen wurden. Nachdem sie abgetropft waren, kamen sie in die Presse. Der Tomatensaft floss in darunter liegende Behälter, die im Sieb verbliebenen Schalen und Kerne wurden getrocknet und als Viehfutter weiterverwendet. Im nächsten Raum befand sich ein riesiger, kugelförmiger Kessel. In diesen wurde der Saft über ein Röhrensystem geleitet und hier sehr schnell auf die gewünschte Temperatur erhitzt. Nächste Station war die aus zwei ineinanderliegenden Zylindern bestehende Tomatenmischmaschine, in der das Mark zum zweiten Mal durch den im äußeren Zylinder zirkulierenden Dampf erhitzt wurde.

War die gewünschte, homogene Konsistenz erreicht, wurde das Mark durch eine Röhre nach außen befördert und hier in die Dosen abgefüllt, die per Band angefahren wurden. Die Deckel wurden von Hand aufgelegt und mit einer Maschine versiegelt. Es gab Dosen zu 0,25, 0,5, 1,5 und 20 Liter. Neben den Produktionsräumen und dem Maschinenraum verfügten die meisten Fabriken auch über Lagerräume. Auf dem großen Fabrikgelände wurden die Kisten gestapelt, die während der Erntezeit ständig angeliefert wurden. Als die Tomatenernte gegen Ende August beendet war, stellten die Fabriken ihre Produktion ein.

Nach der Fabrik von Dimítrios Nomikós wurden Mitte der 30er Jahre zwei Fabriken in Vothonás gebaut („E. M Karamoléngou" und die „Avis"), es folgten die Fabriken „E. Kanakarís" in Éxo Gialós und „Stélla" in Exomíthi. 1943/44 entstanden die beiden Fabriken in Vlicháda („G. D. Nomikoú" und „Sósti Fréka"). Ungefähr zur gleichen Zeit wurde die seit 1930 bestehende Spiritusfabrik „G. Koutsougiannópoulos" im Hafen Firás zur Tomatenfabrik umgebaut. In den 50er Jahren entstand die Konservenfabrik „Santo" in Monólithos – und sie ist die einzige, die bis heute noch produziert, alle anderen stellten ab Anfang der 70er Jahre nach und nach ihre Produktion ein. Mittlerweile sind die verarbeiteten Tomaten jedoch wieder in vielen Shops erhältlich und das touristische Interesse wächst spürbar – eine Vermarktung dieses typischen Santoríni-Produkts scheint so zumindest im kleinen Rahmen für die Zukunft gewährleistet.

Obwohl die vor sich hin bröckelnden Ruinen nicht unbedingt in die blau-weiße Idylle des touristischen Santorínis passen wollen, sind die Tomatenfabriken ein charakteristisches Zeugnis früher Industriearchitektur. Vielleicht findet sich bald ein Investor, der dies zu schätzen weiß und Fans alter Industriekultur auf ihre Kosten kommen lässt – in Perívolos ist bereits ein Anfang gemacht (→ S. 218).

Rechts- und Linkskurve folgen und auf Asphalt den Bimssteinhang hinaufwandern. Nach der Steigung teilt sich der Weg: Wer weiter auf dem Asphalt bleibt, gelangt zu den *Windmühlen* mit der Option zur Besichtigung (siehe dazu S. 208). Der Wanderweg nach Vlicháda biegt nach rechts auf den breiten Schotterweg ab.

Zwischen zwei Mauern hindurch verläuft der Weg nun wieder durch die Weinfelder. Nach etwa 80 m und zwei Kurven folgt eine *Wegteilung*: Wir lassen den nach Westen verlaufenden und breiteren Weg rechts liegen und wandern links an der Mauer entlang hangabwärts in südlicher Richtung. Wer genau hinsieht, kann schon von hier aus – direkt über dem Weg – einen der beiden *Schornsteine der alten Tomatenfabriken* am Órmos Vlicháda erkennen. Über groben, dunklen Lavaschotter geht es zwischen Mauern hindurch hangabwärts. Links bietet sich noch einmal die Chance, einen idyllischen Blick auf die acht *Windmühlen* und die beiden geweißelten Kirchen am Gavrílos-Hang zu werfen.

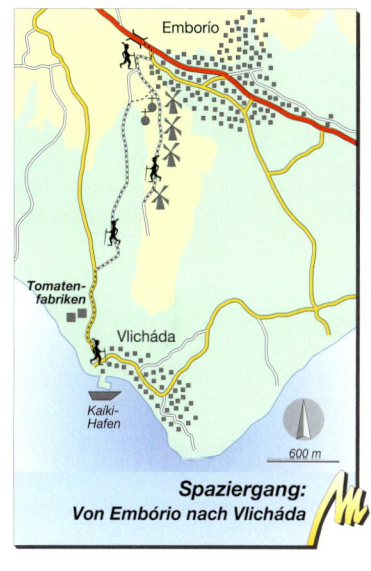

Der Weg bleibt breit befahrbar, aber der Schotter endet bald. Bis Vlicháda folgt nun grauer und schwarzer Lavasand, der das Wandern weicher, aber auch etwas mühseliger macht. Immer wieder biegen von rechts und links kleinere Wege auf unseren Hauptweg ein. Sie alle können außer Acht bleiben und wir orientieren uns stets südwärts. Noch eine ganze Weile begleiten uns die Weinfelder, bevor der Weg nur noch an Bimsstein und Macchia vorbeiführt. Unmittelbar danach trifft er auf die asphaltierte Zufahrtsstraße nach Vlicháda. Links, d. h. nach Süden hinunter, gelangt man in 5 Min. an den stillgelegten Tomatenfabriken vorbei auf den Parkplatz am Strand von Vlicháda. Von hier aus fährt mehrmals tägl. ein Bus nach Firá oder Veríssa.

▸ **Felsengräber am Kávos Exomítis**: Zwischen Vlicháda und Perívolos sind am Hang des Gavrílos etwas landeinwärts versetzt von der Straße einige Felsengräber aus der Antike erhalten. Mehrere Feldwege zweigen Richtung Berg Gavrílos ab, einer davon führt zu einem recht gut erhaltenen Grab mit angedeuteten Säulen korinthischen Stils rechts und links, Rundbogen, ionischen Kapitellen und Giebel in der Art eines Tempeldachs. Ansonsten liegen die Überreste ziemlich verstreut in der Landschaft am Südosthang des Gavrílos. Wissenschaftler datieren die Gräber etwa ins 5.–4. Jh. v. Chr.

● *Wegbeschreibung*   Von Vicháda kommend, zweigt gegenüber der Tavérna Meroúla ein Feldweg in nördlicher Richtung ab. Vorbei an einigen Feigen- und Ölbäumen und entlang landwirtschaftlich genutzter Gärten erreicht man nach etwa 400 m ein ummauertes Grundstück mit einem kleinen Haus. Unmittelbar dahinter zweigt ein Pfad nach links ab, der nach 25 m auf das Grab mit den Säulen trifft. Schon vom Hauptweg aus nicht zu übersehen.

Inselsüden

Der Red Beach: beliebtester Strand im Südwesten Santorínis

Südwesten der Insel

Touristisch ein erst sehr spät entwickeltes Gebiet, doch die Übernachtungs-kapazitäten sind in den letzten Jahren deutlich besser geworden. Größte Attraktion ist die weltberühmte Ausgrabung der kykladisch-minoischen Ha-fenstadt Akrotíri, die jedoch seit einigen Jahren geschlossen ist (→ S. 227).

Stattdessen kann man einen Stopp am nahen „Red Beach" einlegen, optisch sicher die eindrucksvollste Badestelle der Insel. Aber auch der moderne Ort *Akrotíri* mit dem mittelalterlichen Kástro hat seinen Charme, denn hier wohnt man ruhig und abseits des Massentourismus. Der äußerste Südwesten Santorínis war bisher weit-gehend einsam und touristisch kaum erschlossen. Hinter Akrotíri gab es nur noch vereinzelte Häuser, eine Hand voll Tavernen, zwei weitere Badebuchten und zahl-reiche Kirchen in den Felshängen. In den letzten Jahren wurde aber auch hier viel gebaut. Eine neue Asphaltstraße führt bis zum Leuchtturm am *Kávos Akrotíri* in der äußersten westlichen Inselspitze. Die vulkanische Natur Santorínis ist in dieser Inselecke besonders stark zu spüren – Staub, Bimsstein und Lavageröll in allen Farbschattierungen.

Akrotíri (Ort)

Das schlichte Inseldorf ist weltberühmt wegen der benachbarten Ausgra-bungen einer kykladisch-minoischen Stadt, die beim Ausbruch des Santo-ríni-Vulkans verschüttet wurde. Der Ortskern am Hang besteht ganz aus verschiedenfarbigem Lavagestein, auch Reste eines venezianischen Kastells sind erhalten.

Mittlerweile ist Akrotíri zu einem kleinen Urlaubszentrum geworden. Schon weit vor dem Dorf passiert man fast ein Dutzend neuerer Hotels rechts und links der breiten Inselstraße. Weitere Unterkünfte liegen am Ortseingang und bieten z. T. einen herrlichen Blick auf die Caldéra. Zehn Fußminuten unterhalb der Straße findet man einen schmalen Kies-/Sandstreifen namens *Órmos Bálos* sowie einen kleinen *Fischerhafen*, wo man frühmorgens dem Einlaufen der Fischerboote zuschauen kann. Im Gegensatz zu Firá sind die Preise in Akrotíri noch recht moderat.

Gleich am Ortseingang trifft die Straße auf eine Platía, an der einige Tavernen und Privatzimmer liegen. Rechts führt eine Gasse hinauf in den alten Teil des Dorfes, vorbei an Höhlenhäusern und dem eindrucksvollen *Rathaus*. Ganz oben am Hang sind die Reste der ehemaligen mittelalterlichen Wehranlage schon von weitem zu sehen. Genannt wird es *Kástro Belógna* nach der alten venezianischen Besitzerfamilie. Viele Mauern sind jedoch durch das Erdbeben von 1956 stark beschädigt worden oder zusammengestürzt. Im Bereich des Kástros sind die beiden *Kirchen Agía Triáda* und *Ypapantí tou Sotíros* sehenswert, allerdings sind sie nur zu den Gottesdiensten geöffnet.

An einer kleineren, weiter westlich im Dorf gelegenen Platía befindet sich die *Kirche Ágios Epiphánios*. Das Innere besteht aus zwei Räumen mit zwei kunstvoll bemalten und ausgestalteten Ikonostasen aus Olivenholz. An der südlichen Außenwand wird die Namensikone der Kirche verehrt. Jedes Jahr findet am 29. Mai das Weihfest zu Ehren des Heiligen statt. In dem kleinen Hof vor der Kirche gibt es dann *Fáva, Kapern* und gegrillte Sardinen. Üblicherweise ist das Gotteshaus aber genauso verschlossen wie *Ágios Taxiárchis*, eine weitere bedeutende Kirche des Ortes.

Verbindungen/Adressen

● *Verbindungen* Die **Busse** der Route Firá–Akrotíri stoppen zunächst im Ort Akrotíri, fahren danach zum Ausgrabungsgelände und wenden schließlich am Beginn des Weges zum Red Beach. Fahrzeit von Firá etwa 45 Min.

Taxistandplätze gibt es im Ort, am Ausgrabungsgelände und am Buswendeplatz. Ein Taxi kostet von Firá ca. 16 €.

● *Einkaufen* Kleiner **Supermarkt** hinter der Kirche Ágios Epiphánios.

● *Reisebüro* **Akrotíri Travel**, an der Platía, ☎ 22860-81910.

Übernachten

Die Hotels von Akrotíri liegen entweder direkt im Ort oder rechts und links entlang der großen Inselstraße. Viele Häuser und auch der einzige Campingplatz in dieser Inselregion sind aber nur in der Hochsaison geöffnet.

*** Hotel Paradise, gehört zur Kette der Best Western Hotels, moderne Anlage im Zentrum, an der Kurve der Durchgangsstraße. 20 gut ausgestattete Zimmer mit Kitchenette. Im angeschlossenen Restaurant sitzt man in einem kleinen, lauschigen Garten, außerdem gibt es einen hübschen, großen Pool. Serviert wird gute traditionelle Küche und nachmittags hervorragender Kuchen aus eigener Backstube. DZ ca. 60–120 €. ☎ 22860-81352, ☏ 22860-81506, www.hotelparadise.gr.

** Hotel Villa Mathiós, gepflegte Anlage mit Restaurant am Ortseingang, direkt an der Straße. 20 DZ und acht Suiten mit Balkon, Klimaanlage, Telefon, Radio und Sat-TV.

Hinter dem Haus Swimmingpool. DZ mit Frühstück ca. 60–110 €, Superiorzimmer etwas teurer. Auch über Reiseveranstalter. ☎ 22860-81152, www.vmathios.gr.

** Hotel Kalimera, neben Villa Mathiós, schöne Anlage mit nett gestaltetem Innenhof, Poolanlage und Restaurant. Zimmer mit Klimaanlage und TV. Freundlich geführt von Familie Papalexis. Leserempfehlung. DZ mit Frühstück ca. 60–110 €. ☎ 22860-81855, ☏ 22860-81915, www.kalimerasantorini.com.

Pension Carlos, Tipp! Ruhig gelegen, sauber und freundlich, vom oberen Stockwerk Blick auf die Caldera. Geführt von Eva und ihren drei Kindern (Carlos ist verstorben), sie kümmert sich sehr herzlich um ihre Gäste und verpflegt sie auf Wunsch mit guter einheimischer Küche, zum Frühstück werden selbst gemachte Marmeladen gereicht. 20 Zimmer mit Bad. Von der Platía aus beschildert. Hafen/Flughafentransfer. DZ ca. 40–80 €. ☎ 22860-81370, 📠 22860-81095, www.carlospansion.gr.

Caldera View, etwa 1 km vor Akrotíri, nicht weit von der Straße entfernt. Weitläufige Anlage mit Bungalows für 2–4 Pers. und schönem Pool, 70 m entfernt liegt das originelle Café/Restaurant "View" am Calderarand mit prächtigem Blick. Bungalow für 2 Pers. mit Frühstück ca. 65–105 €. ☎ 22860-82010, 📠 22860-81889, www.calderaview-santorini.com.

Essen & Trinken

Sowohl in der Stadt als auch am Strand von Akrotíri, am Weg zum Red Beach und an der Straße zum Leuchtturm (→ S. 233) liegen zahlreiche Tavernen. Naturgemäß sind sie auf Fischgerichte spezialisiert, es gibt aber auch überall die übliche Palette an Gerichten.

Typisches Haus in Akrotíri

Theofánis, Familientaverne auf einer schattigen Hochterrasse direkt an der Platía. Blick auf die Weinfelder und die gegenüberliegende Kirche. Spezialitäten sind Kaninchen, gefüllte Kalamari, Spaghetti, Saganáki und Moussaká. Auch Fleischgerichte im Angebot. Große Auswahl an Santoríni-Weinen. Auch wer nur einen Kaffee trinken will, ist willkommen. Preise okay.

María, auf einer Terrasse direkt an der Straße zu den Ausgrabungen. Man sitzt schattig im von Weinreben und anderen Kletterpflanzen überwucherten Außenraum. Mehrere Kanarienvögel singen den ganzen Tag zur griechischen Musik. Gute Salate und Kaninchen-Stifádo.

Panórama, Restaurant und Cafeteria, von Firá kommend vor dem Ortseingang auf der Caldéra-Seite der Straße. Super Blick auf die Caldéra und die beiden Kaméni-Inseln. Daher sehr beliebter Platz für den Sonnenuntergang. Gute einheimische Küche, etwas höhere Preise.

Iliovasílema, zwischen Bungalows Caldera View und Ortseingang. Herzlicher griechischer Wirt arabischer Abstammung, was sich auch in der Auswahl der Gerichte niederschlägt. Sehr gut auch die Souvláki, Keftédes und Dolmádes sowie die Nachspeisen-Spezialität Kataïfi. Besonders erwähnenswert ist die ansprechende Präsentation des Essens. Gute Wahl und preislich im Rahmen, leider nur im Hochsommer geöffnet.

Remézzo, gemütliche Taverne am Fischerhafen beim Caldéra-Beach. Gute griechische Küche. Fischgerichte etwas teurer. Große Speisekarte, vorzügliches Essen. Herrlicher Blick auf den Hafen und die Inselchen in der Caldéra. Nur Mai bis etwa Mitte Sept. geöffnet.

Ehemals verschüttet unter Asche und Bimsstein: das "Pompeji der Ägäis"

Ausgrabung von Akrotíri

Die beim Vulkanausbruch im 17. Jh. v. Chr. vollständig verschüttete Insel-siedlung liegt einen knappen Kilometer südlich der Ortschaft Akrotíri fast unmittelbar an der Südküste Santorínis. Sie gilt als eine der bedeutendsten Ausgrabungen im östlichen Mittelmeer und wird gerne als „Pompeji der Ägäis" bezeichnet. Leider ist sie nach einem tödlichen Unfall im Jahr 2005 für den Publikumsverkehr geschlossen (→ Kasten, S. 229).

Weit über 3000 Jahre lag die Stadt luftdicht abgeschlossen unter einer bis zu 60 m hohen Bimssteinschicht. Im Laufe der Jahrhunderte erodierten aber große Teile des Bimses. Letztlich blieb eine 7 m hohe Schicht übrig, die den griechischen Archäo-logen Spýridon Marinátos 1967 nach mehreren Vorarbeiten durch andere Forscher auf die richtige Spur brachte. Was er hier entdeckte, war eine wissenschaftliche Sensation! Erstmals fand man in Griechenland ganze intakte Gassenzüge und bis zu drei Stockwerke hohe Häuserfronten aus einer Zeit lange vor der „klassischen Antike". Schnell erkannte man, dass Akrotíri keine einfache Agrarsiedlung, son-dern allem Anschein nach eine wohlhabende Seefahrer- und Handelsstadt war, zu der mindestens ein Hafen gehörte (der bisher nicht gefunden wurde) und die kultu-rell auf derselben Stufe wie das hoch entwickelte minoische Kreta stand. Spektaku-lärer Höhepunkt der Ausgrabungen waren die hervorragend erhaltenen Wandma-lereien, die Marinátos und seine Mitarbeiter in vielen Häusern entdeckten, ähnlich denen von Knossós auf Kreta. Sie sind heute teilweise im Nationalmuseum von Athen ausgestellt, einige kann man im neuen Prähistorischen Museum von Firá be-wundern (S. 126). Prof. Marinátos starb am 1. Oktober 1974 unter einer zusam-menstürzenden Mauer inmitten seines Lebenswerks. Er liegt hier begraben, Kränze und Blumen erinnern an ihn. Der Archäologe Chrístos Doúmas führt Marinátos'

Lebenswerk bis heute fort. Dank der unglaublichen Fülle an Funden werden noch Jahrzehnte verstreichen, bis die Stadt vollständig ausgegraben und in allen Einzelheiten untersucht ist.

▶ **Geschichte**: Die ältesten Siedlungsspuren in Akrotíri reichen gut 5000 Jahre zurück, doch entwickelte sich die Stadt erst in der mittleren Bronzezeit zu ihren späteren Ausmaßen. Das „Pompeji der Ägäis" ist so wesentlich älter als die verhältnismäßig junge süditalienische Römerstadt, die erst 79 n. Chr. verschüttet wurde. Der Zeitpunkt der Katastrophe kann mittlerweile auf die Zeitspanne zwischen 1630 und 1600 v. Chr. festgelegt werden (→ S. 20). Vielleicht war die Insel im 17. Jh. v. Chr. eine Art Satellit des minoischen Kreta, ein vorgeschobener Seestützpunkt. Genuin minoisch war es wahrscheinlich nicht, sondern eine schon Jahrhunderte, wenn nicht Jahrtausende lang besiedelte Kykladeninsel, die kulturell von den mächtigen kretischen Minoern stark beeinflusst wurde. Der gewaltige Ausbruch des Santoríni-Vulkans zerstörte bzw. begrub die kykladisch-minoische Siedlung unter seinem Auswurfmaterial. Akrotíri war aber wohl bereits eine erhebliche Weile (manche Forscher sprechen von einem ganzen Jahr) vor dem Ausbruch des Vulkans verlassen worden, denn unter der Asche- und Bimssteinschicht hat man weder Leichen, noch Wertgegenstände aus Metall, Schmuck oder Münzen gefunden. Wahrscheinlich hatten vorangegangene leichte Erdbeben die Bevölkerung zu einer groß angelegten Flucht veranlasst. Ob sie letztendlich glückte, ist nicht geklärt. Vielleicht sind die Schiffe noch auf See von den Auswirkungen des Ausbruchs eingeholt worden und gekentert. Dafür würde sprechen, dass man nirgendwo auf den ägäischen Inseln eine Siedlung der ehemaligen Akrotíri-Bewohner fand. Nicht mitgenommen wurden Hausrat, Keramik und Handwerksgeräte. Die Bewohner hatten jedoch versucht, ihre Habseligkeiten vor den Beben zu schützen, indem sie sie in vermeintlich stabilen Räumen und unter Türstöcken aufgestellt hatten. Wahrscheinlich wollte man nach dem drohenden Vulkanausbruch wieder nach Akrotíri zurückkehren. Und natürlich konnte man auch die fantastischen Wandbilder nicht mitnehmen, die von den Archäologen in beinahe jedem Haus entdeckt wurden (siehe Grabungsskizze). Anhand von Abdrücken und Hohlräumen in der Asche haben die Ausgräber vieles über die Lebensgewohnheiten herausgefunden – so gab es bereits richtige Möbelstücke wie Betten, Tische und Stühle (Gipsmodelle im Prähistorischen Museum in Firá), man hat Speisereste analysieren können (u. a. Bohnen, Fisch, Ziegen- und Schweinefleisch), fast jedes Haus besaß einen Webstuhl und eine öffentliche Kanalisation mit Röhren aus Ton sorgte für die Beseitigung der Abwässer.

▶ **Die Ausgrabung**: Das Gelände liegt etwa 200 m oberhalb der heutigen Südküste von Santoríni und umfasst derzeit mehr als 10.000 qm. Allerdings ist schon jetzt bekannt, dass die historische Stadt einst wohl das Doppelte dieser Fläche einnahm. Ob es jedoch der ehemalige Hauptort der Insel war, kann nicht nachgewiesen werden. Jedenfalls lag die Stadt sehr günstig an der windgeschützten Südseite und praktisch an der kürzesten Seeroute nach Kreta. Bis heute wurden über tausend Tongefäße unterschiedlicher Größe entdeckt, die entweder aus einheimischer Produktion oder aus Kreta stammen. Die Forscher unterscheiden drei Typen von zumeist zwei- bis dreistöckigen Häusern: größere öffentliche Gebäude ohne Wohneinheiten, Wohngebäude mit Wirtschafts- und Schlafräumen sowie Einzelgebäude nur mit Wirtschaftsräumen. Zwischen den Wänden wurden Holzbalken als „Knautschzone" eingezogen. Erdgeschossräume ohne Fenster waren Lagerstätten, mit Fenstern Verkaufsräume. Sogar eine Art Bäder mit Kanalisation wurden an fast allen Herrenhäusern entdeckt und ausgegraben. Soweit ersichtlich, verfügten die Häuser über ein Flachdach und die Wände waren verputzt. Auf diesem weißen Putz wurden die Malereien angelegt, die Akrotíri dreieinhalbtausend Jahre später weltberühmt machen sollten.

Akrotíri heute

Zum Schutz gegen Witterungseinflüsse war das gesamte Ausgrabungsgelände seit Jahrzehnten überdacht. 2002 hatte man damit begonnen, das alte Dach durch eine nagelneue Konstruktion zu ersetzen. Unmittelbar vor der Fertigstellung im September 2005 stürzte jedoch ein Teil ein und tötete einen Urlauber, weitere wurden verletzt. Seitdem ist die Ausgrabungsstätte geschlossen, die gesamte Anlage wird generalsaniert. Ein zuverlässiger Wiedereröffnungstermin ist nicht bekannt (Stand Ende 2008).

Die Wandmalereien von Akrotíri

Neben den minoischen Wandbildern aus Knossós auf Kreta sind sie die ältesten Bildwerke Griechenlands – kaum zu glauben, dass sie mehr als tausend Jahre vor der klassischen Antike entstanden sind. Elegant und schwungvoll angelegt, mit sicherem Blick für Farbwirkung, ähneln sie stark den kretischen Darstellungen, wirken aber naturalistischer und sind oft detaillierter. Als Farbtöne wurden hauptsächlich Blau, Rot, Orange, Gelb, Schwarz und Weiß verwendet. Da die Bilder auf bereits getrocknete und glatt polierte Wände gesetzt wurden und nicht in den noch feuchten Wandverputz (al fresco – ital. = im Feuchten), darf man dabei streng genommen nicht von Fresken sprechen. Während sich „al fresco"-Malerei, die vor allem die italienischen Renaissancekünstler meisterhaft einsetzten, untrennbar mit

Bottiche und Gefäße wurden zu Hunderten in Akrotíri gefunden

dem Grund verbindet und für Jahrtausende dauerhaft konserviert ist, blätterten die kykladisch-minoischen Gemälde rasch ab. So blieben nur karge Reste der teilweise überlebensgroßen Darstellungen erhalten.

In ihrer Thematik spiegeln die Bilder das Leben und die unmittelbare Umwelt der Akrotíri-Bewohner wieder, aber auch ihre weitreichenden Beziehungen im östlichen Mittelmeerraum. Neben Menschen und Tieren sind vor allem Pflanzen und insbesondere Schiffe dargestellt. Umstritten ist, ob die Bilder religiösen Hintergrund besitzen oder ob sie lediglich profane bzw. private Szenen zeigen. Zu den bedeutendsten Bildern gehören das wunderschöne Frühlingsbild, der nackte Fischer, die boxenden Knaben, die weißen Antilopen und die kletternden blauen Affen. Eine Sonderstellung nehmen die einzigartigen Darstellungen eines Seekriegszugs und einer Schiffsprozession ein, die anstatt einer Ornamentleiste in der oberen Hälfte eines Raumes verliefen.

Die meisten Exponate sind bisher noch im Archäologischen Nationalmuseum von Athen untergebracht. Einige der Bilder können aber im neuen Prähistorischen Museum von Firá betrachtet werden und es sollen noch mehr werden. Exakte Kopien aller 40 bisher restaurierten Wandgemälde sind außerdem im Nomikós-Konferenzzentrum von Firá ausgestellt (S. 131).

● *Die wichtigsten Bilder* **Weiße Antilopen**: Das Antilopenpaar wurde so naturgetreu gemalt, dass die Wissenschaftler heute sogar den Namen der Gattung erkennen können: Oryx Beissa. Einst soll das gesamte

Frühlingsbild mit Lilien

Bild aus sechs Tieren bestanden haben, zwei Paaren und zwei Einzeltieren.

Boxende Knaben: Keine „normalen" Kinder, sondern Diener der Götter, die hier einen spielerischen Kampf austragen. Hierfür sprechen die teils kahlen Köpfe (nach afrikanischem Vorbild) und der Schmuck an den Ohren, dem Hals und den Armen. Sportliche Betätigung hatte nicht nur im klassischen Griechenland religiösen Charakter (z. B. bei den Olympischen Spielen). Die Darstellung der Boxhandschuhe ist die älteste ihrer Art.

Blaue Affen: Nur noch in Fragmenten erhalten. Sehr naturgetreu gemalte Affen klettern auf stilisierten Felsen. Der Rest des Bildes ist leider nicht bekannt. Affen wurden oft als spezielle Diener der Götter dargestellt.

Frühlingsbild mit Lilien: In impressionistischen Farben gemalte Lilien auf einer Felslandschaft, deren rote und braune Töne noch heute in der Umgebung Akrotíris zu sehen sind. Die Darstellung der Pflanzen erfolgte in der Bewegung durch einen leichten Wind, da die minoischen Maler starre Haltungen immer vermieden. Von der Knospe bis zur reifen Lilienblüte sind alle Phasen des Wachstums vertreten.

Erwachsene Frauen: Erhalten sind nur noch zwei Fragmente einer ehemals größeren Komposition. Die Frauen tragen feine Kleider und viele Schmuckstücke. Wahrscheinlich überbringen sie gerade kultische Geschenke an die Gottheiten. Im Hintergrund sind die ebenfalls heiligen Papyruspflanzen zu erkennen.

Jugendliche Priesterin: Sie trägt eine Art Sari und eine Mütze mit eingeflochtener Schlange auf dem Kopf, wie sie auch schon bei ähnlichen Darstellungen auf Kreta gefunden wurden. Die junge. Frau hält einen Krug mit langem Griff Solche Exponate sind tatsächlich in Akrotíri gefunden worden.

Nackte Fischer: Vielleicht keine wirklichen Fischer, sondern Diener einer Gottheit. Für den religiösen Charakter sprechen die geschorenen Köpfe und die Nacktheit. Arbeitende Männer wurden ansonsten niemals nackt dargestellt. In Laufrichtung der Diener fand man zudem einen Opferaltar im selben Zimmer.

Seekriegszug und **Schiffsprozession**: Zwei vielfigurige Bildwerke mit zahlreichen Schiffen, fast hundert Menschen und vielen Tieren. Der genaue Inhalt ist noch immer umstritten. Meist werden die zwei Friese als zusammengehörige Darstellung eines geschichtlichen Ereignisses interpretiert: ein siegreich beendeter Kriegszug – wahrscheinlich ins heutige Libyen – und eine anschließende Prozession zur Erinnerung daran. Dies wird aus dem besonderen, religiös gedeuteten Schmuck der Schiffe heraus interpretiert, während Speere und Helme die militärische Komponente unterstreichen.

Tropische Landschaft: Zwei Raubtiere, eine Wildkatze und ein Gryps (Löwe mit Adlerkopf) jagen in der Nähe eines Flusses. Wegen der Palmen glauben die Forscher an eine Szene aus einem Expeditionszug nach Libyen.

Strand von Akrotíri

Unterhalb der Ausgrabung endet die Straße an einem Buswendeplatz direkt am Meer. Davor liegt ein mehrere hundert Meter langer Strand aus schwarzem Lavakies und verstreuten Felsbrocken, der zum Baden nicht sonderlich gut geeignet ist.

Hinter dem Beach fällt die Küste in bizarren Klippenformationen ab, Fischer haben sich darin ihre Bootsgaragen eingerichtet, einige davon sind zu stimmungsvollen Tavernen umgebaut. In der Mitte des Strandabschnitts befindet sich ein kleiner, betonierter Anlegesteg, von dem im Hochsommer Kaïkis zu den nahen Stränden *Red Beach* und *White Beach* fahren. Der landschaftlich eindrucksvolle Red Beach ist aber auch leicht zu Fuß zu erreichen.

• *Verbindungen* Am Strand unterhalb von Akrotíri liegt die Endstation der **Busse** von Firá nach Akrotíri. Die Busse wenden auf dem großen Platz und fahren zurück nach Firá. Wer zum Red Beach will, muss ebenfalls hier aussteigen und den Rest zu Fuß gehen oder mit dem Boot fahren. Fahrzeit von und nach Firá etwa 50 Min.

• *Einrichtungen* **Sonnenschirmverleih** am Strand. Von Juni bis Sept. verkehren **Bade-Kaïkis** zum Red Beach und zum White Beach in der Nebensaison 2-mal täglich, in der Hauptsaison (Juli und August) etwa 5- bis 6-mal täglich zwischen 10.30 und ca. 17 Uhr. Abfahrt jeweils von der kleinen Mole vor der Taverne „To Kymá", Preis 6 €/ Pers. hin- und zurück. Infos unter ℘ 22860-81360 oder 6979-816034.

• *Übernachten* Nach Privatzimmern in den Tavernen erkundigen.

** Akrotiri, ruhige Lage beim Busstopp. Vermietet werden solide möblierte Zimmer mit Meerblickbalkonen. Sehr schön ist die lauschige Caféterrasse vor dem Haus. Pauschal über Attika. DZ mit Frühstück ca. 50– 80 €. ℘ 22860-81375, ℡ 22860-81377, www.hotelakrotiri.gr.

• *Essen & Trinken* Vor den Höhlentavernen kann man abends gemütlich am Meer sitzen, die Wellen plätschern fast bis an die vordersten Stühle.

Akrotíri, Snack-Bar direkt am Buswendeplatz. Gehört zum Hotel. Man sitzt angenehm schattig unter Tamarisken und Schirmen auf einer Terrasse am Meer und kann einen Kaffee genießen, während man z. B. auf den nächsten Bus wartet.

Melína, gleich die erste Höhlentaverne westlich vom Ende der Straße. In die Felswände hat man zwei Bootshälften integriert und davor stehen die Tische sehr eng auf der Terrasse. Außerdem hübsche Dekoration mit Fischernetzen und Nachbildungen der Wandbilder von Akrotíri. Gute Fischgerichte zu angemessenen Preisen, leckerer weißer Hauswein.

Red Beach vom Meer aus

The Cave of Nikolas, originelle, über 40 Jahre alte Höhlentaverne am Strand, tief in die Klippen hineingebaut, Schilfdach davor. Inzwischen deutlich vergrößert, aber noch immer herrliche Stelle, um einen halben Tag zu verträumen! Offener Wein, Fisch und Oktopus direkt vom Boot, als Mezédes (Vorspeisen) z. B. leckere Shrimps. In manchen Jahren nur im Hochsommer geöffnet. **To Kymá** (Die Welle), eine freundliche Fischerfamilie serviert stets frischen, gegrillten Fisch.
Weiter hinten liegen noch mehrere große Tavernen (→ Red Beach).

Red Beach (Kókkini Ámmos)

Gigantische Szenerie, die fast mit dem Kraterrandblick mithalten kann. Einer der beliebtesten Badeplätze auf der Insel. Von Akrotíri aus in ca. 20 Min. zu Fuß zu erreichen.

Wer vom Ausgrabungsgelände kommt, geht auf der Asphaltstraße weiter westlich den Hang hinab (beschildert). Wer aber direkt zum Red Beach will, steigt an der Endhaltestelle aus und wandert über den Strand von Akrotíri westwärts. Beide Wege treffen, vorbei an mehreren Tavernen und einem Imbissstand, auf den Parkplatz an der *Kirche Ágios Nikólaos Mavrorachídi* unter einer tief dunkelroten Lavawand. Hier ist auch für alle diejenigen Endstation, die mit dem eigenen Fahrzeug kommen. Weiter zu Fuß geht es durch spärliche Phrygana um ein kleines *Kap*. Dort liegen Riesenblöcke verstreut und der stark ausgetrampelte Weg ist mit weißen Punkten markiert.

Nachdem man um die Ecke gebogen ist, öffnet sich der Blick urplötzlich auf eine gigantische tiefrote Felswand mit Geröll, die nach links langsam ins Wasser abgleitet. Darunter erstreckt sich ein grauer Sand- und Kiesstrand. Überwältigend zeigt sich das Farbenspiel des Vulkangesteins – von Hellgelb über Dunkelrot bis Tiefschwarz! Sicherlich eine der schönsten Stellen Santorínis, jedoch erkennt man mittlerweile vor Menschen den Strand nicht mehr. Tourbusse, Badeboote, Mietwagen – alle fahren zum Red Beach. Liegestühle und Sonnenschirme stehen in Reih und Glied, zwei kleine Snackbars bieten Erfrischungen. Vorsicht beim Fußweg zum Strand: Gelegentlich lockern sich mal ein paar Steinchen aus der hohen Felswand. Der kleine, kiesige Strand *Kabiá* liegt wenige Fußminuten westlich (siehe nächster Abschnitt).

• *Anfahrt/Verbindungen* Wer zum Red Beach will, muss am **Buswendeplatz** unterhalb von Akrotíri aussteigen und den Rest zu Fuß gehen (Fahrzeit von und nach Firá etwa 50 Min.). Am besten über den schmalen Kiesstrand an den Tavernen vorbei, dann wieder ein kurzes Stück über die Straße, bevor der eigentliche **Fußweg** zum Red Beach an der Kirche Ágios Nikólaos beginnt. Fußweg vom Busstopp bis zum Beach etwa 20 Min.

Von Períssa, Kamári und Akrotíri Beach aus fahren auch **Badeboote** zum Red Beach. Details siehe jeweils dort.

• *Einrichtungen* Postkarten, Souvenirs, Strandbedarf und Getränke werden in einem kleinen **Laden** an der Zufahrtsstraße zum Beach verkauft. **Sonnenschirmverleih** an der Taverne am Strand.

• *Übernachten* keine Möglichkeiten. Die nächsten Zimmer liegen am Strand von Akrotíri im Ort.

• *Essen & Trinken* **Café-Bar** direkt vor dem Parkplatz an der Kirche Ágios Nikólaos.

Ta Delfínia, am Weg zum Red Beach, direkt unten am Wasser, ein paar Stufen führen von der Straße hinunter. Es ist die freundlicher wirkende der beiden benachbart liegenden Tavernen. Man sitzt auf einer ins Meer hineinbetonierten Mole unter einem Sonnendach. Kapetán Geórgios serviert natürlich Fischgerichte. Tipp ist die gemischte Fischplatte: von Oktopus über Kalamari bis zu leckeren Melanoúri und Brassen. Freundliche Bedienung, griechische Musik und gute Inselweine. Vor allem um die Mittagszeit gut besucht.

Am Red Beach gibt es zwei **Imbissstände** mit Snacks und Getränken.

Der äußerste Südwesten Thíras

Beim Ortseingang von Akrotíri (von Firá kommend) führt eine neu angelegte Asphaltstraße zum Leuchtturm an der äußersten Südwestspitze Thíras, etwa 5 km, ab Straße beschildert mit „Faros".

Die noch vor zehn Jahren völlig einsame Region ist mittlerweile durch Ferienhäuser stark erschlossen, auch Weinbau wird betrieben. Entlang der Straße warten Restaurants auf Tagesausflügler. Unterwegs gibt es einige nicht asphaltierte Seitenwege zu erforschen, u. a. zu den Stränden Kabiá und Méssa Pigádia. Nach knapp 5 km erreicht man den *Fáros* (Leuchtturm).

▸ **Kirche Panagía tou Pállou**: tief unten am Kraterhang versteckt, ziemlich am Anfang der Straße zum Fáros. Die Höhlenkirche wurde mit ihren elegant geschwungenen Formen dem Fels angepasst. Von der Feuerstelle schöner Blick auf die Caldéra.

Wenige hundert Meter danach, in einer Kurve auf der linken Seite, steht die *Kapelle Ágios Ioánnis*. Die *Panagía Kímisi* mit leuchtend blauer Kuppel befindet sich etwas unterhalb davon.

• *Übernachten* ** **Apanemo**, nach dem Restaurant Mama Thira am Weg zum Leuchtturm, neues, ansprechend und modern eingerichtetes Haus mit schönem Pool und fantastischem Panoramablick auf die gesamte Caldéra bis in den Norden Santorínis nach Oía. Sehr ruhige Lage, zehn freundlich eingerichtete Zimmer und acht Studios, jeweils Terrasse, schicke Bäder. Etwas teurer, aber sein Geld wert. DZ ca. 60–120 €. ☎ 22860-82831, ✆ 22860-28998,

www.santonet.gr/hotels/apanemo.

• *Essen & Trinken* **Mama Thira**, etwa 1 km von Akrotíri direkt am Kraterrand, herrliche Aussicht, originelle Einrichtung und freundliche Bedienung. Essen okay, angemessene Preise.

Aeolos, kurz vor der Abzweigung zum Kabiá-Strand. Hübscher Blick in die Caldéra. Tische draußen und drinnen in einem sechseckigen Pavillon. Gute griechische Küche. Vor allem zum Mittagessen beliebt.

▶ **Gialós Kabiá** (auf Griechisch: "Kampiá"): Etwa 2 km ab der Platía in Akrotíri und ca. 700 m nach zwei markanten Kirchen zweigt linker Hand ein breiter Schotterweg von der Straße ab. Schon von hier aus ist die weiße Höhlenkirche Agía Paraskeví (→ nächster Abschnitt) gut zu sehen. Der geschotterte Weg hinunter zur Bucht von Kabiá führt etwa 2,3 km hangabwärts. Unten am Wasser mehrere hundert Meter schmaler, leidlich sauberer Strand aus grobem Kies, Geröll und größeren Felsblöcken zwischen hohen Felsen, in die einige Bootsgaragen gebaut wurden. Links leuchtet der „Red Beach" herüber, aber auch am Kabiá gibt es rotes Lavagestein. Baden ist möglich, allerdings sollte man auf die vielen kantigen Steine im Wasser achten.

Um das Kap rechter Hand liegt der schmale *White Beach* (Áspri Ámmos) unterhalb einer weißen Felswand, der von Akrotíri aus mit Badebooten angefahren wird.

● *Essen & Trinken* **Kabiá**, direkt im Rücken der Bucht befindet sich die kleine Taverne auf einer schilfüberdachten Hochterrasse. Das freundliche Wirtsehepaar serviert Fischgerichte, stets frische Qualität. Preise okay. Juni bis Sept. offen.

▶ **Kirche Agía Paraskeví**: lang gestreckte, weiße Höhlenkirche an der Schotterstraße zum Kabiá-Strand. Nach ca. 1,1 km auf dieser Piste zweigt rechts ein schmaler Pfad

Felsformation im Südwesten

zur Agía Paraskeví ab. Ihre Südseite wurde in die Felsen hineingebaut, so dass sie vom Meer aus nicht zu sehen ist. Über der (verschlossenen) Tür befinden sich die Namen des Stifterehepaars. In die Mauer wurde eine Wasser führende Zisterne mit einer an einer Schnur befestigten Dose eingelassen. Kleiner Vorhof mit Sitzbänken und Blick ins Landesinnere. Ausgesprochen hübsche Lage.

▶ **Kirche Panagía Theosképasti**: Etwa einen halben Kilometer nach der Abzweigung zum Kabiá-Strand zweigt ebenfalls nach links eine kurze Stichpiste zu dieser Kirche ab. Sie ist leider verschlossen, besitzt aber eine tolle Aussichtslage mit Blick aufs Meer und die üppigen Weinfelder.

● *Shopping* **Michalis Belas**, netter Verkaufsstand an der Straße zum Fáros, kurz nach der Abzweigung nach Kabiá. Erwerben kann man Fáva-Bohnen, Kapern, Nichtéri, Vinsánto und andere Inselprodukte.

▶ **Gialós Méssa Pigádia**: Gut 3 km ab Akrotíri zweigt links von der Asphaltstraße die etwa 1,5 km lange Schotterpiste zur Bucht Méssa Pigádia ab. Der Strand besteht aus grobem, schwarzem Lavakies mit Felsen und zieht sich über ca. 350 m Länge. Wasser mit Felsblöcken, daher nicht sonderlich attraktiver Badeplatz und selbst im Hochsommer nur wenig besucht. Vorsicht beim Schwimmen! Die weit ausladende Bucht wird auf beiden Seiten von weißen und roten Klippen eingerahmt.

● *Essen & Trinken* **Méssa Pigádia**, hübsch auf mehreren Ebenen am Strand und am Hang angelegte Taverne im alten Stil, mit Lavasteinen dekoriert. Vom einfachen Kaffee über Salate und traditionelle griechische Grillgerichte bis zu Fisch (denn der Wirt ist selbst Fischer) ist alles zu haben. Der gemauerte Ofen ist einen Blick wert.

▶ **Kirche Panagía Kalamiótissa**: Knapp 800 m vor dem Leuchtturm zweigt rechts der Hauptstraße eine ebenfalls asphaltierte Piste zur 1993 geweihten Kirche Panagía Kalamiótissa ab. Sie liegt wunderschön auf einem Plateau unterhalb des Bergrückens. Die Außenanlage ist mit zahlreichen Blumen und Pflanzen begrünt, darunter auffallend viele Feigenbäume. Unter dem Glockenturm hindurch gelangt man zum leider stets verschlossenen Eingang der Kirche. Nebenan Gebäude für die Panigýria und ein nettes Ruheplätzchen. Von hier aus sind auch die Lavaformationen am Kraterrand gut zu sehen.

Ein Leuchtturm thront hoch über der Südwestspitze Santorínis

Fáros

Der große Leuchtturm steht am *Kávos Akrotíri* etwa 110 m über dem Meer zwischen Bimssteinhängen und Lavaklippen in allen Farbtönen. Superblick auf den Kraterrand-Felsen Aspronísi und die von Kreta oder Anáfi kommenden Fähren. Hinter Aspronísi liegt die Südkap der Insel Thirassía mit dem Kloster Kímissi tis Theotókou auf der Spitze. Vorsicht bei Spaziergängen am Steilkap: Die Wände fallen steil ab und das Geröll ist sehr lose. Gelegentlich lösen sich auch einige Steine und fallen ins Meer. Wir raten vom Klettern in diesem Gebiet ab!

● *Anfahrt/Verbindungen* Leider gibt es am Ende der Straße kaum Parkplätze, deswegen besser versuchen, ein Stück vor dem Leuchtturm zu parken. Busstopp ca. 100 m vorher.

● *Essen & Trinken* **Kapetán Dimítrios**, auffällig mit Lavasteinen dekoriertes Gebäude ca. 1 km vor dem Fáros. Windgeschütztes Plätzchen unter Sonnendach mit Blick über die Felder aufs Meer. Spezialität der freundlichen Eigentümerfamilie sind Tomatokeftédes, Fáva nach Art des Hauses und Käse aus eigener Schafhaltung. Die Lammgerichte und das Souvláki stammen von Tieren des eigenen Bauernhofs. Preise im Rahmen.

Giorgáros, kurz vor dem Leuchtturm, Familientaverne von Fischern in dritter Generation, selbst gefangener Fisch, alles frisch zubereitet, toller Blick bis hinüber nach Oía.

Auf Thirassía: Blick vom Hauptort Manolás über die Caldéra

Die weiteren Inseln des Rings und der Caldéra

Thirassía ist die zweitgrößte Insel des Archipels und neben Thíra die einzige bewohnte. Zusammen mit Thíra und Aspronísi bildet sie den Rand der ehemaligen Vulkaninsel. Paléa und Néa Kaméni inmitten der Caldéra sind deutlich jüngeren Datums und durch Eruptionen im Krater entstanden.

Mit Ausnahme von Aspronísi können alle Inseln besucht werden. Die zahlreichen organisierten Ausflüge bilden eine hübsche Abwechslung zum Thíra-Alltag. Besonders reizvoll: Das Lavaeiland Paléa Kaméni besitzt in einer Bucht untermeerische heiße Quellen (Badehose mitnehmen!), Néa Kaméni einen recht imposanten Krater.

Thirassía

Die kleinere Schwesterinsel von Thíra liegt einsam am Rand des Archipels. Geologisch zeigt sie denselben Aufbau und fast haargenau dasselbe Erscheinungsbild, nur spiegelbildlich am gegenüberliegenden Kraterrand. Hier ist es ruhig und gemütlich, man findet viel griechische Ursprünglichkeit und die Zeit scheint fast still zu stehen.

„In the middle of nowhere" charakterisieren die Santoríner abschätzig die kleine Insel auf der anderen Seite des Kraterrands. Gegenüber sieht man das naturgemäß etwas anders. Ihr Eiland, so sagen die Einheimischen voller Stolz, sei „Santoríni before thirty years" und übertreiben damit keineswegs. Tatsächlich zeigt man auf Thirassía an touristischer Entwicklung kein sonderliches Interesse, was auch gleichzeitig den besonderen Reiz dieser Insel ausmacht. Im Winter und während der Nebensaison findet man auf Thirassía wirklich pure Einsamkeit. Dann trifft man auf der Insel – mit Ausnahme der Tavernenwirte und Eseltreiber – fast nur noch alte Leute. Gerade noch etwa 200 Bewohner leben ständig hier. Die Jugend verdient ihr Geld auf Santoríni oder am weiten Festland und kommt nur noch in den Sommerferien zurück nach Hause.

Erst vor wenigen Jahren wurde Thirassía von der Zivilisation eingeholt. 1991 bekam die kleine Insel einen Anschluss an das elektrische Energienetz und auf Wasserleitungen wartet man bis heute. Quellen und Teiche gibt es nicht, sodass die Bewohner auf die Regenfälle im Winterhalbjahr angewiesen sind. Fast jedes Haus verfügt daher über eine Zisterne.

Thirassía besitzt nur zwei bewohnte Orte: *Thirassía-Ort* oder *Manolás* genannt sowie *Potamós*. Außerhalb liegen zwei mittlerweile verlassene Weiler sowie eine Handvoll Bauernhäuser. In Strandnähe gibt es außerdem in den Sommermonaten bewohnte Ferienwohnungen. Der Hauptort Manolás zieht sich in 175 m Höhe als ein weißes Band auf der Abbruchkante entlang wie Firá und Oía auf Santoríni. An der Westküste läuft Thirassía genauso sanft aus wie der große Bruder gegenüber. Auch das Gestein entspricht dem von Santoríni, was für die vulkanischen Verwerfungen auf der Oberfläche ebenfalls gilt. Die Buchten im Westen von Thirassía bestehen fast ausschließlich aus lockerem Geröll und sind zum Baden leider kaum geeignet. Angebaut werden Futtermittel, Gemüse und etwas Wein.

Auf Thirassía gibt es mehr Esel als Autos

Weitere Inseln des Rings

Einige der Ausflugsschiffe laufen den Hafen *Córfos* an der Steilwand unterhalb von Manolás an. Von dort kann man über einen *Treppenweg* hinaufsteigen oder per Muli reiten. Alle anderen Schiffe stoppen im Hafen *Ríva* in der *Míllo-Bucht* am Nordende von Thirassía. Hier liegt der einzige ausgewiesene Badestrand des Eilands.

> Thirassía umfasst nur etwa 9,4 qkm Fläche. Die Insel in der Form eines Paralle-logramms ist etwa 5,7 km lang und 2,7 km breit.

Verbindungen zwischen Santoríni und Thirassía

▶ **Ausflugsboote**: Die teils recht großen Kaíkis von Santoríni steuern entweder die Häfen Córfos, Ríva oder den Strand in der Míllo-Bucht an. Entsprechende Verbin-dungen gibt es sowohl vom Athiniós-Port und vom Hafen Skála unterhalb von Firá als auch von Arméni unterhalb von Oía (Abfahrten von Ammoúdi bei Oía siehe un-ten stehender Kasten). Je nach Saison fahren verschiedene Boote bis zu 8-mal tägl., zumeist am Nachmittag, aber oft auf unterschiedlichen Routen, deswegen immer vorher in den Reisebüros fragen. Dort werden auch die Tickets verkauft und es wird der Bustransfer zu den Häfen organisiert. Kein Fahrzeugtransport. Leider blei-ben die Boote oft nur 1,5 Std. im Hafen von Thirassía und für den steilen Aufstieg in den Ort braucht man Kondition und Zeit – so bleiben viele Ausflügler in den Ta-vernen unten im Hafen (Leserzuschrift: „ultraschneller Service, Küche soweit okay und nicht teuer, Sauberkeit lässt aber doch zu wüschen übrig.").
Preise variieren je nach Reisebüro, Route der angebotenen Tour, Sonderleistungen wie Mittagessen und Qualität der Führung erheblich. Mindestens ca. 16 € pro Pers. sollte man einkalkulieren.

Thirassía: die gleiche Vulkanlandschaft wie auf Santoríni

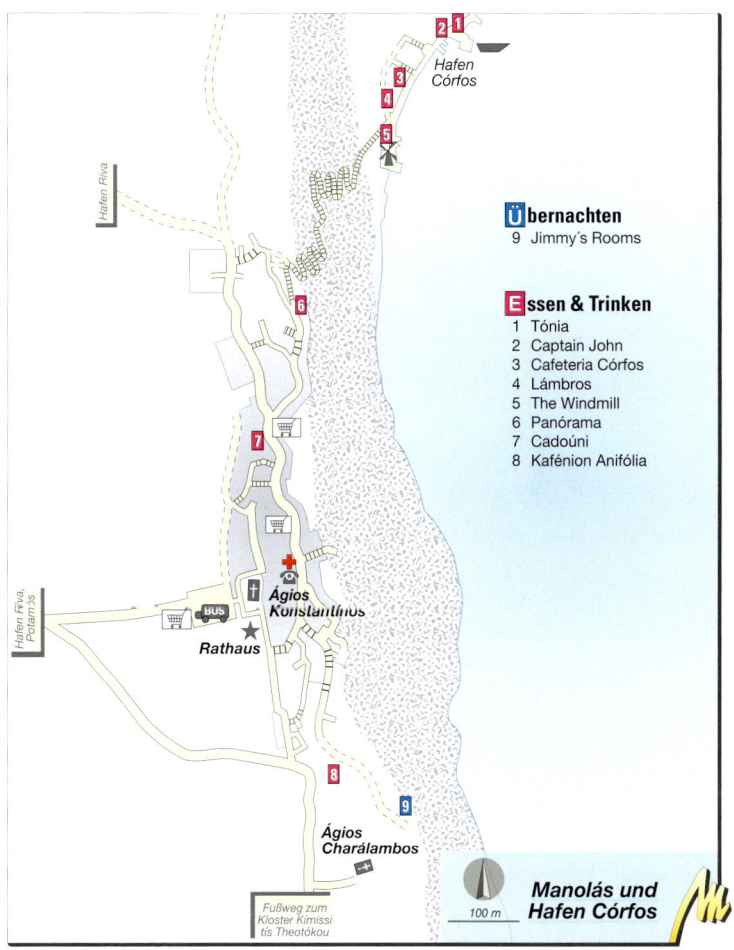

Übernachten
9 Jimmy´s Rooms

Essen & Trinken
1 Tónia
2 Captain John
3 Cafeteria Córfos
4 Lámbros
5 The Windmill
6 Panórama
7 Cadoúni
8 Kafénion Anifólia

Hafen Córfos

Hafen Ríva

Hafen Ríva, Potamós

Ágios Konstantínos

Rathaus

Ágios Charálambos

Fußweg zum Kloster Kímissi tís Theotókou

100 m

Manolás und Hafen Córfos

Zwischen dem Hafen Ammoúdi und Corfós und Ríva hält das bei den Einheimischen „Lántza" genannte Kaíki-Boot den Verkehr aufrecht. Abfahrt ab Ammoúdi um 8, 12 und 17 Uhr, Rückfahrt von Corfós um 7.45, 12.15 und um 16.45 Uhr (je nach Saison sind auch weniger Fahrten möglich). Preis für die einfache Fahrt 1 €. Infos bei Pelikan Travel (☎ 22860-22220) oder unter ☎ 6944-597471 beim Kaíki-Fahrer bzw. im Hafen Ammoúdi.

▶ **Fährschiffe**: Das reguläre Fährschiff für Thirassía ist die *F/B Níssos Thirassía*. Sie transportiert auch Fahrzeuge und hält im Winter die Verbindung aufrecht, wenn die Exkursionsboote ihren Betrieb eingestellt haben. Abfahrten nach Córfos und Ríva gibt es von Athiniós-Port und vom Old Port (Skála) je nach Saison etwa 2- bis

Weitere Inseln des Rings

3-mal tägl. Bei ausreichendem Interesse werden auch Ausflugsfahrten für Touristengruppen angeboten, Infos über Pelikan Travel in Firá (✆ 22860-22220). Außerdem legten in den letzten Jahren auch ca. 1- bis 2-mal pro Woche die großen Autofähren von und nach Piräus im Hafen Ríva an, doch diese Fahrten können von einer Saison auf die andere storniert werden.

Preise Die einfache Fahrt von Thíra nach Thirassía kostet pro Pers. ca. 3 €.

Manolás (Thirassía-Ort)

Hauptort von Thirassía oberhalb der Nikólaos-Bucht und wie Firá spektakulär am Kraterrand gelegen. Etwa zwei Drittel der Inselbewohner leben hier. Zu Fuß in etwa 30 Min. zu erreichen über einen Treppenweg vom Hafen Córfos oder per Maultierritt in etwa 15 Minuten.

Der schweißtreibende, natursteingepflasterte Treppenweg vom Hafen Córfos zieht sich über viele Serpentinen den Hang hinauf. Nachdem man gut 150 Höhenmeter überwunden hat, befindet sich oben eine nette Terrassentaverne zum Verschnaufen, wo man einen tollen Blick hinüber nach Thíra hat. Der Ort zeigt sich ausgesprochen hübsch und sehr ursprünglich mit vielen frisch gekalkten und bunt bemalten Würfelhäusern, immer wieder genießt man weite Ausblicke. Die enge Hauptgasse zieht sich den Kraterrand entlang und die Seitengassen enden oft an privaten Anwesen. Da es keine Wasserversorgung gibt, wurden überall Zisternen errichtet, auf einigen Anwesen auch Ziehbrunnen. Viele Häuser werden nur noch im Sommer als Ferienwohnungen genutzt. Zwei in Pastellfarben gehaltene Kirchen, eine davon dem heiligen *Konstantínos* geweiht, schmücken den verschlafenen Ort.

Verbindungen

Die einzige Straße führt vom Hafen Ríva zunächst an der Ostküste entlang und dann durchs Landesinnere über Potamós hinauf nach Manolás. Inzwischen gibt es sogar um die 30 Autos auf Thirassía, darunter zwei Taxis. Es verkehrt auch ein Bus, doch ist dieser Service nicht immer verfügbar. Bus- und Taxistation liegen hinter der Kirche Ágios Konstantínos.

• *Fahrpreise* Die Fahrt von Ríva nach Manolás kostet mit dem **Taxi** ca. 6 €. Der Ritt per **Maultier** von Hafen Córfos hinauf nach Manolás kostet ca. 4 €.

Adressen

• *Arzt*   Die **Erste-Hilfe-Station** an der Hauptgasse ist nur im Hochsommer besetzt. Zur Zeit wird ein kleines Hospital gebaut. ✆ 22860-29144.

• *Bäckerei* an der Hauptgasse.

• *Einkaufen* zwei **Lebensmittelläden** an der Hauptgasse, einer hinter der Kirche Ágios Konstantínos.

• *Post* **Briefkasten** an der Hauptgasse.

• *Telefon*   **Kartentelefon** im Vorhof der Erste-Hilfe-Station an der Hauptgasse.

Übernachten (s. Karte S.239)

Es gibt nur eine kleine Pension und eine Handvoll Privatzimmer, die von den Tavernenwirten und Besitzern der Lebensmittelläden vermietet werden. Vorsicht, in der Nebensaison kann es zu Engpässen kommen, da die Insulaner kaum auf Nachtgäste eingerichtet sind. Wer nach Manolás kommt, sollte sich daher zuallererst um ein Zimmer kümmern. Auskünfte erteilen die Tavernenwirte.

Jimmy's Rooms (9), hinter dem Ortsausgang von Manolás in südöstlicher Richtung. Der New-York-Heimkehrer Jimmy und seine Frau Zaccharia vermieten zehn ältere, funktional möblierte Zimmer in einem Gebäude mit Tonnengewölbe. Große Terrasse mit Superaussicht auf Manolás, den nordöstlichen Teil Thirassías und Santoríni, inmitten eines großen, etwas verwilderten Gartens mit Weinstöcken und einigen Olivenbäumen. Jedes Zimmer mit eigenem, recht kleinem Bad, Kühlschrank und Kochnische, sauber, leider etwas muffig, aber für ein paar Nächte durchaus okay. Preis ca. 25–30 €. ☎ 22860-29102 o. 697-839 5640, 📠 22860-29176.

Essen & Trinken (s. Karte S.239)

Einige wenige einfache Kafenía und Tavernen liegen an der Hauptgasse durch den Ort. Achtung: Während der Nebensaison sind sie alle nur geöffnet, wenn Ausflugsboote angekommen sind. Wer in dieser Zeit auf der Insel übernachtet, muss sich abends selbst versorgen!

Panórama (6), schon vom Hafen Córfos aus an der auffälligen Holzkonstruktion oben am Hang zu erkennen. Tatsächlich hat man einen Superblick auf Santoríni, die Kaméni-Inseln und die gesamte Caldéra. Wer den Treppenweg hinaufwandert oder reitet, trifft direkt hinter dem Ortseingangsschild auf diese Taverne. Breite Auswahl an guten Fisch- und Fleischgerichten, die Portionen sind allerdings recht überschaubar. Der Wirt spricht etwas Englisch. Geöffnet April bis Okt.

Cadoúni (7), an der Hauptgasse durch den Ort. Die Taverne des freundlichen Wirtes Gouliémos bietet eine Aussichtsterrasse im Obergeschoss. Als Spezialität des Hauses gelten gegrillter Tintenfisch, Lamm- und Schweinefleischgerichte sowie Taramosaláta. Außerdem gibt es gelegentlich frisches Gemüse. Wenn auf der Insel wenig

Kapelle Ágios Nikólaos im Hafen Córfos

los ist, gibt es nur Grillgerichte, hauptsächlich Soufláki. Geöffnet April bis Okt.

Kafénion Anifólia (8), am südlichen Ortsausgang, Wirt Antónis Sirígos hat den urigen Treffpunkt der Einheimischen in einer ehemaligen Cánava, einem Weinkeller, eingerichtet. Im etwas unaufgeräumten Außenbereich Terrasse mit bunten Stühlen und Superaussicht, innen in der Höhle Billardtisch und der obligatorische Fernseher. Kaffee, Getränke und Mezédes. Ganzjährig, aber nur abends geöffnet.

Ziele auf der Insel

Zu sehen gibt es nicht viel. Außerhalb von Manolás liegen einige interessante Kirchen und ein Kloster, zwei mittlerweile verlassene Bauernweiler, kleinere und größere Strandabschnitte an der Westküste sowie die beiden Häfen Córfos und Ríva. Die gesamte Südhälfte der Insel lässt sich mit unserer Wanderung erkunden (→ S. 244).

▶ **Hafen Córfos/Gialós Nikólaos:** Der kleine Hafen Córfos unterhalb des Hauptortes Manolás am Fuße der Kraterwand ist nicht mehr als ein winziges Nest. Hier legen einige der Ausflugsboote an, das reguläre Fährschiff und gelegentlich ein paar Segelboote. Im Verlauf des kleinen Kiesstrands befinden sich einige Tavernen, zwei Kirchen und ein Mini-Markt. Entlang der Nikólaos genannten Bucht existiert ein schmaler Weg über Beton und schwarze Lavasteine. Hier liegen in den Fels gegrabene Bootsgaragen und Lagerräume, teils noch in Gebrauch, teils halb verfallen. Etwa in der Mitte der Bucht beginnt der *Treppenweg* hinauf nach Manolás.

Die Kirche in der zweiten Reihe hinter den Häusern heißt *Zoodóchos Pigí* und ist verschlossen. Dagegen ist die kleine Kapelle *Ágios Nikólaos* am Westende der Bucht zu besichtigen, wenn man den freundlichen, alten Seebär, dem die Bootsgarage nebenan gehört, um den Schlüssel bittet. Links des Eingangs befindet sich die Apsis mit einer kleinen Ikonostase. Der winzige Innenraum ist voll gestopft mit Ikonen. Während die Kuppel von innen blau bemalt wurde, hat man sie außen untypisch für die Kykladen mit roten Ziegeln gedeckt. Ein kleiner Glockenturm steht nebenan. Die östlichste Spitze der Insel Thirassía, oberhalb des Nordendes der Bucht, bildet das *Kávos Simandíri*.

● *Einkaufen* **Mini-Markt Gláros** am Hafen. Hier gibt es Lebensmittel, Eis, Sonnenschutzmittel, Filme und Telefonkarten.

*Das einsame Kloster
Kímissi tis Theotókou*

Souvenirshop am Beginn des Treppenweges nach Manolás.

● *Essen & Trinken* **Captain John (2)**, direkt östlich vom Anleger. Die größte Taverne in Córfos, gut 50 Tische unter einer Holzdachkonstruktion auf einer ins Meer ragenden Terrasse. Es gibt Fisch- und Fleischgerichte vom Grill oder aus dem Ofen, Moussaká, Salate und guten Tsatzíki. Ab April geöffnet.

Lámbros (4), große, holzüberdachte Terrasse direkt über dem Meer, gleich am Beginn des Treppenwegs. Keine Speisekarte, täglich wechselnde Gerichte, man ist, wie überall in Corfós, auf die schnelle Verpflegung eingerichtet. Trotzdem durchaus lecker. Gäste lobten den Fisch. Preise im Rahmen.

The Windmill (5), mit der großen, weißen Windmühle nicht zu übersehen. Der Wirt bietet gute Fischgerichte, aber auch viele Kleinigkeiten. Man sitzt auf einer Terrasse direkt am Wasser. Öffnet auch in der Nebensaison, aber nur, wenn Ausflugsboote kommen. Auch zu einem Kaffee ist man willkommen und wird freundlich bedient.

Tónia (1), östlich vom Anleger, ebenfalls auf den schnellen Service spezialisiert. Tagesgerichte werden in Schaukästen präsentiert. Self-Service bei Getränken.

Cafeteria Córfos (3), direkt westlich vom Hafenkai. An zwei, drei Tischen werden Kaffee, Drinks und Eis serviert. Günstig.

▶ **Potamós**: neben Manolás der einzige noch bewohnte Ort der Insel. Potamós liegt am ausgleitenden Hang Richtung Westen und ist in etwa 15 Min. von Manolás zu Fuß über die einzige Inselstraße zu erreichen, die mitten durch das Dorf führt. Der Ort mit den drei Kirchen zeigt sich nicht so verwinkelt wie Manolás. Ursache ist seine Lage an einem alten Flussbett, das heute aber kein Wasser mehr führt. Insofern wurden die Häuser rechts und links leicht am Hang angelegt. Die drei Kirchen mit den kykladentypischen blauen Kuppeln sind dem *Ágios Ioánnis*, dem *Ágios Dimítrios* und dem *heiligen Spyrídon* geweiht.

▶ **Hafen Ríva und Gialós Míllo**: Die einzige Straße auf Thirassía führt von Manolás bis zum Hafen Ríva im äußersten Norden der Insel. Ríva ist der *Verkehrshafen* von Thirassía, an dem auch 1- bis 2-mal pro Woche die großen Autofähren nach Piräus stoppen. Über seinen breiten Kai können auch Autos entladen werden. Heute wird die gesamte Versorgung über den Hafen Ríva abgewickelt.

Direkt südlich des Hafens liegt in der nahen *Míllo-Bucht* der einzige Badestrand von Thirassía. Am langen und hauptsächlich aus Kies bestehenden Beach haben im Sommer zwei Tavernen geöffnet. Da die meisten Ausflügler den Weg nach Ríva nicht finden, ist das Angebot eher mäßig. Es gibt keine Speisekarte, man muss aber auch nicht verhungern. Notfalls bekommt man aufgetischt, was die Wirtsfamilie für sich selbst gekocht hat.

Derzeit entsteht hinter der Bucht eine kleine Siedlung. Wunderschön ist der Blick hinüber nach Oía. Vorsicht beim Baden: Zwischen den Inseln Thirassía und Santoríni kommt es oft zu starken Meeresströmungen, nicht zu weit hinausschwimmen.

▶ **Kapelle Agía Iríni**: Einige Meter nördlich des Anlegers steht unweit der Straße diese leider stets verschlossene, für die Inselgeschichte aber sehr bedeutsame Kapelle. Laut Legende ist sie verantwortlich für den Namen Santorini (Agia Irini = Sánta Iríni). Im Gedenken an die Namenspatronin findet hier am 5. Mai das größte Inselfest statt.

▶ **Agriliá und Klosterkirche Panagía**: Agriliá ist ein verlassener *Bauernweiler* in einem Erosionstal westlich von Manolás. Er ist entweder vom Hauptort über einen Fußweg oder kurz hinter Potamós über einen geschotterten Fahrweg zu erreichen (beschildert). Sehenswert in Agriliá ist lediglich die *Klosterkirche Panagía*, die noch von einer Nonne bewirtschaftet wird (siehe auch Wanderung S. 244).

▶ **Kávos Tíno**: ebenfalls nördlich von Manolás gelegenes Kap. Hier ist eine Verladerampe aus roten Backsteinen am Meer zu sehen.

▶ **Kirche Ágios Charálambos**: größerer Kreuzkuppelbau mit zwei Seitenschiffen südlich von Manolás am Hang des Berges Viglós. Die aus blauem, rotem und silbern bemaltem Holz bestehende Altarwand beinhaltet zahlreiche alte Holzikonen und eine Oklad-Ikone, die auch gleichzeitig die Namensikone der Kirche ist. Darüber Votivtäfelchen und eine Reihe kleinerer Heiligenbilder. Außenwände von innen blau bemalt, Bogendurchgänge in Gelb. Große Sammlung sakraler Gegenstände im Innenraum.

▶ **Vounó Viglós**: mit ca. 295 m höchster Inselberg von Thirassía. Der Gipfelpunkt des Viglós liegt hinter der *Kirche Ágios Charálambos*. Wer den Fußweg zum Kloster Kímissi tis Theotókou nimmt, kommt unmittelbar rechts unterhalb der höchsten Stelle vorbei. An der Südseite des Viglós liegt die *Kirche Profítis Ilías*.

▶ **Kávos Tripití und Kloster Kímissi tis Theotókou**: An der einsamen äußersten Südspitze Thirassías steht hoch oben am Kávos Tripití (228 m) das verlassene Kloster Kímissi tis Theotókou, wo sich auch eine vom Süden her zugängliche Höhle befindet. Der lohnenswerte Ausflug zum Kloster dauert mit unserer Wanderbeschreibung zu Fuß (siehe folgender Text) knapp 60 Min. Im Vorhof der Klosterkirche sind Pilgerzellen zu sehen, die noch heute für Feste zu Ehren des Klosterheiligen genutzt werden, ein paar Stufen hinauf liegen die ehemaligen Wirtschaftsgebäude. Gegenüber dem Kircheneingang befindet sich ein Ziehbrunnen mit Trinkwasser hinter dem blauen Holzdeckel. Der Hof ist wirklich ein schönes Ruheplätzchen.

Die aus dem Jahre 1872 stammende *Klosterkirche* ist ein dreischiffiger Bau mit einer großen, auch von innen blau bemalten Kuppel. Das Mittelschiff wird von einer russischen Altarwand geschmückt. Die große Oklad-Ikone stellt Christi Geburt dar. Eine identische Szene zeigt die Ikonostase direkt hinter dem Eingang. Auf der Altarwand befinden sich vier weitere große Heiligenbilder, davor eine Kanzel und Chorgestühl an den Außenwänden. Die beiden deutlich kleineren Seitenschiffe verfügen ebenfalls über Ikonostasen mit uralten Bildnissen, rechts Pétros und Pávlos, links der Panagía geweiht. Bemerkenswert sind zudem eine etwa mannshohe und schon ziemlich verblasste Darstellung des heiligen Michael am linken Bogendurchgang sowie ein Epitáphios für die traditionellen Karfreitagsprozessionen.

Wanderung 6: Von Manolás zum Kloster Kímissi tis Theotókou und über die Kirche Christós sowie Agriliá und Potamós zurück nach Manolás

Wanderung durch alle Zonen der vulkanischen Gesteinsschichten und der Inselvegetation: Bimssteintäler und -hügel, Weinfelder, Tomaten, Getreide, Gemüse, teils terrassenförmig angelegt. Auf dieser Wanderung sieht man den gesamten Süd- und Mittelteil der Insel.

Wegstrecke: Von Manolás zunächst südlich bis zum Kloster Kímissi tis Theotókou am Südende von Thirassía. Dann einen Teil der Route zurück und westlich über die abfallenden Hänge und Täler bis zur Kirche Christós. Von hier aus durch die Dörfer Agriliá und Potamós wieder hinauf nach Manolás.

Dauer: Von Manolás zum Kloster Kímissi tis Theotókou knapp 1 Std., danach je nach Kondition jeweils etwa eine weitere Stunde bis zur Kirche Christós und von dort zurück nach Manolás, im Ganzen also ungefähr 3 Std. reine Wanderzeit. Wer die Möglichkeit zur Besichtigung der Kirche Ágios Charálambos und den Aufstieg zum Profítis Ilías mit einbezieht, braucht entsprechend länger.

Schwierigkeit und Ausrüstung: Von Manolás bis zum Kloster Kímissi tis Theotókou sehr einfache Strecke über eine breite Schotterpiste. Der Aufstieg zum Profítis Ilías ist auch problemlos. Wesentlich schwieriger ist der teils nicht vorhandene Pfad hinunter zur Kirche Christós. Hier ist ein nach unten immer schmaler werdendes und teils dicht mit Macchia bewachsenes Erosionstal zu durchqueren. Dabei sind gut ein Dutzend Terrassenmauern zu überwinden, was nicht an allen Stellen immer einfach ist und lange Hosen sinnvoll macht. Auch ein gewisser Orientierungssinn ist hier vonnöten. Von der Kirche Christós geht es über steinige Pfade und die einzige Inselstraße wieder hinauf nach Manolás. Möglichkeiten zum Einkehren und Wasserauftanken existieren unterwegs nicht. Etwa 1,5 l Wasser pro Person sollten aber genügen, Proviant je nach Bedarf.

▶ **Wegbeschreibung**: Der Weg beginnt in Manolás an der großen, auf 170 Höhenmetern gelegenen *Dorfkirche Ágios Konstantínos*. Von hier aus nimmt man die Gasse in südsüdwestlicher Richtung. Nach etwa 150 m folgt rechts ein betonierter Abzweig nach Agriliá, den man außer Acht lässt. Hangaufwärts geht es weiter auf dem Betonweg, der geradewegs auf die schön zu sehende Kirche Ágios Charálambos zuführt. Kurz bevor der Abzweig zu dem Gotteshaus auf der linken Seite folgt und man einen Windmühlenstumpf rechts liegen lässt, bietet sich auch hier eine Gelegenheit, die vulkanische Geschichte der Insel anhand der *Bimssteinablagerungen* zu studieren. Etwa 60–70 m die Seitenstraße nach links hinauf, erreicht man den Vorhof der 1907 geweihten *Kirche Ágios Charálambos* (Beschreibung siehe S. 243) mit ihrer blauen Kuppel und dem Glockenturm.

Vom Vorhof der auf etwa 230 Höhenmetern liegenden Kirche hat man einen herrlichen Blick über ganz Manolás und über den Westteil der Insel. Nebenan befinden sich ein paar Räumlichkeiten für die jährlichen Weihfeste. Von der Kirche aus geht man zurück zum breiten Betonweg und weiter Richtung Süden. In dem *Windmühlenstumpf* lässt sich das alte Mahlwerk begutachten. Auch hier lohnt ein kurzer Stopp. Nun endet der Beton und es geht weiter auf einem breiten Schotterweg.

Rechts unten im Tal ist die weiße Kirche Christós kurz vor der Küste gut zu sehen. Bald darauf passiert man unmittelbar rechts des Weges ein weiteres Gotteshaus mit blauer Kuppel.

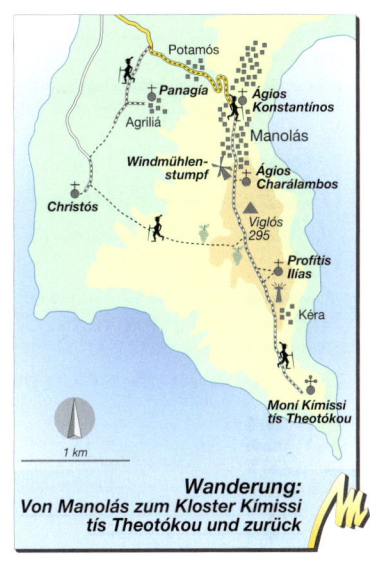

Wanderung:
Von Manolás zum Kloster Kímissi tís Theotókou und zurück

An der nächsten Biegung rückt die Kirche Profítis Ilías halblinks, d. h. südöstlich, ins Blickfeld. Direkt links davon ist im Osten der *Gipfelquader* des 295 m hohen *Berges Viglós* zu sehen. An ihm wandert man westlich unterhalb auf etwa 250 Höhenmetern vorbei. Kniehohe Phrygana, Weinfelder und Kaktusfeigen säumen den Weg, Ziegenglocken klingen von überall her. Noch bevor die Höhe der Kirche Profítis Ilías erreicht ist, rückt bei einer Wegbiegung die Klosteranlage der Kímissi tis Theotókou ins Blickfeld. Wer will, kann von hier aus in etwa 10 Min. über terrassierte Phrygana-Felder mit kleinen Mauern zur *Kirche Profítis Ilías* auf 230 Höhenmeter hinaufsteigen.

Oben einerseits Enttäuschung, denn das Gotteshaus ist verschlossen, andererseits Superblick auf das gigantisch gelegene Kloster Kímissi tis Theotókou. Außerdem sind Firá und Imerovígli am Kraterrand von Santoríni herrlich zu sehen. Gen Süden ist die kleinste Kraterrandinsel Aspronísi, Richtung Osten liegen die beiden Kaméni-Inseln in der Caldéra. Gelegentlich kann man Ausflugsboote beobachten, die in der Westbucht von Néa Kaméni anlegen. Diese großartige Szenerie lohnt den leider völlig schattenlosen Aufstieg zum Profítis Ilías allemal. (Tipp: Von der Südseite zieht sich ein ebenfalls stark mit Macchia bewachsener Pfad hinauf zur Kirchenpforte, der in der oberen Hälfte als Treppenweg mit Natursteinen angelegt wurde.) Nun geht es von der Kirche Profítis Ilías hinunter auf den breiten Schotterweg zurück und wieder südlich weiter. Eine kleine *Richtfunkstation* des OTE bleibt links liegen, unmittelbar danach kürzt man eine Serpentine des Weges nach links ab. Diese Inselgegend zeigt sich völlig trocken und absolut karg. Teilweise wächst hier noch nicht einmal bodendeckende Phrygana. Unterhalb der Funkstation befinden sich die dem Zerfall preisgegebenen Häuser des längst verlassenen *Weilers Kéra*. Noch einige Biegungen des Schotterwegs und erneut ein kleines Stück hangauf-

Fast am höchsten Punkt Thirassías: die Kirche Profítis Ilías

wärts, erreicht man auf ca. 190 Höhenmetern den Eingang zur *Klosteranlage Kímissi tis Theotókou* (Beschreibung siehe S. 243) über einen nach rechts abzweigenden kleineren Pfad.

Vom Kloster aus geht es zunächst auf demselben Weg zurück, vorbei am Weiler Kéra und an der Funkstation. Nach etwa 20–25 Min. Wanderzeit erreicht man ein umzäuntes Grundstück mit Weinstöcken und einer Hütte an der Nordwestecke. Hier zweigt auf etwa 200 Höhenmetern ein schmaler Pfad zwischen zwei Mauern entlang nach links in südwestlicher Richtung ab. Links des Wegs befindet sich ein Zaun, über welchen man den Blick auf das Kloster und die Kirche Profítis Ilías hat, während auf der rechten Seite Phrygana am Wegesrand wächst. Mauern und Weinfelder enden bald. Der Weg bleibt zunächst gut erkennbar, verliert sich aber danach etwas in der Phrygana. Man orientiert sich nach Südwesten und erreicht alsbald erneut einen umzäunten Weingarten.

Auf der Südseite des Zauns verläuft der Weg weiter südwestlich hangabwärts. Mehr als kleine Ziegentrampelpfade sind in diesem Abschnitt der Route nicht zu erkennen. Man durchquert praktisch ein nach unten immer schmaler werdendes Erosionstal stets in südwestlicher Richtung. Dabei sind gut ein Dutzend Terrassenmauern zu überwinden, was nicht immer einfach ist. Zudem zeigt sich die Schlucht an einigen Stellen stark und dicht mit Macchia bewachsen. Nach etwa 35–40 Min. ab dem Abzweig erreicht man einen quer zum Tal verlaufenden Schotterweg, der nach links in wenigen Metern zur *Kirche Metamórphosis tou Christoú Sotíros* (schlicht *Christós* genannt) führt. Die tonnengewölbte Doppelkirche liegt in strahlendem Weiß am Hang auf nur noch 60 Höhenmetern. Sie ist leider stets verschlossen, aber jedes Jahr wird hier am 6. August ein großes Panagýri gefeiert.

Von der Kirche aus führt ein breit geschotterter Weg nördlich hangabwärts. Nach etwa 300 m zweigt in einer Linkskurve ein Pfad über einige Stufen und zwischen zwei hohen Mauern hindurch nach rechts ab. Achtung, diese Abzweigung auf ca.

50 Höhenmetern ist leicht zu verfehlen! Der schmale Eselspfad verläuft weiter in Nordrichtung immer an einer Mauer entlang, vorbei an Korn- und Weinfeldern, Kaktusfeigen sowie einsamen Bauernhäusern. An der nächsten Wegkreuzung geradeaus, danach nimmt der gepflasterte Pfad eine S-Kurve und verläuft nordwestlich den Hang wieder aufwärts.

Auf schwarzem Vulkanschotter und Sand geht es – teils als Hohlweg – immer an den Mauern entlang gen Nordwesten. Nachdem auch die nächste Kreuzung geradeaus überquert wurde, erreicht man eine breite geschotterte Piste, die weiter nach Norden verläuft. Es folgt eine Rechtskurve, bevor die prächtige *Kirche Panagía* des verlassenen *Weilers Agriliá* im Blickfeld auftaucht. Vorbei an eindrucksvollen Kaktusfeigen gelangt man in den Vorhof der leider verschlossenen Kirche. Rechter Hand der imposanten Anlage zieht sich ein schmaler Pfad durch das Erosionstal hinauf nach Manolás. Leider ist dieser alte Weg in den letzten Jahrzehnten – seit Agriliá aufgegeben wurde – so stark zugewuchert, dass heute kein Durchkommen mehr möglich ist.

Von der Kirche aus wandert man also ein paar Meter zurück, bis der breite Schotterweg nach rechts abzweigt. Dieser Weg führt vorbei an einem Baumateriallager auf die betonierte Piste zu, die vom Hafen Ríva hinauf nach Manolás führt. An der Straße angekommen rechts halten, d. h. östlich, und in Kürze ist der zweite bewohnte Ort von Thirassía erreicht: *Potamós*. Das Dorf zieht sich eine Weile die Straße entlang und man passiert alle drei Kirchen, auch diese sind teils so prächtig gestaltet wie in Agriliá. Die betonierte Piste von Potamós nach *Manolás* steigt stetig an. Nach zwei Serpentinen ist der Hauptort von Thirassía an einem Supermarkt hinter der *Hauptkirche Ágios Konstantínos* erreicht. Rechts an der Kirche vorbei, gelangt man zum Ausgangspunkt der Wanderung und auf die durch ganz Manolás führende Hauptgasse.

> **Filmtipp**: Die 2008 gedrehte Krimikomödie **Kleine Verbrechen** von Christos Georgiou (Regisseur/Autor/Produzent) ist ein netter und liebenswerter Film, der in weiten Teilen auf Thirassía gedreht wurde. Der Alltag auf einer kleinen Insel, die Individuen, die dort leben, ihre kleinen und großen Verwicklungen – alles humorvoll geschildert und so richtig schön griechisch, für alle Griechenlandfans eine gelungene Einstimmung auf den Urlaub.

Aspronísi

Das gut 70 m hohe und nach allen Seiten steil abfallende Eiland liegt am Südwestrand der ehemaligen Vulkaninsel, Überbleibsel des großen Ausbruchs vom 17. Jh. v. Chr.

Aspronísi liegt zwischen dem Südwestende der Hauptinsel Thíra und dem südlichsten Zipfel von Thirassía. Das heute gänzlich unbewohnte Eiland bedeckt mit einer Länge von nur ca. 650 m und einer Breite von 200 m lediglich 0,13 qkm Fläche. Abgesehen von der geringen Größe ist es wohl vor allem die Topografie, die jede Ansiedlung von Menschen verhindert: Auf allen Seiten stürzen die Abhänge teils bis zu 70 m in die Tiefe. Aspronísi ist wie Thíra und Thirassía ein Stück der ehemaligen Vulkaninsel. Daher entspricht auch das Gestein den anderen Kraterrandinseln: erstarrte, schwarze Lava und Bims, dessen weiße Schichten in der oberen Hälfte sehr gut zu erkennen sind.

Die Inseln der Caldéra:
Paléa Kaméni und Néa Kaméni

Schwarz wie Pech, eine erstarrte urweltliche Formenvielfalt. Spaziergang durch Steinwüsten und zwischen Kraterlöchern. Das Baden in den heißen Quellen von Paléa Kaméni ist ein nicht ganz alltägliches Vergnügen. Ansonsten dominiert weitgehend öde Mondlandschaft, doch der Halbtagesausflug gehört zu einem Santoríni-Urlaub unbedingt dazu.

Poseidón und Héphaistos, der Gott der Vulkane, betreiben in der Caldéra ihre untermeerische Werkstatt. Soweit die mythologische Erklärung zu den Inseln, die an einen Schutthaufen Koks erinnern. Die älteren Leute glauben noch heute, so erzählt man in Firá, auf den Kaméni-Inseln hausen die Vampire. Doch die Eilande zeigen sich völlig unbewohnt, nur einige widerstandsfähige Pflanzenarten sind hier heimisch geworden. Beide Inseln zusammen umfassen etwa 5 qkm Fläche. *Paléa Kaméni* ist die ältere der Caldéra-Inseln. Ihre Länge beträgt etwa 1,5 km bei einer Breite von ungefähr 600 m. Die höchste Erhebung des Eilands misst knapp über 100 m. *Néa Kaméni* wirkt mit Küstenlängen von jeweils ca. 2,2 km fast quadratisch. Leider „zieren" Graffiti aus aller Herren Länder die dunklen Lavabrocken an der Anlegestelle Órmos Ernía.

● *Bootsausflüge* Von den Häfen Athiniós und Skála aus fährt man knapp 25 Min. in die Ankerbucht Ernía, auch Petrolioú genannt, auf **Néa Kaméni**. Dort hat man üblicherweise eine Stunde Zeit zur Besichtigung des Geórgios-Kraters und der umliegenden Lavafelder (ca. 2 € pro Pers.). Aber vor allem das Baden in den heißen Quellen in einer Bucht von **Paléa Kaméni** macht den meisten Spaß. Fast immer geht es

Boote ankern an den heißen Quellen von Paléa Kaméni

dann über Thirassía zurück nach Oía oder zum Ausgangshafen. Entsprechende Touren werden auch von Oía aus angeboten. Feste Schuhe für den Besuch von Néa Kaméni und Badekleidung für die heißen Quellen nicht vergessen. Buchungen sind praktisch in allen Reisebüros auf Santoríni möglich. Die Touren unterscheiden sich allerdings nach Abfahrtszeit und -ort, Route, Service sowie natürlich dem Preis. Mit ca. 20–26 € pro Pers. sollte man rechnen.

Paléa Kaméni

Wie der Name schon sagt: die ältere der beiden Kaméni-Inseln. Durch die heißen, untermeerischen Quellen ein beliebtes Ausflugsziel mit Bademöglichkeit im schwefelhaltigen Wasser.

Der genaue Entstehungszeitpunkt von Paléa Kaméni ist weder historisch noch geologisch genau belegt, doch wird üblicherweise das Jahr 197 v. Chr. angenommen. Ausgangspunkt dieser Datierung sind die Überlieferungen in der „Geographiká" des griechischen Historikers und Geografen Strábon (63 v. Chr. bis 28 n. Chr.). Seinerzeit sollen die Bewohner von Santoríni dort ein Neptun-Heiligtum errichtet haben, da sie das Auftauchen des Eilandes aus den Fluten für sein Werk hielten.

Doch war es weniger der Meeresgott als vielmehr vulkanische Aktivitäten, die Paléa Kaméni aus der Ägäis hervorhoben. Bei nachfolgenden Eruptionen vergrößerte sich die Insel weiter, bevor um 1460 ein Teil des Eilands wieder im Wasser versank. Seither liegt Paléa Kaméni scheinbar ruhig inmitten der Caldéra. Doch obwohl sich an der Nordseite zartes Grün angesiedelt hat, ist die schwarze Lavainsel noch nicht völlig zur Ruhe gekommen. Im Nordosten ist die Erde weiterhin in Form heißer Quellen aktiv. Dort liegt direkt hinter der Küste ein um 726 n. Chr. entstandener Kratersee.

▸ **Heiße Quellen**: in einer Bucht an der Nordostseite von Paléa Kaméni. Obwohl die Kaíki-Besitzer von etwa 40 °C sprechen, sind sie – wenn man ehrlich ist – eigentlich nur lauwarm. Ein kurzer Badeaufenthalt gehört zu jeder Ausflugsfahrt nach Paléa Kaméni. Man steigt direkt vom Boot ins tiefbraune, eisen- und schwefelhaltige Wasser, das schnell die Badehose einfärbt. Allerdings ist der beißende Schwefelgeruch weder angenehm noch gesundheitsfördernd. Nebenan gibt es eine weitere Bucht mit erwärmtem Wasser durch aufsteigende Schwefeldämpfe.

Néa Kaméni

Jüngste Insel der Santoríni-Gruppe und wie Paléa Kaméni noch heute aktiv. Inmitten des Eilands steigen mehrere eindrucksvolle Krater auf.

Aufzeichnungen eines Jesuitenpaters berichten uns vom Beginn der Entstehung Néa Kaménis am 23. Mai 1707. Eine erste Welle von Eruptionen, die sich bis zum 14. September 1711 hinzog, ließ das damals Mikrá Kaméni genannte Eiland aus dem Meer auftauchen. Es folgte eine längere Ruhezeit. Vom 4. Februar 1866 bis zum 15. Oktober 1870 wurden erneut Lavamassen aus der Tiefe gefördert und Néa Kaméni breitete sich nach Süden hin aus. Damals soll eine kleine Siedlung auf der Insel bestanden haben, die aber verschüttet wurde.

Anfang des 20. Jh. kam es wieder zu einem Ausbruch: vom 11. Juli 1925 bis zum 17. März 1928 vergrößerte sich das Inselchen fast bis auf die heute sichtbare Ausdehnung. Seither nennt man dieses Caldéra-Eiland Néa Kaméni. Zwischen dem 20. August 1939 und etwa Mitte Juli 1941 förderte der Kamin erneut Lava und Asche auf die Insel. Hierbei entstand der knapp 128 m hohe Kraterhügel Geórgios.

Weitere Inseln des Rings

Letztmals wurde eine kleinere Eruption vom 10. Januar bis zum 21. Februar des Jahres 1950 registriert. Seither befindet sich Néa Kaméni in einem relativen Ruhezustand.

▸ **Geórgios-Krater**: Der mit 128 m höchste Inselberg ist von der Anlegestelle Órmos Erniá aus in etwa 25 Min. zu Fuß zu besteigen (Aufstieg 2 € pro Pers.). Entstanden ist er bei einem Ausbruch erst vor ca. 60 Jahren. Am Gipfel befindet sich eine runde Betonsäule mit der Aufschrift ΓΥΣ 1955. Zu sehen gibt es bizarre Lavaformationen und farbiges Auswurfgestein: gelbe Schwefel-, bräunliche Eisen- und rötliche Mangan-Verbindungen. Am inneren Nordostrand des Kraters steigen bis zu 100°C heiße Schwefel- und Stickstoffdämpfe aus einigen kleinen Erdspalten auf. Der stechende Schwefel bildet auf den Felsen einen grünlich-gelben Niederschlag. In Phasen stärkerer (aber noch immer ungefährlicher) vulkanischer Aktivität sind diese aufsteigenden Rauchschwaden vom Kraterrand auf Santoríni gut zu sehen. Sollte der Vulkan wieder aktiver werden, wird dies wohl zuerst auf den Inseln der Caldéra zu bemerken sein.

▸ **Weitere Krater**: Wer den Weg vom Órmos Erniá hinauf zum Geórgios-Krater wandert, passiert zunächst auf der linken Seite die Krater *Dáphni III*, *Dáphni II* und *Dáphni I* (1926–28), bevor rechts die Krater *Fouque* (1940), *Reck* (1941) und *Smith I* (1941) folgen. Gegenüber liegen die Krater *Níki* (1941) und *Smith II* (1941). Südlich des Geórgios befindet sich nur noch der kleine Krater *Aphróessa*, der 1870 entstanden ist.

▸ **Órmos Taxiárchis**: Bucht im mittleren Westen der Insel, auf der Thíra zugewandten Seite. Hinter dem nur mit dem Privatboot zu erreichenden Órmos liegt die Kapelle Taxiárchis. Ausflugsboote stoppen hier nicht.

Blick über die Kraterlandschaft auf Néa Kaméni, im Hintergrund Thíra

Kleiner Sprachführer

Keine Panik: Neugriechisch ist zwar nicht die leichteste Sprache, lassen Sie sich jedoch nicht von der fremdartig wirkenden Schrift abschrecken – oft erhalten Sie Informationen auf Wegweisern, Schildern, Speisekarten usw. auch in lateinischer Schrift, zum anderen wollen Sie ja erstmal verstehen und sprechen, aber nicht lesen und schreiben lernen. Dazu hilft Ihnen unser kleiner Sprachführer, den wir für Sie nach dem Baukastenprinzip konstruiert haben: Jedes der folgenden Kapitel bietet Ihnen Bausteine, die Sie einfach aneinanderreihen können, sodass einfache Sätze entstehen. So finden Sie sich im Handumdrehen in den wichtigsten Alltags-situationen zurecht, entwickeln ein praktisches Sprachgefühl und können sich so nach Lust und Notwendigkeit Ihren eigenen Minimalwortschatz aufbauen und erweitern. Wichtiger als die richtige Aussprache ist übrigens die Betonung! Ein falsch betontes Wort versteht ein Grieche schwerer als ein falsch oder undeutlich ausgesprochenes. Deshalb finden Sie im Folgenden jedes Wort in Lautschrift und (außer den einsilbigen) mit Betonungszeichen.

Viel Spaß beim Ausprobieren und Lernen!

© Michael Müller Verlag GmbH. Vielen Dank für die Hilfe Herrn Dimitrios Maniatoglou!

Das griechische Alphabet

Buchstabe		Name	Lautzeichen	Aussprache
groß	klein			
A	α	Alpha	a	kurzes a wie in Anna
B	β	Witta	w	w wie warten
Γ	γ	Gámma	g	g wie Garten (j vor Vokalen e und i)
Δ	δ	Delta	d	stimmhaft wie das englische „th" in the
E	ε	Epsilon	e	kurzes e wie in Elle
Z	ζ	Síta	s	stimmhaftes s wie in reisen
H	η	Ita	i	i wie in Termin
Θ	θ	Thíta	th	stimmloses wie englisches „th" in think
I	ι	Jóta	j	j wie jagen
K	κ	Kápa	k	k wie kann
Λ	λ	Lámbda	l	l wie Lamm
M	μ	Mi	m	m wie Mund
N	ν	Ni	n	n wie Natur
Ξ	ξ	Xi	x	x wie Xaver
O	ο	Omikron	o	o wie offen
Π	π	Pi	p	p wie Papier
P	ρ	Ro	r	gerolltes r
Σ	ς/σ	Sígma	ss	ss wie lassen
T	τ	Taf	t	t wie Tag
Υ	υ	Ipsilon	j	j wie jeder
Φ	φ	Fi	f	f wie Fach
X	χ	Chi	ch	ch wie ich
Ψ	ψ	Psi	ps	ps wie Kapsel
Ω	ω	Omega	o	o wie Ohr

Da das griechische und lateinische Alphabet nicht identisch sind, gibt es für die Übersetzung griechischer Namen in die lateinische Schrift oft mehrere unterschiedliche Schreibweisen, z. B.: Chorefton (auf Pilion) – auch Horefto, Horefton, Chorefto; Kalkis – auch Chalkis oder Halkida.

Elementares

Grüsse

Guten Morgen/guten Tag (bis Siesta)	kaliméra
Guten Abend/guten Tag (ab Siesta)	kalispéra
Gute Nacht	kaliníchta
Hallo! Grüß Sie!	jassoú! oder jássas!
Tschüss	adío
Guten Tag und auf! Wiedersehen	chérete
Alles Gute	stó kaló
Gute Reise	kaló taxídi

Minimalwortschatz

Ja	nä
Nein	óchi
Ja, bitte? (hier, bitte!)	oríste?/!
Nicht	dén
Ich verstehe (nicht)	(dén) katalawéno
Danke (vielen Dank)	efcharistó (polí)
Bitte(!)	parakaló(!)
Entschuldigung	sinjómi
groß/klein	megálo/mikró
gut/schlecht	kaló/kakó
viel/wenig	polí/lígo
heiß/kalt	sässtó/krío
oben/unten	epáno/káto
ich	egó
du	essí
er/sie/es	aftós/aftí/aftó
das (da)	aftó
(ein) anderes	állo
links	aristerá
rechts	dexiá
geradeaus	ísja
die nächste Straße	o prótos drómos
die 2. Straße	o défteros drómos
hier	edó
dort	ekí

Fragen und Antworten

Wie geht es Ihnen?	ti kánete?
Wie geht's Dir?	ti kánis?
(Sehr) gut	(polí) kalá
So lala	étsi ki étsi
Und Dir?	ke essí?
Wie heißt Du?	pos se léne?
Ich heiße ...	to ónoma mou íne ...
Woher kommst du?	apo pu ísse?
Gibt es (hier) ... ?	ipárchi (edó) ... ?
Wissen Sie ... ?	xérete ... ?
Wo?	Pu?
Wo ist ... ?	pu íne ... ?
... der Hafen ...	... to limáni
... die Haltestelle	... i stási
Wohin ...?	jia pu ...?
nach /zum ...	tın/stin ...
Ich möchte (nach) ...	thélo (stin) ...
... nach Athen	... stin Athína
Von wo ...?	ápo pu?
... von Iraklion	...ápo to Iráklio
Wann?	Póte?
Wann geht (fährt, fliegt)...?	pote féwgi...?
Wie viel(e)...?	pósso (póssa) ...?
Um wie viel Uhr?	ti óra?
Wann kommt ... an?	póte ftáni ...?
stündlich	aná óra
um 4 Uhr	tésseris óra
Wie viel Kilometer sind es?	pósa kilómetra íne?
Wie viel kostet es?	póso káni?
Welche(r), welches?	tí?
Ich komme aus ...	íme apo ...
... Deutschland	... jermanía
... Österreich	... afstría
... Schweiz	... elwetía
Sprechen Sie Englisch (Deutsch)?	mílate angliká (jermaniká)?

Ich spreche nicht Griechisch	den miló eliniká	In Ordnung (o.k.)	endáxi
Wie heißt das auf Griechisch?	pos légete aftó sta eliniká?	Ich weiß nicht	dén xéro
		Haben Sie ... ?	échete ... ?
Ich verstehe (nicht)	(dén) katalavéno	... nein, haben wir nicht	... dén échoume
Verstehst du?	katálawes? (katala-wénis?)		

Unterwegs

Abfahrt	anachórisis	1 Liter	éna lítro
Ankunft	áfixis	20 Liter	íkosi lítra
Gepäckaufbewahrung	apotíki aposkewón	Auto	aftokínito
Information	pliroforíes	Motorrad	motossikléta
Kilometer	kiliómetra	Moped	motopodílato
Straße	drómos	Anlasser	mísa
Fußweg	monopáti	Auspuff	exátmissi
Telefon	tiléfono	Batterie	bataría
Ticket	isitírio	Bremse	fréno
Reservierung	fílaxi	Ersatzteil	andalaktikón
		Keilriemen	imándas

Flugzeug/Schiff

		Kühler	psijíon
Deck	katástroma	Kupplung	simbléktis
Fährschiff	férri-bot	Licht	fos
Flughafen	aerodrómio	Motor	motér
das (nächste) Flugzeug	to (epómene) aeropláno	Öl	ládi
		Reifen	lásticho
Hafen	limáni	Reparatur	episkewí
Schiff	karáwi	Stoßdämpfer	amortisér
Schiffsagentur	praktorío karawiú	Wasser (destilliertes)	to (apestagméno) neró
		Werkstatt	sinergíon

Auto/Zweirad

Ich möchte ...	thélo ...	**Bus/Eisenbahn**	
Wo ist die nächste Tankstelle?	pu íne to plisiésteron wensinádiko?	Bahnhof	stathmós
Bitte prüfen Sie ...	parakaló exetásete ...	(Der nächste) Bus	(to epómene) leoforío
Ich möchte mieten (für 1 Tag)	thélo na nikiásso (jiá mia méra)	Eisenbahn	ssideródromos
(Die Bremse) ist ka-putt	(to fréno) íne chalasménos	Haltestelle	stásis
Wie viel kostet es (am Tag)?	póso káni (jia mía méra)?	Schlafwagen	wagóni ípnu
		U-Bahn	ilektrikós
Benzin (Super/Nor-mal/Bleifrei)	wensíni (súper/apli/-amóliwdi)	Waggon	wagóni
Diesel	petréleo	Zug	tréno

Bank/Post/Telefon

Post und Telefon sind in Griechenland nicht am selben Ort. Telefonieren kann man in kleineren Orten auch an manchen Kiosken und Geschäften.

Wo ist	pu ine?	*eingeschrieben*	sistiméno
Ich möchte ...	thélo ...	*Euro-/Reisescheck*	ewrokárta
... ein Tel.-Gespräch	... éna tilefónima	*Geld*	ta leftá, ta chrímata
... (Geld) wechseln	... na chalásso (ta chrímata)	*Karte*	kárta
		Luftpost	aeroporikós
Wie viel kostet es (das)?	póso káni (aftó)?	*Päckchen*	paketáki
... eine Bank	... mia trápesa	*Paket*	déma
... das Postamt	... to tachidromío	*postlagernd*	post restánd
... das Telefonamt	to O. T. E.	*Tel.-Gespräch (anmelden) (nach)*	(na anangílo) éna tilefónima (jia)
Bank	trápesa	*Telefon*	tiléfono
Brief	grámma	*Telegramm*	tilegráfima
Briefkasten	grammatokiwótio	*Schweizer Franken*	elwetiká fránka
Briefmarke	grammatósima		

Übernachten

Zimmer	domátio
Bett	krewáti
ein Doppelzimmer	éna dipló domátio
Einzelzimmer	domátio me éna krewáti
mit ...	me ...
... Dusche/Bad	dous/bánjo
... Frühstück	proinó

Haben Sie?	échete?	*ein (billiges/gutes)*	éna (ftinó/kaló)
Gibt es ...?	ipárchi ...?	*Hotel*	xenodochío
Wo ist?	pu íne?	*Pension*	pansión
Wie viel kostet es (das Zimmer)?	póso kani (to domátio)?	*Haus*	spíti
		Küche	kusína
Ich möchte mieten (...) für 5 Tage	thélo na nikásso (...) jia pénde méres	*Toilette*	tualétta
		Reservierung	enikiási
Kann ich sehen ... ?	bóro na do ...?	*Wasser (heiß/kalt)*	neró (sässtó/krió)
Kann ich haben ... ?	bóro na écho ... ?		

Essen & Trinken

Haben Sie?	échete?	*Die Rechnung (bitte)*	to logariasmó (parakaló)
Ich möchte ...	thélo...		
Wie viel kostet es?	póso káni?	*Speisekarte*	katálogos
Ich möchte zahlen	thélo na pliróso		

Getränke

Glas/Flasche	potíri/boukáli
ein Bier	mía bíra
(ein) Mineralwasser	(mia) sóda
Wasser	neró
(ein) Rotwein	(éna) kókkino krassí
(ein) Weißwein	(éna) áspro krassí
... süß/herb	glikós/imíglikos
(eine) Limonade (Zitrone)	(mia) lemonáda
(eine) Limonade (Orange)	(mia) portokaláda
(ein) Kaffee	(éna) néskafe
(ein) Mokka	(éna) kafedáki
... sehr süß	... varí glikó
... mittel	... métrio
... rein (ohne Z.)	skéto
Tee	sái
Milch	gála

Griech. Spezialitäten

Fischsuppe	psaróssupa
Suppe	ssúpa
Garnelen	garídes
Kalamaris	kalamarákia

(„Tintenfischchen")

Fleischklößchen	keftédes
Hackfleischauflauf mit Gemüse	musakás
Mandelkuchen mit Honig	baklawás
gefüllter Blätterteig	buréki
gefüllte Weinblätter (mit Reis & Fleisch)	dolmádes
Nudelauflauf mit Hackfleisch	pastítsio
Fleischspießchen	suwlákia

Sonstiges

Hähnchen	kotópulo
Kartoffeln	patátes
Spaghetti (mit Hackfleisch)	makarónia (me kimá)
Hammelfleisch	kimás
Kotelett	brísola
Bohnen	fasólia
Gemüse	lachaniká

Gewürze siehe „Einkaufen"

Einkaufen

Haben Sie?	échete?	Klopapier	hartí igías
Kann ich haben?	bóro na écho?	Kuchen	glikó
Geben Sie mir...	dóste mou...	Marmelade	marmeláda
klein/groß	mikró/megálo	Milch	gála
1 Pfund (= 1/2 Kilo)	misó kiló	Öl	ládi
1 Kilo/Liter	éna kiló/lítro	Orange	portokáli
100 Gramm	ekató gramárja	Pfeffer	pipéri
Apfel	mílo	Salz	aláti
Brot	psomí	Seife	sapúni
Butter	wútiro	Shampoo	sambuán
Ei(er)	awgó (awgá)	Sonnenöl	ládi jia ton íljon
Essig	xídi	Streichhölzer	spírta
Gurke	angúri	Tomaten	domátes
Honig	méli	Wurst	salámi
Joghurt	jaoúrti	Zucker	sáchari
Käse/Schafskäse	tirí/féta		

Sehenswertes

Wo ist der/die/das?	**pu íne to/i/o?**
Wo ist der Weg zum ...?	**pu íne i ódos jia ...?**
Wie viel Kilometer sind es nach ...?	**póssa chiliómetra íne os to ...?**

rechts	dexiá	*Fluss*	potamós
links	aristerá	*Kirche*	eklisiá
dort	ekí	*Tempel*	naós
hier	edó	*Platz*	platía
Ausgang	éxodos	*Stadt*	póli
Berg	wounó	*Strand*	plas
Burg	kástro (pírgos)	*Höhle*	spilíon, spilía
Dorf	chorió	*Schlüssel*	klidí
Eingang	ísodos		

Hilfe & Krankheit

Gibt es (hier) ...?	**ipárchi (edó) ...?**
Haben Sie ...?	**échete ...?**
Wo ist (die Apotheke)?	**pu íne (to farmakío)?**
Wann hat der Arzt Sprechstunde?	**póte déxete o jiatrós?**
Ich habe Schmerzen (hier)	**écho póno (edó)**
Ich habe verloren ...	**échassa ...**
Helfen Sie mir bitte!/Hilfe!	**woithíste me parakaló!/- woíthia!**

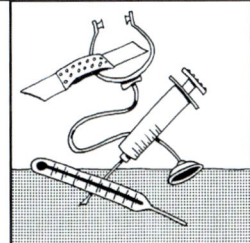

Arzt	jatrós	*die Pille*	to chápi
Deutsche Botschaft	presvía jermanikí	*Kondome*	profilaktiká
Krankenhaus	nossokomío	*Penicillin*	penikelíni
Polizei	astinomía	*Salbe*	alifí
Tourist-Information	turistikés plioforíes	*Tabletten*	hapía
Unfall	atíchima	*Watte*	wamwáki
Zahnarzt	odontíatros	*Ich habe ...*	écho ...
Ich bin allergisch gegen ...	egó íme allergikós jia ...	*Ich möchte ein Medikament gegen...*	thélo éna jiatrikó jia ...
Ich möchte (ein)...	thélo (éna) ...	*Durchfall*	diária
Abführmittel	kathársio	*Fieber*	piretós
Aspirin	aspiríni	*Grippe*	gríppi

Halsschmerzen	ponólemos	*Sonnenbrand*	égawma
Kopfschmerzen	ponokéfalos	*Verstopfung*	diskiljótita
Magenschmerzen	stomachóponos	*Zahnschmerzen*	ponódontos
Schnupfen	sináchi		

Zahlen

½	misó	9	ennéa	60	exínda
1	éna	10	déka	70	efdomínda
2	dío	11	éndeka	80	ogdónda
3	tría	12	dódeka	90	enenínda
4	téssera	13	dekatría	100	ekató
5	pénde	20	íkosi	200	diakósia
6	éxi	30	triánda	300	trakósia
7	eftá	40	sarránda	1000	chília
8	ochtó	50	penínda	2000	dio chiliádes

Zeit

Morgen(s)	proí
Mittag(s)	messiméri
Nachmittag(s)	apógewma
Abend(s)	wrádi
heute	ssímera
morgen	áwrio
übermorgen	méthawrio
gestern	chtés
vorgestern	próchtes
Tag	méra
jeden Tag	káthe méra
Woche	ewdomáda
Monat	mínas
Jahr	chrónos
Stündlich	aná óra
Wann?	póte?

Wochentage

Sonntag	kiriakí
Montag	deftéra
Dienstag	tríti
Mittwoch	tetárti
Donnerstag	pémpti
Freitag	paraskewí
Samstag	sáwato

Monate

Ganz einfach: fast wie im Deutschen + Endung „-ios"! (z.B. April = Aprílios). Ianuários, Fewruários, Mártios, Aprílios, Máios, Iúnios, Iúlios, 'Awgustos, Septémwrios, Októwrios, Noémwrios, Dekémwrios.

Uhrzeit

Wann?	**póte?**
Stunde	**óra**
Um wie viel Uhr?	**piá óra (ti óra)?**
Wie viel Uhr (ist es)?	**tí óra (ine)?**
Es ist 3 Uhr (dreißig)	**íne trís (ke triánda)**

Achtung: nicht éna, tría, téssera óra (1, 3, 4 Uhr), sondern: mía, trís, tésseris óra!! Sonst normal wie unter Kapitel „Zahlen".

Verlagsprogramm

● Abruzzen ● Ägypten ● Algarve ● Allgäu ● Altmühltal & Fränk. Seenland ● Amsterdam *MM-City* ● Andalusien ● Apulien ● Athen & Attika ● Australien – der Osten ● Azoren ● Baltische Länder ● Barcelona *MM-City* ● Berlin *MM-City* ● Berlin & Umgebung ● Bodensee ● Bretagne ● Brüssel *MM-City* ● Budapest *MM-City* ● Bulgarien – Schwarzmeerküste ● Chalkidiki ● Chianti – Florenz, Siena ● Cilento ● Cornwall & Devon ● Dublin *MM-City* ● Costa Brava ● Costa de la Luz ● Côte d'Azur ● Cuba ● Dolomiten – Südtirol Ost ● Dominikanische Republik ● Dresden *MM-City* ● Ecuador ● Elba ● Elsass ● Elsass *MM-Wandern* ● England ● Fehmarn ● Franken ● Fränkische Schweiz ● Friaul-Julisch Venetien ● Gardasee ● Genferseeregion ● Golf von Neapel ● Gomera ● Gomera *MM-Wandern* ● Gran Canaria ● Gran Canaria *MM-Touring* ● Graubünden ● Griechenland ● Griechische Inseln ● Hamburg *MM-City* ● Haute-Provence ● Havanna *MM-City* ● Ibiza ● Irland ● Island ● Istanbul *MM-City* ● Istrien ● Italien ● Italienische Adriaküste ● Kalabrien & Basilikata ● Kanada – der Osten ● Kanada – der Westen ● Karpathos ● Katalonien ● Kefalonia & Ithaka ● Kopenhagen *MM-City* ● Korfu ● Korsika ● Kos ● Krakau *MM-City* ● Kreta ● Kroatische Inseln & Küste ● Kykladen ● Lago Maggiore ● La Palma ● La Palma *MM-Touring* ● Languedoc-Roussillon ● Lanzarote ● Lesbos ● Ligurien – Italienische Riviera, Genua, Cinque Terre ● Liparische Inseln ● Lissabon & Umgebung ● Lissabon *MM-City* ● London *MM-City* ● Madeira ● Madeira *MM-Wandern* ● Madrid *MM-City* ● Madrid & Umgebung ● Mainfranken ● Mallorca ● Mallorca *MM-Wandern* ● Malta, Gozo, Comino ● Marken ● Mecklenburgische Seenplatte ● Mecklenburg-Vorpommern ● Mittel- und Süddalmatien ● Mittelitalien ● Montenegro ● München *MM-City* ● Münchner Ausflugsberge *MM-Wandern* ● Naxos ● Neuseeland ● New York *MM-City* ● Niederlande ● Nord- u. Mittelgriechenland ● Nordkroatien – Kvarner Bucht ● Nordportugal ● Nordspanien ● Norwegen ● Nürnberg, Fürth, Erlangen ● Oberbayerische Seen ● Oberitalien ● Oberitalienische Seen ● Ostfriesland & Ostfriesische Inseln ● Ostseeküste – Mecklenburg-Vorpommern ● Ostseeküste – von Lübeck bis Kiel ● Paris *MM-City* ● Peloponnes ● Pfalz ● Piemont & Aostatal ● Polnische Ostseeküste ● Portugal ● Prag *MM-City* ● Provence & Côte d'Azur ● Provence *MM-Wandern* ● Rhodos ● Rom & Latium ● Rom *MM-City* ● Rügen, Stralsund, Hiddensee ● Salzburg & Salzkammergut ● Samos ● Santorini ● Sardinien ● Sardinien *MM-Wandern* ● Schottland ● Schwäbische Alb ● Shanghai *MM-City* ● Sinai & Rotes Meer ● Sizilien ● Skiathos, Skopelos, Alonnisos, Skyros – Nördl. Sporaden ● Slowakei ● Slowenien ● Spanien ● St. Petersburg *MM-City* ● Südböhmen ● Südengland ● Südfrankreich ● Südmarokko ● Südnorwegen ● Südschwarzwald ● Südschweden ● Südtirol ● Südtoscana ● Südwestfrankreich ● Teneriffa ● Teneriffa *MM-Touring* ● Tessin ● Thassos, Samothraki ● Toscana ● Tschechien ● Tunesien ● Türkei ● Türkei – Lykische Küste ● Türkei – Mittelmeerküste ● Türkei – Südägäis ● Türkische Riviera – Kappadokien ● Umbrien ● Usedom ● Venedig *MM-City* ● Venetien ● Wachau, Wald- u. Weinviertel ● Westböhmen & Bäderdreieck ● Warschau *MM-City* ● Westallgäu und Kleinwalsertal *MM-Wandern* ● Westungarn, Budapest, Pécs, Plattensee ● Wien *MM-City* ● Zakynthos ● Zypern

Aktuelle Informationen
zu allen Reiseführern finden Sie im Internet unter
www.michael-mueller-verlag.de
Michael Müller Verlag GmbH, Gerberei 19, 91054 Erlangen
Tel. 0 91 31 / 81 28 08-0; Fax 0 91 31 / 20 75 41;
info@michael-mueller-verlag.de

Register

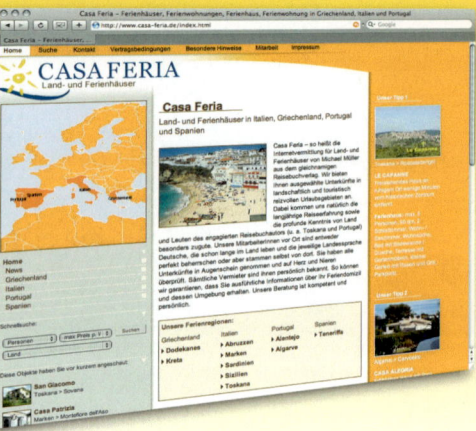

Nette Unterkünf
bei netten Leute

ABRUZZEN

ALENTEJO

ALGARVE

ANDALUSIEN

DODEKANES

KRETA

MARKEN

SARDINIEN

SIZILIEN

TENERIFFA

TOSKANA

ZAKYNTHOS

CASA FERIA
Land- und Ferienhäuser

CASA FERIA
die Ferienhausvermittlung
von Michael Müller

Im Programm sind aus-
schließlich persönlich ausge-
wählte Unterkünfte abseits der
großen Touristenzentren.

Ideale Standorte für Wanderungen,
Strandausflüge und Kulturtrips.

Einfach www.casa-feria.de anwählen,
Unterkunft auswählen, Unterkunft buchen.

Casa Feria wünscht
Schöne Ferien

www.casa-feria.de